国家出版基金项目

"十三五"国家重点出版物出版规划项目

马克思主义理论研究与当代中国书系

认识的本质与机制

汪信砚 等 著

The Nature and Mechanism of Cognition

中国人民大学出版社
·北京·

图书在版编目（CIP）数据

认识的本质与机制/汪信砚等著. --北京：中国
人民大学出版社，2022.1
（马克思主义理论研究与当代中国书系）
ISBN 978-7-300-30035-1

Ⅰ.①认… Ⅱ.①汪… Ⅲ.①认识论-研究 Ⅳ.
①B017

中国版本图书馆 CIP 数据核字（2021）第 254877 号

国家出版基金项目
"十三五"国家重点出版物出版规划项目
马克思主义理论研究与当代中国书系

认识的本质与机制

汪信砚 等 著
Renshi de Benzhi yu Jizhi

出版发行	中国人民大学出版社			
社　　址	北京中关村大街 31 号		**邮政编码**	100080
电　　话	010 - 62511242（总编室）		010 - 62511770（质管部）	
	010 - 82501766（邮购部）		010 - 62514148（门市部）	
	010 - 62515195（发行公司）		010 - 62515275（盗版举报）	
网　　址	http://www.crup.com.cn			
经　　销	新华书店			
印　　刷	天津中印联印务有限公司			
规　　格	165 mm×230 mm　16 开本		**版　　次**	2022 年 1 月第 1 版
印　　张	22.75 插页 2		**印　　次**	2022 年 1 月第 1 次印刷
字　　数	337 000		**定　　价**	88.00 元

目　　录

导论　范式的转换与马克思主义认识论的发展

认识论的研究范式，是考察认识现象的思维框架和思想原则，包括研究视角、思维模式、思维聚焦点或中心问题等等，它规定着认识论研究的理论视域，决定着认识论发展的方向。科学哲学家库恩认为，在科学发展中，新范式取代旧范式，是科学革命的标志。同样，认识论研究的重大突破，也首先取决于研究范式的根本转换。当前，要推进马克思主义认识论的发展，就必须从各个不同的方面实现认识论研究范式的转换。

一、视角的转换

人类的认识具有哪些本质属性？认识活动是怎样进行的？哲学家们从不同的角度出发，对这些问题往往会作出截然不同甚至完全相反的认识论结论。任何认识论理论的真理性，都首先取决于怎样去考察人类认识，亦即受制于探讨认识论问题所由以出发的视角。审度认识活动的视角，是认识论研究的方法论前提。对它的主动查考，标示着哲学认识论在方法论上的自觉。分析历史上各种认识论理论的研究视角，是我们评价这些认识论理论的真理性和科学性的方法论判据。同时，选择和确立新的视角，也是我们今天重审认识活动的出发点。新的视角的引入，是我们在新的历史时期发展马克思主义认识论的重要前提。

马克思曾经指出："从前的一切唯物主义（包括费尔巴哈的唯物主义）的主要缺点是：对对象、现实、感性，只是从客体的或者直观的形式去理解，而不是把它们当作感性的人的活动，当作实践去理解，不是从主体方面去理解。"① 从客体方面看认识，就是一切旧唯物主义认识论的共同视角；作为一种方法论前提，它规范着整个旧唯物主义认识论的发展史。

唯物主义认识论的最早形式，当推古希腊哲学家德谟克利特的"影像说"。德谟克利特认为，"一切物体上都经常发射出一种波流"，波流作用于物体与人之间的空气，便在空气中留下了"坚固的形状""不同的颜色"等物体的属性，然后带有物体属性的空气作用于人，人便产生了关于物体的"影像"即认识。按照"影像说"，认识是对象在人的感官上留下的"印子"，而认识过程也就是物体不断向主体发射"影像"的过程。因此，德谟克利特的"影像说"，以思辨的形式最早地提供了一个考察认识活动的视角，即从客体方面看认识。

近代唯物主义认识论直接接续了这一视角。培根是近代第一个从客体方面看认识的哲学家。虽然在培根那里"物质带有一种令人愉悦的、诗意的诱惑力，以迷人的笑靥引人注目"②，但根据培根的认识论学说，我们很难设想认识主体面对物质世界也会报之以自豪的微笑。因为在培根看来，虽然主体能够通过实验而有意寻求自然的奥秘，但一切自然的知识都应求之于感官；尽管应该运用理性来改变和消化感性材料，但毕竟感觉是完全可靠的，是一切知识的源泉。终其然，认识局限于经验，知识就是存在的影像。培根之后，唯物主义认识论变得更加片面了，从而将从客体方面看认识这一视角或方法发展到极端，其突出表现就是洛克的"白板说"。根据"白板说"，人的观念、认识不过是对象在心灵白纸或白板上留下的印记，而这一印记的过程是通过经验来完成的。可见，洛克在从客体出发对经验论进行系统论证的过程中所提出的"白板说"，不仅没有超越培根的

① 马克思，恩格斯. 马克思恩格斯选集：第1卷. 2版. 北京：人民出版社，1995：54.
② 马克思，恩格斯. 马克思恩格斯选集：第3卷. 2版. 北京：人民出版社，1995：699.

认识论，甚至可以说又倒退到了德谟克利特的"影像说"的水平。

"贝克莱和狄德罗都渊源于洛克"①。因为贝克莱由向洛克从客体方面看认识的视角挑战入手，抛弃了其经验论的唯物主义基础；而以狄德罗为代表的18世纪法国唯物主义者在坚持经验论所包含的唯物主义原则的同时，也因袭了洛克研究认识活动的视角。狄德罗说："我们就是赋有感受性和记忆的乐器。我们的感官就是键盘，我们周围的自然弹它。"② 霍尔巴赫也认为："感觉、知觉、观念等名称所表示的，只是作用于外感官的物体在外感官上产生印象时内感官中所发生的一些变化。"③ 18世纪法国唯物主义者从客体出发，不仅把认识视为自然物体作用于人的感官的结果，并且还告诫人们要像女儿听从母亲那样听命于自然。

继德国古典唯心主义哲学之后，费尔巴哈使唯物主义重新登上了王座，同样也使从客体方面看认识这一旧唯物主义认识论的视角重新受到推崇。费尔巴哈写道："事物和本质是怎样的，就必须怎样来思想、来认识它们。"正是从事物或客体出发，他认为，"直观是生活的原则"，从而也是认识的原则，"只有在人对人的感性直观之中，才是真理和实在"，而"在直观中我为对象所决定"④；诚然，人也有思维和理性，但"思维、精神、理性，按其内容，除了说明感觉所说明的东西而外，并未说明什么其他的东西"⑤。因此，认识就是感性直观，在感性直观中客体决定主体。

回顾整个旧唯物主义认识论发展史，我们明显地看到，所有旧唯物主义者都是从客体方面看认识。结果，他们只能把认识看作是对象在主体感官或心灵上留下的印子、印记、音符和直观镜象，只能把认识过程理解为由客体到主体的运动；主体在他们那里则只能顺应客体、听命于客体并围绕着客体旋转。从客体出发，旧唯物主义认识论虽然坚持了认识的客观性，坚持了认识论的唯物主义，但完全忽视了主体的认识能力和创造能

---

① 列宁. 列宁全集：第18卷. 2版. 北京：人民出版社，1988：126.
② 狄德罗. 狄德罗文集. 北京：中国社会出版社，1997：397.
③ 葛力. 十八世纪法国哲学. 北京：社会科学文献出版社，1991：677.
④ 北京大学哲学系外国哲学史教研室. 十八世纪末——十九世纪初德国古典哲学. 北京：商务印书馆，1975：592，627，595.
⑤ 费尔巴哈. 费尔巴哈哲学著作选集：上卷. 北京：商务印书馆，1984：252.

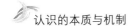

力，完全忽视了人的认识的能动性。

正如马克思所说，"和唯物主义相反，能动的方面却被唯心主义抽象地发展了"①。唯心主义认识论之所以只是抽象地发展了能动的方面，就在于它对认识能动性的强调是以牺牲认识的客观性为代价的。因此，如何既坚持认识的客观性而又说明认识的能动性，便成为马克思主义认识论创立时期所面临的首要课题。而为了同时克服旧唯物主义认识论和唯心主义认识论的片面性，马克思主义经典作家曾明确地提出过要从主体方面看认识的设想。但由于种种历史原因，马克思主义认识论在其创立以后走过了一个曲折的历程。

早在《1844年经济学哲学手稿》中，马克思就曾说过："从主体方面来看：……我的对象只能是我的一种本质力量的确证，也就是说，它只能像我的本质力量作为一种主体能力自为地存在着那样对我存在，因为任何一个对象对我的意义（它只是对那个与它相适应的感觉说来才有意义）都以我的感觉所及的程度为限。"② 在此，马克思明确指出应"从主体方面来看"、应从主体的认识能力来看认识，认为人的认识的能动性在于"人不仅通过思维，而且以全部感觉在对象世界中肯定自己"③。后来，马克思又提纲式地指出，要说明人的认识的能动方面，必须"从主体方面去理解"④。然而，马克思的主要精力始终放在创立唯物主义的历史观上，虽然晚年他也曾讲过"观念的东西不外是移入人的头脑并在人的头脑中改造过的物质的东西而已"⑤，但却一直没有机会再回到从主体出发考察人脑如何移入、怎样改造物质的东西这类认识论问题上来。

恩格斯的理论生涯是和与各种唯心主义作不懈斗争紧密联系在一起的。出于反对唯心主义的"抽象性"的理论需要，在认识论上恩格斯主要强调的是认识的客体制约性，表现在历史观上则是着重注意了社会意识和思想观念的客观来源，而对于认识、思想观念的相对独立性及其形成过程

---

① 马克思，恩格斯. 马克思恩格斯选集：第1卷. 2版. 北京：人民出版社，1995：54.
② 马克思，恩格斯. 马克思恩格斯全集：第42卷. 北京：人民出版社，1979：125-126.
③ 同②125.
④ 同①.
⑤ 马克思，恩格斯. 马克思恩格斯选集：第2卷. 2版. 北京：人民出版社，1995：112.

中的主体能动性没有给予应有的重视。对此，恩格斯在其理论生涯后期的书信集中作了明晰的自我批评："这一点在马克思和我的著作中通常也强调得不够，在这方面我们大家都有同样的过错。这就是说，我们大家首先是把重点放在从基本经济事实中引出政治的、法的和其他意识形态的观念以及以这些观念为中介的行动，而且必须这样做。但是我们这样做的时候为了内容方面而忽略了形式方面，即这些观念等等是由什么样的方式和方法产生的。"① 所谓"为了内容方面而忽略了形式方面"，也就是为了强调内容的客体制约性而忽略了主体能动性；而要说明认识、观念是"由什么样的方式和方法产生的"，自然需要从主体方面来看。但是，与马克思一样，恩格斯仍然没有来得及发挥和展开这一观点。

列宁的思想发展也经历了大致相同的过程。在《唯物主义和经验批判主义》一书中，列宁为了驳斥各种唯心主义认识论和不可知论，系统地提出并论证了认识的反映模型，特别强调认识是对客体的"复写""摹写""摄影"，其中心目的在于说明认识的客观根源和客体制约性，其所涉及的仅只是认识结果与客体间的静态关系。但是，在后来的《哲学笔记》中，明显地可以看到列宁并未满足于此。他写道："人的意识不仅反映客观世界，并且创造客观世界。"② 显然，认识的创造功能决非从客体方面看认识的视角所能包容，而是列宁高度重视"主观的意识以及它向客观性的沉入"③，亦即重视从主体方面看认识的发现。不仅如此，列宁还曾勾画出了关于从主体方面看认识的知识领域，其中包括"各门科学的历史"、"儿童智力发展的历史"、"动物智力发展的历史"、"语言的历史"以及"心理学"和"感觉器官的生理学"④。然而，从认识论上对这些知识领域的具体研究，同样是列宁未竟的理论事业。

综上所述，我们认为，转换认识论的研究视角，从主体方面看认识，是马克思主义经典作家的理论遗训，也应是我们今天发展马克思主义认识论的出发点。

---

① 马克思，恩格斯. 马克思恩格斯选集：第4卷. 2版. 北京：人民出版社，1995：726.
② 列宁. 哲学笔记. 北京：人民出版社，1974：228.
③ 同②219.
④ 同②399.

在马克思主义认识论创立后的一段时间内，经典作家没能实现从主体方面看认识的理论设想，还有一个历史原因，那就是还不具备从主体方面看认识的科学条件。19世纪，牛顿力学及其对世界图景的经典描绘仍占据统治地位，现代自然科学尚未诞生；关于人自身的生理和心理的实验研究，主要还停留在收集材料阶段，而理论上则充满了各种臆测。列宁对于现代自然科学革命虽闻其声却未历其境，虽感受到了这场革命在人们思想上引起的扰动，却未经历其壮烈的中心场景。至于生理学和心理学方面的最新成果，列宁所可能了解到的也只有谢切诺夫和巴甫洛夫关于反射行为的动物心理学研究。

与马克思、恩格斯和列宁生活的时期不同，从主体方面看认识已经成为理解现代自然科学的发展的关键。与近代经典自然科学迥然相异，现代自然科学理论具有高度的抽象性和数学化特征。近代自然科学本质上是经验科学，而在现代自然科学中，"一个理论可以用经验来检验，但是并没有从经验建立理论的道路。像引力场方程这样复杂的方程，只有通过发现逻辑上简单的数学条件才能找到，这种数学条件完全地或者几乎完全地决定着这些方程。……人们一旦有了那些足够强有力的形式条件，那么，为了创立理论，就只需要少量关于事实的知识"[①]。现代自然科学理论不仅在与事实、经验的对应上而且在与实验的关系上也发生了变化。法拉第的电磁感应定律完全是实验的产物，而麦克斯韦却纯然地从电磁场方程组的偏微分形式中，预见到了电磁波的存在，并揭示出了光的电磁波本质。在这之后，狄拉克又在将薛定谔方程相对论化的推演过程中，由负能量的出现而预言了真空负能态场的存在。现代物理学上的一些重大发现，绝大部分先由数学形式中推得。目前甚至到了这样的地步，一个前沿理论的确立，往往首先取决于有关的完善的数学形式的产生。现代自然科学理论与事实、经验的非直接对应和对实验的相对独立，正是科学认识活动中主体能动性的突出表现。现代自然科学再也不可能像经典自然科学那样无视科学认识活动中的主体因素。狭义相对论中的时空相对性效应、量子力学中的主体测量之扰动、天体物理学和宇宙学中的"人择原理"以及物理学中的

---

① 爱因斯坦. 爱因斯坦文集：第1卷. 北京：商务印书馆，1976：43.

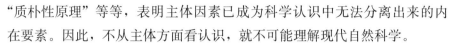

"质朴性原理"等等，表明主体因素已成为科学认识中无法分离出来的内在要素。因此，不从主体方面看认识，就不可能理解现代自然科学。

同时，现代思维科学的发展也为我们从主体方面看认识提供了条件。现代脑科学包括神经生理学、心理学对人脑结构与功能的研究已深入到细胞与分子水平，并通过揭示神经元、突触、神经网络活动规律进而探讨大脑复杂、高级的精神意识现象，从而在一定程度上使我们了解到主体思维活动的生理机制。现代发展心理学关于儿童心理发生、发展的实验研究，则使我们探讨主体认识的辩证发展有了科学的依据。另外，20 世纪五六十年代以来在信息论、计算机科学和通信科学基础上发展起来的认知心理学（思维的信息加工理论），通过人机类比和智能模拟，为我们了解人脑思维活动的特点开辟了一个新的途径。上述思维科学发展的成果，已给我们从主体方面看认识铺垫了一定的科学基础。

由上可见，现代科学的发展，使得我们实现视角的转换、从主体方面看认识既成为必要也有了可能。这种新的视角注目于主体把一些什么因素带入了认识活动中以及这些因素在认识过程中如何发挥作用。当然，新的视角并不忽视或否定认识的客观性。不过，它决不把客观性与主体的认识对立起来，决不认为客观性是对主体的限制或主体只能消极被动地适应客体。相反，从主体方面看认识，就是要考察客观性的生成过程，考察对象的、自在的客观性如何通过主体的能动活动转化成为我的客观性即认识的客观性。

从方法论上看，作为认识论研究范式的一个重要方面，考察认识活动的视角的转换必然导致认识论理论内容上的变革即研究课题的转换。从客体方面看认识，所要解决的主要问题是认识何以可能的问题，特别是认识何以具有客观性的问题。从主体方面看认识，其主旨在于在认识论中发展"能动的方面"，说明认识的客观性的生成过程，强调认识活动的能动性和创造性，于是认识活动怎样进行的问题也就成为认识论研究的主要课题。要解决这一问题，仅仅停留在对于认识结果与客体间的静态关系的说明上显然是远远不够的，而必须深入主体的思维机制，具体地考察主体到底是怎样在思维中对于客体信息进行接收和加工的。这一研究课题的转换，与

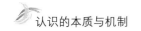

整个当代认识论的主旋律也是完全一致的。

总之，转换马克思主义认识论研究的视角，从主体方面看认识，是时代的要求，也是深化和推进马克思主义认识论研究的需要。

二、思维模式的转换

在西方哲学史上，认识论研究的思维模式曾有过三次大的转换，而每一次转换都标志着哲学认识论的发展进入了一个全新的阶段。

古代，人类哲学思维面临着双重的未分化。一方面，哲学与具体科学知识水乳交融。由于科学认识不发达，人们只能"用观念的、幻想的联系来代替尚未知道的现实的联系，用想象来补充缺少的事实，用纯粹的臆想来填补现实的空白"①，这就形成了所谓的"自然哲学"。另一方面，认识论思想还深埋于思辨的自然哲学之中，尚未形成一个相对独立的哲学部门，而且带有凝重的本体论色彩。这样，古代认识论实质上扮演着后来属于具体科学的角色，其对象与其说是认识现象，毋宁说主要是具体认识活动的对象即外界客体，它着重探讨的是主体把握到的，或应把握到的是什么，亦即偏重于客体规定性的追求。因此，以客体为轴心来思辨客体，这就是古代不发达认识论的思维模式。

近代自然科学的发展和自然科学认识论、方法论问题的空前突出，促使认识论在哲学内部相对独立，并开始成为哲学思维的主潮。同时，认识论研究范式也发生了一次根本转换。

对于近代哲学家来说，主体的认识能力已不再像古代哲学家所坚信的那样是一个毫无疑虑的既设前提，他们也不再满足于回答主体认识到了什么，并在相当大的程度上将这一任务交给了自然科学家。问题转而代之以主体如何能够认识对象以及怎样认识对象。构成从培根到休谟、从笛卡儿到莱布尼茨以至康德的认识论思想主旋律的，是对主体认识能力、道路和方法的着力探讨。这就形成了近代认识论研究特有的思维模式，即以主体

---

① 马克思，恩格斯. 马克思恩格斯选集：第 4 卷. 2 版. 北京：人民出版社，1995：246.

为轴心反思主体。这一思维模式生发出了近代认识论的全部特征：一方面，轴心的变换，使得近代认识论高度重视认识的主体性，深入探讨了认识活动中主体的能动性和创造性，由此带来了认识论的长足发展；另一方面，反思对象的变换即由古代的客体变换为主体，虽然是认识论对象与具体科学认识对象分离和哲学认识论学科趋于成熟的表现，但由于其避开客体而探讨主体，所以近代认识论在哲学基础上往往烙印着唯心主义的特征。

以主体为轴心反思主体的思维模式，作为近代西方的哲学传统，基本上为现代西方哲学所继承和遵循。作为认识论研究轴心或出发点的主体，在现代西方哲学各个派别那里，其侧重点各有不同。总的说来，从逻辑主义到历史主义和新历史主义的科学哲学家们，其出发点主要是主体的逻辑理性方面，而人本主义哲学家们思辨的轴心则基本上是主体的非理性因素。虽然这两大派别在当代已出现合流的趋势，在研究轴心或出发点上倾向于把握作为知、情、意有机统一的主体性结构，但在反思对象上却仍未摆脱近代认识论的致命伤。

正当现代西方哲学沿着近代认识论研究范式向前演进的时候，随着马克思主义认识论的创立，人类认识论史上又出现了一个重大的思维模式转换。马克思主义认识论将实践概念引入认识论，强调主体认识来源于对客体的实践改造活动，从而揭示了认识活动中主客体的动态双向关系即实践关系和认识关系。同时，由于马克思主义经典作家的主要任务是创立认识论的唯物主义，认识活动的客体制约性也就自然而然地成为他们研究活动的聚焦点。由此可见，规定早期马克思主义认识论发展方向的是这样一种思维模式：以客体为轴心考察主客体关系。

以客体为轴心考察主客体关系的思维模式是人类哲学思维的巨大进步。考察对象的转换，使马克思主义认识论第一次自觉地将认识现象的研究置于唯物主义的基础之上，避免了脱离客体而抽象地思辨主体的片面性。这一转换，即使是在今天，也仍是我们发展马克思主义认识论的基础。但是，这一思维模式的轴心或出发点，不可避免地会导致对认识主体性的忽视。考虑到马克思主义认识论创立时期的特定任务及其经典自然科学基础,这种思维模式在今天已只具有历史的意义了。在非经典自然科学中认识的主体性空前突出的今天,实现思维模式的新的转换,突破认识的主体性问题,是我们在发展马克思主义认识论上作出重大突破的首要前提。

那么,新的思维模式应该是怎样的呢?在这个问题上,皮亚杰的发生认识论给了我们有益的启示。他认为,"认识起因于主客体之间的相互作用,这种作用发生在主体和客体之间的中途",但是从发生学上说,一开始"既不存在一个认识论意义上的主体,也不存在作为客体而存在的客体",二者都是主体活动的结果,所以他的"这种认识论首先是把认识看作是一种继续不断的建构"。由于皮亚杰既高度重视认识的主体性,又将认识看作是主客体相互作用的结果,故"这种认识论引起我们对主体活动的注意,但又不流于唯心论,这种认识论同样地以客体作为自己的依据,把客体看作是一个极限"①。由此可见,皮亚杰已经以雏形的形式构建了一种新的认识论研究的思维模式:以主体为轴心审察主客体关系。以主体为轴心或出发点,皮亚杰得以通过对主体内部结构的建构和主体运用内部结构对客体的建构的深入探究,充分展示了主体认识活动的能动性和创造性。也正因如此,法国著名马克思主义者 L. 古德曼把皮亚杰的认识论思想推为马克思之后人类哲学思维的又一里程碑②。

不过,上述皮亚杰认识论的思维模式还有待拓展和完善。作为皮亚杰认识论的轴心或出发点的主体,还不具有完整的主体性结构(知、情、意)。皮亚杰着重注意的是主体的逻辑数理结构及其发生和发展,由此出发,往往容易导致认识论上的"知识本位主义"。我们完全有根据认为,这是现代西方哲学中唯科学主义思潮在皮亚杰发生认识论上的消极投影。

当前,深化马克思主义认识论研究,首先应该实现思维模式由以客体为轴心考察主客体关系到以主体为轴心审察主客体关系的转换。在这种转换中,要着力探讨作为知、情、意有机统一体的主体性结构在认识活动中的展开和在认识结果中的投射,从而真正全面地说明主体在认识活动中的

---

① 皮亚杰. 发生认识论原理. 北京:商务印书馆,1997:19—22.

② KOLAKOWSKI L. Main currents of Marxism. Vol. 3. Oxford,1981:325.

能动性和创造性。唯有如此，我们方能在马克思主义认识论研究中作出实质性的突破。

三、研究层次的转换

以主体为轴心审察主客体关系的思维模式的确立，必然对认识论研究的思维聚焦点或中心问题产生重要影响，导致认识论研究层次的转换，即由认识活动的社会层次转换到主体思维层次。

以客体为轴心考察主客体关系是以往马克思主义认识论的思维模式，其特点是强调认识活动的客体制约性，因而主体的认识活动何以可能的问题自然而然地成为其主要研究课题。对于这一问题，以往马克思主义认识论事实上也作出了科学的回答。它认为，认识活动之发生，是基于主体社会实践活动的需要；主体的认识活动虽然受到客体的制约，但主体能够通过实践能动地作用于客体，获取客体的信息，实现对客体的认识，并使之在实践中得到检验、修正和丰富；人类社会实践活动是不断发展的，因而人对客体的认识也会不断趋于完善。这就形成了以往马克思主义认识论关于认识过程的动态图式：实践、认识、实践……可见，构成以往马克思主义认识论研究课题的，实质上是认识活动的社会机制问题，亦即认识活动的价值定向和价值实现的问题。

我们将以主体为轴心审察主客体关系视为当代马克思主义认识论研究应有的思维模式，其主旨在于强调认识活动的能动性和创造性，于是，认识活动怎样进行的问题也就顺理成章地成为当代马克思主义认识论研究的主要课题。显然，要真正解决这一课题，仅仅停留在认识活动社会机制的考察上是远远不够的，而必须从认识活动的社会层次转换到主体思维层次。这就是说，必须具体地研究主体认识活动的思维机制，研究主体到底是怎样在思维中对客体信息进行接收和加工的。可见，认识论研究层次的转换，是其思维模式转换的逻辑结果。

早在 20 世纪 80 年代，随着认识论研究的深入，人们对认识论研究层次转换的必要性的认识就已日渐明确。但是，在如何转换、转换到哪里的问题上，却存在着深刻的方法论危机。

当时报刊文章中最多的是"微观认识论"的提法。其倡导者们认为，经典马克思主义认识论是一种"宏观认识论"，马克思主义认识论的现代形式则应该是"微观认识论"。但是，对于什么是"微观认识论"，论者们的意见却颇呈纷纭，并由此又导致对所谓"宏观认识论"的不同理解。归纳起来，大致有三种看法：第一，对象的"微观认识论"。这种看法认为，以往马克思主义认识论依据的是以宏观低速运动物体为对象的经典自然科学，因而也只适合于解释对宏观世界的认识现象；非经典自然科学将宏观世界的运动规律视为微观客体运动规律的极限，因而只有总结研究微观客体运动规律的非经典自然科学而建立的"微观认识论"，才能完整地解释人类的一切认识活动。第二，关系的"微观认识论"。它认为，以往马克思主义认识论研究的是意识与外部世界的关系，而忽视了主体的意识与其大脑之间的关系；所谓"微观认识论"，就是要研究上述两种关系之间的关系。第三，方法的"微观认识论"。它认为，以往马克思主义认识论对认识活动的描述过于概略、一般，而马克思主义认识论的现代形式即"微观认识论"，则应该着重弄清认识活动的细节，以此充实马克思主义认识论的具体内容。

在我看来，在上述诸见解中，隐伏着种种方法论上的混乱。

首先，所谓对象的"微观认识论"，看到了以往马克思主义认识论在自然科学基础方面的历史局限，认为马克思主义认识论的现代形式应该总结非经典自然科学成果，这当然是值得肯定的。但是，众所周知，认识论研究的是认识现象，而物质世界的不同层次则是各门具体科学的研究对象。以物质世界的不同层次划分"宏观认识论"与"微观认识论"，显然是混淆了哲学认识论与认识活动的学科部门之间的关系。

其次，所谓关系的"微观认识论"认为，主体的意识与大脑之间的关系是以往马克思主义认识论中的薄弱环节，这无疑是事实。然而，关系并无大与小之别、"宏观"与"微观"之分，因为"宏观"与"微观"是尺度概念。因此，以关系的不同层次（而且还不是同一关系的不同层次）来划分"宏观认识论"与"微观认识论"也是没有根据的。

再次，所谓方法的"微观认识论"将"微观"理解为一种方法，其出发点是正确的。但是，如果认为只要将以往马克思主义认识论对认识活动的描述弄得更细致、具体，就能创立马克思主义认识论的现代形式，这种想法就不免过于天真。由于没有实现思维模式的转换，这样做至多只能使以往马克思主义认识论研究的认识活动的社会机制在细节上更为完善。至于它也被称为"微观认识论"，那不过是人们酷好新名词而已。

最后，几乎所有"微观认识论"的倡导者都认为，以往马克思主义认识论作为一种"宏观认识论"已经过时，这实在是最大的误解。正如前述，以往马克思主义认识论研究的主要是认识活动的社会机制，而没有具体探讨认识活动的思维机制。实际上，任何认识活动都是其社会机制和主体思维机制共同起作用的结果，因为任何认识活动都涉及知识和价值两个方面，社会机制主要调节认识活动的价值定向和判定价值目标是否实现，思维机制则主要是通过接收和加工客体信息而形成关于客体的知识。没有思维机制的作用过程，主体不可能产生关于客体的知识，从而认识活动的价值目标也不可能实现；而如果没有社会机制的作用，主体的认识活动就不可能发生，主体关于客体的认识也不可能得到真伪的最后判定。可见，以往马克思主义认识论不是作为一种"宏观认识论"已经过时，而是其研究课题有待拓展。

综上所述，我认为"微观认识论"的提法是值得推敲的。这一提法不仅体现不出马克思主义认识论现代形式的特征，而且往往在理论上引起混乱。"微观"概念只是一种形象化的说法，它仅仅只有方法论上的意义，而且只有在上述新的思维模式带来的研究层次转换中才具有这种意义。

在具体的认识活动中，对于特定的个体主体来说，首先是客体的信息作用于大脑，然后大脑神经系统机能以及附着于其上的思维机能通过接收和加工这些信息产生意识，实现对客体的认识。在以往马克思主义认识论研究认识活动的社会机制时，认识主体实际上是作为主体的社会即社会主体，而社会主体是不具有大脑神经系统的。因此，在以往马克思主义认识论中，自然也就不存在大脑怎样接收和加工客体信息即思维机制的问题。

可见，我们前述从社会层次向思维层次的转换，也就是从社会主体层次向个体主体层次的转换。在这里，"微观"概念的方法论意义才真正呈示出来：只有研究作为社会主体构成分子的个体主体的具体认识过程，才能揭示出认识活动的思维机制。

第一章　认识、反映和知识

认识是什么？如何看待认识的本质？这是认识论的核心问题，也是一切认识论都要探讨和回答的问题。马克思主义哲学将唯物辩证的原则和实践的观点运用于考察人类的认识现象，认为认识本质上是一种能动的反映活动。马克思主义认识论就是能动的反映论。

一、认识是人脑对世界的能动反映

在马克思主义哲学产生以前，哲学家们早已在探讨和争辩着认识的本质问题。从哲学认识论发展的内在逻辑看，人类关于认识本质的理论经历了从机械反映论到观念要素组合论，再到能动的反映论的发展过程。

唯物主义哲学从物质第一性、意识第二性的基本前提出发，认为客观世界独立于人的意识而存在，认识不过是客观世界在人脑中的反映。反映论是唯物主义的原则贯彻于认识本质问题的必然理论结论，一切唯物主义认识论都是反映论。但是，马克思主义哲学产生以前的旧唯物主义认识论，实质上是一种机械反映论。机械反映论从生物学的直观出发去理解人的认识，把认识看作如同动物的心理活动一样，只是一种因受到环境的刺激而引起的消极、被动的反映，因而这种以直观为基础的机械反映论又称为消极被动的反映论。旧唯物主义认识论肯定认识是人脑对客观世界的反映，坚持了"从物到感觉和思想"的认识路线，并由此强调了认识的客观性，这是正确的。但是，它把人的认识与动物的本能混为一谈，把认识仅仅看成是被动地接受外界刺激的活动和直观的感受过程，则是完全错误的。按照这种观点，反映就是把外部世界的对象简单地移入人的头脑中来，人脑所反映的对象与外界对象只是存在形式不同，在内容上没有本质的区别，这就难以说明人的认识的创造性特点。究其原因，就在于旧唯物主义认识论没有实践的观点。由于离开社会实践去考察认识的本质，旧唯物主义认识论只看到了人在认识中为对象所决定的一面，而看不到人对对象的改造的一面，不懂得人是在改造对象的同时认识对象的，因而只能把认识理解为一种对对象的静态的、死板的、照镜子式的映现。完全忽视人的认识的能动性，这是旧唯物主义认识论关于认识本质理论的致命弱点。机械反映论实质上是从对象或客体方面去考察认识的本质而得出的认识论理论。

鉴于机械反映论从对象或客体方面看认识无法说明人类认识特有的能动性，唯心主义认识论试图从主体方面揭示认识的本质，提出了各种形式的观念要素组合论。西方近代哲学家贝克莱、休谟、康德等人都是观念要素组合论的代表。贝克莱认为认识是观念要素的集合，休谟把认识看成主观感觉的组合，而康德则断言认识是人在思维中运用先天的知识形式综合统一经验的知识内容的结果。认识本质问题上的观念要素组合论同样也表现在现代西方哲学中。例如，法国生命哲学家柏格森提出"理智交融"说，认为认识就是人借助于直觉（理智的交融）而达到的主观意识与客观对象的"融合"状态；而批判实在主义的"特性复合体"理论则主张，人是通过"特性复合体"这一媒介认识外界事物的，"特性复合体"是由实际感受到的印象唤起认识的印象、再引起意义观念所构成的"性质群"，人通过它而对外界事物的认识不过是感觉的性质和意义的结合物。毫无疑问，观念要素组合论强调了认识的能动特点。但是，它从唯心主义的前提出发，坚持"从思想和感觉到物"的认识路线，否定认识的客观来源，把认识看作是人脑主观自生的，这就完全陷入了先验论的错误。同时，与旧唯物主义认识论一样，唯心主义认识论也不懂得社会实践这种"感性活动"的意义，因而并没有为认识的能动性找到现实的基础，只能对它作出纯然主观的解释。

在认识的本质问题上，旧唯物主义认识论从客观方面看认识，正确肯定了认识的客观性，但却无法说明认识的能动性；与此相反，唯心主义认识论从主体方面看认识，突出地强调了认识的能动性，却又因其错误的哲学前提不能对它作出科学的解释，并且还完全否定了认识的客观性。正如马克思所说："从前的一切唯物主义——包括费尔巴哈的唯物主义——的主要缺点是：对对象、现实、感性，只是从客体的或者直观的形式去理解，而不是把它们当作人的感性活动，当作实践去理解，不是从主体方面去理解。因此，结果竟是这样，和唯物主义相反，唯心主义却发展了能动的方面，但只是抽象地发展了，因为唯心主义当然是不知道现实的、感性的活动本身的。"① 因此，无论是旧唯物主义认识论还是唯心主义认识论，都没有能够正确解决认识的本质问题。

马克思主义认识论首先肯定认识是人脑对客观世界的反映，明确地坚持了唯物主义反映论，认为反映论就是"思想反映对象的理论，……物存在于我们之外。我们的知觉和表象是物的映象"②。但是，与旧唯物主义认识论根本不同，马克思主义认识论是建立在科学实践观基础之上的。正如普列汉诺夫所说："费尔巴哈说我们的'我'只是因为受客体的影响才认识了客体。马克思反驳道：我们的'我'因为自己对客体的影响才认识了客体。"③ 人与对象、主体与客体之间的关系，不仅是反映与被反映的关系，而且首先是改造与被改造的关系。人们通过实践活动主动地影响和改造着客观世界，在实践过程中客观世界的本质、规律不断地得到揭示和暴露，并不断地反映到人们的头脑中来，由此不断地实现着人与对象、主观与客观之间的辩证转化。因此，建立于实践基础之上的认识，是人对客观

① 马克思，恩格斯. 马克思恩格斯选集：第1卷. 2版. 北京：人民出版社，1995：16.
② 列宁. 列宁全集：第18卷. 北京：人民出版社，1959：108.
③ 普列汉诺夫. 普列汉诺夫哲学著作选集：第3卷. 北京：生活·读书·新知三联书店，1962：146.

世界的主动积极的亦即能动的反映。马克思主义认识论从实践方面来理解认识的本质，不仅克服了旧唯物主义认识论的机械性和直观性，同时也克服了唯心主义认识论的抽象性。实践的观点是马克思主义认识论的首先的和基本的观点，而以科学实践观为其理论基础的马克思主义认识论则是能动的反映论。

认识是人脑对世界的能动反映，这种能动的反映活动具有摹写性和创造性两个基本特点。

首先，反映具有摹写性。所谓反映的摹写性，是指人的认识总是对某一事物的反映，它必须以客观事物为原型，力求把握事物的本来面目，反映的内容就是客观事物的属性、状态、关系、本质和规律。反映具有摹写性，决定了反映的客观性。客观性是衡量人的认识反映客观事物全面和深刻程度的标尺。因此，摹写是反映概念的基本内涵之一。不过，我们应该正确地理解反映的摹写性。第一，认识对客观事物的摹写决不是直观的描摹，而是人在实践过程中对客观事物的主动揭示和探求，它不仅要把握事物的现象，而且要深入事物的内部，把握事物的本质和规律；第二，反映中的摹写不同于照镜子式的映现，而是具有中介性，它实质上是主体、客体、中介的三项运动，通过一定中介（工具、方法、手段等等）的作用，主体不断影响客体又不断向客体接近，从而在思维中不断把握客体，而客体也在主体中直接地或曲折地映现自己；第三，这种摹写活动也不是一次完成的，而是具有阶段性和等级性，表现为由事物的一级本质到二级本质以至无穷级本质的逐渐深化和不断前进。

其次，反映具有创造性。反映的创造性，是指人对对象的反映，不仅要反映对象的现存状态，而且要在摹写对象的基础上，根据自身的需要和对象的客观规律，追寻和建构起合乎目的的理想存在物。反映并不排斥创造，相反，创造是反映的又一基本内涵。创造性从根本上把人的反映与动物的感觉和心理区别开来，它是反映的主体性、能动性的基本标志。反映的创造性主要表现在如下几个方面：

第一，选择性。人在反映对象之前，总是先反映自身、明确自身的需要，然后再根据自身的需求去反映对象。因此，人对对象的反映，不是照镜子式的原样照录，而是有意识、有目的的选择过程；只有合乎人的目的和需要的客体信息，才能进入人的认识过程，为人的意识所反映。

第二，建构性。人的反映活动力求把握事物的本质，但事物的本质是隐藏在大量现象之中的，为此就需要分析事物的现象及其属性，找出其内在联系，并在分析的基础上对事物的各种特性加以综合和建构。在反映过程中，人们总是运用一定的内部结构去加工整理对象，将所选择的客体信息加以重新组合，实现对反映对象的观念重构或再造。只有如此，才能获取关于客体的完整映象。

第三，超前性。人的认识不仅能反映现实对象，而且在掌握客观规律的基础上，能够预见未来，反映现实中尚不存在而只有在将来才会出现的对象。人的这种超前反映能力，是建立于实践基础之上并在实践中发展起来的。马克思曾说，人在"劳动过程结束时得到的结果，在这个过程开始时就已经在劳动者的表象中存在着，即已经观念地存在着"①。这种"观念地存在着"的结果，就是未来实践结果在人的意识中的超前反映。而超前反映之所以可能，就在于人的实践活动是一个合目的合规律的过程，超前反映的内容能够通过实践变成现实。

第四，人对客观世界的反映通过指导改造客观世界的实践活动，能够"改变世界"或"创造世界"，这是反映的创造性最突出的表现。反映"改变世界"或"创造世界"，不仅是说它通过实践能复制或强化世界的变化过程，而且还意味着它借助于一定的物质手段，可以创造出客观世界的自发发展过程永远不会产生的东西。当然，反映对客观世界的改变或创造，只有通过实践的途径才有可能。离开了社会实践，反映这种精神性的东西对客观世界就什么也不能实现。

总之，对于作为认识本质的反映，必须从摹写和创造两个方面来把握。看不到反映的摹写性，就会陷入否定认识客观性的唯心主义；另一方面，如果把反映完全等同于摹写、忽视反映的创造性，那就无法解释认识的能动性，从而又会重复旧唯物主义认识论的错误。在人对客观世界的反映中，摹写是创造性的摹写，创造以摹写为前提和基础；反映是摹写与创

---

① 马克思，恩格斯. 马克思恩格斯全集：第23卷. 北京：人民出版社，1972：202.

造的统一，它既具有客观性又具有主观能动性。这就是马克思主义认识论的能动的反映概念。

二、反映是人与世界关系的一个重要方面

人与世界的关系是马克思主义哲学的总体对象，也是马克思主义认识论的具体研究课题。人与世界之间具有两重基本关系，一是改造与被改造的关系即实践，二是反映与被反映的关系即认识。通过这两重关系或两种联系方式，人与世界之间不断地进行着物质、能量和信息的交换。

马克思主义的能动反映论不仅与旧唯物主义认识论和唯心主义认识论对立，而且也从根本上反对了哲学上形形色色的不可知论。不可知论是一种怀疑人类正确认识世界的能力、否定科学认识的客观可靠性的哲学观点。在西方哲学史上，休谟和康德是不可知论的著名代表。休谟认为，我们所能知道的只限于自己的感觉，至于在我们的感觉之外是否存在着一个客观世界，这是既不能加以肯定也不能加以否定亦即完全不可知的问题。在康德看来，在我们的感觉之外存在着一个"自在之物"或"物自体"的世界，我们的感觉就是"物自体"作用于我们的感官而引起的；但是，我们的感觉经验只有经过先天的直观形式和先验范畴的综合统一，才能形成有条理的知识，建立起具有确定性质的对象，而这些经过思维综合统一后的内容与"物自体"本身已经完全不同了。因此，康德认为，我们只能认识现象界，而现象界是由意识构成的；要认识"物自体"或"自在之物"，则是永远也不可能的。在现代西方哲学中，不可知论的论调仍然不时地出现，但大多不过是休谟和康德不可知论的翻版。

不可知论的错误在于，它把感觉当作人的意识与客观事物之间的屏障，由此在人的认识与客观世界之间掘起了一道不可逾越的鸿沟，从而从根本上割裂了人与世界的关系。休谟主张的是客观世界是否存在的不可知论，它完全取消了认识中人与世界的关系问题；康德虽然承认"自在之物"亦即客观世界的存在，但认为我们只能认识事物的现象，不能认识

"自在之物"本身，因而他所主张的实际上是客观世界本质的不可知论，同样也否定了认识是人与世界关系的一个重要方面。就其哲学倾向而言，不可知论是唯心主义形而上学的。

历史上的许多唯物主义哲学家和一些彻底的唯心主义哲学家，在坚持可知论的前提下，曾经从不同的角度批判过不可知论的观点。其中，黑格尔对不可知论的批判具有特殊的历史地位，"凡是从唯心主义观点出发所能说的，黑格尔都已经说了"①。针对康德的不可知论，黑格尔指出，本质和现象是统一的，本质就存在于现象之中并通过现象表现出来；在本质与现象之间并没有不可逾越的界限，人们可以通过认识现象去把握本质，因此，康德的不可知的"自在之物"不过是"没有真理的空洞的抽象"。黑格尔对不可知论的批判包含着丰富的辩证法思想，曾受到恩格斯和列宁的高度评价。继黑格尔之后，费尔巴哈对不可知论又附加了唯物主义的批判。他认为，现象与"自在之物"并没有原则的差别，不能将现象与本质截然分开，康德的不可认识的"自在之物"只是一种没有实在性的想象物；康德哲学使真理和现实分开，这就不可避免地要走向唯心主义。费尔巴哈针对不可知论的错误观点，提出了许多睿智、俏皮的见解。他说，"人的感官不多不少，恰合在世界的全体中认识世界之用"②；我的局限性并不是别人的局限性，我认识不到的，别人可以认识到；现在认识不到的，将来可以认识到。不过，费尔巴哈"所增加的唯物主义的东西，与其说是深刻的，不如说是机智的"③。

以往的哲学家对不可知论的批判，在哲学认识论史上具有十分重要的理论意义。但是，他们都把思维与存在的同一性亦即人能否正确认识世界的问题当作一个纯粹的理论问题，局限于理论思维范围内提出证据，因而并未彻底驳倒不可知论。事实上，人的认识能否超越自身达到存在，在认识中人与世界是否具有统一性，亦即人的思维是否具有客观的真理性，这在主观的范围内，仅靠理论上的争辩，是无法得到解决的。对此，马克思

① 马克思，恩格斯. 马克思恩格斯选集：第4卷. 2版. 北京：人民出版社，1995：225.
② 费尔巴哈. 费尔巴哈哲学著作选集：下卷. 北京：商务印书馆，1984：630.
③ 同①.

指出："人的思维是否具有对象的真理性，这并不是一个理论的问题，而是一个实践的问题。人应该在实践中证明自己思维的真理性，即自己思维的现实性和力量，亦即自己思维的此岸性。"①

马克思主义认识论从实践观点出发，不仅一针见血地指出了不可知论的理论错误，而且回答了不可知论所提出的问题，从而有力地驳斥了不可知论的观点。恩格斯说，对不可知论"以及其他一切哲学上的怪论的最令人信服的驳斥是实践，即实验和工业。既然我们自己能够制造出某一自然过程，按照它的条件把它生产出来，并使它为我们的目的服务，从而证明我们对这一过程的理解是正确的，那么康德的不可捉摸的'自在之物'就完结了"②。实践是一种主观见之于客观的活动，它能够有效地检验人的认识的客观真理性。同时，通过实践，思维与存在、主观与客观之间可以相互转化。因此，在思维与存在、主观与客观之间并没有什么不可逾越的鸿沟；感觉、认识也不是人与世界之间的屏障，相反，它们恰恰是人与世界相互联系的通道。世界上只有人们尚未认识之物，而根本不存在什么不可认识之物。随着人类实践的发展，原来尚未认识的事物逐渐进入人类的认识领域，与此相应，人对世界认识的广度和深度不断地得到提高。总之，只有建立在科学实践观基础上的马克思主义认识论，才彻底驳倒了不可知论，真正说明了认识中思维与存在、主观与客观、人与世界的统一性。

马克思主义认识论认为，认识活动中人与世界的统一是通过人对世界的能动反映而实现的。反映是人观念地把握世界和实践地改造世界中的一个基本环节。

观念是标志人的主观世界的总体性范畴，它是客观世界在人脑中的表现形式。"观念的东西不外是移入人的头脑并在人的头脑中改造过的物质的东西而已"③。观念把握是人所特有的一种意识活动。动物并不对世界产生任何观念，动物的活动与其对象融为一体，世界对动物是以直观的形式呈现的。人则不同，人对世界的认识是以观念为中介的，他能够将客观世

---

① 马克思，恩格斯. 马克思恩格斯选集：第1卷. 2版. 北京：人民出版社，1995：78.

② 马克思，恩格斯. 马克思恩格斯选集：第4卷. 2版. 北京：人民出版社，1995：225-226.

③ 马克思，恩格斯. 马克思恩格斯选集：第2卷. 2版. 北京：人民出版社，1995：112.

界"移入"头脑中进行观念加工和改造，从而实现由客观世界向主观世界、由客观存在向观念形态的存在的转化。同时，人的观念并不仅仅停留于主观状态，观念对人的意义也不限于在头脑中对客观世界的改造。通过人对客观世界的实践改造活动，观念的东西能够变为现实的东西，观念形态的存在能够转化为现实的存在。反映就是将人观念地把握世界与实践地改造世界、由客观存在向观念存在转化与由观念存在向现实存在转化联系起来所必不可少的纽带。

反映在人与世界关系中的重要地位，是由反映的多重内容及其本质特点决定的。

首先，反映包括对世界的物的尺度的反映。所谓物的尺度，是指客观事物存在和发展本身所固有的内在规律。对世界的物的尺度的反映属于人的对象意识，它直接指向客观事物本身，目的在于获取不依赖人的知识和真理。在认识活动中，一方面，人总是力图按照客观事物的本来面目去反映事物，尽可能使关于事物本质和规律的认识具有客观性；另一方面，人的认识实际上又不可能具有纯粹的客观性，因为客观事物一经反映到人的意识中来，转化为观念形态的存在，就必然成为带有主观性的东西，而如果客观事物不反映到人的意识中来，又不能为人的观念所把握。这样，主观性和客观性就成为人对世界反映过程中的一对基本矛盾。这一矛盾是在人类认识和实践长期发展的历史过程中不断地得到解决的。而且，主观与客观之间每一次新的统一的实现，都标志着人的认识对客观事物的本来面目更接近了一步，人对世界的物的尺度的反映更深化了一层。

其次，反映也包括对人的内在尺度的反映、对自我的反映。人对其自身或自我的反映，属于反省的意识或自我意识，它是关于人自身区别于他物的性质、地位、作用以及由此而形成的人与他物的关系等问题的认识。"人起初是以别人来反映自己的。名叫彼得的人把自己当作人，只是由于他把名叫保罗的人看作是和自己相同的。因此，对彼得来说，这整个保罗以他保罗的肉体成为人这个物种的表现形式"①。在自我意识的进一步发展中，人又通过自己活动的结果而反观自己，并以此为基础进行自我分析和

① 马克思，恩格斯. 马克思恩格斯全集：第23卷. 北京：人民出版社，1972：67.

自我评价。对人的内在尺度的反映，是对自我的反映的最重要方面。人的内在尺度，也就是与人的本质力量相适应的人的需要；对人的内在尺度的反映，形成人的一切活动的目的性和方向性。人的需要不是永恒不变的，在历史发展过程中它随着人的本质力量的提高而不断地增长着，与此相应，人对其内在尺度的反映也是不断发展的。

最后，反映还包括对人的内在尺度如何运用到物的尺度上的反映。对世界的物的尺度的反映与对人的内在尺度的反映是内在关联着的，它们是人对世界观念把握的统一过程的两个方面。一方面，人对其自身需要的认识、对其内在尺度的反映，以人对世界的物的尺度、对客观事物的规律的认识为前提，人能否意识到自身的需要以及在何种程度上认识自身的需要，取决于人对客观事物的认识的全面和深刻程度；另一方面，人又总是根据其内在尺度有选择地反映客观世界某一领域、方面或某一层次的规律，并且，人对世界的物的尺度的反映，其最终目的是服务于人对自身需要的反映和满足。人们"对自然界的独立规律的理论认识本身……其目的是使自然界……服从于人的需要"①。当然，要将对世界的物的尺度的反映与对人的内在尺度的反映现实地统一起来，根据对客观事物的规律的认识去满足人的需要，只有通过人对世界的实践改造才有可能将人的内在尺度运用到物的尺度上，也就是实践地改造世界的活动，因此，对人的内在尺度如何运用到物的尺度上的反映，属于人的实践意识。在实践活动中，人既按照物的尺度又按照人的内在尺度去改造世界，因而既体现出合规律性的特点又体现出合目的性的特点。由于有了对人的内在尺度如何运用到物的尺度上的反映即实践意识，所以人对世界的实践改造与动物的本能活动具有本质的区别。正如马克思所说："动物只是按照它所属的那个种的尺度和需要来建造，而人却懂得按照任何一个种的尺度来进行生产，并且懂得怎样处处都把内在的尺度运用到对象上去，因此，人也按照美的规律来建造。"②

总之，反映不仅包括对世界的物的尺度的反映，而且包括对人的内在

---

① 马克思，恩格斯. 马克思恩格斯全集：第46卷：上. 北京：人民出版社，1979：393.

② 马克思，恩格斯. 马克思恩格斯全集：第42卷. 北京：人民出版社，1979：97.

尺度、对自我的反映，对人的内在尺度如何运用到物的尺度上的反映。反映既表现为对象意识和自我意识，也表现为将自我与对象、人与世界观念地统一起来的实践意识。因此，反映是人与世界关系的重要内容之一。

三、反映概念的历史发展

马克思主义的能动的反映论的创立，标志着人类哲学认识论发展的一个全新的阶段。科学的反映概念的形成，在人类认识史上经历了一个漫长的历史时期。

反映概念的历史发展，既与人类科学认识的总体进步程度相适应，也与人类哲学思维的时代水平密切相关。具体来说，反映概念在历史上的发展经历了三个基本阶段。

（一）具体科学概念阶段

"反映"（reflection）最初曾经是一个几何光学概念，是指当光波投射到不同媒质的边缘时，部分波返回到原媒质的现象。黑格尔说："反映或反思（reflection）这个词本来是用来讲光的，当光直线式地射出，碰在一个镜面上时，又从这个镜面上反射回来，便叫做反映。"[①] 在物体通过光波投射到一个镜面上又从镜面折射回来的过程中，必然会形成一个与原物体在外形上相一致的"映象"。这一现象与生物有机体的刺激感应特性乃至人的心理活动十分相似，于是，反映概念又被进一步引入生理学和心理学之中，用来说明机体对外界刺激作出的某种应答。与"反映"相关的还有"反应"和"反射"两个概念，这三个概念在科学研究中相互交叉渗透。特别是通过吸收其他两个概念的内容，反映概念的内涵不断得到丰富，其适用范围也不断拓宽，日渐成为一些学科可共同理解和应用的"横断性"范畴。这就为反映概念从特殊走向一般、从具体科学概念上升为哲学范畴提供了现实可能。

---

① 黑格尔. 小逻辑. 北京：商务印书馆，2013：243.

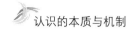

（二）旧唯物主义认识论的机械反映概念阶段

旧唯物主义的机械反映论的产生，标志着"反映"从科学概念向哲学范畴的转换。从人类哲学思维发展的内在逻辑看，这一转换是近代唯物主义认识论发展的内在需要。从 16 世纪开始，西方哲学史上出现了欧洲大陆唯理论与英国经验论的理论对峙。论战中的唯物主义派别要求有一个鲜明的、总体性的范畴来体现自己的立场，概括自己的理论特征，它必须能够包容这样一些内容：认识来源于客观世界，认识的发生是外界事物作用于人的感官的结果，感觉经验是一切认识的起点，认识能够达到与对象的一致或符合，等等。反映概念恰能适应这一需要。通过对具体科学的反映概念的哲学提炼，"反映"逐渐成为唯物主义认识论说明认识本质的基本范畴，而以反映范畴为核心的反映论，则成为唯物主义认识论的基本原则。

反映由科学概念向哲学范畴的升华，是人类认识的一个重大进步。但是，旧唯物主义认识论的反映概念带有明显的机械性和形而上学性。无论是洛克把反映解释为对象在主体心灵白板上留下的印记，狄德罗把反映视为自然界的事物在感官"键盘"上弹奏出的音符，还是费尔巴哈把反映看作是人对对象的感性直观，都是把反映过程理解为由客体到主体的运动；主体在他们那里都只能顺应客体、听命于客体并围绕着客体旋转。究其原因，就在于旧唯物主义离开社会实践去考察认识现象，看不到反映过程的积极主动性，特别是看不到反映过程中人与世界的辩证转化。"形而上学的唯物主义的根本缺陷就是不能把辩证法应用于反映论，应用于认识的过程和发展。"①

旧唯物主义认识论的反映概念所体现出的哲学思维水平，与近代科学和实践发展的整体水准是一致的。自 16 世纪以来，牛顿力学在自然科学中占据统治地位达 300 年之久，并成为一切自然科学方法上的楷模。在此情况下，大量的力学概念被转用到其他学科，机械力学原理被用来解释一切过程，以至 18 世纪的生理学仍然还在将反映与照镜子加以类比，认为

---

① 列宁. 列宁全集：第 55 卷. 2 版. 北京：人民出版社，1990：311.

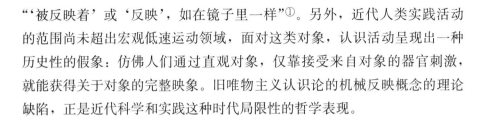

"'被反映着'或'反映',如在镜子里一样"①。另外,近代人类实践活动的范围尚未超出宏观低速运动领域,面对这类对象,认识活动呈现出一种历史性的假象:仿佛人们通过直观对象,仅靠接受来自对象的器官刺激,就能获得关于对象的完整映象。旧唯物主义认识论的机械反映概念的理论缺陷,正是近代科学和实践这种时代局限性的哲学表现。

(三)马克思主义认识论的能动反映概念阶段

马克思主义认识论在批判吸收旧唯物主义机械反映论理论内容的基础上,对反映概念作了进一步的提炼和改造,从而实现了反映概念的又一次转换,即从机械反映概念向能动反映概念的发展。

首先,马克思主义认识论从实践出发说明了反映的能动性。恩格斯指出:"人的思维的最本质的和最切近的基础,正是人所引起的自然界的变化,而不仅仅是自然界本身;人在怎样的程度上学会改变自然界,人的智力就在怎样的程度上发展起来。"② 在马克思主义认识论看来,人和自然界乃至整个世界之间首先是改造与被改造的关系,并由此才产生出它们之间的反映与被反映的关系。正是在这两重关系中,人们既改造着客观世界,也改造着自己的认识能力,不断地实现着人与世界之间的双向转化。

其次,马克思主义认识论把辩证法贯彻于反映论,认为反映是充满矛盾运动的辩证过程。就人们对具体事物的认识而言,反映要经过从生动的直观到抽象的思维再到实践的前进运动;从人类对整个世界的把握来看,反映又是实践、认识、再实践、再认识的循环递进。"认识是思维对客体的永远的、没有止境的接近。自然界在人的思想中的反映,应当了解为不是'僵死的',不是'抽象的',不是没有运动的,不是没有矛盾的,而是处在运动的永恒过程中,处在矛盾的产生和解决的永恒过程中的。"③

当然,在马克思主义认识论中,科学的反映概念也有一个逐步完善的过程。在马克思主义经典作家中,列宁较为系统地论述了马克思主义认识

---

① 波林. 实验心理学史:上卷. 北京:商务印书馆,2009:43.
② 马克思,恩格斯. 马克思恩格斯选集:第4卷. 2版. 北京:人民出版社,1995:329.
③ 列宁. 列宁全集:第38卷. 北京:人民出版社,1959:208.

论的反映论原则。列宁关于反映概念的思想经历了从《唯物主义和经验批判主义》到《哲学笔记》的发展。在前一部著作中，出于反对各种唯心主义认识论和不可知论的理论需要，列宁对反映概念的运用涉及的还只是认识结果与认识对象之间的一致、符合关系，其根本目的在于说明认识的客观根源和客体制约性，因而着重强调的是反映的摹写性，并常常将反映与摹写、复写、摄影等概念同等地加以使用。尽管如此，列宁在《唯物主义和经验批判主义》中所提出的反映论思想，已远远地超出了旧唯物主义认识论的水平。在该书中，列宁强调，认识是一个过程，应当辩证地思考；实践是认识的基础，实践的观点应该成为认识论的首先的基本的观点，等等。这些说明，《唯物主义和经验批判主义》一书是科学的反映概念形成过程中的一个重要历史阶段。

在后来的《哲学笔记》中，列宁则从总体上完成了由机械反映概念向能动反映概念的转换。列宁指出："智慧（人的）对待个别事物，对个别事物的摹写（＝概念），不是简单的、直接的、照镜子那样的死板的动作，而是复杂的、二重化的、曲折的……因为即使在最简单的概括中，在最基本的一般观念（一般'桌子'）中，都有一定成分的幻想。"[1] 在这部著作中，列宁极为重视反映的能动创造作用，认为"认识是人对自然界的反映。但是，这并不是简单的、直接的、完全的反映，而是一系列的抽象过程，即概念、规律等等的构成、形成过程"[2]；反映不仅摹写客观世界，而且创造客观世界。因此，《哲学笔记》中的反映概念，已是摹写与创造相统一的反映概念，它是马克思主义能动的反映论的核心范畴。

现代科学特别是现代思维科学理论，有力地证实了马克思主义认识论的能动反映概念的科学性。一方面，现代脑科学、神经生理学和心理学等学科，通过对人的意识活动的生理过程和心理过程的实验研究，表明人的意识和认识并非近代行为主义心理学所认为的那样是一种简单的"刺激-反应"活动，而是一种能动的反映过程，其中包括各种复杂的分析与综合、选择与建构，并且时常表现出超前反映的特点。正如苏联著名心理学

---

① 列宁. 列宁全集：第 38 卷. 北京：人民出版社，1959：421.
② 同①194.

家鲁宾斯坦所说："反映并不是由于对物的机械影响的消极感受作用而产生的静止的映象；客观实在的反映本身是主体的过程、活动，在这种过程、活动的进程中对象的映象变得愈来愈完全符合于自己的客体。"① 另一方面，信息论、人工智能等新兴学科，把人的思维反映活动看作是一种信息活动，通过人机类比和思维模拟，具体研究了反映过程中信息的获取、选择、整理、运演、使用和存储等各个环节，并以此为基础全面探讨了知觉、语言、概念、符号、推理、创造等各种反映机能。所有这些，都从不同的角度说明了人的认识是对客观世界的能动的反映，是摹写性与创造性的统一。

同时，现代自然科学的发展，也进一步丰富了马克思主义认识论的能动反映概念。19 世纪末 20 世纪初的自然科学革命，使人类认识由宏观低速运动领域深入了微观高速运动领域。现代自然科学关于微观高速运动物体的认识，在一定程度上表现出认识对象对认识主体的依赖性、认识主体与认识对象的不可完全区分性、认识结果的统计性及其与认识对象之间的非直接对应性等。不过，现代自然科学关于微观客体的属性和运动状态的研究，并没有否定马克思主义认识论的能动反映概念。恰恰相反，它通过揭示微观客体领域反映活动的一系列新的特点，进一步充实、深化了科学反映概念的辩证内容和理论内涵。

四、认识的本质与知识的本质

我们通常所谓的认识，既表现为一定的活动即认识活动，也表现为一定的结果即认识结果。知识就是认识活动的结果，是人类认识的成果和结晶。当我们说认识的本质是人脑对客观世界的能动的反映时，这一断言对于认识活动的结果即知识也是同样适用的。但是，除了与认识活动所共有的这种一般本质外，作为认识活动结果的知识还有其特殊本质。我们在这里所要讨论的知识的本质，就是知识的这种特殊本质。

---

① 鲁宾斯坦. 存在与意识. 北京：生活·读书·新知三联书店，1980：48—49.

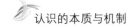

（一）知识本质理论的困窘

知识的本质或本性，历来是认识论的核心问题之一，有人甚至认为认识论（epistemology or the theory of knowledge）就是研究知识的性质、范围、前提以及知识所要求的一般可靠性的哲学部门。古往今来，围绕着这一问题，曾衍生出无数的认识论学说。

美国《哲学百科全书》"认识论史"条目的作者 D. W. 海伦姆认为，在西方哲学史上，只有柏拉图才配称为认识论的真正创始人，因为是他首次提出了什么是知识这一认识论的基本问题①。柏拉图对知识本质问题的探讨，在西方认识论史上开创了一个源远流长的经典传统。

柏拉图通过知识、无知和他称之为中间状态的信念之间的三重区别，曾建立起一种严格的知识概念。他认为，知识、无知和信念都是主体的心灵状态，但它们各自对应于不同的对象。知识的对象是存在的东西，反过来，无知的对象是不存在的东西；而信念的对象，则是介于存在与非存在之间的东西，也就是可感觉的世界。柏拉图尤其注重将知识与信念区别开来，认为可感觉世界处于恒常的流变之中，因而信念容易陷入错误；即使在可感觉世界中得到了一个问题的正确答案，它也不能构成知识，而只能构成真实的信念。知识则不同，它必然有一种给予问题答案所依据的理由的能力，因而它只能涉及可理解的世界即存在。这样，信念并不是知识，真正的知识是对不变的存在的洞悉，它本身是不变的，而且绝不可能有错误。

追随柏拉图之后，亚里士多德认为，知识涉及共相即形式，所以任何能够在判断中表达的知识，都必然包含着对形式之间的本质联系的领悟，而处于恒变中的任何东西都无法把握；对一种事物有所认识，就是指能把它包摄于种和属之下，由此而知道它的本质是什么。把事物包摄于种和属之下，就是对事物下定义。因此，定义是本质的陈述，而本质则是不变的。亚里士多德进一步把定义区分为名义定义和实在定义，前者只提供语词知识，只有后者才提供事物自身本质的知识，它包含着对事物的原因的

---

① 海伦姆. 西方认识论简史. 北京：中国人民大学出版社，1987：2.

解释。在亚里士多德看来，完善的知识是对本质的沉思，它必须是被充分表述和精确定义的，以便能被明确地理解；谬误和无知虽难以区分，但仍可由不当理解或缺乏理解来加以说明。

按照上述经典知识观，知识是对实在的理解。这种知识观，实质上是一种静态的形而上学的知识观。在柏拉图那里，知识是对存在的洞悉，而存在是不变的，知识也是绝对无误的。这种否定变化的观点虽曾遭到亚里士多德的反对，但亚里士多德的变化学说终究是不彻底的。对亚里士多德来说，知识是对本质的沉思，而定义是本质的陈述，仅当心灵没有充分把握本质的时候，定义才可能是有缺陷的，知识才是可误的；而一旦通过实在定义领悟了形式之间的本质联系，知识就永远是无误的，因为本质并非多变。可见，亚里士多德并未从总体上改变经典知识观的形而上学性质。

在西方认识论史上，经典知识观长期盘踞统治地位。直到 19 世纪，以詹姆斯、杜威为代表的实用主义哲学才提出一种新的知识观。与经典知识观相反，实用主义知识观认为，知识是有机体或人处理其生存环境或活动范围的一种方式，这种生存环境或活动范围是相对模糊的、非形式的、不确定的并处于连续的变化之中。为了适应这种生存环境，心灵这一人类有机体发展了的生物机能，吸取相对说来未成形的原料，并通过选择和定义学习怎样作出反应和回答，知识则是这一学习过程的结果①。因此，按照实用主义知识观，知识是人类有机体适应相对非形式的、非精确的、不确定的、连续变化的刺激源的过程的表述，它本质上是一种调整活动。借助这种调整，相对非形式的活动范围不断被建构到主体的生存环境中来。

显而易见，在对知识本质的看法上，实用主义知识观是对经典知识观的全面反叛。经典知识观与一种静态的实体-属性的形而上学密切相关，实用主义知识观则与适应-生存的工具主义有不解之缘。对实用主义知识观来说，就知识是在相对非形式的、不确定的范围中表达了一个被构造的世界而言，知识是由它的对象构成的。并且，它不需要一个现成的、具有不变本质的世界，因为人类有机体总是按其活动的可能性来构造自己的世界，实在永远是一个暂时而连续的过程。既然知识是人类有机体对环境的

---

① 梯利. 西方哲学史：下册. 北京：商务印书馆，1979：338-346.

一种调整或适应过程，那么被知者和知识本身就会连续不断地变化。同时，在经典知识观那里产生的无知与谬误的区分，对实用主义知识观已不再成为问题，因为如果将知识视为一种调整过程，那么谬误就是一种正面的失调，而无知则是在需要调整的地方缺乏调整。另外，实用主义知识观还坚决反对经典知识观把知识与信念作无误论的区分。实用主义知识观认为，知识与信念之间并没有一条不可逾越的鸿沟，知识乃是信念的一个适当部分；判定是否是知识的根本标准在于能否提供恰当的证据，知识就是以恰当证据为根据并不断为新的证据所确认的那部分信念。

但是，经典知识观与实用主义知识观之间的对立是一种僵硬的对立，它们代表着关于知识本质理论的两种极端倾向。经典知识观虽然肯定了知识是对实在的把握，看到了知识不同于信念，但其在夸大知识与信念之间的区别的同时，忽视了人在知识中的地位；实用主义知识观充分估计到了人在知识构建过程中的能动作用，阐发了知识与信念之间的联系，却又无视知识与客观实在之间的血肉相依关系。故此，从总体上看，实用主义知识观对经典知识观的反叛，其结果竟表现为人与实在的分离和尖锐对立：一方偏执于人，另一方沉溺于实在。知识本质理论的这一困窘表明，无论是经典知识观还是实用主义知识观，都没能科学地说明知识的本质。

（二）人类知识的基本类型

经典知识观与实用主义知识观的对立，有其深刻的认识论根源。知识总是与认识相联系的，总是一定认识活动的结果。人类的认识活动复杂多样，由此而获得的知识的类型也各异。在知识本质问题上，从不同类型的知识出发，往往会得出不同的理论结论，从而形成不同甚至完全对立的知识观。

根据人类知识的对象及其所要解决的问题，我们可以区分出三种不同类型的知识。

第一，描述性知识。描述性知识也称事实性知识，其对象涉及客观事物，其任务是理解客观事物的性质、状态及原因。描述性知识包括三种基本形式：（1）"知道是什么"，比如说知道事物的本质、属性及其规律等；

（2）"知道怎么样"，如知道事物的大小、长短、形状、颜色或状态等；

（3）"知道为什么"，当我们说我们知道某一事物变化的原因时，我们就有了关于事物为什么变化的描述性知识。

第二，程序性知识。程序性知识的对象是人的活动，它要解决的是"如何做"的问题。知道如何骑自行车、如何讲本族语言或者知道如何处理人与人之间的关系，这些都属于程序性知识的范畴。英国哲学家波兰尼曾把人的知识分为"言传知识"与"意会知识"。"意会知识"是一种内在的体悟，并且默然不能表达。程序性知识中相当一部分就属于这种"意会知识"，这是程序性知识的一大特点。例如，很多人能够熟练自如地骑自行车，但讲不清骑自行车的技巧；绝大多数人能够流利畅快地讲本族语言，却并不能清楚地说出语言的规则。

第三，评价性知识。这类知识的对象是人与事物或人与人之间的关系，其目的在于为人处理与外部世界的关系及决定对对象的取舍提供导向。如果你知道张三是一个好人或坏蛋，知道某一事物是有利的或有害的，你就有了关于该人或事的评价性知识。评价性知识本质上属于价值判断，但它仍然以一定的认识为基础，同样是一定认识的结果，因而我们也可以称之为价值知识。

在上述三类知识中，人与实在的地位是各不相同的。具体言之，在描述性知识中，事物或实在居于核心地位，知识就是对实在的把握或接近。而且，从传统的观点看来，人投入认识中的主体因素愈少，人对知识的影响愈微，知识的真理性就愈强，亦即愈能把捉住事物的本来面目。因此，在描述性知识中，人似乎是一个微不足道的旁观者。对程序性知识来说，情况就不一样了，知识天平上的砝码毫无疑义地倾落到了人的身上。虽然程序性知识仍须建基于实在的性质，但"如何做"这一问题的答案明显具有多向性，人们可以自己作出选择，并且各种选择之间允许有不一致的现象。通常，两个人都知道如何处理好与他人的关系，但他们的方法和风格却截然不同。这也就是说，与描述性知识相比，人在程序性知识中的地位大大地加强了。至于评价性知识，它本身就是人对外在对象（实在）能否满足自己的需要进行认知的结果，处于其坐标轴心位置的是人的需要，因

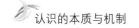

此，从根本上说，评价性知识是一种主体性知识。

人类的知识是由上述三类知识构成的有机整体，但经典知识观和实用主义知识观却是从某一特定类型的知识出发，然后进行外推并加以绝对化，得出其对知识本质的一般看法。经典知识观把知识视为对实在的理解，作为其样本的实际上是描述性知识，因而它漠然无视人在知识中的地位。与此相反，实用主义知识观则专注于后两类知识，特别是评价性知识，认为知识是人适应环境的产物并成为人进一步调整与环境之间关系的工具，从而又走向否弃实在的另一极端。对描述性知识来说，我们知道的东西我们都相信，但我们相信的东西却不一定能称为知识，所以经典知识观认为区分知识与信念是必要的；在评价性知识中，知识与信念则融为一体，我们所相信的东西，只要该信念是真实的（能提供恰当的证据），那么它就有资格称为知识，实用主义知识观正是这样来建立知识与信念之间的联系的。

不过，我们说在描述性知识中居于核心地位的是实在，而在评价性知识中起主导作用的是人，这只具有相对的意义。描述性知识虽然是对实在的理解，但它毕竟是人对实在的理解，不可能不受到人的因素的影响。并且，人在实在面前并非消极被动、无能为力。正如波普尔所说，人获取关于事物的知识的活动，与其说是随机摄影，倒不如说更像是有选择的作画过程。另外，评价性知识也不能完全以人的主观好恶为转移，否则，它不仅不能成为人适应环境的有效工具，甚至根本没有资格称为知识。由此看来，不论是经典知识观还是实用主义知识观，都只是从活生生的人类知识之树上撷取了片叶而不及其余，它们都犯了形而上学抽象化的错误，都属于知识本质理论中的畸形儿。

（三）知识本质理论的辩证重建

知识本质理论的困窘在于人与实在的分离，寻求人与实在的统一也就成为走出这一困窘的唯一现实途径。任何知识都是人所建构的，而任何正确的知识又都是关于客观实在的知识，因此，对知识本质的科学说明，必须同时包括人和实在这两个方面的因素。正是基于这一认识，一些现代西

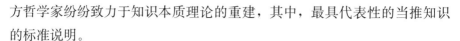

方哲学家纷纷致力于知识本质理论的重建，其中，最具代表性的当推知识的标准说明。

知识的标准说明，也称知识的三元定义，它由三个子句组成：

定义：a 知道 p，当且仅当

1．p；

2．a 相信 p；

3．a 对 p 的信念得到辩护。

在上述定义中，逻辑变项 a 代表人，p 代表命题。按照这一定义，任何知识都必须满足这样三个条件：第一个子句即 a 知道 p 则 p 是真的，这是知识的真理条件，假的知识不能算是知识；第二个子句即 a 知道 p 则 a 相信 p，这是知识的信念条件，它被认为是知识的最低要求；第三个子句即 a 知道 p 则 a 对 p 的信念得到辩护，这是知识的辩护条件，也是知识的保护性条件，通过它，知识与碰巧走运的猜测得以区分开来。总之，知识的标准说明把知识定义为得到辩护的真信念。

知识的标准说明无疑是对传统知识观的超越，它将人与实在（命题是对实在的陈述）同时包括在知识的定义中。更为重要的是，它从人的活动中把握知识的本质，把知识视为人的认识活动的结果；而人的认识活动又通过真理条件、信念条件和辩护条件与信念活动、辩护活动联系起来，从而突出强调了人在知识中的地位和作用。

但知识的标准说明仅仅敲响了科学知识观的大门，并没有彻底解决人与实在的关系问题。首先，标准说明定义的知识是命题知识，而只有描述性知识是由命题构成的，至于程序性知识（如知道怎样骑自行车）和评价性知识一般是无法化归命题的。所以，知识的标准说明并不适用于所有知识，至少可以说，它适用于科学知识而不适用于日常知识（常识）。其次，人们对知识的真理条件、信念条件和辩护条件可以有不同的理解（现代西方哲学的实际情况就是如此），这些不同的理解往往导致对标准说明的不同解释，这样，标准说明又需要进一步说明。所以，知识的标准说明尚未真正完成知识本质理论重建的任务。

依据知识的类型及特点，我们则提出知识本质的信息论说明。

信息论的创始人香农说："能否定义一个量，这个量在某种意义上能度量这个过程所'产生'的信息是多少？""量 $H = -\sum P_i \log P_i$……它作为信息、选择和不确定性的度量"[①]。在此，香农将信息定义为两次不定性之差：

$$I = S(Q \mid X) - S(Q \mid X')$$

其中，I 代表信息，Q 表示对某件事的疑问，S 表示不定性，X、X' 则分别表示收到信息以前和收到信息之后的关于 Q 的知识。

香农的信息概念在信息论中是颇有争议的，因为这一概念往往被认为过于狭窄。但它却十分适宜于定义作为信息的一个子类的知识，也就是说，知识就是不定性的减少。如果人对客观事物（实在）缺乏知识，这些事物对人而言就表现为是"不清楚的""不确定的"，这就叫作"不定性"。倘若人通过学习和认识了解了客观事物，获得了关于它的知识，那么就意味着不定性的减少，在特定条件下还可能表现为不定性的消除。

前述人类知识的三种基本类型一无例外地涵盖于知识本质的信息论说明之中。描述性知识标示着外在对象对人而言的不定性的减少，借助于它，人不再认为外在对象是悠忽不定、难以捉摸的，而是能把握它的规律或理解它的原因；程序性知识减少或消除了人的活动的盲目性，使人能自觉地控制自己的行为；而有了评价性知识，则表明人在对待自身与外部世界的关系上的不定性减少了，拥有了对对象选择取舍的依据或理由。

知识本质的信息论说明，内在地结合了人与实在、知识的主体与知识的对象两个方面的因素。对于单独的人或单独的实在来说，根本就不存在"不定性"的问题。无论是不定性的产生还是不定性的减少，都是人与实在相互作用的产物，其中，人居于决定性的地位。在这一点上，知识本质的信息论说明还包容了经典知识观和实用主义知识观各自的合理因素：知识作为不定性的减少，既是对实在的理解，又是人生存的有效工具——驾驭自然、社会并使人成为自身的主人的巨大力量。由此可见，知识本质的信息论说明在肯定知识与实在的相干性的同时，突出体现了人在知识中的

---

① 王雨田. 控制论、信息论、系统科学与哲学. 北京：中国人民大学出版社，1986：286.

能动作用。

不仅如此，信息论说明还彻底突破了知识本质问题上的形而上学观点。后者认为，知识是无误的，知识与无知、知道与不知道非此即彼。按照知识本质的信息论说明，知识是不定性的减少，而不定性的消除（完善的知识）只是知识的一个特例。从不定性开始减少到不定性的消除之间存在着一个广阔的中间地带，谬误和无知时常像幽灵一样在这里游荡。这正如罗素所作的幽默比喻：知识是一个程度上的问题，就像"秃"是什么意思一样，并不具有确定和毫不含糊的答案①。事实上，由于客观实在是不断变化的，人类的认识也总处于发展之中，不论是科学知识还是日常知识，只能是由较大的不定性趋向较小的不定性。在绝大多数情况下，不定性的完全消除或终极完善的知识只不过是人类所追寻的知识理想。

同时，通过知识本质的信息论说明，人类认识论史上关于知识与信念的区别之争也就迎刃而解了。信念也是一种不定性的减少，但信念的意义有强弱之分。信念的弱意义是指一种内在的或内心的不定性的减少；信念的强意义则不仅仅是内在的，它同时是信念主体对信念对象的不定性的减少。显然，强意义上的信念即真实的信念属于知识的范畴。由此，我们也就能够理解为什么我们所知道的东西我们一定相信，而我们所相信的东西却不一定是知识。

总之，知识就是人对客观实在的不定性的减少。这就是我们对知识本质理论所作的辩证重建。

---

① 罗素. 人类的知识. 北京：商务印书馆，1983：195.

第二章　认识的主体性与客观性

作为人对世界的观念把握和人脑对客观世界的能动反映，人的认识所特有的能动性和创造性，根源于人类能动改造客观世界的实践活动中形成的认识结构，并通过认识的一系列属性，特别是认识的主体性和客观性体现出来。因此，要深刻理解人类认识，必须深入研究认识的主体性和客观性。

一、认识的主体性的根据、内容和实质

主体性，作为认识论的一个属性范畴，指的是认识论意义上的人性，即处于一定认识关系中的人——认识主体的属性。所谓认识的主体性，则是指主体在认识活动中将自身因素即主体因素投入认识过程、融合和凝结于认识结果而使认识不可避免地带有的主体属性。

（一）认识的主体性的根据

认识的主体性，源于认识活动中的主体因素及其能动作用。作为认识主体的人的心灵决非像洛克所说的那样是一块"白板"，而是更像莱布尼

茨所说的"有纹路的大理石"。任何现实的主体都必有一定的主体结构，而我们所说的主体因素，实际上就是认识主体的结构要素。

主体结构由思维机能系统和神经机能系统两个部分构成。

主体的思维机能系统，也就是主体认识能力的构成系统，是主体思维中存在的、在认识活动中对认识对象起加工、整合作用的内部"装置"。它包括三个方面的要素。

（1）认知机能。认知是主体获取关于客体的知识或真理的基本能力，它是主体最为重要的思维机能。在认识活动中，主体的认知机能表现在对客体的分析、综合、归纳、演绎、类比、联想、选择、建构以及关于客体知识的存储和检验等各个方面，也体现在实践的目标、蓝图、方法的提出、制定和论证等各个环节。主体先前认识活动所取得的经验知识，是其认知机能的基础并决定其认知机能的发展程度。就其形成过程来看，主体的认识机能既内化着主体成长发育过程中活动和实践的经验，也积淀着社会教育的成果。一方面，主体的亲身经验在其认知机能的形成过程中具有重要地位；另一方面，由于科学和社会交往的发展，个体通过亲身经验来得到关于每一事物的直接知识已变得没有必要。事实上，我们的经验知识大部分是通过学习而间接得来的，因此，社会教育是主体认知能力发展的主要途径。一般说来，主体的经验知识越丰富，主体正确、深入地反映客体的能力就会越强，亦即主体认知机能的发展水平就会越高。

（2）意志机能。意志是主体自觉地追求一定的目的的思维机能，也是在认识活动中实现价值、使认识具有善的属性的主体能力。主体的意志机能包括三个方面的内容：第一，产生需求意识。需求意识是主体对其自身需求或需要的意识，它具有表现为意向、愿望、动机、兴趣等等。第二，提出价值目标，亦即主体根据其需求意识并为满足自身需要而确立一定的活动目的或目标。第三，制定活动程序，即主体为实现价值目标而拟定具体的控制过程。主体的意志机能是在实践活动中产生和发展起来的。首先，主体的意志机能是建立在主体需要基础上的，而主体的需要实际上是主体实践活动的需要。主体实践活动的需要多种多样，既包括物质需要，也包括精神文化需要，但在某一特定时期内，只有一种或少数几种需要为主体所自觉，使主体形成某种需求意识。其次，主体价值目标的确立，必须通过价值评价，即对对象是否能够满足主体某种需要的权衡评估，其结果是把能够满足需要的对象从现实中区分出来，将其作为主体活动的客体，而主体这种提出和确立价值目标的能力也是根植于实践的。马克思说，人们"积极地活动，通过活动来取得一定的外界物，从而满足自己的需要。（因而，他们是从生产开始的。）由于这一过程的重复，这些物能使人们'满足需要'这一属性，就铭记在他们的头脑中了，人……也就学会'从理论上'把能满足他们需要的外界物同一切其他的外界物区别开来"①。最后，实践本身就是一种有目的地满足需要的自觉活动过程，在这一过程中，主体追求目的或价值目标、控制活动方向的能力不断得到提高。

（3）情感机能。作为主体基本的思维机能之一，情感是一种在认识活动中使意识保持适当的觉醒状态并赋予认识美的特征的主体能力。主体的情感机能包括情绪和感情两个层次，前者与人的机体需要相关联，常表现为快乐、悲伤、愤怒、恐惧等形式，其特点是短暂易逝；后者与人的社会性需要相联系，包括符合道德准则的需要、求知的需要、审美的需要等引起的道德感、理智感、美感等形式，具有稳定持续的特点。主体情感机能的两个层次，具有大体相同的体验方式，都可以用强度、紧张度、快乐度和复杂度等维度加以刻画。从其活动特点来看，情感是人对其活动对象的态度的体验，这种态度体现着对象是否能够满足人的某种需要。情感与意志一样，二者都根源于人的需要且都产生于一定的主客体关系之中，但即使仅就其与需要的关系而言，它们也有根本的差别：意志是以愿望、动机、兴趣等形式的外向冲动表现着人的需要，而情感则是以喜、怒、哀、乐等形式的内在体验与人的需要相关联。一般说来，能够满足人的某种需要的对象引起积极的或肯定的情感体验，否则便导致消极的或负性的情感体验出现。

由知、情、意三种思维机能构成的思维机能系统，建基于一定的神经机能系统之上。现代神经生理学认为，人脑神经机能系统由三个基本机能联合区构成：保证调节紧张度和觉醒状态的第一机能联合区，它由脑干网

---

① 马克思，恩格斯. 马克思恩格斯全集：第19卷. 北京：人民出版社，1965：405.

状结构、边缘系统组成，是大脑最古老的部分即皮质下结构，主要属于大脑的情绪区；接受、加工和保存来自外部世界的信息的第二机能联合区，它位于大脑皮质的后部（枕叶、顶叶及颞叶），主要与人的认知机能有关；制定程序、调节和控制意识活动的第三机能联合区，它位于大脑额叶，人的意志机能主要来自这一区域。并且，每一个联合区都有着分层次的结构，都包括由传入的（感觉的）、传出的（效应的）以及协调的（运动的）神经器官构成的一整套装置。此外，现代科学通过对"裂脑人"的研究表明，人脑左半球同抽象思维、象征性关系和对细节的逻辑分析有关，具有言语的、概念的、分析的、连续运算的能力，而右半球则与空间知觉有关，具有对音乐、图形、整体性映象以及几何空间的鉴别能力。同时，大脑两半球的分工并不是绝对的，它们相互之间具有功能代偿作用。因此，大脑左右两半球的活动既表现出单侧优势和左右不对称性，又表现出相互作用、协同互补的特征。包括左右两半球、由三个基本机能联合区构成的人脑神经机能系统，构成了主体认识能力的生理基础，主体的思维机能系统就是这一神经机能系统的社会性增生质。

上述主体结构中的诸因素在认识活动中起作用的结果，就是认识的主体性形成的原因和根据。

（二）认识的主体性的内容

认识的主体性，是主体在认识活动中自觉地将其自身因素即主体因素投入认识过程、融合或凝结于认识结果而使认识不可避免地带有的主体属性。它具体地表现在以下三个方面：

第一，认识的主体相干性，即认识必然与主体相干。任何认识活动都是人的主体结构通过一定的认识工具而加之于客体的活动；只有将客体观念地纳入人的主体结构，表现出一定的神经生理过程和意识思维过程，才能取得关于客体的认识。认识与主体的这种相干性具有普遍性和不可分割性的特点。认识活动之发动、进行和取得一定的结果，都首先取决于人的主体结构，都是由主体来实现和完成的；客观事物之所以成为认识客体以及怎样认识、在何种程度上认识客体，离开人的主体结构也不可能得到科

学的说明。

第二，认识的主体间性。它是指主体因素通过物质性认识工具投入认识过程、融合于认识结果而对认识发生的影响。在认识活动中，各种物质性认识工具的使用，都会对客体本身或关于客体的认识产生特定的影响：测量仪器等实物形态的认识工具能够决定客体以何种形式出现；选择不同的观测系，关于同一客体的认识结果会呈现不同的情态；运用不同的语言系统描述认识结果，也会使其具有不同的意义。一方面，由于物质性认识工具物化或凝结着知、情、意等主体因素，并分别延伸着主体的神经机能系统和思维机能系统，因而它对认识过程和认识结果的影响确定无疑地来自主体；另一方面，这种影响在使用同样认识工具的主体之间具有通融性，即不同主体使用相同认识工具都会对认识发生同样的影响。因此，认识的主体间性具有可重复性和公共性等特点。

在现代自然科学特别是相对论和量子力学中，认识的主体间性十分突出。其中，相对论表现的主要是高速运动领域由观测系（时空构架）的选择所造成的主体间性：同一物体的时空观测值随观测者所处的观测系不同而变化，但同一观测系中的不同观测者往往能够获得大体相同的观测值。量子力学揭示的则是微观客体领域中认识的主体间性，它包括两个方面：其一是由测量仪器所引起的微观客体的"测不准性"，这就是说，主体对微观客体的认识必须借助于一定的测量仪器才有可能，而测量仪器又必然会干扰微观客体的状态，产生"波包收缩"等变化，从而使我们认识到的客体状态已不是本来意义上的客体状态，但只要观测者所使用的测量仪器相同（如都是用于测量位置的仪器），那么微观客体"波包收缩"的出现就有大致恒定的概率；其二是由运用经典物理学语言描述微观客体所带来的"语言困境"，即经典物理学语言（描述宏观客体的语言系统）本质上是不适合描述微观客体的特性和运动状态的，而量子力学又不可能以别的语言来代替它，不过，在运用经典物理学语言描述微观客体时，量子力学家们都知道它所代表的特定含义，即"语言困境"问题在量子力学家之间具有通融性。实际上，由物质性认识工具造成的主体间性并非为关于高速、微观客体的认识所独有，它对于人类的一切认识都具有普遍性，只不过它在关于宏观低速运动客体的认识中表现得十分微弱，可以忽略不计，或是由于干扰能够合乎规律地得到补偿，因而只要稍加修正就可以把客体所呈现出来的东西看作是客体自身所造成的。

第三，认识的主体差异性。它是指主体因素通过精神性认识工具即思维框架投入认识过程、融合于认识结果，而使认识带有的主体差异。在人的主体结构中，虽然神经机能系统的个体差异可以忽略，但作为其社会文化性增生质的思维机能系统（包括知、情、意等要素），则因个人所处的文化背景、社会地位及所受教育的不同而异，这样一些主体因素按照一定思维框架结合起来并与客体相互作用，必然使个体间的认识活动表现出不同的目的、方向和不同的认识能力，这就形成了认识的"人差现象"。马克思说："忧心忡忡的穷人甚至对最美丽的景色都没有什么感觉；贩卖矿物的商人只看到矿物的商业价值，而看不到矿物的美和特性；他没有矿物学的感觉。"[①] 就对客体的认识而言，认识的主体差异性既可以表现为遵循不同的认识过程而达到基本相同的认识结果，也可以表现为遵循基本相同的认识过程而得出不同的认识结果。与认识的主体间性不同，认识的主体差异性具有私人性和个体特征。

上述三个方面是密切联系的，其中，认识的主体相干性是认识主体性的最基本内容，认识的主体间性和认识的主体差异性则是认识与主体相干的两种典型形式。所有这些，不过是说明了一个最简单的事实，即任何认识都是主体的认识，都是主体在认识着。

（三）认识的主体性的实质

认识的主体性从一个方面体现了认识的能动性。所谓认识活动的能动性，就是遵循合目的性和合规律性的原则，人的主体结构内诸主体因素的最积极调动和各因素功能的最充分发挥。具体来说，认识的主体相干性，表明认识活动的能动性来自主体方面，是主体的能动性。客体并不具有这种意义上的能动性，如果说客体也有某种"能动性"的话，那也仅只是一种扰动性、不稳定性，而这恰恰是认识活动的一大障碍。认识的主体间

---

① 马克思，恩格斯. 马克思恩格斯全集：第42卷. 北京：人民出版社，1979：126.

性，说明主体在认识活动中并不仅仅依靠其身心的"自然态"潜力，他还能凭借各种实物态和关系态的认识工具，通过自身活动的中介化，更广泛深入地反映客体和传达（描述）关于客体的认识成果。由于认识工具延伸着人体生理自然力、放大着思维器官，所以主体的认识所及大大地超过了其直接活动范围。至于认识的主体差异性，则体现了个体认识的独特性，这是人与动物和智能机器的重要差别之一。动物只能按照它所属的种的尺度（本能倾向）来活动，智能机器也只能按照人所规定的标准尺度（程序）来运行，而人则能够处处都把内在尺度运用到对象上去。由于每个人的内在尺度都具有个性特征，因而其认识活动不是像照相机那样拍摄外部世界的规格相同的照片，而是各以其独特的方式创造出丰富多彩的精神世界。当然，在某种情况下，认识的主体性也可能对认识活动起耗散破坏作用。当主体神经机能系统状态被扰乱，知、情、意等思维机能系统要素的素质和功能低下，认识的主体性就会成为主观任意性，从而会妨碍认识活动目的的实现。不过，主观任意性不在于认识的主体性太强，恰恰相反，它总相关于认识的低度主体性，因为认识主体性的内在规定之一是自觉性，即主体因素的自觉投入和融合。现代科学认识中主体性的空前突出，是人类认识重大进步的表现。

认识的主体性根源于实践的主体性。实践是主体有目的地改造世界的活动，在实践活动中主体将自身的本质属性在客体中加以对象化，从而使客体成为主体本质力量的体现。马克思指出："当现实的、有形体的、站在稳固的地球上呼吸着一切自然力的人通过自己的外化把自己现实的、对象性的本质力量设定为异己的对象时，这种设定并不是主体；它是对象性的本质力量的主体性，因而这些本质力量的活动也必须是对象性的活动。"① 这就是说，实践是一种对象性的本质力量，实践的主体性就是对象性的本质力量的主体性。认识的主体性就是建立在这种实践的主体性基础之上的，这不仅是因为人的主体结构是人的本质力量的活动即实践活动的结果，而且还在于认识的主体性的形成以人的本质力量通过实践在客体中的对象化为前提，主体因素在实践活动中对象化的途径和程度决定着它在

———————
① 马克思，恩格斯. 马克思恩格斯全集：第42卷. 北京：人民出版社，1979：167.

认识活动中投入、凝结的方式和水平。此外，实践的主体性还能够在认识的主体性与认识的客观性之间产生一种张力，它通过对象性的活动能够不断地完善和丰富人的主体结构，不断地创造新的认识工具，从而防止认识的主体性蜕变为主观任意性，并促使其向有利于认识的客观性的方向发展。

二、认识主体性意识的历史进程

认识的主体性意识，是人类对于认识的主体性的关注和认识。这一问题在认识论中极为重要，因为它不仅直接标示着人们对其自身在认识活动中的地位、作用的认识程度，而且还折射出人们对于认识的客观性的理解水平。人类对于认识的主体性的认识每前进一步，对认识的客观性的理解也就更深化一层。在这里，我们拟从自然科学史和哲学史两个方面，对认识的主体性意识在历史上萌生和发展的进程作一简略考察。

（一）认识的主体性意识的前史

在人类思维发展的长河中，认识的主体性意识的萌生，必须有一个历史前提，那就是认识活动中的主客体在人的观念中的区分。人类思维中主客体的分化过程，构成了认识的主体性意识的前史。

从人类开始使用劳动工具改造周围环境的时候起，人类就已置身于现实的主客体关系之中。但是，人类在观念上把握到这一关系，认识到自身是不同于对象的主体，则经历了一个相当长的历史时期。在古希腊文化的头几个世纪，主客体是尚未分化的。对那时的哲人来说，我们在其中生存并为我们所感觉到的世界是一种真实而充满了生命的实在，看不出有什么理由要在其中区分出物质与精神、肉体与灵魂或者主体与客体。而弄清整个世界（包括人）的基本的本原或实体，才是他们刻意追求的智慧和知识。

但是，在柏拉图哲学中，我们看到了一种新的实在。柏拉图把哲学家比喻为从洞穴逃到真理之光中的囚犯，认为哲学家与真理的这种直接联系，亦即与理念或上帝的直接联系，是一种全新的实在，这种实在比之于我们的肉体感官所感知的世界这一实在更加真实和可靠，因为与理念或上帝的直接联系发生于人的灵魂中。在此，柏拉图以唯心主义的方式和宗教式的神秘语言，道出了物质与精神、灵魂与肉体的区别，显露出了人类思维中主客体开始分化的一缕曙光。

勒内·笛卡儿作为近代哲学的先驱，在主客体分化的思维发展史上具有里程碑式的地位。他从"怀疑一切"开始，通过对"怀疑"的分析论证，首先确立了"我思故我在"的哲学第一原理，然后从第一原理进一步推论出了"上帝存在""各种事物及事物的性质的存在"诸原理。与此相应，笛卡儿认为有三种不同的实体即"上帝""思维实体""广延实体"。但是，构成笛卡儿唯理主义认识论核心的是"思维实体"（主体）与"广延实体"（客体）的明确区分（二者相互平行、互不影响），而"上帝"不过是超乎二者之上并作为建立二者之间关系的一个共同参考点，因而可看作是经院哲学的残余。这样，开始于柏拉图哲学的物质与精神、灵魂与肉体或主体与客体的区分，在笛卡儿关于"思维实体"与"广延实体"的区分中最终得以完成。

在观念上将"思维实体"与"广延实体"或主体与客体区分开来，这是人类思维的巨大进步。但是笛卡儿将二者看作是彼此无关、互不影响的平行实体，这一区分就不仅过于严格，而且是对现实的主客体关系的割裂。笛卡儿区分的二重性使其在人类认识史上占有独特的地位。正如海森伯所说，"笛卡儿的区分对其后几个世纪人类思想的影响是怎样估计也不会过高的"，"以后的哲学和自然科学却在'思维实体'和'广延实体'的两极基础上发展"①。我们认为，笛卡儿及其后人类关于认识的主体性意识，也正是沿着这样两个不同方向发展的。

（二）自然科学思维中的认识的主体性意识的演进

埃德蒙德·胡塞尔曾经区分过自然科学与哲学科学，认为前者产生于"自然的思维态度"，它的特征是不关心认识批判；后者产生于"哲学的思

---

① 海森伯. 物理学和哲学：现代科学中的革命. 北京：商务印书馆，1981：40.

维态度"，它将认识批判作为自己的首要任务①。由于自然科学对于认识批判的漠然态度，它之达到认识的主体性意识，所走的是一条完全自发的、不自觉的道路。

上述笛卡儿关于"上帝""思维实体""广延实体"的严格区分，主要是从哲学的角度作出的。但是，这一区分不仅仅是由于哲学上的理由，而且也有其科学上的考虑。在笛卡儿时代，"在经验科学的先驱者当中有时似乎有一个明确的协议，这就是在他们的讨论中不应当提到上帝的名字和根本的原因"②。可以说，笛卡儿区分正是这一倾向的反映。不仅如此，作为自然科学家，笛卡儿力求以"广延实体"作为自己的出发点和基础，而"广延实体"是不与"思维实体"发生任何关系的。因此，在笛卡儿看来，自然科学的讨论不仅不应提到上帝，而且也不应提到我们自身或"思维实体"。笛卡儿通过上述区分，在当时捍卫了自然科学的神圣性和客观性，同时也开辟了立足于"广延实体"和追求经典的客观性理想的近代自然科学传统。

在谈到这种近代科学传统时，海森伯指出，笛卡儿的区分"在几个世纪以来是极为成功的。牛顿力学和所有以它为模型而建立的其他经典物理部门，都是从这样一个假设出发的，这就是假设人们能够描述世界，而不需要提到上帝或我们自身。很快地，这种可能性似乎差不多成为一般自然科学的必要条件"③。

作为以牛顿力学为代表的经典物理学出发点的基本假设，正是建基于笛卡儿的"广延实体"之上的，且突出地体现了始自笛卡儿的经典客观性理想。对于近代自然科学思维方式来说，物质世界或"广延实体"服从严格的力学规律，在描述世界时，我们应该也能够排除"思维实体"或主体的影响，因而经典客观性理想是完全可以实现的。

自然科学的任务在于认识物质客体，尽可能客观地揭示物质世界的规律。客观性要求是科学的真理性的保证，也是科学进步的内在驱力。但

---

① 胡塞尔. 现象学的观念. 北京：商务印书馆，2019：27-31.
② 海森伯. 物理学和哲学：现代科学中的革命. 北京：商务印书馆，1981：40-41.
③ 同②41.

是，近代科学的经典客观性理想是十分狭隘的：它的基本前提是"广延实体"与"思维实体"或客体与主体在认识活动中的绝对区分，科学的客观性被理解为与主体的完全不相干性。这样一种客观性理想，实际上是排斥认识的主体性的理想。

的确，经典客观性理想曾经为近代自然科学创造了辉煌的历史。这是因为，作为极限或理想情况，笛卡儿区分在近代自然科学活动范围即宏观低速运动领域内是近似有效的。然而，一旦超出近代自然科学的活动界域，笛卡儿的严格区分必然要被抛弃，从笛卡儿到牛顿的经典客观性理想也就不可避免地要遭到幻灭。19 世纪、20 世纪之交的物理学危机，实质上就是旧的客观性理想的危机。

相对论和量子力学的诞生，标志着"自然的思维态度"在通向认识的主体性意识、重建自然科学的客观性理想的道路上迈出了重要的一步。虽然相对论满足了自然科学的传统要求，即允许把世界严格划分成主体和客体（观察者和被观察者）①，因而还受制于经典客观性理想的惯性，但相对论效应却揭示了宏观高速运动领域的特殊认识情境：主体或观察者所处的惯性参考系不同，对同一物体的时空观测值也就发生变化。无论如何，相对论所揭示的这一认识情境已经在笛卡儿区分和经典客观性理想上打开了第一个缺口，它表明：19 世纪以前"科学的客观世界是个理想的极限情况，而不是整个实在"②；在宏观高速运动领域，人们不再可能像过去那样脱离主体条件即主体所处的认识参考系来谈论认识结果，或者说，认识结果中已经内在地包含了主客体的关系效应。

也许，笛卡儿关于"思维实体"与"广延实体"的严格区分在相对论中显露出来的困难，比起它在过去几个世纪中的成功算不了什么，但它在量子力学中则是彻底失败了。根据量子力学理论，在微观客体领域，主体感官所观测到的现象并不是微观客体运动本身，而是由其引起的在仪器中发生的某种不可逆放大过程所导致的宏观可观测效应；对微观客体的认识，就是根据这些在仪器上的感官观测结果所作出的科学推论。问题在

---

① 海森伯. 量子论的物理原理. 北京：高等教育出版社，2017：2.
② 卢鹤绂. 哥本哈根派量子论考释. 上海：复旦大学出版社，1984：140.

于，仪器与受测现象、主体与客体相互作用的性质发生了变化。"在经典理论中，我们总是假定这种相互作用或者可以忽略，或者可以加以控制，即通过计算来将其影响消去。但是，在原子物理学中却不允许我们做这种假定，因为原子过程的特征不是连续变化的，观测者与客体之间的相互作用会对被观测体系引起不可控制的大的变化。"①。总之，在对微观客体的认识中，主客体之间会发生不可控制的相互作用，要求在描述现象时不提到我们自身的近代科学传统彻底终结了。

经典客观性理想的破灭、近代科学传统的终结，其根本原因在于伴随着自然科学活动领域的拓展而来的认识的主体性的突出。在自然科学活动的传统领域，主客体的相互作用虽然甚微，但毕竟存在，而近代自然科学思维却通过近似忽略或控制抵消认识的主体性来维护经典的客观性理想。当自然科学活动从传统领域转换到现代领域，发现主客体的相互作用无法控制、从认识结果中剥离出主客体关系效应受到绝对限制，现代自然科学思维便放弃了经典的客观性理想，转而承认认识的主体性。用海森伯的话说，"自然科学不单单是描述和解释自然；它也是自然和我们自身之间相互作用的一部分；它描述那个为我们的探索问题的方法所揭示的自然。这或许是笛卡儿未能想到的一种可能性，但这使得严格把世界和我区分开来成为不可能了"②。或者用玻尔所钟爱的比喻来说："在伟大的生存戏剧（drama of existence）中，我们既是观众又是演员。"③ 这就是现代自然科学最终达到的认识的主体性意识。

在自然科学中，经典客观性理想的破灭并未导致科学理论的主观任意性，认识的主体性意识的成长，带来的是自然科学客观性理想的辩证重建。根据海森伯对相对论和量子力学的哲学解释，经典客观性理想所要求的自然的或纯粹的客观性，对主体的认识来说既无意义也不可能，"只有把观察者与被观察的看作单一系统的两部分才能够重新得到全部的客观性"④。显然，现代自然科学思维在扬弃笛卡儿区分之后，再也不是从"广

---

① 海森伯. 量子论的物理原理. 北京：高等教育出版社，2017：2.
② 海森伯. 物理学和哲学：现代科学中的革命. 北京：商务印书馆，1981：41-42.
③ 玻尔. 原子论和自然的描述. 北京：商务印书馆，1964：85.
④ 秦斯. 物理学与哲学. 北京：商务印书馆，1964：151.

延实体"出发而是从主客体关系入手来重建其客观性理想的，因而这种新的客观性理想已经内在地包含着认识的主体性意识。

回顾近代以来"自然的思维态度"的演进历程，我们看到，在自然科学领域中，认识的主体性意识虽经曲折但却必然地成长起来。近代的自然科学家曾经死守笛卡儿关于"思维实体"与"广延实体"的严格区分，为了科学的客观性要求而拒不承认认识的主体性；与此相反，现代自然科学家面对新的认识情境，决然地冲破了笛卡儿区分的神话与经典客观性理想的桎梏，在高扬认识的主体性的同时，也在更高的水平上重建了科学的客观性理想。自然科学新的客观性理想是以认识的主体性为其内在依据的，因此，认识的主体性意识已构成现代自然科学思维的一个不可分割的方面。

（三）近代哲学中认识的主体性意识的发展

笛卡儿及其后，与"自然的思维态度"不同，富于认识批判精神的"哲学的思维态度"一开始就充满着强烈的认识的主体性意识。当然，即便如此，认识的主体性意识在哲学领域内的发展，同样也经历了一条艰难、曲折的道路。

作为哲学家，笛卡儿也力图贯彻其关于"思维实体"与"广延实体"或主体与客体的严格区分。这一区分在哲学方面的目的，就是要将与"广延实体"无关的"思维实体"或主体作为其理论的支点，因而这一区分也构成了笛卡儿哲学的基础。笛卡儿哲学的这个基础与古代希腊哲学的基础根本不同。这里的出发点不是基本的本原或实体，而是一种基本知识的尝试①。我们认为，这种"基本知识的尝试"，也就是要研究思维自己构成自己的道路。显然，这是一种认识论的尝试，它不仅使认识论问题成为笛卡儿哲学的中心兴趣，而且也从根本上扭转了整个近代哲学的方向。

笛卡儿初步地实施了这一"基本知识的尝试"。他认为，人心中必定有某些不证自明的"天赋观念"，人们就是以这些"天赋观念"为前提，并运用演绎法进行推论，从而获取知识和真理。因此，所谓认识活动或思维自己构成自己的活动，也就是主体从"天赋观念"出发所进行的演绎推

---

① 海森伯. 物理学和哲学：现代科学中的革命. 北京：商务印书馆，1981：39.

论活动。总之，笛卡儿关于"思维实体"与"广延实体"的严格区分，通过其哲学上的"基本知识的尝试"，为近代哲学确立了从"思维实体"或主体方面去考察思维自己构成自己的道路的方法论模型。这一方法论模型集中地体现了近代初期"哲学的思维态度"关于认识的主体性意识。

在西方近代哲学史上，康德堪称运用笛卡儿方法论模型考察认识现象的大师。尽管康德并不同意笛卡儿关于认识活动的具体观点，认为把认识仅仅看作是分析和推论概念的唯理论未免消极偏颇，但康德认识论的中心课题仍然是从主体出发去探索思维自己构成自己的道路。

康德自称在人类认识史上进行了一场"哥白尼式的革命"。他认为，人的认识活动是一种积极、主动的过程。在这一过程中，主体运用先天的认识形式，受着内部的冲动，能动地"综合统一"杂多的感性材料，从而既形成具有普遍必然性的科学知识和越来越扩大的知识系统，又形成科学知识的对象；这种"综合统一"活动并不一次完成，它随着认识从低级阶段（感性）到高级阶段（理性）的前进而逐级上升，从本质上说，认识从低级阶段向高级阶段的发展就是主体不断"综合统一"的结果。这就是康德从主体出发对思维自己构成自己的道路的理解。这一理解比之于笛卡儿的唯理论观点更加突出了认识活动中主体的能动性，它构成了康德"哥白尼式的革命"的精髓，将人类哲学思维中认识的主体性意识大大地推进了一步。

从笛卡儿到康德，在从主体方面去考察思维自己构成自己的道路的方法论模型规范下，认识的主体性意识不断发展。但是，这一方法论模型却是片面的，因为把认识归结为思维自己构成自己的活动，必然导致对认识的客观性的忽视和否定。在笛卡儿那里，认识是思维自身的演绎推论活动，推论的前提是上帝早已在我们心灵中安排好了的"天赋观念"，因而认识的客观性根本不存在；对康德来说，思维的自我构成走的是一条"综合统一"的道路，主体用以进行"综合统一"的认识形式是先天固有的，主体对之进行"综合统一"的感性材料，虽然最初是通过主体被外部对象（"物自体"）所刺激的方式而获得的，但"综合统一"的结果是否是对外部对象本身的认识却超出了我们的认识能力之所及，因而认识的客观性是不可知的。如果说近代"自然的思维态度"曾经通过排斥认识的主体性来维持经典客观性理想，那么，近代"哲学的思维态度"则是以牺牲认识的客观性为代价而弘扬认识的主体性的。可见，近代哲学中认识的主体性意识的发展是极为病态的。

笛卡儿方法论模型的片面性，仍导源于笛卡儿关于"思维实体"与"广延实体"或主体与客体的严格区分。以这一区分为基础建立的方法论模型，自然也不可能在主客体关系中考察认识或思维活动，而只能抽象地谈论思维的自我构成。随着人类认识的进一步发展，正如在自然科学思维中所发生的那样，人类的哲学思维也必然要扬弃笛卡儿区分，重建新的方法论模型。康德之后，笛卡儿区分的扬弃在近代晚期是通过德国古典哲学的途径来完成的。

在认识论上，康德之后的德国古典哲学在认识论上实质上是沿着笛卡儿方法论模型规范的方向演进的，并将其发展到极端。费希特哲学是这种演进的第一步。费希特认为，"自我"既设定自身又设定"非我"，整个世界都从"自我"衍生而来，"自我"之外别无他物；所谓认识即"知识学"的对象，无非是"自我"创造自己、产生自己、发展自己的纯粹精神活动。如果说在笛卡儿和康德那里，"广延实体"或"物自体"虽然与主体并无现实的联系但毕竟独立存在，那么对费希特来说，它们已完全消融于主体精神之中。在费希特哲学中，笛卡儿区分已得到扬弃，但这一扬弃的结果，是使"自我"或主体成为无限膨胀的怪物，认识的客观性已彻底淹没于认识的主体性意识之中。

任何事物发展到极端必然走向自己的反面。被费希特神化了的绝对"自我"或主体，已表现出了从现实的主客体关系中游离出来、成为派生宇宙万物的客观精神力量的可能性。费希特之后，经过谢林，这一可能性终于在黑格尔哲学中成为现实。

黑格尔认为，费希特哲学的最大功绩就是突出了主体的能动性，但它把一切事物、对象都说成是由"自我"建立起来的，势必否定认识的客观性和真理性。黑格尔沿着谢林的思路，用"绝对理念"的概念取代了费希特的"自我"范畴，认为"绝对理念"这一客观的精神力量既是作为宇宙万物的本原和基础的实体，又是积极能动的主体。"绝对理念"在自己的发展过程中必定要分化自己，树立对立面，把自己异化为自然界和社会生活中的各种事物，然后又不断地消融自己的对立面，最后在人的理性中认识到了自己，终于回复到自身。可见，在黑格尔哲学中，思维自己构成自己的道路已成为"绝对理念"自我意识活动的必然历史行程，而人不过是"绝对理念"实现其自我意识的一个手段。于是，人的能动性被移诸异在于人、支配着人的客观精神力量，而人本身倒成为认识的逻辑机器中无可足道的被动一环，人的主体性失落了，认识的主体性也被掩埋了。

费希特以后的德国古典哲学家，显然看到了无限夸大认识的主体性必然导致荒谬。但是，在对认识的说明上，他们不是在与认识的客观性的关系中来阐发认识的主体性，而是直接将被费希特夸大了的认识的主体性加以客观化；他们不是通过对思维在主客体关系中的构成道路的考察来克服费希特的主观唯心主义，而是用将思维自己构成自己的道路客观化为"绝对理念"的必然行程的客观唯心主义观点来代替费希特的主观唯心主义观点。结果，近代初期由笛卡儿方法论模型发展起来的认识的主体性意识，最后却在仍受这一方法论模型导引的德国古典哲学中泯灭了。

（四）现代哲学思维中的认识的主体性意识

康德之后的德国古典哲学，不过是认识的主体性意识的历史进程中的一个旋涡。在同黑格尔哲学的决裂中产生的现代西方哲学，不仅复苏了由黑格尔哲学窒息了的认识的主体性意识，而且使其以新的态势出现。

在认识论上，尽管现代西方哲学的理论内容与古典哲学大异其趣，但笛卡儿方法论模型作为近代西方认识论传统，基本上为现代西方哲学所继承。现代西方哲学家可以将黑格尔当作"死狗"一样抛弃，但对于康德却始终不能漠然置之。"把现今的哲学和以往的哲学联系起来的许多历史线索当中，对康德哲学的关系具有特别重要的意义"①，究其原因，就在于康德哲学乃是笛卡儿方法论模型应用的范例。如果说黑格尔哲学是笛卡儿方法论模型被绝对化后的畸形产物，那么现代西方哲学同黑格尔哲学决裂的

---

① 施太格缪勒. 当代哲学主流：上卷. 北京：商务印书馆，1986：16.

结果之一，就是在认识论上回复到标准意义上的笛卡儿方法论模型，即从主体方面考察思维自己构成自己的道路。这是认识的主体性意识在现代西方哲学中得以新生的根本前提。

美国哲学家怀特把 20 世纪的西方哲学称为分析时代的哲学，认为这样就能"抓住本世纪一个最强有力的趋向来标志这个世纪"，因为 20 世纪"把分析作为当务之急，这与哲学史上某些其他时期的庞大的、综合的体系建立恰好相反"[①]。这一分析倾向也表现在现代西方哲学对笛卡儿方法论模型的运用上。对于作为笛卡儿方法论模型出发点的主体，现代西方哲学的两大思潮即科学主义和人本主义都注重运用分析的方法来考察，但其侧重点各不相同。总的说来，科学主义思潮着重分析的是主体的理性（认知）方面，而人本主义思潮思辨的轴心则基本上是主体的非理性因素（情感、意志等）。可以说，现代西方哲学中认识的主体性意识是一种分析型的主体性意识。

科学主义思潮对主体理性方面的分析，是通过关于科学的哲学探讨，特别是科学方法的探讨来实现的。这一基调的形成，与科学主义思潮对黑格尔哲学的反叛密切相关。黑格尔所谓的"绝对理念"实质上是神化了的理性，它君临于一切科学之上，只有它才有权问鼎最高的真理，或者说它本身就是真理的化身，而各门具体科学的产生和发展不过是"绝对理念"为了实现其自身而玩弄的"巧计"。因此，在黑格尔那里，关于"绝对理念"的哲学不仅高于科学而且简直敌视科学。科学主义思潮坚决反对这种关于理性的哲学神话。在它看来，哲学对科学并不具有优先的地位，也不存在一种比科学方法更高的哲学方法，科学方法就是人们达到和把握真理的最有效途径；科学是理性的最好代表，哲学必须以科学为根据，对科学方法的研究应该是哲学的中心内容。这一思潮的发展，直接导致了 20 世纪的西方科学哲学由逻辑主义到历史主义的演变。

科学哲学是作为知识论而开始的，就是说，早期的科学哲学仅以已有科学知识为对象，并不关心科学知识是怎样产生的，认为后者是心理学家的事情。在知识论中，对认识过程的研究已被对知识的研究所取代，相应

---

① 怀特. 分析的时代：二十世纪的哲学家. 北京：商务印书馆，1981：5.

地，对认识过程的形式的研究也转而成为对知识的形式的研究。

问题的关键在于对知识形式的理解。由于罗素和弗雷格等人对语言逻辑的研究，人们对于知识形式（语言形式）得出了一种全新的看法，认为知识的形式并不是过去所理解的那种"语言的具体表达形式"，而是它的逻辑形式。知识的内容来自经验，更精确地说，来自"记录观察结果的陈述"，即人们对经验事实的语言描述，而知识之所以具有普遍必然性，则完全是由知识的形式即语言的逻辑形式决定的；科学活动的本质，就在于运用适当的逻辑形式把片断的经验组织成严密的知识系统①。

于是，在知识论中，科学的理性被理解为科学的逻辑，而科学哲学家们最初就把注意力指向语言逻辑的研究。罗素曾说："纯粹逻辑是独立于原子事实之外的；但是，反过来，原子事实在某种意义上也是独立于逻辑之外。纯粹逻辑和原子事实是两个极端，一个是完全先天的，一个是完全经验的。不过，在两者之间有一个广阔的中间地带。"② 知识就属于这个中间地带，作为科学哲学之开始的知识论，研究的就是处于这一中间地带的知识应该如何被还原为它的两极：它的形式应该被还原为逻辑，它的内容应该被还原为经验。就知识论的内部差别而言，罗素、维特根斯坦的逻辑原子论是从原子事实或原子命题出发向上探索，即沿着向上还原的方向，探索知识的逻辑形式；而逻辑经验主义则是从最上层的科学理论出发向下探索，即沿着向下还原的方向，力图揭示科学知识与感觉经验的逻辑关系，致力于科学知识的"合理重建"。二者的共同点在于，他们都认为"哲学研究人类思维，而这种研究的线索就是分析语言的用法"③，亦即通过对语言进行逻辑分析来研究科学思维。

知识论曾经一度是科学哲学的中心课题，但是自从波普尔的否证论产生之后，科学哲学的研究范围被大大地拓宽了，科学哲学的中心也发生了转移。波普尔哲学的任务不再像逻辑经验主义那样仅仅局限于对现成的科学理论进行静态的逻辑分析，而是要研究知识的增长问题，它已涉及人们

---

① 洪谦. 逻辑经验主义：上卷. 北京：商务印书馆，1982：5—12.
② 洪谦. 西方现代资产阶级哲学论著选辑. 北京：商务印书馆，1964：237—238.
③ 艾耶尔. 二十世纪哲学. 上海：上海译文出版社，2005：19.

获得知识的过程。不过，波普尔探讨的仍是这一过程的逻辑，即"科学发现的逻辑"。因此，波普尔与逻辑原子主义者和逻辑经验主义者一样，同属于逻辑主义者：他们一般都把理性等同于逻辑，把科学思维看作一个逻辑过程。

科学哲学的历史主义学派的产生，通常被认为是科学哲学发展过程中的一场革命。一方面，历史主义学派反对逻辑主义把科学哲学归结为对科学的逻辑分析，认为重要的不是科学的形式而是它的内容，即具体的科学理论及其产生和发展，因而科学进步的模式（科学的历史发展规律）成为这一学派的中心课题；另一方面，历史主义学派也反对逻辑主义把理性等同于逻辑，对科学哲学中传统的理性主义公式提出了挑战。历史主义科学哲学家常常引用直觉、顿悟等心理因素和社会因素来说明科学进步的模式。无论是库恩的科学革命论还是费依阿本德的多元主义方法论，其所描述的科学进步模式都不再是一种逻辑上的重建。为此，逻辑主义哲学家纷纷指责他们背叛了理性主义的传统，犯了"非理性主义的原罪"。但是，这种指责的前提即理性等于逻辑的公式乃是错误的。正如库恩所说：如果历史或其他任何经验学科使我们相信，科学的发展基本上取决于我们以前所认为的非理性行为，那我们也不应该由此得出结论说科学是非理性的，而应当说我们的合理性观念需要加以彻底调整了。实际上，逻辑只是理性的一种典型形式，而直觉、顿悟等同样属于理性的范畴。历史主义学派并没有背叛科学哲学中的理性主义传统，而是革新了传统的理性观念。这一学派的后继者更为明确地坚持科学是一项理性的事业，但他们都抛弃了逻辑主义的理性概念，其中，劳丹建立了科学理性的新模型，而瓦托夫斯基则提出了科学理性是非纯粹的、历史的、可变的观点。

总之，科学主义思潮对笛卡儿方法论模型的运用，就是从主体的理性（包括逻辑）方面去考察科学思维的自我构成，换言之，对科学主义思潮来说，科学思维的自我构成道路是一条理性（包括逻辑）的道路。由这一方法论模型所产生的认识的主体性意识，费依阿本德曾作了精彩的表述："我们甚至可以说，在一个特定时刻被看成是'自然'的事物，赋予它的一切特点都是我们发明的，并被用来为我们的环境带来秩序，从这个意义

上来说，它是我们自己的产物。"①

在现代西方哲学中，如果说科学主义思潮剥去了黑格尔哲学笼罩在理性上的神圣光圈，将黑格尔神化了的理性（绝对理念）复归于现实的人的理性即科学理性，那么，人本主义思潮则将黑格尔贬谪到心理学中去的人的非理性因素请回了哲学思维的殿堂，并赋予其至尊地位。在西方哲学史上，虽然不少哲学家也曾将人的思维机能系统区分为理性（认知）、情感和意志，但哲学思维的殿堂历来为理性所独占。"西方哲学除了理智之外确实也知道意识的其他一些形式，但是甚至在最缺少理智的闲聊中，精神也被看作是去知的东西。"② 早在古代，柏拉图和亚里士多德就把理性尊崇为灵魂和自我的主宰，而极力贬抑情感、意志等非理性因素。近代，培根明确地指出，意志、情感等非理性的方面是理性的巨大障碍，是产生"任意的科学"的根源。斯宾诺莎曾试图统一理性与非理性，但其方法是化非理性为理性，将非理性统一到理性，用理性原则解释一切。黑格尔集上述理性主义思想之大成并将之绝对化，认为世间的事物都处在"绝对理念"的魔网之内，理性可以产生和创造世界。"凡是合乎理性的东西都是现实的；凡是现实的东西都是合乎理性的"③ 这一名言，充分地道出了黑格尔的绝对理性主义思想。于是，在黑格尔哲学中，人的非理性方面这一人类哲学思维领域旷日持久的荒芜之地格外引人注目，它也就是人本主义思潮在与黑格尔哲学决裂中的生长点。按照人本主义思潮的根本主张，以黑格尔哲学为典型代表的欧洲理性主义传统将理性的权威建立在对非理性的奴役之上，用理性来宰制非理性，使人类思维和人类存在的完整性受到了割裂，为日后欧洲关于人的各种危机埋下了祸根。"欧洲危机的根源就在于理性主义"（胡塞尔），"理性病了，有理性的人首先就要摆脱理性"（巴雷特），哲学思维只有另辟蹊径，从人的非理性因素出发，才能把握人的存在本体。从这一立场出发，现代西方哲学中出现了各种人本主义哲学流派。

---

① 谢克哈瓦特. 科学哲学中的几种认识论倾向. 第欧根尼（国际哲学与人文科学理事会季刊中文版），1986（1）.

② 利维纳斯. 生存及生存者. 杭州：浙江人民出版社，1987：40.

③ 黑格尔. 法哲学原理. 北京：商务印书馆，2017：12.

在认识论上，人本主义哲学家对于科学哲学家的理性分析特别是逻辑分析方法充满了强烈的厌恶感。在他们看来，科学哲学家的"这些一字儿排开的概念所能提供给我们的，只不过是一种对于对象的人为的拟构，它们只能把对象的某些一般的、也可以说是非个别的方面化为符号；因此，如果以为可以用概念把握住一种实在，那是枉然，概念给我们提供的只不过是实在的影子而已"①。他们认为，对理性的哲学分析无法把握认识的实质，因为理性本身就不是通向实在的道路，"我们多事的理智破坏事物的美貌"；相反，人的非理性方面则为我们提供了正确理解认识的线索。

在人本主义哲学内部，各个流派由之出发的主体非理性因素各有侧重。相对说来，唯意志主义主要强调了意志对于认识的主导地位，而存在主义则更为注重情感体验的认识功能。叔本华、尼采认为，意志是世界的本质，也是一种创造对象的力量；认识乃是意志发展到一定阶段的产物并且为意志所控制，意志直观是认识实在的最有效途径。存在主义者在分析意志结构时也同样承认意志对认识的控制作用，例如萨特十分重视胡塞尔的"意向性"概念，而所谓"意向性"就是意识在意志的控制之下而指向对象的倾向。但是，存在主义的认识论主要是一种"情感认识论"。在存在主义者那里，情感是沟通认识者与认识对象的渠道，是理解世界的认识方式；唯有通过情感体验，才能达到大全真理。存在主义者还提出了情感思维的概念，后者与唯意志主义的意志直观一样，是一种行动的、创造性的体认，但它并不创造、设立对象而只是对对象的揭示和体验；它也是一种价值评价，但它评价的标准不是对生存的有用或权力感的提高，而在于是否阐明了主体存在的真实境况；它不但能直观表象，而且也能把握对象的本质；它也具有意向性但不是盲目的冲动，它经常要在理性中"加以冰镇，以变得冷静"。

至于其他的人本主义哲学流派，则介乎唯意志主义与存在主义之间。例如，生命哲学家柏格森把一切事物都归之于"生命冲动"的不断创造，而"生命冲动"既是一种创生万物的宇宙意志，又是一种情绪性的心理体验。柏格森认为，认识的本质就在于生命直觉，其中，既有"自由意志"

---

① 洪谦. 西方现代资产阶级哲学论著选辑. 北京：商务印书馆，1964：140-141.

对意识状态的组织作用，又充溢着主体的情感体验即"钻入对象"以期与对象契合一致。所以，生命直觉是一种包括情感和意志活动在内的总体性综合体认。

可见，同是运用笛卡儿方法论模型考察认识活动，但人本主义思潮得出了与科学主义思潮完全不同的结论。对人本主义思潮来说，主体思维的自我构成所走的主要是一条非理性的道路。由于人本主义哲学家高度重视了传统哲学思维视域之外的主体非理性因素在认识中的作用，所以他们关于认识的主体性意识更加引人注目。

我们可以将人本主义思潮称为非理性主义思潮，但决不可认为它是一股反理性主义思潮。人本主义哲学家与其说不是反理性主义者，毋宁说他们只是反唯理性主义者。在认识论中，人本主义哲学同样肯定理性在认识中的作用，只不过认为非理性因素对理性因素具有优先地位。例如，唯意志主义认为，意志是理性的主宰，而理性思维是意志直观的工具；存在主义则认为，情感超越理性，但情感不把理性用作工具，它只是给理性安排了应有的职责。雅斯贝尔斯曾说："理性向着唯一者稳步前进，它使得普遍的综合和包容成为可能，……但是，理性决不是冷漠地容纳它遇到的一切，相反，它是一种坦率的感受和关切。它不只是认知，它也是阐明，它像求婚般的探问。理性绝不能变为知识的占有者，那样就必然会限制、封闭自己，它应保持着无限的开放性。"① 正由于人本主义思潮并不一般地反对理性，所以与科学主义思潮并非绝对对立，二者之间存在着某种合流的可能。

事实上，现象学和实用主义等流派就表现出人本主义与科学主义两大思潮合流的历史趋势。实用主义者詹姆斯、杜威等人认为，人之所以是积极主动的，就在于人具有情感意志，人的一切活动（包括认识活动）就是在情感意志支配下的随意的创造性活动；理性思维主导着人的创造性活动，但理性知识的最终形成和确定，须臾离不开人的情感意志。现象学家胡塞尔一方面在其"意向性"理论中强调非理性因素在认识中的作用、特别是意志对认识的控制作用，另一方面又强调科学认识的合理性（逻辑必

---

① 雅斯贝尔斯. 生存哲学. 上海：上海译文出版社，2005.

然性）；一方面批评人本主义使"人本身成了一切真理的尺度"，另一方面也批评科学主义缩小了认识的有效范围和意义、将认识与个别现象即科学认识混为一谈。他指出，如果我们从包括理性和非理性的东西、直观和非直观的东西等广义上看待认识的话，那么认识就包括判断的整个范围、论断性和前论断性的范围、各种信仰的行为等。人本主义思潮与科学主义思潮的合流趋势，标志着现代西方哲学在其出发点上已倾向于把握作为知、情、意有机统一体的主体性结构。无论人本主义哲学和科学哲学怎样"没有共同语言"，但认识的主体性意识却磁石般地日渐把二者吸引到一个方向。认识的主体性意识，已成为人本主义和科学主义两大思潮的"交汇点"。理解了这一点，就能从一个角度把握住现代西方哲学的整体特征。

但是，笛卡儿方法论模型的片面性在现代西方哲学中也同样存在。在认识的主体性与认识的客观性的关系上，现代西方哲学犹如一只迷途的羔羊。无论是科学主义思潮把认识当作理性的事业，还是人本主义思潮将认识视为非理性的行为，都是把认识理解为思维的自我构成。究其原因，乃在于作为笛卡儿方法论模型前提的关于"思维实体"与"广延实体"的严格区分。一般说来，科学主义思潮"拒斥形而上学"，将"广延实体"（客体）或外部世界是否存在的问题作为毫无意义的本体论问题弃而不顾（虽然这一情形在新历史主义学派那里发生了某些变化）；人本主义思潮倒是历来注重本体论，但它反对认识对象的本体论而主张认识主体（主体的非理性因素）的本体论，因而同样坚持了主客体的严格区分。由于这一前提，认识的客观性在现代西方哲学中自然失去了依傍。虽然科学哲学家也认为科学认识以获取具有客观性的知识为己任，但他们所谓的"客观性"，要么是指理论系统的融贯性、逻辑上的一致性或者知识的有用性，要么是指知识及其发展的独立性和自主性，而并不是指认识的来自客体的属性。总之，与近代哲学一样，现代西方哲学关于认识的主体性意识是建立在忽视甚至否定认识的客观性的基础之上的。

在现代哲学思维中真正扬弃笛卡儿区分的是皮亚杰的发生认识论。虽然后者始终处于"标准的"现代西方哲学之外，但在方法论上，它较之

"标准的"现代西方哲学更高一筹。与费希特及其后的德国古典哲学家一样，皮亚杰也是从康德出发的。与前者不同的是，皮亚杰并非在笛卡儿方法论模型之内扬弃笛卡儿区分，而是在现代自然科学的历史背景下，在改造康德认识论的基本概念并从发生学角度探讨其形成机理的同时，重建了新的方法论模型。

皮亚杰认为，"认识起因于主客体之间的相互作用，这种作用发生在主体和客体之间的中途，因而同时既包含着主体又包含着客体"①。但是，从认识的发生过程来看，一开始"既不存在一个认识论意义上的主体，也不存在作为客体而存在的客体"，二者都是逐步建构起来的②。就主体对客体的关系而言，"客体首先只是通过主体的活动才被认识的，因此客体本身一定是被主体建构成的"③。"总而言之，早在知觉领域中，主体就已经不是单纯的这样一个剧院：它的舞台上上演着不受主体影响的、被一种自动的物理平衡作用规律事先调节好了的各种戏剧，主体乃是演员，甚至时常还是这些造结构过程的作者，他随着这些造结构过程的逐渐展开，用由反对外界干扰的补偿作用所组成的积极平衡作用——因而也就是用一个连续不断的自身调节作用，来调整这些造结构过程。"④ 皮亚杰的这一观点与玻尔的著名比喻何其相似！

我们看到，与康德一样，皮亚杰也是以主体作为考察认识现象的基点，因而在出发点上也是与笛卡儿方法论模型一致的。就此而论，皮亚杰与"标准的"现代西方哲学家一样接续了近代认识论注重认识的主体性的传统。但是，皮亚杰发生认识论的前提是将认识理解为主客体相互作用的产物，因而一开始就正确地扬弃了笛卡儿区分。也正是由于这一扬弃，皮亚杰不是抽象地谈论思维自己构成自己的道路，而是具体地从主客体的建构中来考察思维的构成和发生机制，或者说，是从主体对客体的建构中来考察主体自身的建构。因此，皮亚杰的发生认识论在扬弃笛卡儿区分时，也为我们提供了一种新的方法论模型，即从主体出发去考察思维在主客体

---

① 皮亚杰. 发生认识论原理. 北京：商务印书馆，1997：21.
② 同①21-22.
③ 同①93.
④ 皮亚杰. 结构主义. 北京：商务印书馆，1984：41.

关系中的构成道路。

皮亚杰方法论模型既体现了对认识的主体性的重视，又体现了认识的客观性要求。正如皮亚杰所说，发生认识论"引起我们对主体活动的注意但又不流于唯心论；这种认识论同样地以客体作为自己的依据，把客体看作一个极限"①，因而"客观性是通过逐步接近而困难地达到的"②。虽然皮亚杰对这一模型的具体运用还有不少缺憾，例如皮亚杰着重注意和考察的是主体逻辑数理结构的发生发展及其认识功能，由此出发往往容易导致认识论上的"知识本位主义"，但这并不损害皮亚杰方法论模型本身的意义。我们认为，皮亚杰方法论模型，是现代"哲学的思维态度"的典范，它的确立，标志着人类哲学思维中认识的主体性意识真正步入了正途。

三、认识论中客观性理想的辩证重建

认识的客观性是认识的真理性的基础和前提，因此，认识论理论一般都会有一定的客观性理想。然而，认识的客观性理想的建构必须充分考虑认识具有主体性这一基本事实。这也就是说，客观性理想必须是现实的认识活动能够达到和实现的，如果可望而不可即，那么它根本不可能对认识活动有任何规范作用，就会流于空想和幻想。

（一）认识的客观性的本质和内容

与"物质""对象"等实体范畴不同，"客观性"是一个属性范畴。马克思曾经指出："一物的属性不是由该物同他物的关系产生，而只是在这种关系中表现出来"③。与此相应，属性范畴也"只是在这种关系中"才能得到规定。我认为，作为事物的属性，客观性借以表现的参照系就是事物

---

① 皮亚杰. 结构主义. 北京：商务印书馆，1984：19.
② 同①92.
③ 马克思，恩格斯. 马克思恩格斯文集：第5卷. 北京：人民出版社，2009：72—73.

与人的关系，因为离开人（特别是其主观方面），某些事物虽然并不失却其独立存在，或者说它们的客观性并不失却其固有，但由于不存在任何非客观的东西，因而它们的客观性尚处于潜在状态而无从得以表现。只有事物与人的关系，才为事物的客观性的表现即从潜在走向现实提供了契机。同样，事物与人的关系也应是客观性范畴的定义域。

按照事物与人发生关系的不同方式，我们可以将客观性区分为两个层次：

第一层次：自在的客观性。它可规定（定义）为"不依赖于主体、不依赖于人，不依赖于人类"意义上的客观性，也就是黑格尔所谓的"直观的"客观性。自在的客观性属于本体论的范畴。严格说来，它所适用的范围仅限于原始态的自然事物，用冯·贝塔朗菲的话说即"野兽的世界"，包括人类出现以前的世界和人力所未及的世界，无论人类是否产生和存在，它们都一如既往地存在和运动着。就此而论，自在的客观性是较低层次的客观性。

第二层次：为我的客观性。它属于认识论的属性范畴，适用于人类的认识现象。人们认识对象就是要从观念上"占有"对象，将外部世界的自在之物变成为我之物。在这个过程中，自在的客观性也就转化成为我的客观性。就认识的静态结果来说，认识的客观性可规定（定义）为"人的表象中有不依赖于人的内容"，因为这一"内容"来自外部世界自在的对象。但从认识的动态过程看，人的表象的形成、认识内容的获得，不过是"外部刺激物向意识事实的转化"，它既离不开人的意识活动，更离不开人的存在，因而认识的客观性只能是为我的客观性。"'客观性在这里'……'的含义是自在和自为的普遍性，而不是外在的客观性'……'不是外在的客观性，而是精神的普遍性'"①。相对于自在的客观性来说，为我的客观性是更高层次的客观性。

上述客观性的两个层次既相区别又有联系。其中，自在的客观性是认识对象（包括现有的和可能的认识对象）的客观性，也就是人们通常所谓的"事物的本来面目"，而为我的客观性则是"事物的本来面目"在人类

---

① 列宁. 哲学笔记. 北京：人民出版社，1993：234.

认识活动中所呈现出来的样式。

正如为我之物并不仅是主体内部的产物一样，为我的客观性也决不意味着只与主体相关。我们将认识的客观性称为"为我的客观性"，不过是要说明它是主体作用于客体的活动结果。从其本义上讲，认识的客观性当然是指认识来自客体的属性或客体性。它包括两方面的内容：

第一，认识的客体制约性。马克思曾说，人们"对自然界的独立规律的理论认识本身……，其目的是使自然界……服从于人的需要"[①]。但是，"世界不会满足人，人决心以自己的行动来改变世界"[②]。人们要达到一定的认识目的，就必须使其认识活动自觉地指向某种客体，而后者从本体论的意义上说是独立于人而存在的，这就给人们的认识活动造成了强有力的约束，使人们不可能随心所欲地而只能"合规律性"地在观念中"改变"或"占有"客体。因此，认识的客体制约性也可以说是认识的客观规律性或客观必然性。

第二，认识的客体相干性。认识不仅要受到客体的制约，更重要的是它本身就是客体形象（包括客体的属性、本质和规律等等）的观念重建或重构。正如马克思所说："观念的东西不外是移入人的头脑并在人的头脑中改造过的物质的东西而已。"[③] 认识与客体相干，不仅是说认识的内容来自客体，而且也意味着认识的形式（逻辑数理形式）与客体密切相关，因为前者是客体的属性、状态的观念表现，而后者则是对客体关系的把握。不过，认识的内容和形式与客体相干的方式、程度具有历史的特点，故而认识的客体相干性亦可谓之认识的客观历史性。

认识是主客体的相互作用，认识的客观性则是这种相互作用的结果之一。认识的客体制约性，是客体对主体认识活动的约束或制约；认识的客体相干性，则是主体认识活动与客体的联系或相干。认识的客观性，作为为我的客观性，随处都渗透着主体活动的影响，打上了主体性的印记。"客观性不仅仅是要求客观地看待对象，而且还要求客观地看待主体自身，

---

① 马克思，恩格斯. 马克思恩格斯全集：第46卷：上. 北京：人民出版社，1979：393.

② 列宁. 哲学笔记. 北京：人民出版社，1993：229.

③ 马克思，恩格斯. 马克思恩格斯选集：第2卷. 2版. 北京：人民出版社，1995：112.

这就是说要意识自己是处在一个与被观察的对象紧紧联系在一起的网络中的观察者。因而，生产性思维就受到对象的性质和在思维过程中与对象紧密联系着的主体的性质这两个方面的制约。这两种决定因素形成了生产性思维的客观性"[1]。创造性思维是这样，一般认识活动的情形也莫不如此。认识的客观性总是与认识的主体性紧密联系在一起的。

（二）经典客观性理想及其根本缺陷

长期以来，我们的认识论研究一直奉行着"按照客观事物的本来面目反映事物"这样一种经典客观性理想。用前述客观性理想所应具备的两个特点来衡量，经典客观性理想不过是传统认识论的一厢情愿。

首先，经典客观性理想建基于对认识客观性的形而上学理解，它混淆了客观性的本体论层次与认识论层次，把认识的客观性等同于"事物的本来面目"，从而将认识的客观性看作是一种与主体无关、"在我们之外"的状态。然而，正如皮亚杰所说，认识的"客观性是作为一种过程而不是作为一种状态开始的"[2]。认识的客观性作为一种过程，也就是自在的客观性或"事物的本来面目"通过主体的活动而向为我的客观性的转化和生成过程。

认识客观性的生成过程包含着主体神经机能系统（神经结构与功能的统一体）与客体的相互作用，因而它受制于主体神经机能系统的性质和状态。就视觉的客观性而言，虽然我们自觉地去看的总是一定的对象或对象的某些方面（客体制约性），并且我们的视觉结果总是对象在视网膜上的成像（客体相干性），但我们所看到的并非像人们通常所相信的那样就是"事物的本来面目"，它实际上不过是人眼结构与功能的特定产物。不仅人眼与动物的复眼或透镜眼因各自的光学特性不同而会形成关于对象的不同的视网膜成像，就是在人与人之间，一个所谓的"正常人"与色盲者对于同一对象也会有不同的颜色感觉。而所有这些差别，在对象本身那里都是不存在的。例如，对象本身根本就没有什么"颜色"，它有的只是不同长

---

① 马斯洛，等. 人的潜能与价值. 北京：华夏出版社，1987：240.

② 皮亚杰. 发生认识论原理. 北京：商务印书馆，1997：92.

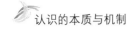

度的波长。

认识客观性的生成过程也包含着主体思维机能系统（思维结构与功能的统一体）与客体的相互作用，因而它亦受制于思维机能系统的性质与状态。仍以视觉为例。"对视模式知觉的许多现代解释认为，视觉形状是通过一些过程来分析的。在这些过程中抽取出独具的特征，并把这些特征与存储在记忆中的先前经验过的视觉形状的表象作比较"，所以视觉的客观性就受到下述两个方面的规定："（1）在记忆中存储或编码的视觉形状特征的性质，（2）存储的信息与进入的信息借以发生相互作用的过程的性质"①。这还只是视觉的认知方面。主体的思维机能系统包括知、情、意三要素，思维机能系统与客体的相互作用不仅表现为认知结构对客体信息的操作处理，而且还表现为意志结构对客体信息的定向选择，以及情感结构对思维信息活动的激活调节。因此，视觉乃至整个认识的客观性是打上了主体知、情、意等因素烙印的客观性。

认识客观性的生成过程还包含着认识工具与客体的相互作用，因而它以一定的认识工具为转移。认识工具包括实物态认识工具（测量仪器等）和关系态认识工具（亦即认识参考系，包括时空构架或观测系和语言系统或描述系），它们都物化或凝结着知、情、意等主体因素，并分别延伸着主体的神经机能系统和思维机能系统。任何认识工具的使用，都会对客体本身或关于客体的认识发生某种影响：测量仪器能够改变客体的属性和状态，使客体发生某种扭曲或嬗变；观测系决定着主体将能从客体上获得何种信息，故而会产生"横看成岭侧成峰"的效果；运用不同的语言系统描述关于客体的认识结果，也会使其具有根本不同的意义。"同样的物质现象并不能使所有的观察者对世界产生同样的认识，除非他们的语言背景相近，或是可以通过某种方式得到校准。"② 这样，在认识活动中，客体本身只是一种潜能或倾向，其现实化具有多种可能性；使用不同的认识工具，客体或"事物的本来面目"也相应地呈现出不同的样式。

由此看来，"事物的本来面目"与人的认识的性质是完全相悖的。在

① 沃尔克，小皮克. 知觉与经验. 北京：科学出版社，1986：338.
② 沃尔夫. 沃尔夫文集. 北京：商务印书馆，2012：226.

认识论的意义上，自从有了人（认识主体），客体就不再是自在的，客体的本来面目也不复存在；如果硬要说客体有什么本来面目，那就是主体建立起来的样子。马克思和恩格斯也曾从另一个角度论及过这一点："他周围的感性世界决不是某种开天辟地以来就直接存在的、始终如一的东西，而是工业和社会状况的产物，是历史的产物，是世世代代活动的结果，……甚至连最简单的'感性确定性'的对象也只是由于社会发展、由于工业和商业交往才提供给他的。"① 至于经典客观性理想本身，则不过是人类自我中心观之外向冲动的一种表现。

其次，"按照客观事物的本来面目反映事物"这一经典客观性理想虽然混淆了客观性的本体论层次与认识论层次，但它毕竟是一种认识论理想，就是说，它是经典反映论所追求的客观性理想。在经典反映论看来，认识的客观性之所以可能，是因为认识是对客体的"反映"。但是，人的认识实质上由三项要素构成：自然界、人的认识能力以及认识结果，后者包括概念、范畴等等②。这三项要素构成了认识活动中的两种基本关系：一是认识结果与客体之间的关系；二是认识结果与主体的认识能力之间的关系。显然，经典反映论所涉及的是前者，而且它谋求的仅仅是认识结果与客体间的静态对应关系（反映）。于是，经典反映论把认识的客观性视为一种状态即"事物的本来面目"而没有研究认识的客观性的生成过程，或者说经典反映论总倾向于追求经典客观性理想，也就成为十分自然的事情了。

最后，我们之所以把"按照客观事物的本来面目反映事物"这一客观性理想称为经典客观性理想，是因为它原本以经典自然科学为其寄生地。近代经典自然科学的活动范围是宏观低速运动领域，面对这类对象，认识活动呈现出一种历史性的假象：主体虽是被结合在主客体关系之中，却仿佛置身于认识过程之外，认识结果俨然是"事物本来面目"的"反映"。牛顿力学及其几百年的辉煌历史，更是使这一假象登峰造极。牛顿认为，物理客体本身具有绝对的时空构架，对于物体的时间、空间及运动可根据宇宙内某种不变的以太介质计算出其确定数值，这些数值不依赖于任何观

---

① 马克思，恩格斯. 马克思恩格斯选集：第1卷. 2版. 北京：人民出版社，1995：76.

② 列宁. 哲学笔记. 北京：人民出版社，1974：194.

测者和观测条件，经典物理学就是对它们的纯客观描述。对此，海森伯曾说："牛顿力学和所有以它为模型而建立的其他经典物理部门，都是从这样一个假设出发的，这就是假定人们能够描述世界，而不需要提到上帝或我们自身。很快地，这种可能性似乎差不多成为一般自然科学的必要条件。"① 牛顿之后的拉普拉斯则走得更远，他说："让我们想象有个精灵，它知道在一定时刻的自然界里一切的作用力和组成这个世界的一切东西的位置；让我们又假定，这个精灵能够用数学分析来处置这些数据。由此，它能够得到这样的结果：把宇宙中最大物体的运动和最轻原子的运动都包括在同一个公式里。对于这个精灵来说，没有不确定的东西，过去和未来都会呈现在它的眼前。"② 于是，在牛顿的"神目"或拉普拉斯的"精灵"眼中，宇宙世界清澈澄明，科学所把握的客体就是外部世界自在自为的对象。可以说，经典客观性理想正是经典自然科学客观性要求的哲学投影。然而，即使是拉普拉斯本人，最后也不得不十分惋惜地承认："人在追求真理中的一切努力，目的是要愈来愈接近那个精灵，但是人仍然是永远无限地远离着它。"③ 同样，作为经典自然科学客观性要求的哲学概括，经典客观性理想也只能是一种在现实的认识活动中永远无法实现的、纯粹的理想。

由于其纯粹的理想性质，经典客观性理想实际上无法规范具体的认识活动，甚至还会将人类认识引入歧途。因为如果固守这种理想，一旦发现科学认识活动终究不可能把握到"事物的本来面目"时，人们就可能从根本上完全抛弃任何客观性理想，从而陷入相对主义和不可知论。19世纪、20世纪之交的物理学危机（实质上是经典客观性理想的危机）就是绝好的证明。

（三）一种新的客观性理想

经典客观性理想实质上是排斥认识的主体性的理想。正如前述，近代经典自然科学曾为缔造这一理想提供了温床，而现代自然科学革命却无情地敲响了它的丧钟。在现代自然科学中，由于认识过程中主体因素的作用

① 海森伯. 物理学和哲学：现代科学中的革命. 北京：商务印书馆，1981：41.
②③ 弗兰克. 科学的哲学. 上海：上海人民出版社，1985：282.

十分突出，从认识结果中剥离出主客体关系效应受到绝对限制，因而人们不再可能像以前那样谈论什么"客观事物的本来面目"。例如，狭义相对论效应表明，在对宏观高速运动物体的认识中，物体的时空并不像牛顿力学所认为的那样具有不变的绝对数值，而是以主体的认识参考系为转移，就是说，主体所处的惯性参考系不同，其对同一物体的时空观测值随之发生变化。按照量子力学，微观客体只有通过宏观测量仪器的转换放大作用才可认识，而测量仪器必然会改变微观客体的本真状态；关于微观客体的认识结果只能运用经典物理学语言加以描述，但经典物理学语言在本质上是不适宜于描述微观客体的。这两个量子佯谬（"测不准性"和"语言困境"）都说明量子力学不可能是微观客体"本来面目"的"反映"。对此，海森伯曾经写道："的确，量子论并不包含真正的主观特征，它并不引进物理学家的精神作为原子事件的一部分。但是，量子论的出发点是将世界区分为'研究对象'和世界的其余部分（区分为被测客体与测量仪器——引者注），此外，它还从这样一个事实出发，这就是至少对于世界的其余部分，我们在我们的描述中使用的是经典概念。这种区分是任意的，并且从历史上看来，是我们的科学方法的直接后果；而经典概念的应用终究是一般人类思想方法的后果。但这已涉及我们自己，这样，我们的描述就不是完全客观的了。"① 总之，相对论和量子力学所揭示的认识情景，表明19世纪以前"科学的客观世界是个理想的极限情况，而不是整个实在"②。与此相应，由这种"理想的极限情况"普遍性地外推而建立的经典客观性理想，在现代自然科学面前也不可避免地归于幻灭。

经典客观性理想的破灭，并未导致科学认识的主观任意性；现代自然科学并非一般地抛弃客观性理想，其抛弃的是对科学认识客观性的形而上学理解。在相对论中，"'同时性'包含着一个主观要素，因为对一个静止的观察者是同时发生的两件事，对一个运动着的观察者就不一定是同时发生了。可是，相对论描述也是客观的，因为每个观察者都能通过计算推出

---

① 海森伯. 物理学和哲学：现代科学中的革命. 北京：商务印书馆，1981：22.
② 卢鹤绂. 哥本哈根派量子论考释. 上海：复旦大学出版社，1984：140.

另一观察者会觉察到什么或者已经觉察到什么"①。在量子力学中，由于仪器与受测现象间的不可控制的相互作用，观察结果一般不能准确地预料到，能够预料的只是得到某种观测结果的概率。无疑地，概率函数"结合了客观与主观的因素。它包含了关于可能性或较大的倾向的陈述，而这些陈述是完全客观的，它们并不依赖于任何观测者；同时，它也包含了关于我们对系统的知识的陈述，这当然是主观的"②。或者说，一方面，概率函数包含了主客体关系效应；另一方面，量子力学通过几率函数对原子事件的描述仍然是客观的，因为概率函数包含的倾向（可能性）是一定的，即各种观测结果有一定的统计规律可循。至于由经典物理学语言描述微观客体而造成的"语言困境"，则说明量子力学所表述的虽非微观客体的"纯粹情态"，但却具有一定的客观历史性。上述事实说明，那种认为抛弃经典客观性理想会导致认识论上的唯心主义和使科学认识的真理性失去依傍的担心，是毫无根据的。不仅如此，现代自然科学在抛弃经典客观性理想的同时，也为认识论中客观性理想的辩证重建提供了一条思路。

上述自然科学家的观点在哲学家中也引起了强烈的共鸣，特别是玻尔的著名比喻在哲学研究中得到了广泛的引申。例如，皮亚杰对经典反映论及其所追求的客观性理想作了种种批驳，认为"早在知觉领域中，主体就已经不是单纯的这样一个剧院：它的舞台上上演着不受主体影响的、被一种自动的物理平衡作用规律事先调节好了的各种戏剧，主体乃是演员，甚至时常还是这些造结构过程的作者，他随着这些造结构过程的逐渐展开，用由反对外界干扰的补偿作用所组成的积极平衡作用——因而也就是用一个连续不断的自身调节作用，来调节这些造结构的过程"③。就"标准的"现代西方哲学的两大思潮来说，二者也都积极致力于客观性理想的辩证重建。费依阿本德曾说："我们甚至可以说，在一个特定时刻被看成是'自然'的事物，赋予它的一切特点都是我们发明的，并被用来为我们的环境

---

① 卢鹤绂. 哥本哈根派量子论考释. 上海：复旦大学出版社，1984：139.
② 海森伯. 物理学和哲学：现代科学中的革命. 北京：商务印书馆，1981：20.
③ 皮亚杰. 结构主义. 北京：商务印书馆，1984：41.

带来秩序，从这个意义上来说，它是我们自己的产物。"① 至于人本主义思潮，"这类哲学都要求一种比较有伸缩性的宇宙，要求这样一个宇宙，在那里人生不仅仅是一出木偶戏，或各种人物在其中只演分派给他们的角色的一出戏。他们都摈斥这种世界，其中缺乏自由、创造性、个人责任、新奇、冒险、豁着干、机遇和浪漫活动，即未受哲学影响的个人所过的生活；他们的兴趣由一般转向个别，由类似机械的性质转向有机性，由理智转向意志、由上帝转向人"②。按照上述思路和观点，认识论中任何有意义的客观性理想的重建，必须同时立足于客体和主体两个方面，因为在经典客观性理想破灭后，"只有把观察者和被观察的看作单一系统的两部分才能够重新得到全部的客观性"③。

基于以上所述，我们认为，真正能够规范人的实际认识活动的、现实可行的客观性理想应该是且只能是：在思维中观念地重构出客体显现给主体的面目。首先，新的客观性理想的前提是对认识客观性的正确描述和正确解释：作为其核心目标的不是"客观事物的本来面目"，而是"客观事物的本来面目"在特定认识情境中的具体显现；这种显现之所以可能，是因为主体的神经机能系统和思维机能系统能够通过各种实物态和关系态认识工具与客体发生直接或间接的相互作用。因此，新的客观性理想所追求的就是前述"为我的客观性"，这一理想内在地体现着对认识的主体性的重视。其次，新的客观性理想包容了前述认识客观性的两方面内容："客体显现给主体的面目"虽然不等同于"客观事物的本来面目"，但要把握前者，同样须将认识活动指向客体，这是认识的客体制约性；具体认识情境中"客体显现给主体的面目"的被把握，也即客体的多向"潜能"的某种现实化或实现，这是认识的客体相干性。不仅如此，按照新的客观性理想，研究认识客观性的生成方式就不能凝滞于认识结果与客体间的静态对应关系，而应注目于从主体认识能力的发挥到形成一定的认识结果之间的

① 谢克哈瓦特. 科学哲学中的几种认识论倾向. 第欧根尼（国际哲学与人文科学理事会季刊中文版），1986（1）.
② 梯利. 西方哲学史：下册. 北京：商务印书馆，1979：355.
③ 秦斯. 物理学与哲学. 北京：商务印书馆，1964：151.

动态过程。通过认识活动中主客体的相互作用，新的客观性理想是完全可以实现的。我们坚信，在新的客观性理想的规范和导引下，人类在科学认识之途上的步伐必将迈得更加铿锵、稳健。

第三章　认识活动的思维机制

认识是主体与客体之间的相互作用。但是，"仅仅'相互作用'＝空洞无物"，"需要有中介"①。实践活动是主客体相互作用的物质性中介，而思维活动则是其精神性中介。要澄清多年来哲学界有关认识的主体性、客观性以及认识的本质等诸问题的争论，关键在于深入考察主客体在思维中的相互作用，探讨主客体相互作用的思维机制。

所谓思维机制，就是主体的思维机能系统接收和加工客体信息的具体方式。主体的思维机能系统包括知、情、意三要素，这三种机能的活动方式分别构成了思维的操作机制、控制机制和调节机制。

一、认知结构与思维的操作机制

如前所述，认知是主体获取关于客体的知识或真理的活动过程。主体的认知机能决非经验论所谓的"白板"，而是具有一定的内部装置即认知结构。

---

① 列宁. 哲学笔记. 北京：人民出版社，1993：137.

主体的认知结构，可以相对地区分为深层结构与表层结构。

认知结构的深层结构即经验-知识结构，它包括两个方面的要素：

一是经验知识要素。它是经验-知识结构的内容方面，概指主体在其一定发展阶段上所具有的全部经验知识单元的总和。经验知识要素作为主体先前对客体认知的结果，是经验-知识结构从而也是整个认知结构的构成"材料"。

二是逻辑数理要素。它是经验-知识结构的形式方面。主体认知客体所获得的经验知识并非处于混乱无序的离散状态，而是以一定的方式构成一个有序的整体。逻辑数理要素就起着组织者的作用，它将各别的经验知识单元结合成为有结构的系统。

上述两种要素也就是皮亚杰所谓的两类经验。皮亚杰将人的一切"经验"（实际经验-知识结构）分为"物理经验"和"逻辑数学经验"。认为它们都发源于主体动作。物理经验是主体对其个别动作的简单抽象或经验抽象的结果，这类动作（动作单元）直接作用于客体，它改变客体的状态和性质，因而物理经验体现着客体的属性；逻辑数学经验形成于主体对其动作协调组织或逻辑数学动作的反身抽象，它仅仅指向动作（动作系统）本身而与客体无关。

皮亚杰从发生学的角度解剖了主体经验-知识结构的两个构成要素。但是，在这两个要素的来源及其相互关系上，皮亚杰的观点未免偏颇。首先，"物理经验"或经验知识要素并不完全来自主体对其直接作用于客体的个别动作的抽象，或者说，并不完全来自个体的亲身经验。恩格斯也曾把"人的经验"（亦即经验-知识结构）区分为两个方面：外在的、物质的经验和内在经验（思维的形式和规律）[①]。他认为，由于科学和商业交往的发展，个体通过亲身经验来得到关于每一事物的直接知识已变得没有必要。事实上，我们的经验知识大部分是经由教育学习的途径而来的。其次，"逻辑数学经验"或逻辑数理要素也并非全是从其动作协调组织中抽演的，就其最初起源来看，逻辑数理形式是人类群体长期实践活动中动作协调组织的产物。但对个体来说，它常常已是被当作公理而接受的，因而

---

① 马克思，恩格斯. 马克思恩格斯全集：第20卷. 北京：人民出版社，1971：661.

它对每个个人而言是先验的，但对于我们种族的进化发展之链来说则是后天的。并且，逻辑数理要素也不像皮亚杰所说的那样完全不涉及客体，终其源它也是对现实世界的抽象。如果说经验知识要素体现的是客体的属性和状态，那么逻辑数理要素则是对客体关系的把握。最后，皮亚杰认为，在认知发展的任何一个阶段，逻辑数学经验都是物理经验的前提条件，物理经验只有同化在逻辑数学经验的形式框架中才能成为关于客体的知识。但他由此得出结论说，可以存在纯粹的逻辑数学经验，相反却从来不可能有什么纯物理经验。我们则认为这一论断须加限定。固然，我们有所谓研究纯形式的科学（数学、形式逻辑），但对于个体的经验-知识结构来说，形式与内容永远是密不可分的。

总之，经验-知识结构作为深层认知结构，是由经验知识要素和逻辑数理要素组成的有机整体。它既内化着个体成长发育过程中活动和实践的经验，也积淀着社会教育的成果。经验-知识结构的二要素各自从不同的侧面把握着现实的客体。

认知结构的表层结构即语言结构，它也包括两个方面的要素：

一是意义要素。它是语言结构的内容方面。词义或词汇意义是语言意义的基本单元，它表示把两个词固定在特定语言系统中的语音组合（在汉语中，语音组合即字）同特定对象或对象组合的相关性。在一切语言系统中，每一实词都表示着一个或一组对象或对象的某种属性或状态，而对象之间的联系或关系则一般通过词组或句子来表示。

二是语法要素。它是语言结构的形式方面。语法是一种产生语言符号系列的装置，其中最基本的是句法。后者是句子或词组的形成规则，人们要表达完整的意义特别是要表达对象之间的关系，就需要按照一定的语法规则将具有不同词汇意义的词联结为词组或句子。

语言作为一种社会现象是和人类一起经由劳动实践而产生的。但作为个体的表层认知结构，语言结构是种族遗传和后天学习的共同结果。乔姆斯基认为，人的大脑的语言能力是生而具有的，但必须在适当的时期内同实际的语言相接触，方能激发大脑语言能力的内在机制。这一观点得到了心理语言学和病理语言学实验结果的广泛支持。个体正是携带着由人类遗传而来的语言能力并通过在实际语言环境中的学习，掌握了合乎语法的句子或词组以及由它们表达的意义，形成了内部语言结构。

在主体的认知结构中，经验-知识结构与语言结构分属于深、表两个层次，前者是认知结构的"硬核"，后者则是它的"物质外壳"，二者之间具有双向的对应关系。

一方面，语言结构中的意义要素和语法要素分别指称着经验-知识结构中的经验知识要素和逻辑数理要素。语言的意义方面就是语言所标示的现实对象，而语言所标示的只能是我们对其具有某种经验知识的对象。语言标示现实对象的最高形式（概括形式）是概念。概念是人们"认识和掌握自然现象之网的网上纽结"，它以抽象的形式将人们的经验知识浓缩起来，因此，语言意义通过概念指称着主体的经验知识。与此相应，语言的语法也指称着我们在对象意识中形成的逻辑数理形式。作为语法的基本成分，句法或语词之间的联结规则直接体现着语词所标示的对象之间的关系。当然，像卡尔纳普那样认为"逻辑就是句法"，把语法直接等同于逻辑数理形式则是错误的，因为语法是逻辑数理形式的"直接现实"，前者只是指称着后者。这种指称关系是通过判断和推理来实现的。判断和推理表达着各种逻辑数理形式，外显于一定的语法规则之中。并且，由于概念既是语言标示现实的最高形式，也是判断和推理的基本元素，所以上述两种指称关系又内在地镶嵌着。

另一方面，经验-知识结构中的经验知识要素和逻辑数理要素反过来分别制约着语言结构中的意义要素和语法要素。虽然语言的社会意义相对稳定，但由于个体的经验知识彼此有别，不同的人使用同一语言单位其意义往往并不一样。同时，逻辑数理要素也制约着语法要素。因为语言规则的形成根据于对象之间的逻辑数理关系，而在说明和表达对象时，语词联结的具体方式也取决于主体既成的逻辑数理形式。由于上述的双向对应关系，"每一代新人不仅利用言语掌握前代的思想内容，而且在掌握言语活动方式的同时，还掌握思维的形式和规律"①。

综上所述，主体的认知结构由深层的经验-知识结构和表层的语言结

---

① 高尔斯基. 思维与语言. 北京：生活·读书·新知三联书店，1963：61.

构构成，表层结构与深层结构既相对独立又密切对应，二者结成一个不可分割的非实体性系统。

主体认知结构的功能是进行思维操作，即通过在思维中对客体信息的操作处理形成关于客体的知识。认知结构是思维的操作系统，而认知结构操作客体信息或将客体信息加工成知识的具体方式就是思维的操作机制。

近代心理学发轫之初，联想主义作为"经验主义哲学怀抱中的心理学"，在心理学领域首先探讨了思维的操作机制并由此而得名。在联想主义那里，"联想被认为是一种整合机制，有了它，越来越复杂的经验类型才成为可能"①。把联想看作是思维的操作机制，这与经验主义的"白板说"一脉相承，它充其量是一种无操作系统的操作机制，并导致行为主义根本取消对思维内部过程的研究。格式塔心理学家讥讽联想主义无结构的联想概念是一种"心理黏合剂"，他们极为重视知觉结构在思维特别是创造性思维中的作用，认为创造性思维是知觉结构在知觉场中的突然改组，从而产生对问题情景的"顿悟"。但是，"'顿悟'一词只是对经验的一种描写，而并不能解释解决办法是怎样来的"②。由于只看到思维过程中的瞬间顿悟，格式塔心理学基本上属于一种注重操作系统而忽视操作机制的理论，因而在某种意义上与联想主义恰好构成了对立的两个极端。皮亚杰的发生认识论则既重结构又重功能，既探讨了思维的操作系统，又研究了思维的操作机制。按照皮亚杰的观点，思维的操作过程是一种连续不断的"建构"（"同化"或"顺应"）过程。主体面对新的客体，总是力图用原有的认知结构去同化它（外化建构），如获得成功即产生关于客体的知识；如同化失败，主体便作出顺应，调整或创造新的认知结构（内化建构），直至同化新的客体。这种具有内外互反双向特征、以同化或顺应为其基本形式的建构活动，便是皮亚杰所理解的思维操作机制。但是，皮亚杰的理论也有待深化，因为把思维的操作机制理解为认知结构对客体的建构即同化或顺应还显得笼统。例如，怎样同化、如何顺应尚需要进一步说明。

---

① 墨菲，柯瓦奇. 近代心理学历史导引. 北京：商务印书馆，1982：147.

② 克雷奇，克拉奇菲尔德，利维森，等. 心理学纲要：上册. 北京：文化教育出版社，1980：197.

现代认知心理学（思维的信息加工理论）为我们深化皮亚杰的发生认识论，从微观水平上揭示思维的操作机制提供了科学依据。根据认知心理学的研究成果，我们认为，思维的操作机制是信息重组，即主体运用认知结构对客体信息的重新组合。

思维的操作活动之所以采取信息重组的方式，这是由主客体两方面的特点决定的。客体作为信息源，本身是一个有机的整体；但客体的信息只能经由不同的感官通道或特征觉察器而进入主体内部。主体只有在思维中将这些各别的信息加以重新组合，才能认知客体。"现代心理学的一种倾向是，假定在知觉时复杂事件首先被神经结构或特征觉察器分解为这些事件的组成属性或特征，最后得出的知觉被认为是这些特征按某些高级的、整合水平的加工操作规则再编码的结果。"[1] 所谓特征的"再编码"也就是信息的重新组合。知觉的操作机制是这样，整个思维的操作机制亦复如此。思维的信息重组之所以能够进行，是因为主体具有如前所述的认知结构（操作系统）；认知结构是思维信息重组活动的枢机。

作为思维的操作系统，主体的认知结构是以信息的形式存贮于记忆之中并被称为内部信息。认知心理学的实验表明，人的记忆具有三种不同的形式，即瞬时记忆、短时记忆和长时记忆。瞬时记忆亦称感觉登记，它暂时性地存放着来自客体的外部信息，而长时记忆则是认知结构的信息"存贮器"或内部信息"存贮器"。主体运用认知结构操作客体的过程，具体地表现为内部信息与外部信息的重组过程。在这一过程中，短时记忆具有特殊的地位。有的认知心理学家把短时记忆又叫作"工作记忆"，人的思维在短时记忆中提取长时记忆中的内部信息，用以重组暂时存放在瞬时记忆中的外部信息。因此，来自内外的信息在短时记忆中处于高度活跃的交融状态，短时记忆成了认知结构重组客体信息的"工作车间"。

思维的信息重组过程属于"无声思维阶段"。其中，语言结构的功能十分独特。语言结构与经验-知识结构都起着操作系统的作用并都存贮于长时记忆之中，但经验-知识结构的信息必须首先转换为内部语言结构的信息，才能重组客体信息。内外信息的重组，实质上就是语言结构的信息

---

① 沃尔克，小皮克. 知觉与经验. 北京：科学出版社，1986：302.

携带着经验-知识结构的信息与外部信息进行重组。

认知结构对客体信息的重组或内外信息的重新组合，主要有以下几种形式：

第一，全息重组。所谓全息重组，就是"把所有新抽取的刺激成分与所有先前存储的刺激成分相结合"①，或者说是将在对象上所获得的全部信息与关于该对象的所有内部信息进行重新组合。用美国心理学家阿瑞提的话来说，全息重组能够产生以"局部代表整体"的效果。例如，面对一个三边有缺口的"三角形"，通过将它与内部存贮的关于三角形的信息加以全息重组，我们总是仍然把它知觉为一个完整的三角形。

第二，同构重组。当欧文·拉兹洛说"重组过程包括用'相配信号'代替'不相配信号'的过程"② 时，他指的就是同构重组。它是"只把那些既为抽出的信息，又为先前存储的信息所共有的刺激成分结合起来"③。同构重组一般仅限于对客体的简单再认，因为在同构重组中，外部信息只有在内部信息中存在着与之对应的"相配"部分或同构体的情况下才有意义。

第三，交叉重组。它是将来自不同客体的信息与有关的内部信息加以横向整合，其结果往往重组出现实中并不存在的全新的客体形象。交叉重组是文学创作中普遍采用的一种思维操作方式，例如"牛头马面"的形象就产生于交叉重组。另外，科技史上的发明，也多是交叉重组的结果。

第四，背景规范重组。当客体是全新的、主体没有任何关于它的内部信息时，与其间接相关的内部信息就作为一种背景或"上下文关系"规范着客体信息的思维重组。科学哲学家们特别强调的观察总是渗透着理论、认知心理学家所谓的"上下文关系"必定影响人们的知觉，指的就是这种情形。背景规范重组是主体获取新知识的最重要方式。科学研究中的重大发现，几乎全是通过背景规范重组而实现的。

第五，刺激诱导重组。人的思维有时仅仅通过内部信息的重新组合就

① 沃尔克，小皮克. 知觉与经验. 北京：科学出版社，1986：350.

② 拉兹洛. 系统、结构和经验. 上海：上海译文出版社，1987：75.

③ 同①.

能产生新的知识。当然，内部信息的重新组合往往需要有外部刺激的诱导，故而我们称为"刺激诱导重组"。认知心理学认为，存贮于长时记忆中的认知结构可由两种方式激活：一是由环境事件激活，称为"资料驱动加工"；另一种是由我们对环境事件的讨论而激活，称为"概念驱动加工"。在某种意义上说，这两种激活方式是刺激诱导重组的两种类型。

主体思维的信息重组活动，其具体形式是多种多样的。但无论表现为哪一种形式，它往往并不是一次完成的。"在思维中，这些元素以不寻常和意想不到的方式组合和再组合，……元素的一些组织建立起来又被打破，然后又被重建起来。一些元素从它们的正常的或熟悉的周围联系中被抽取出来，而且在性质上以无限多的方式被改变。"① 一般说来，思维的信息重组需要进行多次尝试，才能形成关于客体的正确知识即真理。在此，真理的形成过程与判定过程密切相关，二者构成统一的认知过程。当获得某种信息重组体（知识）时，主体常常通过逻辑论证或实践检验来判定其真伪；如其被否定，思维的信息重组活动就将继续下去，直至形成正确的知识或真理。

思维的信息重组也具有内外互反双向亦即双重重组的特征。一方面，认知结构作为内部信息在短时记忆中重组外部信息，形成关于客体的知识或真理；另一方面，内外信息在短时记忆中的重组结果，又要返回到长时记忆中去，引起内部信息的重组，或者是进一步丰富原有的经验知识，或者是改变既成的逻辑数理形式，并在语言结构上得到相应的表现，从而形成新的认知结构。故此，"信息组重"概念比皮亚杰的"建构"概念具有更强的解释力，它能够在更深的层次上同时说明皮亚杰所谓的认知结构对客体的"同化"和"顺应"活动。

谢·列·鲁宾斯坦指出："思维工作的最本质的方面恰恰在于，要把事物列入新的联系中，来达到在它们的新的、不寻常的质中来意识到它们。思维的基本的心理'机制'就在于此。"② "把事物列入新的联系"，亦

---

① 克雷奇，克拉奇菲尔德，利维森，等. 心理学纲要：上册. 北京：文化教育出版社，1980：205.

② 鲁宾斯坦. 存在与意识. 北京：生活·读书·新知三联书店，1980：343.

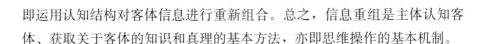

即运用认知结构对客体信息进行重新组合。总之，信息重组是主体认知客体、获取关于客体的知识和真理的基本方法，亦即思维操作的基本机制。

二、意志结构与思维的调节机制

在认识活动中，主体不仅通过其认知机能与客体的相互作用（认知活动）形成关于客体的知识或真理，而且还通过其意志机能与客体的相互作用（意志活动）实现某种价值。价值是认识活动的最终目的，而知识或真理不过是达到这一目的的手段。意志机能就是在认识活动中实现价值的主体能力。

与认知机能一样，主体的意志机能也具有一定的内在结构。需求意识和价值目标是构成主体意志结构的两个要素。

我们首先来看需求意识要素。所谓需求意识，是主体明确自觉到的生理和精神上的缺乏与不足，是主体强烈感受着的对摄取外部对象的欲求状态。简言之，需求意识就是主体对自身的需求或需要的意识，它具体地表现为意向、愿望、动机等等。

主体的需求意识不同于主体需求本身，前者是后者在主体意志结构中的观念形态。主体的需要是多维的，它既包括物质需要，也包括精神文化需要；既表现为衣、食、住、行等基本生活方面的不满足，也表现为对智力创造和自我发展的渴求。但是，主体的多维需要并不能同时在意志结构中得到表现、成为需求意识。在某一特定时期内，只有一种或少数几种需要为主体所自觉，使主体形成某种需求意识。

西方现代人本主义心理学家马斯洛按照由低到高的顺序，将人的基本需要区分为生理需要、安全需要、社交需要、尊重需要、自我实现的需要等层次。他认为，基本需要层次的构成服从"相对优势"原则，只有较低层次的需要得到满足，较高层次的需要才会出现；而在一切需要之中，生理需要是最优先的。主体的需要固然有高低层次之分，但是需要层次理论却将主体的需要与需求意识混为一谈。主体被某一层次的需要所支配，实际上是主体在该层次上产生了需求意识。此时，其他层次的需要对他来说至少大部分仍然存在，只不过可能未被意识到，即在其他层次上尚未产生需求意识。认为主体某一层次的需要没有得到满足其较高层次的需要就不会出现，把需要等同于需求意识，在西方心理学和哲学中决非个别现象，其原因在于他们都是在动机理论中讨论需要并直接把需要等同于动机，而后者本是需求意识的具体表现。不仅如此，在马斯洛看来，人的基本需要在本质上是类似本能的，尽管他一再强调"类似本能"不同于动物本能，但仍常常将二者加以类比，甚至认为高层次的需要在人那里只是比其他动物表现得更强烈，因而他在把需要混同于需求意识或动机的同时，也在某种程度上取消了作为主体意志结构要素的需求意识与动物本能之间的差别，从而在理论上陷入了一种十分荒谬的境地。

主体的需要本质上是主体社会实践活动的需要。这不仅是说需要的主体同时也是实践的主体，而且还因为主体的需要总是在社会实践中产生的。因此，主体的需求意识总是对其实践活动需要的意识。一般说来，基本物质生活的需要往往首先为主体所意识到，因为它们是"一切人类生存的第一个前提，也就是一切历史的第一个前提"，即主体一切实践活动的前提；随着社会实践活动的发展，主体的需要在内容上也不断更新。"已经得到满足的第一个需要本身、满足需要的活动和已经获得的为满足需要而用的工具又引起新的需要。"① 由此，主体在实践活动中也会不断萌发新的需求意识。

我们再来看价值目标要素。价值目标是主体根据其需求意识或对实践活动需要的意识并为满足该实践活动的需要而确立的活动目标。"'价值'这个普遍的概念是从人们对待满足他们需要的外界物的关系中产生的"②，或者说，价值就是客体对主体需要的满足关系，而价值目标则是对这一满足关系的确认并将其与主体活动联系起来。主体的需求意识或被意识到的需要总是对某一对象的需要，但是"世界不会满足人，人决心以自己的行

① 马克思，恩格斯. 马克思恩格斯选集：第1卷. 2版. 北京：人民出版社，1995：78-79.
② 马克思，恩格斯. 马克思恩格斯全集：第19卷. 北京：人民出版社，1963：406.

动来改变世界"①；主体只有为自己的行动确立具体的价值目标，才能在"改变世界"的行动中满足自身的需要。"一切动物的一切有计划的行动，都不能在自然界上打下它们的意志的印记。这一点只有人才能做到。"② 这是因为，动物根本没有意志，其需要与活动融为一体；而人的需要与活动则是以价值目标为中介的。由于受到价值目标的规范，所以人的活动具有明确的目的性，活动的结果在活动之前就已经观念地存在于人的头脑之中。

价值目标的确立，必须通过价值评价。价值评价是对对象是否能够满足主体某种需要的权衡评估，其结果是把能够满足需要的对象从现实中区分出来，将其作为主体活动的客体，从而形成活动的价值目标，即以某种方式占有该客体，以便满足某种需要。新康德主义者李凯尔特认为："价值决不是现实，既不是物理的现实，也不是心理的现实。价值的实质在于它的有效性，而不在于它的实际的事实性。但是，价值是与现实联系着的，……首先，价值能够附着于对象之上，并由此使对象变为财富；其次，价值能够与主体的活动相联系，并由此使主体的活动变成评价。"③ 李凯尔特把价值看作是独立于主体与客体的实体，认为价值既赋予客体价值性又使主体的活动具有评价性，完全颠倒了价值与价值评价的关系。价值不过是主客体之间的一种关系，主客体间的价值关系是价值评价的对象；不是价值与主体活动相联系才使主体活动成为评价，而是主体通过评价活动才发现了主客体间的价值关系。至于评价活动本身，则是与主体其他活动紧密联系在一起的，它既以先前主体在一定价值目标规范下的活动为基础，又通过确定价值目标成为主体新的活动的前提。人们"积极地活动，通过活动来取得一定的外界物，从而满足自己的需要。由于这一过程的重复，这些物能使人们'满足需要'这一属性，……把能满足他们需要的外界物同一切其他的外界物区别开来"④。所以，由评价活动确定的价值目标

---

① 列宁. 列宁全集：第 55 卷. 2 版. 北京：人民出版社，1990：183.
② 马克思，恩格斯. 马克思恩格斯全集：第 20 卷. 北京：人民出版社，1971：518.
③ 李凯尔特. 文化科学与自然科学. 北京：商务印书馆，1986：78.
④ 马克思，恩格斯. 马克思恩格斯全集：第 19 卷. 北京：人民出版社，1963：405.

在其发展过程中具有一定的连续性。

主体一旦有了需求意识，就会相应地通过评价活动确立一定的价值目标。人的一切活动都是为了实现某种价值目标，都是为了满足某种需要，因为任何人如果不同时为了自己的某种需要和为了这种需要的器官而做事，他就什么也不能做。人的认识活动也不例外，正如马克思所说的，人们"对自然界的独立规律的理论认识本身……其目的是使自然界……服从于人的需要"①。在主体的一切价值目标中，认识活动的价值目标具有优先的地位，因为主体的需要本质上是实践活动的需要，没有一定的认识活动作为前提，主体的实践活动便无法进行，其实践活动的需要也不能得到满足。总之，主体认识活动的价值目标，就是为了满足其实践活动的需要。

在主体的意志结构中，需求意识要素与价值目标要素处于两个不同层次。如果说需求意识还只是主体意志的外向冲动，那么价值目标则将这一冲动与其所指向的客体观念地联系起来。价值目标为需求意识的对象化即主体需要的满足铺置了现实可行的途径，从而也是整个意志结构的功能执行者。

意志结构的认识功能主要在于对思维活动的定向控制。在认识活动中，主体的思维过程具有高度明确的方向性，其具体表现为向着预定的价值目标前进。"这种明智的控制能力在通常的话语中一般叫作意志；心灵并不具有任何足以称为'意志'的特殊官能，反之，这个术语却被理解为可以运用于全部心灵。只要把心灵看作是一种具有积极取向的力量，思维在非常确切的意义上是意志的表现。"② 思维所"表现"的就是意志的定向控制作用。由于意志本身就是一种思维机能，所以意志对思维活动的定向控制实际上是思维的自我控制。意志结构是思维的控制系统，意志结构对思维活动的控制结果，就是形成认识的价值方面，使主体通过思维操作而获得的知识和真理能够满足自身的某种需要。

意志的认识功能的发挥，有赖于意志结构与客体的相互作用。"意志总是动于主或动于内然后形于客或形于外的情形。动于主或动于内是就意

---

①　马克思，恩格斯. 马克思恩格斯全集：第 46 卷：上. 北京：人民出版社，1979：393.

②　Angell. An introduction to psychology. New York，1920：226.

志底发动而言，形于客或形于外是就意志底表示而言。"① 意志"形于外"或者意志结构与客体相互作用的方式是信息选择，即主体按照一定的价值目标选择客体的信息，而信息选择就是思维的控制机制。

现代认知心理学认为，人的"智源"是有一定限制的。所谓智源，包括心理的努力、记忆的容量、信息的通道（感觉器官等）。在认识活动中，智源一旦被指派去执行某一任务，它就不能同时执行其他任务。因此，智源有限也就是主体接收信息的能力有限。另一方面，认识客体作为信息源，它所具有的方面、属性、特征、层次是无穷多样、无限丰富的，就是说，其信息是无限的。智源的有限性与客体信息的无限性，构成了主体认识活动中的尖锐矛盾。主体要认识客体或者要使客体在认识活动中产生信息，就必须有对客体信息的强有力"约束"或控制，这就是思维的信息选择活动。正如苏联学者乌克兰采夫指出的："利用选择来限制多样性是一个转折，由此能够和将要产生信息。选择这一行为将转化为信息产生这一行为。"② 著名科学家彭加勒也说："由于事实的数目实际上是无限的，我们不能了解所有事实。选择是必要的。"③

根据信息论特别是信息选择理论，在一切自组织系统中，信宿（信息的接收端）的选择能力是信息产生的前提。但是，认识主体（作为信宿的人）与一般自组织系统不同，其选择能力来源于意志结构（思维的控制系统），其中，主体的价值目标是思维信息选择活动的基本依据。在认识活动中，主体总是按照特定的价值目标，从客体无限多样的信息中选择出有价值的信息，而排除其他无关的信息。"选择总是同时呈现而不同时接受，只接受其中一二，而忽略其他的情形"；"满足我们底意志的大都被选，与我们底意志不相干的大都落选"④。如果说实践活动是客体信息的引发者，好似在主客体之间架起了一座彼此沟通的桥梁，那么意志结构就犹如矗立桥头的控制塔，价值目标就是扼守其上的卫兵，它控制着认识活动中的信

① 金岳霖. 知识论. 北京：商务印书馆，1983：210.
② Г. И. Шерьинкий. 论两种信息概念. 柳延延，摘译. 世界科学，1983（10）.
③ 彭加勒. 科学与方法. 沈阳：辽宁教育出版社，2001：3.
④ 金岳霖. 知识论. 北京：商务印书馆，1983：212.

息通道，只有那些能够满足主体某方面需要的客体信息才能进入主体的认识过程。

思维的信息选择活动有其特定的心理基础。"人的任何有组织的心理活动都以某种选择性为特征"，"在心理学中，心理过程的这种选择性通常被称为注意，所谓注意应理解为那种保证分出心理活动来说重要的要素，以及维持对心理活动的精确的和有组织的进程进行控制的过程"①。近代实验心理学创始人冯特在其著名的"统觉学说"中早就指出，心理的内容只有一部分处于意识的焦点之上，焦点的范围就是注意的范围；而注意总是"有意"的注意，它是意志作用的表现。冯特这一正确的思想在机能主义心理学那里得到了系统的发挥。著名的美国心理学家、哲学家詹姆斯认为，心理活动总是对它的对象的一部分比其他部分更为关切，并且在其全部历程中总是欢迎一部分而拒绝其他部分；心理活动的这种专注于对象某些方面的能力是由意志赋予的。他指出，意志的主要成绩在于注意一个艰难的对象而固定在心上，这样做就是指令，对象一经被这样注意，立即发生相应的动作，同时还要抑制强大的欲望冲动。另一位机能主义者安吉尔更为明确地说："从心理学方面看，执行意志就是发生注意，在注意的过程中我们可以指望发现意志的决定性特征。"② 当代苏联著名心理学家鲁宾斯坦则直接把注意称为心理活动的"定向机制"，认为注意实际上是一种意志行动，它使一定对象或其一定的方面在心理活动过程中突出到主要的地位，而其余的则受到抑制并退居次要的地位上去。总之，从心理学上说，注意是人的意志与对象相互作用的方式，"有目的的意志"是"作为注意力表现出来的"③，而注意必然意味着选择，它是思维信息选择活动的心理基础。

如果把主体思维过程看作是一个信息流程，那么信息选择活动表现在该流程的每一个环节上。这种多级的信息选择大致可以分为以下三个阶段。

第一，信息接收中的选择或信息的感官过滤，它是信息选择的第一步

---

① 鲁利亚. 神经心理学原理. 北京：科学出版社，1983：251.
② 张述祖，等. 西方心理学家文选. 北京：人民教育出版社，1984：243.
③ 马克思，恩格斯. 马克思恩格斯全集：第23卷. 北京：人民出版社，1972：202.

即直接对外部刺激的选择。认知心理学家布罗德本特认为，来自外界的信息是大量的，但人的神经系统高级中枢的加工能力极其有限，于是会出现"瓶颈"现象；人的感官好似一些"过滤器"，它能对输入信息加以选择控制，以便避免系统超载。感觉心理学研究的新成果也表明，感受器在接收外界刺激时，并不是"原样照录"，而是选择性地过滤。比如在视觉中，视网膜上的成像即视像一般都是就地选择处理，只有那些符合价值目标的视觉信息才会被传递到大脑中枢。

第二，信息传递中的选择。在信息传递过程中，那些与价值目标无关的信息将进一步被淘汰，这是信息选择的第二步。人的感觉信息或感觉冲动沿着两条不同路径向神经中枢传递：一条是由特定神经纤维构成的特异性通路，另一条是网状结构到大脑皮层的非特异性通路。这种信息传递过程同时也是信息选择过程：大多数感觉冲动仅仅引起脊髓和脑干水平的活动，只有少数较强的感觉冲动才会被传递到丘脑和大脑皮层。

第三，信息解释中的选择或信息反应选择。当信息最后传递至大脑中枢并受到解释（最后识别）时，或者是由于没有"事前了解"和"知识存贮"而无法识别，或者是由于可解释的多样性而不能达到不确定性的消除，信息会被再一次筛选，只有那些能够实现价值目标的信息才会引起中枢反应，这是信息选择的第三步。认知心理学家杜尔施和杜茨等人认为，输入通道传来的信息均可进入高级分析水平，但中枢分析结构只对重要的信息作出反应，他们由此还提出了认知心理学中的"反应选择模型"。

思维的信息选择与信息重组是前后相续的两种活动，意志通过信息选择对思维活动的定向控制也就是在信息的供给上对信息重组的控制。思维活动的一般信息过程是：主体首先按照特定的价值目标选择一定的客体信息，然后运用认知结构对这些择定的信息进行重新组合。信息选择多级进行，信息重组也在不同水平上发生。就感性认识阶段而言，认知心理学认为，人的知觉包括一系列亚过程：定向，即调整感觉器官朝向刺激源，以从外界环境中获取信息；提取，即从外界环境中抽取对象的特征；比较，即与记忆中的经验知识相校对；编码，即将内外信息比较的结果组建成完整的知觉。显然，定向和提取属于信息选择过程，比较和编码属于信息重组过程，因而知觉过程是信息选择与信息重组的统一。著名的儿童心理学家布鲁纳指出："一事件的再现表象具有选择性。在构造某事物的模型时，我们不是把该事物的各个方面都包括进去的。选择的原则通常是由再现表象所指向的目标来决定的。"[①] 可见，表象的形成也包括信息选择和信息重组（建模）两个环节。在更为高级的认识水平上，理性认识阶段包括理性分析与理性综合。所谓理性分析，就是对感性认识阶段思维信息选择和重组的结果进一步加以选择，亦即"去粗取精、去伪存真"；所谓理性综合，则是将理性分析中提取的重要的、本质性的信息按某种方式重新组合起来，以便能够"由此及彼、由表及里"。所以，理性认识是信息选择与信息重组在更高水平上的统一。由于上述情形，卡尔·波普尔曾形象地说，人的认识与其说是"随机摄影"，倒不如说更像是"有选择的作画过程"。

人们进行认识活动是为了实现一定的价值目标，而价值目标是否最终实现，同样也有赖于实践活动的判定，所以实践具有双重的检验功能。主体关于客体的认识如果导致了改造该客体的实践活动的成功，那么不仅证明了认识的真理性，而且同时也证明了它的价值或善的属性，即能够满足主体实践活动的需要。正如列宁所说，"必须把人的全部实践——作为真理的标准，也作为事物同人所需要它的那一点的联系的实际确定者"[②]。

当主体的某一具体需要得到满足，某一具体的价值目标得到实现，主体在实践活动中又会萌生新的需要意识并为认识活动确立新的价值目标。正是这一动态可变的意志结构通过对思维活动的定向控制，使主体的认识永远具有价值或善的属性；而主体按照价值目标对客体的信息选择，则是一切思维活动的控制机制。

三、情感结构与思维的控制机制

作为基本的思维机能之一，情感或感情具有不可替代的认识功能。

---

① 张述祖，等. 西方心理学家文选. 北京：人民教育出版社，1984：446.
② 列宁. 列宁选集：第 4 卷. 3 版修订版. 北京：人民出版社，2012：419.

"没有'人的感情',就从来没有也不可能有人对于真理的追求"①,从而也不可能实现认识活动的价值目标。情感不仅对于在认识活动中形成知识或真理、实现价值或善具有重要的作用,而且也是赋予认识美的属性的主体能力。

心理学认为,所谓情感,是人对其活动对象的态度的体验,这种态度体现着对象是否能够满足人的某种需要。情感与意志一样,二者都起源于人的需要且产生于一定的主客体关系之中,故而某些心理学家或者将情感归入意志统称为"意向活动",或者把意志并入情感概括为"激情的过程"。但是这种归并并不恰当,即使仅就其与需要的关系而言,二者也有根本的差别:意志是以愿望、动机、兴趣等形式的外向冲动表现着人的需要,而情感则是以喜、怒、哀、乐等形式的内在体验与人的需要相关联。一般说来,能够满足人的某种需要的对象引起积极的或肯定的情感体验,否则便导致消极的情感体验。

相对于不同性质的需要,主体的情感结构可以划分为两个不同的层次:

一是与对象是否能够满足人的机体需要相关联的基础性情感层次,它常表现为快乐、悲伤、愤怒、恐惧等形式,其特点是短暂易逝。

二是与人的社会性需要相联系的高级情感层次,包括符合道德准则的需要、求知的需要、审美的需要等引起的道德感、理智感、美感等形式,它具有稳定持续的特点。

无论是上述情感结构的哪一个层次,都具有大体相同的情感体验方式,都可以用强度、紧张度、快感度和复杂度等维度来加以刻画。在心理学中,情感亦被称为情绪。不过,从词义上说,情绪(emotion)侧重于表明情感体验中的心理激荡和扰动,多用于情感结构的基础性层次;而情感(feeling)一词则更加强调该体验过程的主体感受方面。

在主体的思维机能系统中,情感是最为原始的要素。从种系发生上看,动物已具有了情绪的基本形式,在人脑中它定位于最古老的部分即皮

---

① 列宁. 列宁全集:第20卷. 北京:人民出版社,1958:255.

质下结构（第一机能联合区）；就个体的智力发育而言，儿童的精神世界最初仅限于一些简单的情绪反应（如原发性微笑）。由于这一原因，人们对情感或情绪在认识活动中的功能的认识显得异常艰难并经历了一个曲折的过程。在心理学中，这一历程大体上可分为三个阶段。

第一阶段，早期的心理学理论将情绪与认知和意志对立起来，认为情绪是失去理性和控制力的表现，它干扰行为有秩序地正常进行，是人的认识活动中的破坏性因素。根据这种观点，"当人被周围情境激动（这就是说，情绪性地）到大脑控制减弱或失去的地步……那么，这人就有了情绪。"①

第二阶段，近代詹姆斯-兰格学说、坎农的情绪丘脑学说以及帕佩兹和麦克林的情绪边缘系统学说，开始将情绪问题纳入科学研究的正轨，对情绪的生理基础作了大量探讨，但把情绪归结为身体状态和心理的伴生现象或副产物，认为情绪本身没有任何目的和功能。

第三阶段，当代情绪理论从两个方面扭转了人们对情绪或情感的传统偏见。一方面，以阿诺德、拉扎勒斯、扬和普里布拉姆为代表的情绪认知学派反对那种把情绪与理性视为绝对对立、互相排斥的观念。例如，阿诺德认为愉快或不愉快的情绪决定于对感觉刺激的评估，强调对外部环境的认识是情绪产生的直接原因；普里布拉姆则指出，虽然在种系发生上脑的古老部位常常被看作是情绪的机构，但是，就是这些结构也同样在进化中得到了发展，并且在人脑中达到了最完善的程度，这些皮质下的古老部位在认识活动中也并非只有消极的破坏作用。不过，情绪的认知学派着重注意的是认知对情绪的决定方面，而在情绪对认知的意义上其观点基本上仍归属于情绪的副现象论。另一方面，汤姆金斯和伊扎德等人创立的情绪的动机-分化理论，进一步批判了情绪的副现象论，主张情绪不仅仅是心理活动的结果，同时也是其重要的诱因。他们认为，无论是在生物性需要的满足上，还是在人的行为改变、学习操作和认知加工中，情绪或情感都起着核心和无法替代的积极作用。在他们那里，"感情系统被认作与其他系

---

① 克雷奇，克拉奇菲尔德，利维森，等. 心理学纲要：下册. 北京：文化教育出版社，1981：437.

统相对独立并且它规定着认知、决策和行为"①。上述当代情绪理论研究特别是动机-分化理论，已为我们揭示情绪或情感在认识活动中的功能提供了可能。

苏联学者齐哈依洛夫等人指出："思维首先是作为思维活动而出现的，同时实现一系列的过程，其中也包括情绪过程。基于此，后者就不能理解为与思维过程并列的，而应当是特别活跃的，由整个思维活动过程所制约的，并作为一种特殊的调节器而制约思维活动的动力过程。"② 从认识论上看，情感或情绪在认识活动中的功能就是进行思维调节，主体的情感结构就是思维的调节系统。"对不同的研究者所区分出的情绪的任何一种功能进行分析表明，它总是调节功能的这样或那样的反映。"③

至此，我们可以更为全面地说，主体的思维活动包括意志控制活动、认知操作活动和情感调节活动。情感对思维活动的调节，也就是对意志控制（信息选择）和认知操作（信息重组）的调节。由于情感的极度活性特征，情感结构对思维活动的调节方式是多种多样的，就是说，思维的调节机制是多重的，它大致包括下述几个方面：

第一，多水平激活。

汤姆金斯认为，各种需要是人的活动的内驱力，而情感则是人的行为和认识的唤起者。在他看来，人的活动的内驱力的信号需要有一种放大的媒介才能激发人去行动和认识，起这种放大作用的就是情感。情感与内驱力相比较甚至是更强有力的驱动因素，因为人的行为和认识完全可以离开内驱力的信号而被各种情感唤起。

在认识活动中，当主体根据其对实践活动需要的意识而确立起一定的价值目标时，如果没有情感对需要信号的放大，这种需要的驱力往往还不足以促使主体及时地按照价值目标选择客体信息，这时就会出现"目标消失"现象。而一旦有了情感体验对内驱力的强化，主体的思维就会保持高度的紧张和觉醒状态，随时捕捉（选择）对价值目标有意义的客体信息。同时，通过对内驱力信号的放大，情感不仅能够激活思维的信息选择活

① 斯托曼. 情绪心理学. 沈阳：辽宁人民出版社，1986：174.
②③ 齐哈依洛夫，等. 思维活动的情绪调. 心理学探新，1985（1）.

动，而且还能使主体积极地从记忆中提取内部信息并与外部信息进行对照和编码，从而也激活着思维的信息重组活动。在情感的激活调节下，主体的思维活动处于十分活跃的状态。

需要指出的是，即使是消极的情感体验，对主体的思维活动也不是单纯的抑制性因素。焦虑、恐慌等负性情感体验同样放大着主体内驱力的信号，其目的在于惊醒主体采取应急反应即产生紧迫感，并在认识活动中能够加速主体思维活动的进程。

区分是否能够激活思维活动的适当标准，不是情感的性质而是其强度。情感的强度，"其范围可以从不惹人注意的、瞬息即逝的心情到强有力的热情。愤怒可以从微愠变化到暴怒；快乐可以从适意到狂喜"①。早在20世纪初，"叶克斯-道森规律"就已总结出情感的不同唤醒水平影响智力操作的倒"U"形曲线，认为过高或过低的唤醒水平都不如适中的唤醒水平能够使操作效果达到最优点。这就是说，无论是积极的还是消极的情感体验，其强度过低就难以放大内驱力的信号，而强度过高则会相反地导致对思维活动的抑制，只有中等程度的情感体验才能有效地激活主体的思维活动。

第二，双向修正。

齐哈依洛夫认为，情感不仅能"促进思维过程发生"，而且还能"修正思维活动"。情感对思维活动的修正，表现为既能促使思维定势的形成，又能解除思维定势，因而是双向的修正。

所谓思维定势，是指主体按照习惯了的、比较固定的思路去选择和重组信息，去寻找问题解决的方案。思维定势是为了较为稳定地实现价值目标，防止思维活动的意外干扰。一定的情感体验在激活思维活动之后，通过不断地放大内部需要的驱力，就可触发和维持思维定势，使思维过程沿着某种预定轨迹运行；当不合目标的信息出现时，负性情感体验会自动地加以排除。情感体验放大了的"需求状态愈强烈，使我们去知觉在环境中同该需要有关的对象和事件的定势就愈强烈，……心境和情绪也影响我们

---

① 克雷奇，克拉奇菲尔德，利维森，等. 心理学纲要：下册. 北京：文化教育出版社，1981：393.

对世界的看法。如果我们是在美好的心境中开始一天的话——有着定势去知觉每一件事情的最好方面——我们几乎必然地在我们遇到的任何情景下都能发现和看见一线光明。"①

但是，思维定势并不是总能有效地实现价值目标，当遵循固定的思路和程序选择重组信息会遇到难以克服的障碍时，思维定势就表现出消极的影响，使主体的思维活动陷入困境，延滞着问题的解决。此时，主体就会产生一系列强烈的消极情感体验，如恼怒、厌烦、烦躁等，它们迫使主体停止正在进行的思维过程并变换解决问题的思路。为此，认知学派的扬和普里布拉姆等人提出了情感或情绪的"不协调"观点。他们认为，环境信息与主体的内部模式处于足够的不一致和不协调状态是情感出现的重要原因。当现实事件与预期和愿望相去甚远，或预料为无力应付时，大脑皮层的认知判断就会立即动员神经低级中枢迅速激活起来，发放适当的化学物质，产生紧张的情绪，打乱已建立的内部模式。著名认知心理学家西蒙也认为，情感是基本信息过程的调节器，其重要功能在于当主体思维的目标终止机制无法运行即不能达到预定目标时，中断正在进行的思维程序并代之以新的程序。在这种情况下，情感对思维活动的调节就表现出一种相反的修正方式，即解除思维定势。

就其对思维活动的双向修正来看，情感的调节功能异常神奇。它按照价值目标的要求关注着思维的信息选择和信息重组过程，并根据价值目标的实现情况随时触发、维持或解除思维信息活动的定势倾向。

第三，内部代偿。

思维的信息重组活动往往面临着严重的内部信息不足，但通过一定的情感体验，主体依据少量的内部信息也能重组外部信息而认识客体。在此过程中，情感执行着内部信号的功能，代替和补偿着内部信息。因此，苏联心理学家 Л. B. 西蒙诺夫把情感过程看作是一种代偿性机制，认为情感有助于产生有益的"声音"或"心理变化"，能够补充达到目的所需信息的缺陷。

---

① 克雷奇，克拉奇菲尔德，利维森，等. 心理学纲要：下册. 北京：文化教育出版社，1981：82.

　　情感对思维信息活动的代偿调节，必须以仍有一定数量的内部信息为前提。而且，它的积极意义有其严格限制的范围即多发生在对对象的定性评估上，如根据情感体验的性质而将对象看为"好的"或"坏的"、"有利的"或"有害的"。忽视了上述前提，超出了一定范围，情感对内部信息的代偿就会导致"感情用事"。

　　第四，美的追求。

　　美感或美的情感，在主体的情感或思维的调节系统中具有独特的地位。通过审美这一特殊的情感体验，主体的思维活动能够不仅按照"真"和"善"的尺度展开，而且"按照美的规律来建造"。美感对思维活动的调节，其方式是激发主体在信息选择和重组中对美的追求。

　　曾几何时，人们还以为艺术是情感的产儿，科学是理智的化身。然而，科学与艺术，"两者从山麓分手，回头又在山顶汇合"。科学的艺术化，已成为现代科学认识的重要特点；今天，"我们看到支配科学人员的动机，从一开始就体现为审美的冲动……科学达不到艺术的程度就是作为科学不完备的程度"①。

　　当然，科学认识中的美与艺术作品之美并不完全相同。彭加勒早就指出，科学美绝非感官所感觉到的那种现象的属性之美和表观美，而是精致的、由和谐的秩序形成的"智性"之美，是由理论各部分的协调一致带来的"内在美"。但是，科学美与艺术美有一重要方面是共同的：它们都是美感体验的结果。在科学认识中，美感体验有时强烈到仿佛为宗教感情所笼罩一般，以至爱因斯坦将其称为"宇宙宗教感情"。

　　关于科学认识活动中思维的审美调节机制，法国数学家阿达马写道："在我们用下意识所形成的大量组合中，大多数是乏味的和没有用的，它们无法作用于我们的美感，它们永远不会被我们意识到；其中只有若干组合是和谐的，因此同时是美的和有用的，它们能够激起我们特殊的几何直觉，这种几何直觉把我们的注意力引向这些组合，使它们能够被我们意识到。"② 科学美感有如一个筛子，它是科学认识中思维信息选择活动的重要

---

① Chandrasekhar S. 科学中的美和对美的追求. 方兆烷，译. 世界科学译刊，1980（8）.
② 周昌忠. 创造心理学. 北京：中国青年出版社，1983：194.

标准。彭加勒曾说，"选择不可避免地由科学上的美感所支配"，"正是对这种特殊美，即对宇宙和谐的意义的追求，才使我们选择那些最适合于为这种和谐起一份作用的事实"[1]。同样，美感也制约着科学家思维信息重组活动的方式和结果。人们之所以为广义相对论那突出的内在美所惊奇和陶醉，就在于爱因斯坦对世界的统一与和谐、简单与对称充满了坚深的信念与情感，并按照这些科学上的美学标准在思维活动中构建了广义相对论方程。他自己也曾说过，"我们认识到有某种为我们所不能洞察的东西存在，感觉到那种只能以其最原始的形式为我们感受到的最深奥的理性和最灿烂的美——正是这种认识和这种情感构成了真正的宗教感情；在这个意义上，而且也只是在这个意义上，我才是一个具有深挚的宗教感情的人。"[2]

科学美是科学认识活动的目的之一，它能够满足科学家的审美需要。但是，科学唯美主义则是错误的。科学美更是科学认识活动的手段，因为科学家常常是以美审真、由美求真。正如海森伯所说："美是真理的光辉。"美学标准也是科学理论合理性的重要判据。物理学家泡利说得好：一个人醒悟到一点新认识而感到的愉快，是由于这类先在的影像和外界客体的特性相合一致而产生的。爱因斯坦的相对论、魏尔的引力规范理论和中微子二分量相对论性波动方程，其审美性和真理性的和谐统一，就是其突出的例证。

科学认识不过是人类认识的典型形式，美感在一般认识活动中也具有重要的调节作用。格式塔心理实验学表明，在日常生活中，"某些图形倾向于被知觉为比它们的实际情况更为完整或闭合。这种知觉的倾向称为趋合。发生趋合的一种情况是当所造成的封闭图形是一个'好'图形的时候"[3]。在知觉中使分离或破缺图形（如为一定间隙分离开的两个半球）发生趋合的根源是主体的美感，美感体验能产生一种将图形的破缺部分封闭起来的拉力；而由趋合形成的"好"图形也就是美的图形。由此可见，美感的调节作用具有普遍性。而且，随着人类美感素质的提高，这种调节作

---

① 彭加勒. 科学与方法. 沈阳：辽宁教育出版社，2001：8.

② 爱因斯坦. 爱因斯坦文集：第3卷. 北京：商务印书馆，1979：58-59.

③ 克雷奇，克拉奇菲尔德，利维森，等. 心理学纲要：下册. 北京：文化教育出版社，1981：60.

用将日益增大，从而认识活动的结果也会愈来愈具有美的属性。

总之，主体的情感结构是以多水平激活、双向修正、内部代偿以及对美的追求等多种方式调节思维活动的，它们共同构成了思维的调节机制。

以上我们在剖析主体思维机能系统诸要素（知、情、意）的结构和功能时，分别考察了思维机制的三个分机制（操作机制、控制机制和调节机制）。但是，从我们的论述中也可以看到，三者并非彼此分立，而是相互依存的。主体的思维机制实质上是知、情、意活动的整合机制，是操作机制、控制机制和调节机制的共时态有机整体。也正因如此，主体的思维机制同时实现着认识的真、善、美。

通过上述思维机制的考察，我们揭示了知、情、意等主体因素怎样直接投入认识过程并凝结于认识结果，亦即揭示了认识的主体性的直接形成途径。由于思维机制是主体的思维机能系统接收和加工客体信息的具体方式，因此，它不仅形成认识的主体性，而且也同时生成认识的客观性。换句话说，认识的主体性形成的思维机制也是认识的客观性生成的思维机制。而由思维机制实现的认识的真、善、美，则都是主体性和客观性的统一。

第四章　认识过程和创造性思维

人对世界的观念把握，是一个从无到有、由浅入深的过程。以实践为基础的人对世界的能动反映，生动地体现在认识的辩证过程中。认识过程既包括由感性认识上升到理性认识的过程，也包括实践理念的形成及其现实化过程。在认识过程中，人不仅观念地再现世界，而且还"创造"世界。

一、作为能动反映过程的认识过程

马克思主义认识论认为，认识是人脑对客观世界的能动反映。这种反映是在主体与客体的实际的相互作用的基础上发生的，但并不是像照镜子那样在一瞬间实现的。反映是一个既合规律又合目的的过程，它以实践为基础，并由一系列相互联系而又有序的反映形式构成。

（一）认识过程的合规律性与合目的性

认识过程是主体以一定的认识工具为中介而与客体相互作用并向着一定认识目标运动的过程，它本质上是主体对客体的能动反映过程。认识过程的能动性集中地体现在它的合规律性与合目的性上。

首先，认识过程具有合规律性特点。人对世界的观念把握，其直接目的是要反映世界的物的尺度，认识事物的本质和规律，形成关于客体的完整的对象意识。但是，作为认识客体的事物，都是多层次的结构系统，是诸多属性和规定的统一体系。对人的认识来说，客观事物的现象和属性总是直接呈现于外，而事物的本质和规律则深藏于内，因此，只能从事物的现象和属性深入本质和规律，从事物的不甚深刻的本质深化到更为深刻的本质。这就决定了人的认识必然表现为一个过程。

其次，认识过程具有合目的性特点。

人们观念地认识世界，其最终是为了实践地改造世界。人对世界的反映，不仅包括对世界的物的尺度的反映，也包括对人的内在尺度即实践活动的需要的反映。实践是人高度自觉地改造世界、变革现实的活动，是在一定理论和思想指导下不断地将"自在之物"转变成"为我之物"的过程。人的认识只有全面地把握事物的本质规律，才能有效地指导实践、真正满足实践活动的需要。正是在实践活动需要的推动下并为着满足实践活动的需要，人的认识才现实地表现为一个从事物的现象和属性向事物的本质和规律逐渐深化的过程。

在哲学史上，无论是唯心主义还是旧唯物主义，都不能正确理解认识过程的合规律性与合目的性。形而上学唯物主义由于不懂得认识的辩证法，它把主体对客体的反映看作是如同照镜子一样一次完成的，因而往往取消了对认识过程的研究。虽然某些旧唯物主义者窥见到了认识对象的复杂性和认识活动的困难性，强调在认识活动中要遵循客观事情本身固有的规律，但他们离开认识过程的合目的性去谈论合规律性，从而只能得出纯粹消极的结论，把认识过程视为主体被动地顺应客体、听命于客体并围绕着客体旋转的过程。与旧唯物主义相反，唯心主义倒是历来重视对认识过程的研究，但它却把认识过程归结为纯粹的思维过程，完全否定了认识过程的合规律性。一些唯心主义者也注意到了认识过程的合目的性，但他们同样不懂得实践，他们所谓的目的，要么是满足主观的"兴趣"或"智力上的追求"，要么是一些神秘的原因。例如，康德认为，在认识活动中，主体受着内部冲动的驱使，总要运用先天的直观形式去"综合统一"杂多的感性材料，从而既形成具有普遍必然性的科学知识和越大越扩大的知识系统，又形成科学知识的对象；这种"综合统一"活动并不一次完成，它随着认识从低级阶段（"感性"）到高级阶段（"理性"）的前进而逐级上升，从本质上说，认识从低级阶段向高级阶段的发展，就是主体不断"综合统一"的结果。这样，康德在把认识过程的合规律性消融于合目的性之中的同时，也把认识过程及其合目的性完全神秘化了。可见，在认识过程的合规律性与合目的性这二者之中，离开任何一方，都不能科学地说明认识过程的必然性和合理性。

马克思主义认识论认为，认识过程的合规律性与合目的性是辩证统一的。

第一，认识过程的合目的性以合规律性为基础。在人的认识过程中，认识目的是否能够实现，实践活动的需要能否得到满足，取决于人在多大程度上掌握和遵循了客观事物本身所固有的本质联系。认识过程愈能合规律性地展开，认识过程的合目的性也就愈强。

第二，认识过程的合规律性通过合目的性得以展现。认识过程的合规律性，是由物的尺度规定的"必然"，即一切认识活动都必然表现为一个过程。仅仅停留于这一点，人的认识活动可能发生也可能不发生，与此相应，认识过程可能出现也可能不出现。认识过程的合目的性则是由人的内在尺度规定的"应然"，即一切认识活动都应该通过一个逐步深入的过程，完整地把握事物的内在联系，特别是事物的本质和规律。在认识活动中，由物的尺度规定的"必然"就是通过由人的内在尺度规定的"应然"而转化成"实然"即现实的认识过程的。

第三，人的认识在反映世界的物的尺度和人的内在尺度的基础上，总是要进而反映如何将人的内在尺度运用到物的尺度上去、怎样使关于客体的对象意识服务于主体的需要，形成一定的实践理念并将其现实化，因而认识过程本身内在地结合着合规律性与合目的性这两个方面。

总之，认识过程是合规律性与合目的性的统一。认识活动作为能动的反映过程，既是必然的又是合理的。

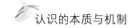

（二）认识过程中的多级反映

人对世界的观念把握是多层次、多水平、多阶段的。认识过程作为主体对客体的能动反映过程，从观念方面来说，它总是表现为由感性直观向理性思维的运动和两者的统一。

感性直观和理性思维是反映的两种基本形式。感性直观是较为低级的反映形式，即感性反映形式；理性思维是高级的反映形式，即理性反映形式。在认识过程中，感性直观和理性思维既有质的区别，又有不可分割的内在联系，它们统一地构成了人对世界的能动反映能力。

主体对客体的能动反映区分为感性直观和理性思维两种基本形式，观念的认识过程表现为感性直观向理性思维的运动和两者的统一，是由认识主体反映器官的结构和功能同客体的结构和特性的一致性所决定的。作为认识主体的人，在动物适应环境的前认识反映的自然进化史前提下，通过社会劳动和社会交往的选择，形成了以大脑为中心、以感觉器官为外围组织的神经机能系统。作为反映的物质器官，这种生理结构决定了主体具有能够协调、统一地以感性直观和理性思维形式反映客体的功能。另一方面，客体的结构、规定和本质的多层次性和多方面性，是主体反映客体之所以具有感性反映形式和理性思维形式的客观基础。一般说来，感性直观只能反映客体直接呈现于外部的现象和属性；要把握客体的本质和规律，只有借助于理性思维形式才有可能。所以，任何一种单独的反映形式，都难以达到对客体的全面认识，都不可能构成主体观念地把握客体的完整的反映结构。

长期以来，哲学家们就认识是从哪里来的、感性和理性在认识过程中有什么作用等问题进行过反复的争论。有的哲学家肯定认识是从感觉经验中来的，强调感性直观在认识过程中的突出作用。与此相反，另一些哲学家则认为理性思维可以不依赖经验而直接把握事物的本质，或者认为认识是以某种形式在思维中预先生成的，所需的仅仅是通过某种方式将其诱发出来或使之明晰化，因而强调理性思维在认识过程中的特殊地位。其实，人类在同外部世界相互作用的过程中，通过长期不停顿的实践和认识活动，形成和完善了不同的反映器官，锻炼和发展了全面的认识能力。主体要实现对客体的认识，就必须运用自己的全部反映器官和认识能力，使它们在认识过程中协同地发挥功能和作用。把统一的反映器官和认识能力任意加以分解，使之各自孤立起来，片面强调其中某一成分、某一因素的功能和作用，似乎在某种单一成分、单一因素的基础上可以建构成认识的大厦，是不符合人类认识的实际的。

当然，感性直观和理性思维在认识过程中的作用是不同的，它们分别形成经验水平的认识和理论水平的认识，并由此使认识过程区分为感性认识和理性认识两个基本阶段。认识的经验水平是感性直观的结果，这一结果的实现过程属于感性认识阶段；认识的理论水平是理性思维的产物，理性思维形成认识的理论水平的过程，属于理性认识阶段。感性直观和理性思维分别属于认识过程中两个不同阶段上的反映形式，并导致不同水平的认识结果。

当然，即使如此，我们也不应该将感性直观形式与理性思维形式割裂开来。在认识过程中，感性直观与理性思维总是相互联系、相互渗透的。对社会的人来说，不可能有纯粹的感性直观形式，也不可能有纯粹的理性思维形式。认识的经验水平包含着理论的成分，而认识的理论水平也包含有经验的成分，只不过经验水平的认识以经验成分为主，理论水平的认识以理论成分为主。同样，认识的感性阶段是感性因素占主导地位，认识的理性阶段是理性因素占主导地位。所以，感性直观形式与理性思维形式的区分又是相对的。

（三）认识过程与实践过程

认识过程与实践过程是主客体相互作用的同一过程的两个基本方面。它们之间的关系既表现为实践过程是认识过程的基础，也表现为认识过程与实践过程的循环递进。

主体和客体是认识活动中的两极，它们在认识过程中既相互对立，又相互联系、相互转化。那么，这相互对立的两极是怎样和为什么能够实现它们之间的联系和转化呢？马克思主义哲学认为，主体和客体之间相互联系和转化的基础是实践。实践是主客体关系的现实形态，实践过程表现为主体与客体之间的实际的物质的相互作用过程。通过这一过程，主体和客体各自得到自己的规定，并现实地实现着它们之间的相互联系和转化，而认识也是在这种实际的物质的相互作用过程中发生发展的。因此，实践是认识主体与认识客体的关系得以形成和实现的现实途径，实践过程是认识过程得以进行和完成的现实基础。

就人们对某一具体事物的认识来说，实践过程对认识过程的基础性作用，表现为如下两个方面：

第一，实践过程是认识过程的实际引发者。实践是主体高度有目的地改造和探索客观世界的物质活动，它总是在一定的思想和理论的指导下进行的。因此，人们要实践地改造世界，首先必须观念地认识世界。就此而论，认识过程是实践过程中的一个必要环节。实践过程不仅使认识过程成为必要，而且也为认识过程的实际发生提供了可能。在实践过程中，主体通过与客体的实际的物质的相互作用，直接接触到大量的丰富的感性材料，它们必然反映到主体的观念中来，成为感性直观的对象，这就是认识过程中的感性认识阶段。主体对客体的认识过程便由此开始。

第二，实践过程也是认识过程不断深化的实际推动者。认识过程仅仅停留于感性认识阶段，还远远不能满足主体实践活动的需要，因为实践并非一般地改变客体的现有形式，而是要使之发生人所要求的改变，以便在对自身有用的形式上占有它们，主体只有在全面地把握客体的本质和规律的基础上才能做到这一点。这就要求主体对客体的认识从感性直观上升到理性思维，从感性认识阶段进入理性认识阶段。不仅如此，在实践过程中，主体把自己作为一种物质力量运动起来，通过操作一定的物质中介（工具、手段），有序地作用于客观世界，克服外部物质对象的反抗，能够揭示和暴露客观事物隐匿的内在本质，从而使主体认识过程的深化得以现实地实现。例如，通过物理学和化学的实验，人们把原子中的电子分离出来，或是把电子加到原子中去，或是把原子核分裂开来，使原子不再是本来的原子而成为离子或其他的元素，由此，人们才真正认识了原子。

从人类认识的无限发展来看，认识过程与实践过程又是循环递进的。毛泽东说："客观过程的发展是充满着矛盾和斗争的发展，人的认识运动的发展也是充满着矛盾和斗争的发展。一切客观世界的辩证法的运动，都或先或后地能够反映到人的认识中来。社会实践中的发生、发展和消灭的过程是无穷的，人的认识的发生、发展和消灭的过程也是无穷的。"① 实践过程和认识过程的无穷发展就是通过它们的循环递进体现出来的。

实践和认识是人类认识发展过程中的一对基本矛盾，它们相互依存、相互作用。我们既可以说没有实践就没有认识，因为认识总是在实践过程中产生和发展的；也可以说没有认识就没有真正的人的实践，因为任何社会实践都是在一定认识的指导之下进行的。当然，矛盾双方总有主次之分。从根本上说，在实践和认识这对矛盾中，实践一般是矛盾的主要方面，它对认识的发展起着决定作用。实践总是处在不断地变化发展中，经常提出新的认识课题，从而产生已有认识同新的实践需要之间的不相适应。克服这种不适应状况，解决新的课题，就需要进行新的认识。这是从实践过程到认识过程的转化。新的认识活动的结果，又会被应用到实践活动中去，一方面得到检验、修正、丰富和完善，另一方面也反作用于实践，增强实践主体的能力，扩大实践对象的范围，提高实践活动的水平。这是从认识过程到实践过程的转化。人类认识就是在实践和认识这对矛盾的不断产生又不断解决、实践过程与认识过程不断循环递进的辩证运动中，由低级向高级发展的。正如毛泽东所指出的，人们"通过实践而发现真理，又通过实践而证实真理和发展真理。……实践、认识、再实践、再认识，这种形式，循环往复以至无穷，而实践和认识之每一循环的内容，都比较地进到了高一级的程度"②。

总之，认识过程作为主体对客体的能动反映过程，不仅直接建立在实践过程的基础之上，而且随着实践过程的发展而不断深化和发展。

---

① 毛泽东. 毛泽东选集：第1卷. 2版. 北京：人民出版社，1991：295.

② 同①296-297.

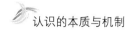

二、感性认识的作用

感性认识是人们关于事物的现象、事物的各个片面和外部联系的认识，是人们通过自己机体的各种感觉器官（包括作为感觉器官延伸物的各种观察仪器）对外部世界的直接反映。它以生动形象性为特点，以事物的现象为内容。在感性认识中，人脑不仅能反映客观对象的颜色、气味、声音等个别属性，同时也能将对象的各种属性联系起来，形成客观事物的整体形象的反映，而且还能在记忆中把过去曾经感知过的事物形象再现出来，从而能够反映此时此刻并未作用于我们的感觉器官的客观事物。

众所周知，感性认识的基本形式是感觉、知觉和表象。由感觉、知觉和表象等三种形式构成的感性认识，是认识过程的起点，也是认识过程中的一个基本阶段。它在认识过程乃至人类的全部知识体系中，具有基础性的地位和作用。

首先，感性认识是人类认识的源泉。

认识起源于人的感觉。感性认识与继起的认识阶段和认识形式之间的关系，是一种源与流的关系。毛泽东说："从认识过程的秩序说来，感觉经验是第一的东西，我们强调社会实践在认识过程中的意义，就在于只有社会实践才能使人的认识开始发生，开始从客观外界得到感觉经验。一个闭目塞听、同客观外界根本绝缘的人，是无所谓认识的。认识开始于经验——这就是认识论的唯物论。"①

感性认识是人脑通过感觉器官对客观事物的生动形象的反映。感觉器官是人脑与外部世界沟通、外部世界的刺激进入人脑转化为意识的门户。只有通过这个门户，人脑才能反映客体，客体也只有首先进入这个门户才为人脑所反映。人脑通过感觉器官而获得的对于客体事物的感性认识，是意识与外部世界的直接联系。割断这一联系，就堵塞了外部世界向意识事实转化的必经途径，全部人类认识也就成为不可能的事情。

---

① 毛泽东. 毛泽东选集：第1卷. 2版. 北京：人民出版社，1991：290.

作为感性认识起始环节的感觉，也是全部人类认识过程的第一步。虽然感觉只是关于客观事物个别属性、个别方面的反映，但继此而发生的认识过程，都要依赖于感觉所接收的关于客体事物的信息，即所谓的感觉材料。感觉信息、感觉材料是人类认识的大厦赖以构筑的砖瓦；进一步的认识过程不过是对感觉信息、感觉材料的逐级加工。所以，列宁强调说："认识论的第一个前提无疑地就是：感觉是我们知识的唯一泉源。"[①] "不通过感觉，我们就不能知道实物的任何形式，也不能知道运动的任何形式。"[②]

感性认识以主体的大脑和感觉器官为其生理基础，并表现为一定的心理活动过程，因而不可避免地具有个人的独特性。时常有人提出这样的问题：感性认识具有不可复得的个人性，而认识是社会的、公共的，那么，社会的、公共的认识能否建立在个人性的感性认识基础之上？能否在感性认识的基础上产生科学知识？其实，不仅感性认识，而且整个认识活动包括理性思维活动，都具有个人性，因为任何认识活动都是由具有大脑和感觉器官的个体的人来进行的。但是，它们又不单纯具有个人性，而是同时又具有社会的普遍性和公共性。

人的感性认识能力并不仅仅是自然进化的结果。事实上，每个时代的感性认识都是世界历史的产物。马克思说："所以社会的人的感觉不同于非社会的人的感觉。只是由于人的本质的客观地展开的丰富性，主体的、人的感性的丰富性，如有音乐感的耳朵、能感受形式美的眼睛，总之，那些能成为人的享受的感觉，即确证自己是人的本质力量的感觉，才一部分发展起来，一部分产生出来。因此，不仅五官感觉，而且所谓精神感觉、实践感觉（意志、爱等等），一句话，人的感觉，感觉的人性，都只是由于它的对象的存在，由于人化的自然界，才产生出来的。五官感觉的形成是以往全部世界历史的产物。"[③] 每个时代的感性认识都要受到诸种社会因素的影响和制约，因而都具有社会的普遍性。

---

① 列宁. 列宁选集：第2卷. 3版修订版. 北京：人民出版社，2012：85.
② 列宁. 列宁选集：第2卷. 2版. 北京：人民出版社，1972：308.
③ 马克思，恩格斯. 马克思恩格斯全集：第42卷. 北京：人民出版社，1979：126.

对社会的人来说，感觉器官及其功能的完善，感性认识能力的发展，都是在社会劳动实践中实现的。例如，人的感觉器官的敏锐程度个别地说来往往不如某些动物，但人的感知能力从总的水平来说却是任何动物所不能比拟的。恩格斯说："鹰比人看得远得多，但是人的眼睛识别东西却远胜于鹰。狗比人具有更锐敏得多的嗅觉，但是它不能辨别在人看来是各种东西的特定标志的气味的百分之一。至于触觉（猿类刚刚有一点儿最粗糙的萌芽），只是由于劳动才随着人手本身的形成而形成。"① 同时，由劳动实践所创造的人化自然界，为人的感觉器官提供了丰富多彩的感觉对象，由此才形成和锻炼了有音乐感的耳朵、能感受形式美的眼睛，如此等等，并不断产生和发展着社会的人的感觉的丰富性。不仅如此，在社会实践过程中，人还创造了各种人工技术手段，把外界不能为人的感觉器官直接感知的东西清晰地呈现出来，由此突破了人的感觉器官的天然界限，大大地提高了人的感知能力。这表明，人的感觉器官连同作为它们的延伸和加强的人工技术手段，本质上是社会性器官，通过它所获取的感性认识完全能够成为社会所共享的东西。人类的科学知识就是通过理性思维对感性认识的抽象而形成的。

总之，感性认识是人类知识的源泉。没有感性认识，整个认识过程和人类的科学知识就成了无源之水、无本之木。

其次，感性认识形成经验性思维，它是一切思维的基础。

主体关于客体的感性认识，其直接结果是获得一定的感性经验。主体感性认识的结果必定对主体自身产生影响，它通过在主体意识中的积淀，形成经验性思维。

经验性思维也称直观思维，它是主体运用自己的亲身感受和直接体验以及传统的习惯观念而进行的思维活动。经验性思维的基点是经验，离开经验也就无所谓经验性思维。而经验则是人们感性认识的结晶，是人们通过感性认识对已经发生的、经历过的事件、现象和行为的简单总结。例如，人们观察到春天播种一般是在秋天收获，于是就形成了春播秋收的经验。经验性思维就是以经验为轴心展开的，它是对经验的程序化运用。所

---

① 马克思，恩格斯. 马克思恩格斯选集：第 4 卷. 2 版. 北京：人民出版社，1995：378.

以，经验性思维是在感性认识的基础上形成的。

由感性认识形成的经验性思维，在活动方向上是一种典型的后馈思维，即面向过去的思维。人们在社会生活中必然会遇到各种问题，并为此寻求解决的方法。用经验性思维处理问题，总是到自己曾经有过的经验中去寻找答案，并选择那种过去曾经使其获得成功的途径。在活动方式上，经验性思维又是一种类比型思维，它用事物的外在联系进行推论，由过去的经验类比当前的活动，由曾经经历过的某一情况类比另一种情况。由于作为感性认识结果的经验与实践的直接联系，经验性思维在人们的实践活动中具有直接可行性，经验性思维本质上是一种操作思维。经验性思维的重要性在于，它能把操作活动转化为下意识过程，从而在瞬间实现简单的行为规律。也就是说，熟练的操作思维可以使人在遇到情况时，动作敏捷迅速，无须多加思考就可以使问题及时得到处理和解决。经验性思维的特点使其在人们的日常生活、日常行为中具有十分重要的作用。农民对庄稼长势和收成的评估，工人对机器运转状况的判断，司机对意外情况的处理，音乐家对声调旋律的识别，画家对形象色彩的辨认以及教员的教学活动、演员的演出活动、运动员的竞赛活动……，无不贯穿着经验性思维的运用。同时，经验性思维也是科学发现的重要方法。例如，通过将动物、人和机器中的行为方式加以经验类比，诞生了控制论；对生物结构和功能进行经验类比，形成了仿生学，等等。

经验是较低层次的知识，与此相应，经验性思维在人类的思维活动中也是较低水平的思维类型。但是，由感性认识形成的经验性思维是一切思维的基础。人类更高形式、更为复杂的思维活动，不仅是从经验性思维发展而来的，而且它们本身的某些因素已潜藏于经验性思维之中。经验性思维的这一重要地位是由感性认识的性质决定的。在感性认识中，人们不仅能把孤立的、零碎的、杂乱无章的感觉联结起来（直观的综合），不仅能再现过去的感觉和知觉（记忆的综合），还能进行创造性的构思（想象的综合）。如果说感觉经验涉及的是事物的个别属性和个别方面，由它产生的经验性思维还停留在用个别类比个别的水平上，那么，在感觉基础上形成的知觉经验，通过对感觉信息、感觉材料的组织和秩序化，已经综合地反映了事物在外观上呈现出来的各种属性、方面的整体联系。毫无疑问，以它为基点而展开的经验性思维，构成了进一步进行抽象的逻辑思维、形成概念的感性胚形和感性支柱。而表象，特别是创造性表象，则开始把人们推向一个幻想的、理想的境界，它以萌芽的形成孕育着科学理论的发现和技术、艺术的发明与创造。没有表象，就不会有人的创造性思维。

由此可见，感性认识具有极其重要的作用。如果没有感性认识，就不会有更高级的理性认识，也不会有地球上最美的花朵即思维。

三、知性与辩证理性

作为认识过程理性认识阶段反映形式的理性思维，按照其活动特点和把握客体的程度，可以区分为知性（知性思维）和辩证理性（辩证思维）两个层次。它们高低有别且又统一地构成人的理性思维能力，共同形成主体关于客体的理性认识。

在哲学史上，把理性思维区分为不同的阶段或水平，由来已久。早在古希腊，柏拉图就区分过介于意见与真正的科学之间的抽象理智的认识和以最高的理念为对象的纯粹的理性思维。亚里士多德则区分过被动的消极理性与主动的积极理性，认为在前者中概念是潜在的，而在后者中概念是实现了的。18世纪库萨的尼古拉认为，知性的任务是组合和分解，心灵（理性）的任务则是了解和领会。后来，沃尔夫指出，知性是清晰地呈现可能之物的能力，而理性是洞见真理的联系的能力。

德国古典哲学的先驱康德曾对知性与理性的区分作了系统的阐述。康德认为，我们的一切认识都从感性开始，经过知性最后达到理性。在康德看来，知性的职能在于运用先天的纯粹概念或范畴整理感性材料，使个别零碎的、缺乏联系的感性对象具有规律性，而理性则进一步综合知性规律为一般原理。知性同感性一样，所涉及的只是"现象"；理性要综合知性规律为一般原理，必然要超越现象，达到"本质"或"物自体"。知性的对象是相对的、有条件的、不完整的东西，而理性所追求的则是绝对的、无条件的、完整的统一体。这种统一体不是经验所能给予的，它只能通过推理达到。但是，理性又不能为自己特有的基本观念——灵魂、自由意志、上帝等找到感性直观的依据，于是不可避免地陷入一系列的矛盾推断或二律背反之中。康德由此得出了"物自体"不可知的结论。

黑格尔认为，关于知性与理性的区分是康德哲学的一个重大成果，但康德哲学的结论是消极的，没有把握到理性矛盾的积极意义。他在批判康德哲学的基础上，对知性与理性的对立和统一作了新的更深入的考察。黑格尔认为，"就思维作为知性［理智］来说，它坚持着固定的规定性和各规定之间彼此的差别"①，"那只能产生有限规定，并且只能在有限规定中活动的思维，便叫做知性"②。"知性的活动，一般可以说是在于赋予它的内容以普遍性的形式。不过由知性所建立的普遍性乃是一种抽象的普遍性，这种普遍性与特殊性坚持地对立着，致使其自身同时也成为一特殊的东西了"③。在黑格尔看来，知性思维是思维的第一步，但思维并不停滞于知性的阶段，它必定要超越知性而达到理性。"理性是否定的和辩证的，因为它将知性的规定消融为无；它是肯定的，因为它产生一般，并将特殊包括在内"④。这就是说，与知性不同，理性总是把对象当作包含相反规定的具体的统一来把握。

黑格尔的上述思想得到了马克思主义经典作家的充分肯定。恩格斯说："知性和理性。黑格尔的这一区分——其中只有辩证的思维才是理性的——是有一定的意义的。"⑤ 同时，马克思还进一步阐述了知性与辩证理性两种思维活动的逻辑进程或道路。马克思指出："在第一条道路上，完整的表象蒸发为抽象的规定"，即"从表象中的具体达到越来越稀薄的抽象，直到我达到一些最简单的规定。于是行程又得从那里回过头来"，以便"在第二条道路上，抽象的规定在思维行程中导致具体的再现"⑥。显

---

① 黑格尔. 小逻辑. 北京：商务印书馆，1980：172.

② 同①93.

③ 同①172-173.

④ 同①4.

⑤ 马克思，恩格斯. 马克思恩格斯选集：第4卷. 2版. 北京：人民出版社，1995：331.

⑥ 马克思，恩格斯. 马克思恩格斯选集：第2卷. 2版. 北京：人民出版社，1995：18.

然，第一条道路是知性思维的活动过程，第二条道路则是辩证思维的活动过程。

知性和辩证理性或者知性思维和辩证思维属于人的理性思维的两个不同层次。虽然它们都运用概念、判断和推理等理性认识形式，但二者的活动方式及其结构根本不同。首先，知性通过对感性材料的反思建立起关于客体的抽象的规定或抽象的普遍性，并使诸规定彼此分离和对立；辩证理性则在综合抽象规定的基础上，达到了全面反映客体的普遍性，其中，每一种规定都把与之对立的规定包含于自身，诸规定之间往返流动、相互转化。其次，知性孤立、平行地运用相互联结着的各种逻辑方法，如比较、分类、综合、归纳、演绎等；辩证理性则在相互联系、辩证统一中运用归纳与演绎、分析与综合、逻辑与历史、抽象与具体等各种对立的逻辑方法。最后，知性严格遵守同一律，即纯粹的自身联系（a 就是 a，即与非 a 毫无关涉的纯 a），整个知性思维就是在自我单纯同一、不自相矛盾的领域中活动的；辩证理性的根本规律是对立统一规律，即矛盾规律，它从对立统一和运动变化的观点来看待事物的诸规定及相互关系，整个辩证思维的活动都深刻地体现着思维的矛盾本性。

尽管知性属于人的理性思维的较低层次或水平，但它在理性认识中仍然具有重要的地位和作用。理性思维对感性材料的加工处理，形成概念和判断，进行推理，本身是一个复杂的过程，在这个过程中，知性是一个首要环节。我们知道，通过感性认识阶段，人们所获得的是反映外部世界联系的"混沌的关于整体的表象"。这种表象不可能直接转化为思维中的具体，要实现这种转化必须经过知性这个环节。知性思维逐一地分析关于客体的各种规定，将每一种规定突出出来，孤立起来，固定下来，使之与其他规定相区别，然后，在这些界限分明的规定的基础上，形成具有确定性的概念和判断，并按照同一律进行推理。这对于思维把握具有许多规定和多方面联系并处于运动变化中的活生生的客体来说，无疑是必要的一步。在近代，这种思维方法曾有力地促进了分门别类地进行研究的各门自然科学的产生和发展。同时，自然科学的长足进步也日益暴露出知性思维割断事物的联系，坚持"非此即彼"原则的局限性。但是，近代的一些哲学家

（培根、洛克等）却把这样一种思维方法提升到世界观的地位，使之成为认识世界的普遍的思维方式，即形而上学的思维方式。正是由于这一历史的原因，所以人们时常将知性思维方法与形而上学混同起来。实际上，在知性思维与形而上学思维之间存在着本质的区别：知性是通过分析性的思维活动，建立关于客体的有限规定，并保持其确定性的思维过程，它是理性思维认识事物的本质和规律的必经途径；而形而上学则是把知性在对待事物的规定和联系上所表现出来的分离、割断、固定等特点加以绝对化，进而否定事物的普遍联系和发展变化，成为一种孤立、静止、片面的反科学的思维方式。

在人的理性思维中，知性与辩证理性是既相对立又相统一的。在人类思维发展史上，先是知性的发展，尔后才是辩证理性的发展。恩格斯指出："一切知性活动，……是我们和动物所共有的。……相反地，辩证的思维——正因为它是以概念本身的本性的研究为前提的——只对于人才是可能的，并且只对于已处于较高发展阶段上的人（佛教徒和希腊人）才是可能的，而其充分的发展还要晚得多，通过现代哲学才达到。"① 辩证理性是在知性的基础上发展起来的高级形式的理性思维，它并不完全排斥知性，而是将它包含于自身之中，作为自身的一个环节，因为如果不遵循知性的原则，思维就没有确定性和一贯性，就会走向相对主义和诡辩论。但是，辩证理性并不却步于知性所固执的界限，"它使固定的形而上学的差异互相转移，除了'非此即彼！'，又在适当的地方承认'亦此亦彼！'，并且使对立通过中介相联系"②。知性与辩证理性作为统一的理性思维的两个方面，并存于现代人的思维之中，它们相互依存、相互转化。知性使思维具有确立性、稳定性；辩证理性则使思维具有灵活性、流动性。在思维的一定水平上，认识具有了确定的、无矛盾的和系统的性质，消融了原有的界限，冲破了原有的体系，知性就转化为辩证理性。另一方面，辩证理性的活动成果，又必须具有新的确定性和系统性，于是，旧的体系又会为新的体系所代替，辩证理性又转化为知性。正是通过上述对立双方的相互转

---

① 马克思，恩格斯. 马克思恩格斯选集：第4卷. 2版. 北京：人民出版社，1995：331.
② 同①318.

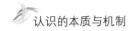

化，人的理性思维对客体的把握不断地从抽象走向具体。

四、实践理念及其形成和现实化过程

人们观念地认识世界，最终是为了实践地改造世界。要实现改造世界的目的，人们不仅需要获得一定的感觉经验和理性知识，而且还必须以此为基础构建一定的实践理念。实践理念是认识过程中继感性认识和理性认识之后的又一基本环节。人对世界的认识如何能够指导人对世界的改造？理性认识怎样才能能动地飞跃到实践？为什么实践既表现出合规律性的特点又表现出合目的性的特点？不研究实践理念，就不可能真正理解和解决这一系列问题。

（一）理念和实践理念

理念历来是哲学中的一个极其重要的概念，历史上的哲学家们曾从不同的角度对它进行过探讨。柏拉图曾提出了一个关于理念的系统理论即"理念论"。他认为，理念是客观实在的形式，是一切现实事物的原型和本质，而现实事物则是理念的摹本，是理念的感性显现并为理念所决定，因此，在现实世界之外和之上，还存在一个高于现实世界、先于现实世界的理念世界。在柏拉图看来，理念是永恒不变的，它是唯一真实的存在，而现实事物只不过是理念的虚幻的影子，是转瞬即逝的不真实的东西。显然，柏拉图从本体论的角度对理念作了客观唯心主义的解释。

康德哲学标志着关于理念的探讨由本体论转向认识论。康德确证理念是属于理性的，并把它同知性概念区别开来。他认为，知性概念是有条件的、有限的，理念则是关于无条件的和绝对的东西的概念。理念是超越经验的纯粹理性形式，现象或经验中并没有和理念相一致的对象。因此，理念不过是理性主观自生的"先验的概念"，是理性用来系统化知性知识的一些指导性原则。但是，理性出于其自然的倾向，总不免产生"幻相"，把主观的理念当作是有客观内容的即有现实的对象与它们相一致的东西来认识。这样，理性以理念的形式所追求的东西，就永远是一种不能实现的理想，不能达到的彼岸世界的自在之物。康德还提出了"实践理念"，这是关于道德领域的理念，也就是"善"。它同样是超越经验的、彼岸世界的东西，人的意志应当服从它，但不可能实现它，即不可能达到"最高的善"。总之，在康德那里，理念是应当追求而又永远无法实现的理想。

与康德不同，黑格尔认为知性与理性并非决然分离，二者既有区别又有联系。人们认识对象，总是先形成表象，尔后形成概念，最后上升到理念。理念是概念发展的最高阶段，是概念与实在、主观性与客观性的统一。它是思维的形式，又是一切客观实在的东西的本质和根据，因而具有丰富的内容和客观性。重要的是，黑格尔把理念区分为理论理念和实践理念。他认为，理论理念是真的理念或理念的理论活动，它要求获得关于对象的真知，并接受已经给予的外在世界的规定以充实自己；实践理念则是善的理念或理念的实践活动，它要求达到善的目的，并通过扬弃现存外在世界的规定以实现自己。在黑格尔看来，由于实践理念是对外部现实性的要求，并改变外在世界的规定，使自身获得外部现实性形式的客观实在性，因而它高于理论理念，不仅具有普遍性的优点，而且具有直接的现实性的优点。

上述哲学家关于理念的探讨中包含着许多合理、深刻的思想。然而，他们都这样那样地对理念作了唯心主义和神秘化的解释。事实上，在本体论的意义上，并不存在什么超越现实世界而独立存在的、作为现实事物的原型和根据的理念。但在认识论领域内，关于实践的理念，不仅是存在的，而且是必要的。这种关于实践的理念，决不是什么神秘的绝对精神的一个发展阶段，而是人的现实认识过程中合乎逻辑的一环，是实践和认识着的人的思维活动的必然结果。实践理念总是人的实践理念。

实践理念是人们在现实的实践活动之前事先建立起来的、关于实践的观念模型或理想的蓝图。马克思在比较建筑师与蜜蜂的活动方式时指出，人的高明之处在于："劳动过程结束时得到的结果，在这个过程开始时就已经在劳动者的表象中存在着，即已经观念地存在着。"[①] 这种"观念地存

---

① 马克思，恩格斯. 马克思恩格斯全集：第 23 卷. 北京：人民出版社，1972：202.

在着"的实践结果，就是实践理念。它是人们的实践活动所创造的实在客体的观念原型和根据，现实的实践结果就是这种理念的对象化、实在化。

实践理念也称实践观念，它是相对于理论理念或理论观念而言的，后者是人的理性认识的结果。毫无疑问，实践理念必须以理论观念为基础，但它并不是理论观念的简单逻辑推演。在内容上，它除了理论观念所揭示的关于客体的存在状况、内部结构、本质属性、运动过程等的知识外，还凝结了关于主体需要、主体能力、主体活动等的认识；除了关于主体和客体对象性关系的历史和现状的知识外，还包含着对这种关系的未来发展的预测；除了关于主体与客体关系"是什么"和"怎么样"的知识外，还加上了主体为了达到自身目的而"应如何"和"怎么做"的知识。因此，在认识过程中，实践理念是比由理性认识所建立的理论理念或理论观念更为高级的阶段，它是理论理念或理论观念向实践转化和飞跃的必要中介环节。

实践理念对人的实践活动具有极其重要的意义。由于人能形成实践理念，在实践活动之前能够预知实践的结果并对实践活动的方向进行有效控制，因而人的实践是一种高度有目的性的活动。这是人类改造世界的实践活动不同于动物适应环境的本能活动的一个显著特点。实践理念也是人的实践活动的理想，但这种理想绝非康德所说的那样是一种单纯的应有和永远不能实现的理想，它对实践活动具有极强的规范作用，并能通过实践活动转化为活生生的现实。恩格斯说："外部世界对人的影响表现在人的头脑中，反映在人的头脑中，成为感觉、思想、动机、意志，总之，成为'理想的意图'，并且以这种形态变成'理想的力量'。"[①] 实践理念作为规范实践活动的"理想的力量"，集中地体现了认识对实践的指导作用。没有实践理念这个中介环节，抽象的理性认识不可能对实践发生作用，人的实践就只能是盲目的活动。

实践理念的作用在现代人类实践活动中表现得尤其突出。现代实践是一种广泛、深刻的社会化活动。与历史上的任何一个时期相比，现代实践活动的方式、规模和水平都发生了空前的变化。一方面，现代实践与现代

---

① 马克思，恩格斯. 马克思恩格斯选集：第4卷. 2版. 北京：人民出版社，1995：232.

科学一样，是一种高度社会化的活动。在现代，任何一项重大的实践活动，都会对社会的政治、经济和文化产生广泛的影响，这种影响有时甚至是全球性的。另一方面，由于现代科学技术的武装，现代实践本质上是面向未来的。现代实践不仅深刻地改变着人类现存的生存环境和社会关系，而且对人类的未来产生深刻的影响。上述这些特点，意味着现代实践活动的后果（不论是积极的还是消极的）比以往任何时候都更为深远。人类以往的实践活动，即使产生了不良后果，改正起来相对而言还比较容易。现代实践则不同，如果出现了重大失误，其后果往往不堪设想，很难改正，甚至根本无法改正。因此，人类从来没有像今天这样更需要预知自己行动的结果，更需要在实践活动之前建立一定的实践理念。没有建立在理性认识基础上的实践理念这种"理想的力量"的规范和推动，单纯依靠狭隘的经验，就不会有现代人类实践活动。

（二）实践理念的形成

实践是主体能动地改造客体的物质性活动，它以客体的现实存在为前提，按照主体自身的需要，实际地改变外在事物的现成形式和规定，创造具有符合主体需要的形式和规定的客体，亦即在对自己有用的形式上占有客体。但是，符合主体的需要、对主体有用的客体，在通过实践实际地创造出来以前，首先必须在观念中把它建立起来。这就是实践理念的形成问题。实践理念的建立，必须依据客观世界的物的尺度和人的内在尺度，是这两个尺度的观念的统一。作为理性认识向实践转化和飞跃的中介环节，实践理念或实践观念的建立，只有在主体通过理性认识反映事物的本质和规律取得一定的结果并利用这种结果时才是可能的。同时，实践理念也体现着人的意图、意欲，因而包含着对人的本性和需要的认识。这两个方面的认识内容，就成为建立实践理念的物的尺度和人的内在尺度。

首先，建立实践理念必须以理论的方式把握世界的物的尺度，形成关于外部事物的结构方式、内外联系形式及属性、本质、规律的知识和理论，亦即形成关于客体的理论观念。实践理念高于理论观念，但同时它也将理论观念包含于自身，作为自身的一个环节。人们按照世界的物的尺度来改造世界，实际上就是在实践中对客观事物的结构方式、内外联系形式以及由它们决定的事物的属性、本质和规律等的运用，而这种运用是以一定的知识和理论为中介的，因为要实践地运用它们，首先必须观念地把握它们。没有一定的理论观念，没有对世界的物的尺度的反映，也就无所谓实践理念。

从历史上看，实践理念是随着人类对世界的物的尺度的反映日益深化而不断发展的。在人类历史的早期，人们关于外部世界的知识局限于一些简单的经验，它为改造世界的实践活动所提供的基础异常脆弱，因为凭借狭隘的经验知识，人们预知自己行动后果的能力是十分有限的。随着认识由经验水平向理论水平的发展，人们所掌握的关于客观事物的结构方式、联系形式和属性、本质、规律等等的知识越来越丰富，与此相应，人们也能够越来越自由地按照客观世界的各种复杂的物的尺度建立实践理念，并通过实践使之对象化、实在化。

其次，建立实践理念也必须反映人的内在尺度，全面地把握人自身的本性、需要和满足需要的本质力量。人们按照世界的物的尺度改造世界，并不是简单地重复和模仿客观事物的自然发展过程。人们通过实践改造世界，其根本目的是改变外在事物的现成形式，创造对自己有用但客观自然过程不会自发产生的那种形式的客体，以满足自己的需要。因此，实践理念不只是对现成事物本来面目的反映，它同时也内在地结合着关于客观事物根据人的需要而应当如何的反映。显然，人们要在观念中形成这样一种实践理念，仅仅依靠对世界的物的尺度的反映亦即关于客观事物的知识是远远不够的，它还必须有对于人自身的本性、需要和满足需要的本质力量的真切了解。

人的需要与人的社会本性相适应，并随着人与自然的关系和人与人之间的社会关系的历史性变化而不断地产生和不断地得到满足。在历史过程中，随着人类满足自身需要的力量和手段的发展，人们的需要也日益丰富化。但无论如何，人们的需要总是包含着对当前现实的某种不满足，包含着要求超越当前现实、创造更美好的理想的现实的愿望。因此，反映人的内在尺度的实践理念总是带有理想的特点。

最后，建立实践理念还必须发现和掌握关于事物的不同使用方式。在把握世界的物的尺度和人的内在尺度的基础上，要使客观事物实际地对人有用、现实地满足人的需要，关键还在于既按照世界的物的尺度、又按照人的内在尺度发现和掌握事物的使用方式，也就是发现和掌握关于客观事物的理性认识向实践转化和飞跃，从而创造出符合人的需要的理想客体的手段和途径。

人们通过反映事物的本质和规律而形成的理性认识具有抽象性特点，它是对无数个别事物的普遍本质的概括，而人们实践活动的对象总是具体的、各别的，因而理性认识的结果无法直接应用于实践活动。如果不能发现和掌握事物的使用方式，不能找到理性认识向实践转化和飞跃的手段和途径，那么就无法建立实践理念，理性认识只能永远停留于观念的形态，人们的需要也无法得到满足。

以上三个方面是形成实践理念所不可缺少的三个因素。实践理念的形成过程，就是主体在观念中按照一定的方式将其内在尺度运用到物的尺度上去、创造出某种理想客体的过程。这一过程是通过主体思维对实践客体进行观念的分解和综合来实现的。

作为实践客体的外部事物，当其为人的理性认识所反映的时候，它们的结构方式、联系形式和属性、本质、规律等就以信息的形式存在于人的思维中，存在于一定的知识和理论形态中。而思维、知识或理论形态，又是通过语言符号这种物质外壳表现出来的。于是，语言符号就成为人类所掌握的关于外部事物的信息的物质载体。同时，符合于人们自身本性的需要反映在人的头脑中的时候，也是以信息的形式为人们所意识到的。因此，将内在尺度运用到物的尺度上去、对实践客体进行观念的分解和综合的思维过程，实际上是一个对信息进行加工处理的过程，它的现实表现形式就是语言符号的操作。语言符号携带着不同的信息，思维通过语言符号的操作，把那些表征着为人们所需要的事物的构成因素、属性、规定等等的信息分解抽取出来加以综合，形成一种以语言符号（或形象）表现的新的信息组合。这就是按一定方式体现了两个尺度内在统一的实践理念，它是实践结果的观念模型即理想客体。显然，实践理念的这一形成过程与单纯从外部现实世界输入信息、获取客观内容的理论观念的形成过程不同，与其说它不是对现成事物的单纯肯定性的反映，毋宁说是一种包含否定性的反映或观念对客观实在的扬弃，它舍弃了现成事物中那些与人的需要不相符合的方面和因素，并按照人的需要对现成事物的结构方式和联系形式进行了理想的改造。

总之，在观念中实现两个尺度的统一，形成实践理念，是一个十分复杂的过程。它要求把求实精神与创造精神、客观性原则与主体性原则、科学与理想有机地结合起来，既全面、深刻地把握客观事物的本质、规律及其使用方式，又根据人的内在需要进行创造性的构想。只有这样，人们才能把自己日益增长着的需要作为内在尺度运用到更广泛的对象上去，创造出更加美好的理想客体，形成更高水平的实践理念。

（三）实践理念的现实化

实践理念是直接为实践活动服务的。人们形成一定的实践理念，其根本目的是在实践中合规律、合目的地改造世界。但是，人们按照世界的物的尺度和人的内在尺度建立起来的实践理念，作为认识过程中的一个环节，还属于观念的范畴，还只是实践活动的观念结果和理想客体。如果不将其现实化，实践理念这种观念的东西是不能实现任何结果的。实践理念的现实化，就是指人们通过实际地改造客观世界的实践活动，使观念的实践结果转化成现实的实践结果，使思维中的理想客体变为现实中的实在客体。

实践理念本身是包含着现实化的可能性和因素的。作为理性认识向实践转化和飞跃的中介环节，实践理念不仅包容了关于客观事物的本质和规律的普遍性知识，而且结合了人的实践活动的具体需要，并将二者内在地统一起来。这样，实践理念超越了抽象的理论形态，进而成为具有强烈现实感的实践意识。它既是人们认识世界和认识自我的结果，又是人们实践活动的目的。不仅如此，人的目的的提出必定包含着对于实现目的的手段的认识，实践理念作为实践结果的观念模型，同时也包含着对于实践过程的构想。实践理念通过发现和掌握客观事物的使用方式，还为人们提供了自身作为实践目的的实现所必需的手段和途径，即计划、方案等等。因此，与抽象的理性认识不同，实践理念是可以对象化、实在化的。

实践理念现实化的根本途径是实际地改造客观世界的实践活动。列宁说："人给自己构成世界的客观图画，他的活动改变外部现实，消灭它的规定性（＝变更它的这些或那些方面、质），这样，也就去掉了它的假象、外在性和虚无性的特点，使它成为自在自为地存在着的（＝客观真实的）现实。"① 所谓"世界的客观图画"，既是客观世界及其规律在理念中的反映，表现为思想和理论，又是人们对自己对象性的实践活动以及这种活动所要创造的未来现实在观念中的构思，表现为目的和计划，后一方面也就是实践理念。人不仅给自己构成实践理念，而且通过实践活动实现实践理念。实践具有直接现实性的特点，它通过把人的内在尺度实际地运用到物的尺度上去，改变客观事物的外在性，使其服从于人的需要，从而使实践理念转化为活生生的现实。

实践理念的现实化过程也就是现实的实践过程，是观念的实践结果向现实的实践结果转化的过程，它包含相互联系的三个环节。

第一，检验实践理念的"真"。实践理念能否现实化，首先取决于它所包含的关于客观事物的本质和规律的认识是否正确、是否具有真理性。只有正确反映了世界的物的尺度的实践理念，才能通过实践活动转化成现实，并取得理想的效果。否则，实践理念或者归于泡影，或者会产生有害的结果。

实践既是实践理念现实化的根本途径，也是检验实践理念真理性的根本手段。在人们所要改造的对象属于自然客体的情况下，实践理念的真理性的检验往往采用科学实验的形式，亦即利用仪器设备，人为地控制或模拟自然现象，排除干扰，突出主要因素，从而在比较理想的条件下证实某一工程技术或工艺流程的设计的可行性。在社会活动中，实践理念的真理性的检验则往往采用定点试验的形式。某一方针政策在化为群众性的大规模实践活动以前，先要在小范围内进行典型试验，看其是否符合客观实际，能否取得理想的效果。

---

① 列宁. 哲学笔记. 北京：人民出版社，1974：235.

第二，评价实践理念的"善"或价值，也就是评价实践理念所反映的人的需要或要求能否获得外部现实性，能否在实践中得到满足。这包括两个方面的内容：一是要区分合理的需要与不合理的需要；二是要区分当前就可满足的需要与只有在将来才可满足的需要。合理的需要是符合事物发展的必然趋势、符合社会发展客观规律的需要；反之，不合理的需要则建立在歪曲反映客观事物的本质和规律的基础上。例如，历史上人们对不要任何能量的"永动机"的需要就属于一种不合理的需要。不合理的需要不仅当前不可能得到满足，而且在将来也是永远不能得到满足的。只有反映人的合理的并在当前就可满足的需要的实践理念，才能直接地加以现实化。

同样，实践也是评价实践理念的"善"或价值的基本依据。正如列宁所指出："必须把人的全部实践——作为真理的标准，也作为事物同人所需要它的那一点的联系的实际确定者"①。一方面，在实践中，人们通过科学实验或定点试验检验实践理念对客观事物的反映是否具有真理性，根据这种检验结果，人们也能够判定实践理念所反映的人的需要是否合理、是否与客观事物的发展规律相一致；另一方面，在实践理念正确地反映了客观事物的情况下，它所体现的人的需要是当前就可满足的抑或是只有在将来才能得到满足，这取决于实践这种人的对象性的本质力量的大小。实践活动的水平越高，人的需要以及反映这种需要的实践理念现实化的力量也就越大。

第三，通过反馈和调节，使目的、手段、结果按一定的方向运行起来。实践理念的现实化过程，也就是实践目的的实现过程。人们要实现目的，就必须运用一定的手段，即计划、方案等，以解决和克服目的实现过程中的各种矛盾、困难和障碍，使目的得以顺利地实现。计划、方案等实践手段，是实践目的向实践结果运行的必要中介。

在实践理念的现实化过程中，目的通过手段向结果的运行是具有强烈方向性的，这就是要使预想的实践结果变成现实的实践结果，使实践理念创造的理想客体转化成实在的客体。由于客观事物的复杂多变性和认识过

---

① 列宁. 列宁选集：第4卷. 3版修订版. 北京：人民出版社，2012：419.

程的曲折性，作为目的的实践理念虽经真的检验和善的评价，但要完全符合实际情况和客观事物的规律，在多数情况下是难以做到的，至于人们为实现目的而制订的计划和方案则更是如此。因此，目的、手段、结果按一定方向的运行，总是通过不断地反馈和调节来实现的。在实践中，目的通过手段向结果的运行包含一系列的阶段，人们必须把每一阶段性的实践结果都反馈到头脑中来，与目的相核校。当实践结果与实践目的之间出现偏差，必须进行调节。这种调节，或者表现为改变计划、方案等实践手段并调整实践活动本身，或者表现为进一步完善原定的实践目的即实践理念，使其与客观实际和实践活动的现有水平更趋一致。如此循环不断，直至实践目的、实践理念的最终实现。

总之，实践理念的现实化，是抽象的理性认识向实践的能动飞跃。实践理念的现实化过程，是将人的内在尺度现实地运用到物的尺度上去的过程。这一过程生动地表明，人的认识不仅能动地反映世界，而且还通过实践能动地创造世界。

五、非理性因素与创造性思维

认识过程主要是人的理性活动过程。但是，主体非理性因素在认识过程中也具有不容忽视的重要作用，它是主体创造性思维不可缺少的活动因子。研究非理性因素和创造性思维，对于深入理解人的认识过程，全面把握认识活动的能动性，具有极其重要的意义。

（一）认识过程：理性和非理性的统一

人之所以具有观念地把握世界的认识能力，就在于人具有在实践基础上发展起来的、由知、情、意等因素组成的主体结构。在认识过程中，主体结构中的知、情、意等因素，按照其作用方式和活动特点，可以区分为两个大的方面，即理性因素和非理性因素。

"非理性"是相对于"理性"而言的。理性这个范畴的内涵有广义和狭义之分。广义的理性是指主体的全部认知机能，包括感觉、知觉、表象、判断、推理等认识形式，亦即前述认识过程中的感性反映形式和理性反映形式；狭义的理性则仅指概念、判断、推理等抽象的逻辑思维形式。狭义的理性与感性相对；广义的理性包含狭义的理性，它与非理性相对。非理性主要是指主体的情感和意志机能，同时，它也包括潜意识、信念（信仰）、习惯等意识形式。

认识过程中理性与非理性的关系问题，是哲学史上长期未能得到正确解决的一个重要问题。有关这一问题的争论，直接导致了现代西方哲学中理性主义与非理性主义的尖锐对立。

在西方哲学史上，理性主义的传统源远流长。可以说，西方古典哲学认识论基本上是一种理性主义的认识论，这就是尊崇理性而极力贬抑非理性。早在古希腊，柏拉图就把人的精神活动区分为理性与非理性两个部分，认为理性是灵魂中的最高部分和主宰，而意志、情欲等非理性的东西只是灵魂的附属物，甚至时常是有碍理性的消极因素，从而开创了理性主义的传统。近代，培根明确指出，意志、情感等非理性的方面是理性的巨大障碍，是产生"任意的科学"的根源。与培根一样，笛卡儿也把意志视为人在认识中犯错误的原因。斯宾诺莎曾试图统一理性与非理性，但其方法是化非理性为理性，并将非理性统一到理性，用理性原则解释一切。黑格尔更是集理性主义思想之大成，他极端漠视人的非理性方面并将理性加以神化，认为世间的一切事物都处于绝对理念的魔网之内，理性可以产生和创造世界，而所谓认识不过是理性自己认识自己。由于黑格尔把理性主义思想推向极端，从而也充分暴露出了理性主义的内在缺陷。

现代西方哲学中的科学主义思潮直接继承了西方古典哲学的理性主义传统。但是，科学主义思潮极力反对黑格尔关于理性的哲学神话，认为理性并非君临于一切科学之上，相反，科学才是理性的最好代表；哲学对理性的研究必须以科学为根据，对科学方法的探讨应该是哲学的中心内容。这一思潮的发展，直接导致了 20 世纪西方科学哲学由逻辑主义到历史主义的演变。逻辑主义把科学认识视为一种纯粹的逻辑、理性过程，把科学哲学归结为对科学的逻辑分析，其中，逻辑原子主义主要研究科学知识的语言逻辑形式，逻辑经验主义着重探讨科学知识与感觉经验之间的逻辑关系，而波普尔的否证论则侧重于分析科学发现的逻辑过程。历史主义的产生通常被认为是科学哲学中的一场革命，但它并没有突破理性主义的传统。历史主义科学哲学家也曾引用直觉、顿悟等心理因素和社会因素来说明科学进步的模式，并由此对科学哲学中传统的理性主义公式提出了挑战，但他们对这些因素仍然作了纯理性的解释，挑战的结果也只是革新了传统的理性观念。这一学派的后继者即新历史主义更为明确地主张科学是一项理性的事业，并着力于建立科学理性的新模型。

在现代西方哲学中，如果说科学主义思潮剥去了黑格尔哲学笼罩在理性上的神圣光圈，将黑格尔神化了的理性复归于现实的人的理性即科学理性，那么，人本主义思潮则将黑格尔贬谪到心理学中去的人的非理性因素请入了哲学思维的殿堂，并赋予其至尊地位。人本主义哲学认为，对理性的哲学分析无法把握认识及其过程的实质，因为理性本身就不是通向实在的道路，理性给我们提供的只不过是实在的影子；只有通过非理性因素的作用，人才能领悟全部的实在，达到大全真理。因此，与科学主义相反，人本主义实质上是一种非理性主义。在人本主义哲学内部，各个流派由之出发的主体非理性因素各有侧重。相对来说，唯意志主义主要强调了意志在认识过程中的主导地位，而存在主义则更加注重情感体验的认识功能。至于其他的人本主义哲学流派，则介乎唯意志主义与存在主义之间。例如，生命哲学家柏格森把一切事物都归之于"生命冲动"的不断创造，而"生命冲动"既是一种创生万物的宇宙意志，又是一种情绪性的心理体验。柏格森认为，认识过程的实质在于生命直觉，其中，既有"自由意志"对意识状态的组织作用，又充溢着主体的情感体验即"钻入对象"以期与对象契合一致。所以，生命直觉是一种包括情感和意志在内的、非理性的总体性综合体认。

理性主义和非理性主义分别注意了理性和非理性在认识过程中的重要地位和作用，并对理性和非理性作了较为深入的考察，这对于在更高层次上把握认识过程的辩证本性，具有一定的积极意义。特别是非理性主义关于认识过程中非理性因素的研究，有利于克服哲学史上长期存在的忽视或贬抑非理性因素的作用的错误倾向。但是，就其本身而言，无论是理性主义把科学看作是理性的事业，还是非理性主义将认识视为非理性的行为，都是极为片面的。它们都是从活生生的认识过程中抽取某一方面或特征并加以夸大和绝对化，从而成为相互对立的两个极端。

马克思主义哲学承认理性在认识过程中的主导地位，但并不因此归结为理性主义；同样，马克思主义哲学充分肯定非理性在认识过程中的重要作用，也不因此而归结为非理性主义。在认识论上区分认识过程中的理性与非理性，决不意味着在实际的认识过程中存在着纯粹的理性因素或纯粹的非理性因素。事实上，在人们的实际的认识过程中，理性因素与非理性因素是相互渗透、彼此交织的。无论是在感性认识阶段还是在理性认识阶段，都既有理性因素的作用，也有非理性因素的作用。至于实践理念的形成及其现实化，同样也是理性与非理性共同起作用的结果。因此，任何现实的认识过程，总是理性与非理性的内在统一。

恩格斯指出："在社会历史领域内进行活动的，是具有意识的、经过思虑或凭激情行动的、追求某种目的的人。"[1] 这就是说，社会的人的一切活动（包括认识活动）都是理性与非理性的统一。这种统一的基础，就是人的对象性的实践活动。正如马克思所说："人同世界的任何一种人的关系——视觉、听觉、嗅觉、味觉、触觉、思维、直观、感觉、愿望、活动、爱——总之，他的个体的一切器官，正象在形式上直接是社会的器官的那些器官一样，通过自己的对象性关系，即通过自己同对象的关系而占有对象。"[2] "对象性关系"也就是人与世界的实践关系。正是在社会实践活动中，人们既形成和发展了认识对象的理性能力，也形成和完善了把握对象的非理性方式，并使二者在认识过程中协同地发挥作用。

（二）非理性因素在认识过程的作用

情感、意志以及潜意识、信念（信仰）、习惯等非理性因素并非是一些反理性因素，它们在认识过程中也并不是只起一些干扰性的作用。这些因素之所以被称为非理性因素，是因为它们相对于理性来说具有不同的作

---

① 马克思，恩格斯. 马克思恩格斯选集：第4卷. 2版. 北京：人民出版社，1995：247.

② 马克思，恩格斯. 马克思恩格斯全集：第42卷. 北京：人民出版社，1979：123-124.

用方式和活动特点。

非理性因素在认识过程中的作用是多方面的，其主要表现如下：

第一，激活作用。实践活动的需要是人们的一切活动的最终动力，也是人的认识活动的内驱力。但是，这种内驱力的信号必须通过一种放大的媒介才能激发人去行动和认识，起这种放大作用的就是情感、意志等非理性因素。在认识活动中，当主体根据其对实践活动的需要的意识确立起一定的认识目标，如果没有对需要信号的放大，这种需要的驱力往往还不足以促使主体及时地按照认识目标去反映客体。而一旦有了情感、意志等非理性因素对内驱力的强化，主体的思维就会保持高度的紧张和觉醒状态，随时捕捉（选择）对主体有意义的客体信息，并积极地从记忆中提取内部信息与外部信息进行对照和编码，从而形成关于客体的完整认识，实现认识目标。非理性因素对需要信号的放大和对主体思维活动的激活作用，不仅表现在感性认识和理性认识阶段，而且也表现在实践理念的形成及其现实过程中。从某种意义上说，认识过程从感性认识到理性认识再到实践理念的发展，就是情感、意志等非理性因素不断激活主体思维活动的结果。列宁说："没有人的感情，就从来没有也不可能有人对真理的追求。"[1] 其道理就在于此。在主体认识客体的过程中，坚韧的意志、饱满的热情、坚定的信念，往往能激起卓绝的精神力量，而轻松的情绪、欢愉的心境，又常使灵思泉涌。即使是那些表面看来背离认识目标的非理性因素，对主体的认识活动也不是纯然消极性的。例如，焦虑、恐慌等负性情感体验同样放大着主体内驱力的信号，目的在于惊醒主体以产生应急反应即产生紧迫感，并在认识活动中能够加速主体思维的进程和认识目标的实现。由此可见，实践对认识的推动作用是通过情感、意志等非理性因素的活动来实现的。

第二，内部参照作用。世界上的事物是多种多样的，而每一事物又有多方面的规定，人们并不是对所有这些事物及其各个方面逐一地进行理性认识然后才能判定其是否符合自身的需要，而是在运用理性把握对象之前通过内部的参照系统舍弃了某些对象或对象的某些方面，从而把那些与人

---

[1] 列宁. 列宁全集：第 20 卷. 北京：人民出版社，1958：255.

的需要密切相关的对象突出出来，作为主体认识的客体。情感、意志等非理性因素就是这样的参照系统。情感是人对其活动对象的态度的体验，它以喜、怒、哀、乐等体验形式体现着对象是否能够满足人的某种需要。一般说来，凡是能够满足人的某种需要的对象引起积极的或肯定的情感体验，否则便导致消极的情感体验出现。意志则通过愿望、动机、兴趣等形式表现着对象是否与人的需要相符合，凡是能够满足需要的对象必定引起强烈的意志追求。即使是潜意识、信念（信仰）、习惯等非理性因素，也具有这种参照作用。潜意识作为意识的一种特殊形式，本身就包含着意识中被压抑的本能、欲望、情感、意念等成分，它能够将那些与人的社会性需要不相符合的对象控制在意识阈限以下，使其暂时或永久地排除在人的自觉认识活动范围之外；信念（信仰）、习惯等因素则使人们在缺乏关于外部对象的必要信息的情况下，仍然能够把认识活动尽可能地指向对自身有意义的客体。不过，与理性的客观普遍性相比，非理性因素的参照作用带有个人的主观色彩，但这种主观色彩可以通过社会实践而不断得到克服。具有普遍性和直接现实性的实践活动，不仅能够判明各种非理性因素的参照作用是否具有客观性，而且还能纠正其主观性的偏差，使其逐步趋于客观化。

第三，调节作用。在认识过程中，情感、意志等非理性因素不仅具有激活作用和内部参照作用，而且还具有调节作用。这种调节作用表现为既能促使思维定势的形成，又能解除思维定势，因而是双向的调节。所谓思维定势，是指主体按照习惯了的、比较固定的思路去反映对象，去寻找问题的解决方式。形成思维定势的目的是较为稳定地实现某种认识目标，防止思维活动的意外干扰。情感、意志等非理性因素通过不断放大主体内部需要驱力，就可以触发和维持着思维定势，使思维过程沿着某种预定的轨迹运行。当不合目标的信息出现时，各种非理性因素通过其内部参照作用能够自动地加以排除。强烈的意志追求、热烈的情绪体验、美好的心境以及坚定的信念（信仰），都是诱发思维定势的巨大力量。但是，思维定势并不总能有效地实现认识目标。当遵循固定的思路和程序反映对象会遇到难以克服的障碍时，思维定势就表现出消极的影响，使主体的思维活动陷入困境，延滞着问题的解决。此时，主体大脑皮层的意志机能就会立即动员神经低级中枢迅速激活起来，产生一系列强烈的消极情感体验，如恼怒、烦躁等，它们迫使主体停止正在进行的思维过程并变换解决问题的思路。在这种情况下，情感、意志等非理性因素对认识活动的调节就表现出一种相反的倾向，即解除思维定势。

第四，定向作用。非理性因素在认识过程中的定向作用，主要表现为它们规范着认识活动对于善和美的追求。应该说，真、善、美是人的理性因素和非理性因素与客体综合作用的结果，但相对说来，理性的直接目的是形成认识的真理性，而情感、意志等非理性因素所追求的则是认识的善和美等价值方面。在认识过程中，意志就是一种追求价值、使认识具有善的属性的主体能力。它通过产生需求意识、提出价值目标、制定活动程序，对认识过程进行强有力的控制，使认识结果具有一定的价值性即能够满足主体的某种需要。意志的控制作用不仅表现在由感性认识合目的地上升到理性认识，而且更集中地体现在实践理念的形成和现实化过程中。正是由于意志对价值或善的追求，人们才能够在理性认识的基础上通过反映自身的内在尺度而形成一定的实践理念，并且通过将内在尺度运用到物的尺度上去，创造出能够满足自身需要的现实客体。意志追求价值或善、满足主体需要，也包括满足主体的美的需要，但认识的美的价值是通过审美这一特殊的情感体验方式来实现的。在认识过程中，人们不仅按照美感选择、整理和建构客体信息，形成关于客体的完整认识，而且还按照美的需要构造理想客体，形成实践理念。实践理念就是真、善、美的内在统一。此外，美感还往往是真理的前导。物理学家海森伯曾说："美是真理的光辉。"在认识特别是科学认识中，人们常常是以美审真、由美求真。当科学理论尚不具备实践检验手段时，审美体验对于科学理论真理性的判定具有十分重要的意义。总之，由于情感、意志等非理性因素的作用，人们的认识活动不仅向着真的目标前进，而且还按照善的尺度展开，"按照美的规律来建造"。

与理性相比，非理性因素在认识过程中的活动和作用方式具有两个方面的显著特点。第一，理性思维具有严密的逻辑性，它在感性认识的基础上形成概念，然后运用概念进行判断，并按照确定的逻辑的格进行推理；与此不同，非理性思维不是通过概念、判断、推理等逻辑的形式，而是以愿望、动机、兴趣、体验、冲动、倾向等非逻辑的形式表现出来，因而非理性思维具有非逻辑的特点。第二，理性思维作为一种逻辑思维离不开语言，它直接以语言作为其思维工具；虽然语言能够唤起人的非理性因素的活动，但非理性思维本身是不以语言为媒介的，它是一种借助于生动的形象或图像、具体的情境而展开的思维活动类型。语言逻辑是人的理性思维的强有力的手段，但它也给人的思维带来某种限制，如语言对思维活动的速度就有一定的阻碍作用。从这个意义上说，非理性思维在人的认识过程中具有更大的灵活性和能动性。

（三）创造性思维的机制、要素和特点

所谓创造性思维，是指从新的思维角度、按照新的思维程序和方法来认识客体、解决问题，从而产生新知识、新思想、新观念的思维活动。创造性思维并不是一种独立的思维类型，因为人的一切思维活动都不是对客体的被动反映或机械"摄影"，都具有某种程度的创造性。创造性思维渗透在人的各种具体思维活动之中，它是理性思维和非理性思维的综合运用，是人的理性因素和非理性因素共同起作用的结果。

从思维机制上看，创造性思维导源于人类的"第二信号系统"的建立。人类的思维活动并不直接依赖于物本身，而是通过运用由概念、代码、公式、程序等组成的符号系统来进行的。这种符号系统可以从它所代表的现实事物中独立出来而存在和起作用，并由此构成人类所独有的"思维空间"。借助于思维空间，人们可以依靠自然的或人工的符号，运用自然的或人工的编码方式，进行创造性的思维活动。具体来说，人们通过思维空间进行创造性的思维表现在四个方面。第一，由于思维空间对现实空间、符号系统对现实客体的相对独立，人们可以运用符号系统分解和综合客体的关系、属性或方面，从而使对客体的认识从外部直观深入关于本质的抽象，产生新的知识。第二，在认识复杂的客体或客体系统时，人们既可以采用各种不同的符号系统，也可以用不同符号系统的相互交叉来研究

同一过程。也就是说，人们可以在符号系统本身的变化中展示客体的丰富多样性、结构层次性和立体网络性。第三，在运用符号系统进行思维操作的过程中，由于物的尺度和人的内在尺度的作用，特别是由于各种非理性因素的激活、调节和参照作用，人的思维通过符号系统的调整和重新组合，能够观念地改变客体的现成形式，建立客体的理想形式。第四，在问题求解中，通过改变符号的联系方式或所谓的"信息加工程序"，人的思维往往能意外地发现客体的新的方面或属性，使问题在瞬间得到解决。

创造性思维是向新知识、新思想、新观念的运行过程。这一过程大体上可划分为三个阶段。第一，准备阶段。准备阶段的任务是明确地提出"问题"并为解决问题搜集材料、积累经验和知识，它需要对问题的锐敏洞察能力以及对已有材料的精心研究和理解。第二，创造阶段。它包括两个环节：其一是酝酿，也就是针对问题提出各种尝试性假设，它有时需要暂时离开所研究的问题，把注意力转移到其他方面或其他领域进行探索；其二是领悟，即确认某一假设，这种确认开始只是初步的猜想，随后逐步明确化、系统化，从个别上升到一般，并把一般性的结论应用于同类关系、领域和方面。第三，检验阶段。这一阶段的任务是对所确认的假设进行实践的、逻辑的证明和价值评价。可见，创造性思维是人的思维艰辛劳作的过程，也是人的认识的新的方面、新的关系的开拓过程。

创造性思维具有多方面的构成要素，其中主要有直觉、灵感、想象等。

直觉是在认识过程中主体对客体直接领悟的思维能力和认识形式，它能够超越一般的认识程序，一下子抓住事物或问题的根本和要害，获得关于对象本质的直接的认识。直觉既不是个别经验的简单综合，也不是原有知识的逻辑演绎，它是思维过程中的逻辑跳跃，表现为直接对事物本质的接近。在直觉中，人们还没有意识到自己的思维行程就已走向了结论、获得了关于对象本质的认识，这是直觉的本质特征。当然，直觉把握事物本质的直接性，并不意味着它不需要任何相应的知识储备。恰恰相反，直觉是依据已有知识进行探索的结果，只不过人们通常是仅仅知道并记住了探索的结果而不了解复杂的探索过程。没有一定的感性经验和理性知识的基础，也就不可能有对事物本质的直觉。

灵感是主体思维在外部刺激的诱发下产生的对客体的整体洞察，并由此导向对关于客体的问题的瞬间顿悟。灵感与直觉既相区别又有联系，如果说直觉是主体的一种创造性思维能力，那么灵感则是主体的一种创造性思维状态，是创造性思维过程（包括直觉过程）中的一个内在环节。灵感具有突发性特征，它是思维的逻辑中断，是认识过程中质的飞跃。灵感的产生，通常都有或长或短的准备和酝酿阶段，在此期间，人们不仅明确了问题，而且为解决问题积累了大量的信息，但这些信息没有贯通起来，因而人们对问题百思不得其解。这时，人们往往把注意力转向其他方面，而对该问题的思考则转入潜意识过程。但在某一时刻，由于外部刺激的诱发，灵感油然而生，思维中的各种理性和非理性因素突然汇集于同一问题的交错点上，使主体思维已经储存的信息同外来信息在神经系统的通路中突然相遇和接通，从而出乎意料地迅速地达到了对问题的理解和解决。因此，灵感决不是什么"神灵附体"之类的神秘、不可捉摸的东西，它是对艰苦的思维劳作的奖赏。

想象是主体通过对记忆中的表象进行加工改造而形成新的形象的思维活动。想象虽然和事物的感性表象有着密切的联系，但它本身已不是感性认识形式，而是在思维中对感性表象进行分析、比较、选择、重组的复杂过程，是调动已有的知识储备服务于当前认识目标的创造性思维活动。想象实质上是主体思维的一种创造性的综合，它通过把事物现实形象的各个方面、各种成分加以分解并纳入新的联系，从而建立起一种新的完整形象。经由想象而形成的事物的新形象，往往出现在现实以前或者现实中，依靠自然过程永远也不会产生，因而表现出某种不合逻辑性。想象可以分为无意想象和有意想象两类，前者是没有自觉目的的、初级形式的想象，例如梦就属于这样一种想象形式；后者则是根据一定目的而自觉进行的、高级形式的想象，如幻想等。想象是创造性思维不可缺少的重要构成要素，无论是直觉的产生还是灵感的触发，都需要张开思维想象力的翅膀。爱因斯坦说得好："想象力比知识更重要，因为知识是有限的，而想象力概括着世界上的一切，推动着进步，并且是知识进化的源泉。严格地说，想象力是科学研究中的实在因素。"①

由直觉、灵感、想象等要素构成的创造性思维是一种综合性的思维活动，它具有多方面的特点。

第一，创造性思维是理性与非理性的统一。思维的创造活动以一定的感性经验和理性知识为前提，而且主体的感性经验和理性知识越丰富，其思维的创造力也就越强。但是，创造性思维并不是纯粹的理性活动过程。在创造性思维活动中，情感、意志、潜意识等非理性因素异常活跃。直觉、灵感、想象等不仅有赖于潜意识的活动，而且也离不开意志的控制和情感的调节，它们还往往带有狂迷的情感特征。

第二，创造性思维是逻辑与非逻辑的统一。由于创造性思维是理性和非理性的统一，所以它既不是完全逻辑的过程也不是完全非逻辑的过程。一方面，直觉和灵感是思维过程的逻辑跳跃或逻辑中断，而想象的结果也往往具有明显的不合逻辑性。但是，另一方面，如果没有准备和酝酿阶段对所积累的材料进行逻辑整理和逻辑推论的尝试，就不会有直觉和灵感的产生；而如果没有对直觉、灵感、想象所产生的结果进行逻辑论证，它们也不会真正具有意义。

第三，创造性思维是确定性与不确定性的统一。创造性思维是一种高度有目的的思维过程，它表现为向着预定的认识目标前进，这就是要创造性地认识客体、解决问题，获取新的知识。就此而言，创造性思维具有确定性和必然性。但是，在思维过程中，直觉何时产生，灵感何时出现，想象中大脑暂时联系何时形成，亦即何时作出创造性的发现，这又取决于许多偶然的因素。因此，创造性思维又具有不确定性和随机性。

第四，创造性思维是发散性与收敛性的统一。发散性思维是沿着不同的方向、不同的角度和不同的关系去思考问题，多方面、多思路地寻找解决问题的路径和方法的思维过程，它促使人的认识不断地向更新的方面、更新的领域进行探索，因而发散性思维是一种求异性思维，它本身就是创造性思维的表现。收敛性思维是以集中性为特点的思维过程，它要求与已

---

①　爱因斯坦. 爱因斯坦文集：第 1 卷. 北京：商务印书馆，1976：284.

有的思维成果形成连续性，并力求将多样化的发散过程统一起来，产生某种程序，使其成为人人都能把握的东西。收敛性思维是一种求同性思维，它本身并不创新，但它能对发散性思维的结果进行审查，并确定其对于实现认识目标的意义，因而也是创造性思维不可缺少的一个方面。

创造性思维总是与"问题"和"问题求解"联系在一起的，而创造性思维所要解决的问题以及解决问题的思维角度都是实践提供的。实践的需要使人的思维创造力集中起来，形成"创造激情"，而创造性思维的成果一旦在实践中实现，它又激发起更多的问题，推动创造性思维的进一步发展。因此，实践是人的创造性思维的现实基础。而创造性思维在实践活动中又具有极其重要的作用，实践特别是现代实践是创造性地改造客观世界的物质活动。可以说，没有创造性的思维能力和思维活动，就没有现代人类实践的发展水平。

第五章　思维定势

　　思维定势是人的思维过程中的一种重要现象，也是人类认识活动中的一种普遍效应。以往的思维科学特别是心理学早已对思维定势问题作过大量的研究，并为我们了解思维定势积累了丰富的实证材料。今天，充分地利用思维科学的研究成果，深入地探究思维定势问题，对于我们深化对人类认识的理解具有十分重要的意义。

一、思维定势的本质、特点和研究思维定势的意义

　　近代以来，人们对思维定势进行了大量的科学研究，而人们关于思维定势的科学研究又是从思维科学尤其是心理学领域开始的。在心理学中，人们探讨了思维定势的一些具体表现，如"心理定势""知觉定势"等，它们为我们从哲学认识论上研究思维定势积累了丰富的经验材料，使我们有可能进一步揭示和把握思维定势的普遍本质和基本特点。

（一）思维定势的本质

　　心理学领域对思维定势的探讨是从著名的"重量错觉"实验开始的。

1860 年，德国心理学家费希纳首次发现了"重量错觉"，向心理学界公布了他关于"重量错觉"的实验结果。在这一实验中，多次让被试比较两类球，它们分别是一大一小、一重一轻，最后拿出一大一小但重量却一样的两个球让被试辨认，结果，许多被试竟认为体积大者较轻，而体积小者较重。

1889 年，德国的穆勒和舒曼首次对这种奇特现象进行了理论分析。他们认为，在先前实验中提起较重物体的那只手，现在是带着较大的运动冲动来提起物体的，所以，现在的物体容易离开桌子"飞起来"，因而它就给人留下较轻的印象。与此不同，另一只手提起相同重量的物体时带有较小的运动冲动（因为在先前的实验中这只手提起过较轻的物体），所以，它似乎粘在桌子上，即较难离开桌子，因而给人留下较重的印象。

这就是著名的"肌肉预期说"。它认为，经过多次用手提、比较，提较重球的手形成带着相应的力的运动冲动，一旦再提一个大球，就会产生相应的力的运动冲动，但这个球却不如预期的那么重，于是产生较轻的印象；反之，对另一小球却产生较重的印象。这一假说似乎也能解释用绑腿的方法练长跑以提高速度的现象。人松绑腿后感觉身轻如燕，是因为人已形成了跑步时身体很重的预期，而实际上松绑后身体并不像预期的那般重。

苏联心理学家乌兹纳捷和他的同事们也对这一现象进行了深入研究，做了大量的实验。他们发现，不但在重量上，而且在体积、压力、听觉、明度、数量等方面，被试均存在着类似的错觉。但是，他们认为，上述错觉并不是形成了什么肌肉预期，而是引起了完整的主体状态的变化，即形成了某种"定势"。以重量错觉实验为基础，乌兹纳捷和他的同事们提出了定势理论，形成了定势学派，并于20世纪五六十年代在苏联掀起了影响广泛的关于定势问题的大讨论。

皮亚杰曾以"预见"来解释定势。他认为，在一切较高的认识水平上，对先前所获信息的储存确实容易引起预见反应。但是，这种预见机能根本不是科学思维所独具的，在认识机制的一切水平上，在最基本的习惯中，甚至在知觉领域中，都可以反复地观察到预见机能。他这样解释乌兹纳捷的实验："拿两个不同的圆，一个直径 20 毫米，另一个直径 28 毫米，以十分之一秒的间隔连续向主体出示数次，然后在原位替换成两个直径均为 24 毫米的圆。结果代替直径 20 毫米的圆 A 被看作比同样直径但代替直径 28 毫米的圆 B 要大些。换言之，最初的表象已经产生了时间上的连续效果，这种效果改变了先前的知觉。"[①] 在他看来，通过经验的储存，主体容易形成预见，条件反射同样也是预见。总之，皮亚杰认为，主体的一次经验或经验的多次重复容易形成再现这种经验的预见反应。而这也就是所谓的定势。以魏特海默等为代表的完形学派提出的所谓格式塔也是一种定势。魏氏曾做过一个实验，在这一实验中，先放映一水平直线，继而放映一垂直直线，在一定间隔时间内，观察者感觉到一直线似作 90 度的旋转运动。这说明知觉是有一定的结构的，只要对象的刺激具备了某些条件，即使对象并不是某物，它也会被知觉为某物。在完形学派的另一个著名实验即鸭兔图实验中，对于鸭兔图，有的人把它知觉为鸭，有的人将它知觉为兔，有的人则产生交叉知觉。这说明，对某些刺激的知觉不仅依赖于客体本身，而且依赖于主体的准备状态。依据这些实验，完形学派认为，知觉定势意味着知觉的准备状态对主体的知觉结果有重要影响。

我国心理学界对定势也作过一些研究。与 20 世纪五六十年代苏联学界对定势问题的讨论相应，我国学者王甦曾在《心理学》1965 年第 1 期上发表了他的研究成果，发现用三个定势客体、三个参校客体亦能形成定势。自此以后，我国的心理学研究者逐渐展开了对定势问题的研究，做过许多实验，也取得了不少成果。20 世纪 80 年代以来，随着我国思维科学和马克思主义认识论研究的深入，人们关于定势问题的研究由心理学领域拓展至思维科学、认识论领域，许多学者开始了关于心理定势、思维定势、认知定势问题的探讨，取得了丰硕的成果。

关于思维定势的本质问题，国内外学术界存在着不同的看法。归纳起来，有如下几种代表性意见：

格鲁吉亚心理研究所所长普兰吉什维里认为，定势是完整个性的变式。他说："我认为首先应当肯定，在讨论中任何一个反对定势概念的发

---

① 皮亚杰. 生物学与认识. 北京：生活·读书·新知三联书店，1989：185.

言都没有反对提出完整个人（活动的主体）活动的普通心理学性质问题，而定势概念就是用来解决这个问题的。"① 人是作为一个知、情、意的统一整体面对世界的，外界刺激作用于主体，主体以特定的需要为前提，产生从事一定活动的准备状态。在活动中不但有客体的作用，而且有属人本性的作用，这个属人本性是人所特有的，它体现了人的个性、人所独有的内涵，因而可称为人的完整的个性。"辩证唯物主义的决定论原则与机械唯物主义的决定论原则根本对立，根据后者，外界原因直接决定它们所起影响的效果，而不依接受这些影响的主体的特质和状态为转移"，这个主体的特质和状态即是完整的个性，而"定势概念就是反映在其活动的每一具体时间完整主体状态模式的重要特点的概念"②。总之，在普兰吉什维里看来，定势是具有不同于客体属性的运动着的主体状态，是主体完整个性的表现。

同一学派的拉米什维里等则对定势作了不同的理解。他们做了一个有趣的关于词的实验。他们向被试提出问题："什么是花园？"被试的回答是："生长着各种花和树木的地方"。然后，又向他提出一个问题："生长着花和树木的小树林是不是花园？"如果被试改正说"生长着人所种植的植物的地方"叫作花园，他们就问："茶园是不是花园？"如果说"不是"，那就问："为什么？"实验中，对每一个被研究的词都选择了许多问题，这些问题都是为了弄清楚人们在使用这一个词时究竟指的是哪些客体。例如：他是否把因化妆品工业的需要而种植的花场叫作花园？葡萄园是花园吗？我们怎样称呼为欣赏土豆花的美丽而栽种不同品种的地方？实验结果表明，对于被问及的词，被试一般能作出正确判断却不能下一个准确的定义。拉米什维里认为，被试心中有一种不依赖于他们的意识的标准存在，他们说不出这种标准，但却在运用这种标准认识世界、指导行动，这便是"定势"。因此，定势是客体在主体意识中的预先反映。"客体的预先存在、客体在主体中的预先反映就是一切意识的具体内容的决定条件。"③

---

① 普兰吉什维里，等. 定势问题讨论集. 北京：科学出版社，1959：90.

② 同①95.

③ 列昂节夫，等. 苏联心理学会议上的报告. 北京：科学出版社，1959：102.

乌兹纳捷等则认为，定势既非生理的，又非主观的，它是"无本体"的东西。"我们的意识只具有对两个单独的对立极端的意识：客观的和主观的。因此，不难理解，对人的理智来说，关于现实的另一个范围（能使主体主观与客观的对立完全调和起来消失掉的另一个范围）存在的思想，长久以来仍然是没有被注意到的。""现代心理学的无可争论的成就之一，就是应当认为心理现象是完全无本体的过程。"① 在他们看来，那种在实践中产生的决定人的行动和意识过程的东西，就是定势，它是一种没有物质载体的存在。

"定势"这一概念传入我国后，历经各种嬗变，最后衍生出认知定势和思维定势两大概念。

夏甄陶先生曾经指出，认知定势是主体完成一种认识所必需的现实的内部准备状态和主体性条件，它直接制约着主体对信息的接受、加工的感知过程和思维过程，从而影响着主体掌握世界的广度和深度。"现实的认知定势是一个属于主体的复杂的内部精神世界。它包括世界观、经验、知识和需要意识、价值观念以及意志、情绪等诸方面的因素。"② 在他看来，认知定势是制约认识活动的主体条件的总和。

此外，有的学者认为思维定势是习惯性思维，也有人认为"思维定势是主体的心理、经验的准备性与方向性"③，还有人认为"思维定势是一种思维认识的结构，一种思维的传统习惯"④。

虽然人们所使用的概念不同，但他们都注意到了这样一个事实：认识主体在实践中会形成一种状态，这种状态具有把以后的认识过程拉入预定轨道的特性。这个事实就是我们探讨思维定势的立足点，是我们可以借鉴人们的研究成果并使之得到深化的前提。当然，人们对思维定势的界定也有这样那样的差别，这与他们所要解决的问题相关。在这里，我们试图从重量错觉事实与思维定势概念的日常使用出发，从哲学角度概括思维定势的本质及其特征。

---

① 普兰吉什维里，等. 定势问题讨论集. 北京：科学出版社，1959：48.
② 夏甄陶. 论主体的认知定势. 江海学刊，1998（2）.
③ 苑士军. 论认知定势. 晋阳学刊，1988（5）.
④ 刘怀惠. 思维定势在认识中的地位和作用. 中州学刊，1989（4）.

在日常认识活动中，当形成一种新的思路时，我们往往会为自己以往的旧的思路而懊恼，这时我们一般称旧的思路为思维定势，思维定势是僵化思路，甚至错误思路的代名词；在感知活动中，当我们发生感知错觉时，就会发现我们有一种想将感知活动纳入预定轨道的愿望，我们称之为知觉定势；每当一种特定的思路产生后，就会在长时期内建立强有力的联系，形成一种特别的"回路"，一旦遇到同类问题时，马上会自行沟通联系，使人不由自主地联想起过去的老经验、老方法，有时即便有明显的错误，也容易视而不见，这时我们也称之为思维定势。总之，这一切现象的共同特征都证明了认识的属人性，说明主体形成了一种对新的认识活动进行预先规范的准备性状态。基于此，我们认为，从认识论上说，思维定势是主体认识活动的一种准备状态，这种准备状态也就是把新的认识对象纳入旧思路的待发状态，在这种状态下，一旦相关刺激出现，主体就会把对它的认识活动拉入原有思路。

（三）思维定势的特点

作为主体认识活动的准备状态，思维定势具有以下特点：

第一，自动化、无意识性。认识活动是主体获取、加工和存贮信息的过程。认识活动的一般过程是：外界信息进入人的大脑，主体通过感觉系统对外来信息作出反应，然后根据认知结构中的一系列主观因素进行事实判断和价值判断，选择与认识目标有关的信息，再将这些信息不断加以重组和整合，然后对其结果进行解释，如果得到理解，则主体认识活动得以完成。思维定势形成了一定待发状态，一俟相关认识情境被感知，主体马上自动地将认识活动纳入已有轨道，得出认识结果。俄罗斯心理学家梅林说："这首先是一定的自动化。固着定势一经形成，就会违反意识，以或大或小的程度保留并持续着。"[1] 在思维定势发生作用时，主体一般没有意识到，它以一种下意识的方式制约着主体认识活动。思维定势的自动化是与其无意识性相伴随的。美国认知心理学家司马贺认为，这种自动化的形成是一个自然过程。"科学家初步分辨动植物时是有意识的，但熟悉之后，

---

① 普兰吉什维里，等. 定势问题讨论集. 北京：科学出版社，1959：167.

就可以自动化，无意识地进行分辨了。"① 自动化、无意识性是思维定势的一个重要特点。

第二，强大的惯性、扩散性。思维定势的基本作用形式是，某些刺激进入大脑被意志中心察知后，主体自动地得出结论。在这一过程中，思维定势表现出已有认识结果的强大惯性作用，总是用过去的经验、思维程序规定着对新刺激的认识轨道，主体很难改变这种认识"习惯"。由于思维定势的强大惯性，所以有时虽然客观刺激不足以使主体产生某种认识，但主体却无视这一点，仍然产生这种认识，导致问题与认识结果之间的错误接通，扩大了认识结果的适用范围，形成认识的扩散性。正如拉米什维里所说："它迫使环境接受自己的规律，但决不服从于这个环境的条件和要求。"② 思维定势体现了认识中主体因素的作用，其实质就是给对象强加上主体先有的意识内容，使主体自然而然地按其原有的知识、经验去解释和说明对象，使对象与先有意识状态相吻合或相一致。

第三，客观性、整体性。思维定势是主体在对外部世界的反映过程中形成的，正是在反映外部世界的过程中，由于客体反复作用于主体而引起主体形成一种稳定结构，然后主体运用这种结构去同化对象、解决问题。普兰吉什维里说："固着定势就是这样产生的，它是作为客观现象之反映的实验的表现。同时，思维定势不是一种"肌肉预期"，不是一种个别心理过程，而是主体思维的整体状态。乌兹纳捷曾对处于催眠状态下的被试进行触觉感知大小不同的球的定势实验，一连15次地给他双手大小不同的球去进行比较，对被试进行专门的暗示，使他忘记在睡眠中发生的一切。之后把他唤醒并对清醒状态下的他进行参校实验，也就是给他双手两个相等的球去进行比较。结果，被试仍是按对比错觉把它知觉为不相等的。在这个实验中，被试已经忘记他比较过两个球，因而他没有这方面的意识，在心理上也不可能产生预期等一类的反应，但他仍然产生了定势。

① 司马贺. 人类的认知. 北京：科学出版社，1986：27.
② 普兰吉什维里，等. 定势问题讨论集. 北京：科学出版社，1959：13.

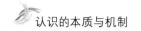

（三）思维定势在人类认识活动中的普遍性

思维定势是人类认识活动中的一种普遍效应，它不仅普遍存在于人类认识活动的各个领域和人类认识活动过程的各个环节，而且也普遍存在于人类认识活动的各个历史阶段。可以说，只要有人类认识活动，就会有思维定势现象的出现。

首先，从人类认识活动的领域看，思维定势普遍存在于人们对自然的认识、对社会的认识以及对自身的认识之中。

虽然人作为主体首先是实践的主体，但他只有正确地认识世界才能够有效地改造世界。人们为了从自然中获取必要的生存、发展资料，必须掌握自然规律，形成对自然的认识。虽然在对自然的认识过程中，认识活动的进行离不开客观对象的存在，但是认识什么、怎样认识及认识的程度却都深受主体思维定势的影响。科学哲学家库恩认为，在自然科学研究中，特定的"范式"影响着科学家们的研究活动，"在科学实际活动中某些被公认的范例……为某一科学研究传统的出现提供了模型"[①]。范式包含着科学实践中的一切影响科学发展的认识和技术因素，是包含着科学共同体的共有的信念、价值、技术手段的总体。实际上，这种"范式"的形成及其作用也就是思维定势实际外化的结果和表现。在一般的自然认识中，人们对同一事物的多次感知经验往往能够形成比较稳定的定势，这在心理学中叫"经验固着"。一个典型的实验是：给被试一根普通蜡烛、半纸盒图钉、一张说明书，要求被试把这根蜡烛安放在垂直的木板墙上。结果，许多人思索很久也没得到答案。其实答案很简单：首先把图钉盒钉在木板墙上，然后再把蜡烛安放在图钉盒上。之所以被试不能解决这个简单的难题，是因为过去的经验中图钉盒一直是装图钉的，在对图钉盒的多次认知中加固了这种认识，一旦考虑新的问题时，只是把图钉盒与装图钉联系在一起，因而想不到把图钉钉在木墙上做蜡烛托。许多心理学家的实验证明，像这种经验固着是非常普遍的，对于每个人来说，形成了对自然事物的许多经验，它作为不被人察知的思维定势经常制导着

---

① 库恩. 科学革命的结构. 上海：上海科学技术出版社，1980：8.

我们的认识和实践。

在人对社会的认识中，同样也存在着思维定势的普遍效应。如同自然科学研究一样，以社会历史现象为研究对象的人文社会科学认识中也存在着各种各样的范式。依据不同的范式，不同的学术流派会对同一种社会历史现象作出不同的解释。而在人们日常的非科学化的社会认识中也存在着思维定势的作用。在日常的社会生活中，人们通过互相交往，形成了一定的社会风俗习惯以及共同的生活方式。这类社会风俗习惯和生活方式不仅是一种行为模式，作为先于特定个体而存在的社会文化氛围，它们对于人们的人生观、价值观和世界观的形成具有规范性的"定势"作用，从而制约、影响着人们对周围的人和事的看法。在人们日常的社会认识和交往活动中出现的所谓"首因效应""近因效应""晕轮效应"等现象，实际上都是思维定势发生作用的结果和表现。首因即最先的印象，首因效应的存在，使得人们对他人的认知表现出这样的倾向：当人们只获取了有关他人的少量信息时，就力图对其另外一些特征进行推理、判断，以期形成有关他人的完整的印象。首因效应实验证明，先前的社会认知对后来的认知具有定势作用。相反，近因效应表明，对人的评价受相隔时间较近的东西的制约。当认知者对一种社会现象形成好或坏的印象之后，往往倾向于据此推论该现象其他方面的特征，这被称为晕轮效应。社会归因中同样存在着思维定势，当他人的行为是成功的、获取了良好的结果时，则此时就会表现归因于外的倾向；当他人的行为是失败的，带来不良后果时，此时又会出现归因于内的倾向。

在人类认识的另一个领域即自我认识领域，也可经常发现思维定势的作用。在认识交往中，当听到超出其接受范围的意见时，即使是正确的意见，人们产生的第一个反应往往是不适，在心理上会下意识地产生排斥与抵触的倾向。这是因为，这种意见超出了主体的自我意识的定势框架。自我意识中的定势作用常使人的主体性蜕变为主观偏向或偏见，造成认识的偏差。以下几方面都说明了自我意识的定势作用：

（1）外部现象、问题一旦与人发生关联，它们对人的重要性便会陡然增加，而从客观上说，它们可能并非那么重要。知觉通常会产生"透视律效应"，也就是说，在人的眼中，与自我关系越紧密的事物，其"尺寸""重要性"就显得越大，反之，就相应变小。

（2）在从事研究活动、论证活动的过程中，人们倾向于积极选择、收集、寻找、注意、记住那些能证实和肯定自己观点的、有利于自我观念的材料与信息。

（3）在解释自己所参与的事务时，人们易产生夸张自我作用的认知倾向，这通常被称为"言必称我"效应。

其次，从人类认识活动的具体过程看，思维定势普遍存在于感性认识和理性认识等各个环节。

在认识过程中，人们对事物的感知即感性认识中的思维定势是显而易见的。为了说明这一点，格式塔心理学曾做过一个实验。实验者给被试呈示三幅图：老年妇人图、青年妇人图、两可图。如果被试先看青年妇人图，他就容易把两可图知觉为青年妇人图；如果先看老年妇人图，则容易把两可图知觉为老年妇人图。这一实验充分地说明知觉定势的存在。

在理性认识中，主体对感性认识材料的加工总是调动已有的经验，这时经验具有一种拉力作用，将认识纳入熟悉轨道，表现出思维定势的作用。在理性认识的联想过程中，两个表象之间的联想性联系也表现出思维定势的影响。在已有的旧联想的影响下，主体的新联想总是被抑制，难以建立，这就是"联想性抑制"；新联想的建立抹掉或弱化旧的、与它类似的联想，这是"回潮抑制"；最后，两个或几个已形成的具有一个主要要素的联想在再现时彼此抑制，这是"再现抑制"。这些也都说明了理性认识中思维定势的存在。理性认识大多数时候是一种模式化活动，思维对信息的加工是依照一定的法则，以一定的方式，按一定的轨道，有方向、有秩序、按逻辑、分层次地进行的。只有借助于理性认识中的这种定势作用，人们才能对感性材料进行理性化的分析与综合。此外，我们认识对象或解决问题，总有一定的思维程序，它一经形成，总是使我们自觉不自觉地按照这个既定的思维程序去认识新的对象或解决新的问题。这同样也是思维定势作用的表现。

最后，从人类认识的历史发展来看，思维定势普遍存在于人类认识发展的各个历史阶段。

人类已经经历了许多不同的时代，各个时代的思维都表现出思维定势的特殊作用，体现出各个时代思维的"个性"。在古代相当长一段时间内，人们对任何事物的解释都求助于神话，人们习惯于用神的力量解释他们需要解释的现象。例如，在我国各族创世神话中，人们总是习惯于把天地万物说成与人混然相生，具有同样的心理和功能。彝族创世史诗中就有"天上撒下三把雪，落地变成三代人"的传说。

春秋战国时代百家争鸣，使中国古代思维定势得到了迅速发展。具有互补关系的儒道两家，奠定了中国古代思维方式的理论基础，形成了中国古代理论思维的框架，特别是铸就了儒道互补的思维定势。在中国传统文化的发展过程中，从孔子开始，无论对自身的反省还是对人生的理解与追求，人们都以"用中""中庸"作为观察和处理问题的方法论原则。

在近现代，人们习惯于用自然科学的思维方式来看待一切事物，有的甚至用自然科学的眼光来看待社会事物，把复杂的社会现象简单化，这也是一种思维定势的表现。我们通常所批判的"唯科学主义"实际上就是这种思维定势的结果。

（四）研究思维定势问题的意义

自真理标准问题的讨论以来，我国哲学界对于认识的本质问题、认识的来源问题、认知图式问题、认识的主体性问题、认识中的非理性因素问题、真理问题等等进行了多方面的大量探讨。应该说，这些探讨对于反对机械唯物主义的认识论、深化马克思主义认识论具有极其重要的意义。但是，不少学者的探讨过分注重于思辨而相对忽视了对思维科学成果的总结和提炼，忽视了对认识活动的微观机制的探讨，因而他们的结论往往流于空泛。通过概括思维科学的有关成果来系统地考察思维定势问题，有利于从一个重要侧面弄清认识活动的思维机制，从而有利于深化马克思主义认识论研究。近年来，思维科学、认识论的研究在我国发展较快，但是思维定势问题不管是在认识论领域还是在思维科学领域都探讨得较少。我国的思维科学研究虽然取得了一些令人欣慰的成果，但也遇到了一些理论难题，这些难题是我国思维科学未来发展的生长点，它们主要包括：规范化难题、语言与思维关系难题、潜意识难题以及思维定势难题等。可以说，作为思维科学与认识论共同难题的思维定势问题目前在我国基本上还属于理论上的盲点。今天，我们有必要概括思维科学中的有关成果，对这个问题作深入系统的探讨。

思维定势问题是认识论中的古老问题。远在先秦时期，荀子在《荀子·解蔽》中就论述了认识主体之所以能够认识的心理准备状态及其认识功能，以及如何发挥其认识功能的问题。荀子说："欲为蔽，恶为蔽；始为蔽，终为蔽；远为蔽，近为蔽；博为蔽，浅为蔽；古为蔽，今为蔽。凡万物异则莫不相为蔽，此心术之公患也。"[①] 按照荀子的看法，人们在认识事物时，如果各自都只是站在自己的立场上看问题，就没有不相互蒙蔽的，这是人的认识活动的通病。在西方哲学史上，哲学家们更是注意从主体方面来探讨认识的可能性问题、认识的准备状态问题。这些都与思维定势问题密切相关。在今天，深入、具体地探讨主体思维定势的思维机制问题，更是认识论发展的内在要求。

思维定势贯穿于主体认识活动的各个领域、各个环节，见之于人类认识活动的各个历史发展阶段，是人类认识活动中的一种普遍效应。它以一种不被人察知的方式左右着认识活动的方向，对人的认识活动的制约是不可估量的。能否弄清这个问题，关系到人们能否深入具体地、透辟地理解和说明人的认识活动。

人既是认识的主体，又是实践的主体，而认识的目的是指导实践。人的实践也总是在一定认识指导下的实践，因而人的实践活动也无时无刻不受到思维定势的影响。系统地研究和透彻地了解思维定势，有利于我们更好地调控思维定势，充分发挥它的积极功能，避免它的消极影响，从而在实践中更有效地改造客观世界。

---

① 王先谦. 诸子集成：第 2 册，荀子集解. 北京：中华书局，1954：259.

二、思维定势的形成机理

既然思维定势是人类认识活动中的一种普遍效应，它在人的思维活动、认识活动中经常地起作用，那么，它到底是如何形成的呢？换句话说，思维定势形成的生理基础是什么？影响思维定势形成的因素有哪些？思维定势形成的一般过程是怎样的？要弄清思维定势的形成机理，就必须研究和回答这些问题。

（一）思维定势形成的生理基础

自 17 世纪英国医生威利斯开创神经生理学的研究以来，通过神经解剖、脑损伤法、刺激法、电记录法、生物化学分析法等方法的应用，神经生理学得到了快速发展。目前，人们已经在脑的功能分区、视知觉的生理机制、学习与记忆的生理机制等方面的研究上取得了令人瞩目的成就。人类的神经系统经过漫长的进化，逐渐形成三个具有特殊机能意义的神经系统水平：（1）脊髓水平；（2）低级脑水平；（3）高级脑水平或皮层水平。脊髓是神经系统组织构成的柱状体，上连延髓，下端止于终丝。它是周围神经与脑之间的通路，是许多简单反射的中枢。中脑、脑桥、延髓（通称脑干）和小脑属低级脑水平。在脑干内除了边界明显的神经核团和各种传导素外，还有一个叫网状结构的特殊神经结构。它对大脑皮层具有普遍性的激醒反应，是大脑皮层觉醒状态的积极调节者。网状结构是脑的三个机能系统之一。大脑是脑的主要的、最发达的部分，由左右两个大脑半球组成。脑的第二个机能系统位于大脑皮层的后部，包括视觉、听觉及一般躯体感觉模式的特异代表区。这个系统具有特化的形态结构，适合于接受各种特异的外界的感觉信息，并负责对输入信息的加工与储存。脑的第三个机能系统位于大脑半球的前部。这个系统负责行动的规划、活动程序以及对行为的调节与检测。神经元即单个神经细胞，是脑的基本单元，仅大脑皮层神经元数量就达 140 亿个，脑就是由神经元组成的巨大的自动化的信息处理系统，它的一切活动都离不开神经元的神经通信过程。神经元均由胞体与突起两部分组成，突起依分支模式不同可分为轴突与树突。神经元既具有提供营养的功能，又具有对信息的加工与传送功能。突触是神经元的一部分，它是神经元之间、神经元与效应器之间相互接触的部位，是神经元发生机能联系、实现信息传递的装置。神经生理学对大脑的功能定位、条件反射、学习与记忆等方面的研究对于了解思维定势的生理基础具有重要意义。

20世纪初，巴甫洛夫在有关消化生理学的研究中，发现食物入口引起唾液分泌，而且当动物听到、看到、嗅到与食物相关的东西也能分泌唾液。于是，巴甫洛夫发展了反射的概念，将反射分为非条件反射（食物入口引起唾液分泌）与条件反射（同食物有关的刺激引起唾液分泌）两大类。非条件反射是先天固有的本能行为；条件反射是后天形成的习得性行为，是在非条件反射基础上建立的信号化反射活动。继巴甫洛夫之后，美国实验心理学家斯金纳提出了操作式条件反射概念，发展了条件反射理论。斯金纳把动物放入实验箱内，当它走动中偶然踩压杠杆时，立即喂食强化这一动作。如此重复多次，动物即学会自己踩压杠杆而得食。在此基础上可进一步设计各种更为复杂的行为实验，如训练动物仅在某一种特定信号出现时去踩杠杆，才能得到食物的奖励或受到惩罚。毫无疑问，在现实生活中，操作式条件反射比工具式条件反射更为广泛和普遍。人类条件反射活动是人在出生后的一定条件下学习得来的，初生婴儿只有一些先天的非条件反射，如吸吮反射等。只有到出生半个月后，才会产生对食物的条件反射。大约4个月时，婴儿已经具有第一信号系统的一般基本活动。而出生六个月后，婴儿就会产生更高级的条件反射，即已经形成了第二信号系统。

不难看出，条件反射与思维定势有着不少相似之处。首先，两者的形成都需经过多次重复。条件反射是经过多次训练，最后在无关动因（如铃声）与食物刺激之间建立了暂时联系。思维定势是由于多次重复，最后在一定刺激下，主体仍用原有图式同化对象。其次，两者都形成了一定的心理准备。条件反射是食物刺激来临之前就形成了唾液分泌，思维定势是在一定刺激的背景下，一定的图式准备重现。第三，两者的形成都有一定的需要的参与。实验表明，如果动物没有进食的需要则不能形成条件反射；就思维定势而言，如果主体不集中注意于认识对象，没有认识对象的需要，亦不能形成思维定势。总之，两者都有自动化与非意识性、惯性与扩散性、客观性与整体性等特征。因此，条件反射与思维定势的形成都说明了大脑神经系统的可塑性，条件反射的生理机制对于我们了解思维定势的生理机制有重要的参考作用。

在条件反射的生理机制问题上，巴甫洛夫认为，条件反射的形成是由于中枢神经系统两个兴奋灶之间建立了暂时性联系。他设想，非条件刺激在大脑皮层有一个代表区或兴奋灶，条件刺激也有一个代表区或兴奋灶。由于两个代表区多次同时兴奋，它们发生了机能上的暂时联系，结果条件刺激在皮层引起的兴奋可以通过暂时联系通路而达到非条件反射的皮层代表区，于是引起它本来不会产生的反射。暂时性联系的接通是一个重要概念。在高等动物和人身上，皮层下多种结构在暂时联系的接通中具有重要作用。从 20 世纪 50 年代起，脑电技术在条件反射的研究中开始得到广泛利用。实验表明，当条件反射形成时，首先会在网状结构中出现与条件刺激的闪光节律相符合的脑电节律，待条件反射巩固后，脑干网状结构的电活动就会消失。同时，巴甫洛夫学派从 20 世纪 50 年代起也开始了这方面的实验研究。他们把巴甫洛夫所强调的兴奋灶叫优势灶。当用弱的直流电作用于家兔皮层运动区某一点进行阳极极化时，如果阳极极化电流不达阈刺激，就不会引起肢体运动，但能改变细胞的功能状态，产生一个优势兴奋灶。此后，在声音刺激作用下，可引起对侧肢体明显的运动反应。这说明优势兴奋灶（阳极极化点）与声刺激的皮层兴奋点之间发生了联系。在造成优势兴奋灶的情况下，皮层另一点的兴奋可使优势兴奋灶活动加强，达到阈刺激而引起反应。这就为暂时联系的优势学说提供了直接的实验根据。我们认为，思维定势的形成也有着与条件反射类似的生理机制。

20 世纪 60 年代以来，神经生理学家在关于学习与记忆的突触细微结构的研究中，进一步发展了条件反射学说，为揭示思维定势的生理机制提供了进一步的证据。20 世纪 60 年代贝内特等人的实验表明，学习活动可显著影响神经组织的生长。他们将同窝大鼠分别装入三组不同的实验笼中。一组为标准实验笼，一笼一个大鼠；二组为丰富多彩的实验笼，一笼十个大鼠；三组为单调贫乏的实验笼，一笼一个大鼠。它们都与外界完全隔绝，其中，丰富多彩的实验笼内充满着许多可以操作的物体以及多条供探究和解决问题用的渠道。一个月后，对大鼠进行解剖。结果表明，与生活在贫乏的饲养环境中的大鼠相比较，丰富多彩的实验笼内的大鼠的大脑皮层较厚而重。类似实验证明，由于学习到了新的东西，小鼠视觉区的树突分枝较多，也就是说，学习、经验能促进突触的变化。学习与记忆中突触细微结构的变化已为电子显微镜的观察所揭示。如学习使神经末梢肥大，学习促进神经末梢分支数目的增多，学习使突触前成分的突触小泡数量增多，并且移向突触前膜，这表明传递信息的化学递质增多，且突触后膜增厚，受体增加。这些变化有利于突触传递。随着这种传递的进一步强化，有时甚至没有外界感觉信号传入，仅靠来自脑其他区域的信号也可造成该突触系列的冲动传递，使人体会到原来的感觉，这就是记忆。

离子学说表明，细胞膜内外存在着电位差。以枪乌贼为例，将微电极一侧刺入其膜内，立即会出现 -70 毫伏（mv）的稳定电位差，膜内为负，膜外为正，这种电位是在神经纤维处于相对静止状态时记录到的，故称静息膜电位或静息电位。根据对枪乌贼的巨大神经细胞内液（轴浆）与其细胞外液的化学成分的微量分析，人们发现其膜内外液体场含有不少的电解质，其中，细胞内钾离子（K^+）多于细胞外，细胞内钠离子（Na^+）也多于细胞外。安静时，膜的 K^+ 通道蛋白开放，膜对 K^+ 易于通透，而对 Na^+ 的通透性很低，但 K^+ 向外弥散外流造成的正电场又排斥 K^+ 的继续外流，最后 $K+$ 向外弥散与排斥其向外弥散这两种力量达到平衡状态，这时就形成静息膜电位。在外加电流的刺激下，膜的通透性发生巨大的变化。首先向 Na^+ 的通透性突发增加，Na^+ 顺着它的浓度差由膜外向膜内流动，引起膜的去极化（即由 -70mv 迅速减少到零）。而膜内正离子 Na^+ 增多又进一步促使膜的去极化，当去极化达到一临界水平（此时的膜电位为阈电位）时，膜对 Na^+ 的通透性大增（可增加 50 倍），膜外 Na^+ 顺着浓度差呈雪崩式大量内流，造成膜的极化状态的倒转，形成超射。对人而言，当神经冲动到达突触小体时，突触前膜的钙离子通道开放，此时发生钙离子由膜外向膜内的离子转移。钙离子进入突触小体促使一定数量的突触小泡向突触前膜接近并紧密接触，然后接触点互相融合并出现破裂口，导致突触小泡内的化学递质释放到突触间隙。在递质的释放过程中，钙离子的浓度非常重要，如果减少它的浓度，递质的释放就受到抑制，就不能完成一个信息加工过程。递质的释放意味着神经元信息加工得以完成。

离子学说对条件反射形成的生理机制的说明进一步具体化了，它表明条件反射的暂时联系不是"联结"，而是一定的神经通信规律的表现。以20世纪50年代巴甫洛夫学派家兔实验为例，由于阳极极化电流与声音刺激先后发生作用，这两者的神经元都产生了一定的变化，虽然一种刺激不足以使突触前膜的通道开放，但是这两种刺激的信息共同作用后，携带刺激信息的两种突触同时释放，就足以引起钙离子通道的开放，钙离子数量达到一定值就引起整合信息的神经元的突触释放，它标志着一个信息加工过程的完成。从心理表现上说，家兔这时"认为"应该产生运动反应，然后把这种运动反应的指令下达到指挥运动的神经元，从而引起一定的动作。这就是当代神经生理学对神经通信过程的一般描述。运用这种关于神经通信过程的理论可以解释重量错觉实验。经过神经元加工，人们分辨出一大一小两个球，经过多次重复，整合大小对比的神经元的突触发生了变化，只需少量信息传入就能引起作出一大一小结论的神经元的突触释放，这样，人就能非常迅速地甚至无须经过神经元加工过程就作出了结论。实验证明，在重量错觉实验中，在进行参校实验时，人们的确没有经过神经元加工。"当固着定势的作用效果减弱时，被试一边回答，一边常常发问——他们是否'猜'对了。"[1] 他们之所以"猜"，是因为他们没有进行神经元的加工。神经元的传递具有竞争性，一旦一种通道接通，则神经元的加工就不能继续进行。

结合上述神经生理学的研究成果，我们可以概括出思维定势形成的生理过程。各种不同的信息传入进行整合的神经元，信息传入通道不断重复，导致神经元传递道路的拓通，形成一次加工结果；在多次加工后，主

---

① 普兰吉什维里，等. 定势问题讨论集. 北京：科学出版社，1959：38.

体神经元突触发生了变化，导致少量信息（不足以引起某种认识）的进入即能引起突触释放。这就标志着思维定势的形成。

条件反射和思维定势的形成在生理机制上的一致性，是由神经通信的规律的普遍性决定的。动物之所以不能形成思维定势，是因为动物的神经元没有人的神经元那样复杂和高级，也因为动物的活动远没有人的活动丰富。当然，更重要的原因还在于动物没有自觉的意识活动，它不能对条件反射进行调节，而人能对思维定势的形成进行调节。

最后，值得一提的是，关于思维定势形成的生理学理论与皮亚杰的智力适应理论可互相参照。思维定势的形成说明外界环境提供的信息及神经元的先天结构都是重要的，只要有外界信息的不断作用，人的神经系统就总能发生一定的变化，引起思维定势的结构的优化。皮亚杰说："智慧乃是一种最高形式的适应。"① 在个体认识发展的初期，认识是儿童与环境之间逐渐形成的一种联系。主体在认识发展中不断重建与客体相适应的认识结构，类似于儿童在成长过程中不断重建适应环境的行为，它们都是在环境的作用下作出适应性的改变。关于思维定势形成的生理学理论为皮亚杰的智力适应理论提供了科学依据，而皮亚杰的智力适应理论则是对思维定势形成的生理过程的理论概括。

（二）影响思维定势形成的诸方面因素

思维定势不是先天就有的，它是在一定的经验、知识、需要、情感以及意志等诸因素综合作用下形成的。

首先，主体在认识活动中已获得的经验和知识对于思维定势的形成具有重要作用。

思维定势是认识活动中主体把自身因素加之于新的认识活动的待发状态。这种待发状态的形成，有赖于一定的主体认识结构的存在，而经验与知识是主体认识结构的核心部分，它们是各种思维定势所以形成的重要基础。经验是主体同外部事物之间具有明显感性特征的联系方式，它是一种尚未达到对普遍必然性的掌握的感性认识。经验经过多次重复，就会形成

---

① 皮亚杰. 教育科学与儿童心理学. 北京：文化教育出版社，1981：180.

一种经验模式。其重复的频率越高，这种模式也就越具有稳定性，从而越能形成某种思维定势。这种定势对主体接收信息的选择性、加工整理信息的程序、方式和速度、外部行为的程序和方式，都有重要的影响和制约作用。具体说来，它主要通过如下途径影响思维定势的形成：

一是经验解释。关于经验在思维定势形成中的作用问题，有人做过这样一个实验：在眼睛暗适应后，呈现给被试两个大小不同的圆形，其中，左边的大，右边的小。对这两个圆形进行两秒钟的照明后，被试在黑暗中仍继续看到两个圆形的正后像。重复多次后，在照明大小相等的圆形时，被试看到的圆形后像是不一样的，其中一个看来似乎是大些，而另一个则小些。但是，如果以最高的速度照明相等的圆形，虽然事先已经做了确立定势的实验，相等对象的后像最初是相等的，但过后一个就胀大起来，被试这时才产生知觉错觉。这是因为神经元的工作是整体性的，起先没有产生错觉是因为速度太快以至其他神经元还未来得及加入加工过程，因而产生的知觉仍是正确的。但是增加 1～3 秒后，形象被个体的经验所充实，在固定定势基础上发生了变化。可见，经验的解释作用会促进思维定势的形成。

心理学认为，人的认识有两种加工形式：数据驱动加工和概念驱动加工。一定的加工数据进入加工场，通过连续的各个加工层次，直到最后作出决策，这是自下而上的数据驱动加工。概念驱动的加工（自上而下的）是从所经历的事件的一般知识开始，或从这种知识所产生的特定期望开始，最后达到问题与结论之间途径的拓通。在认识加工中，传递经验的神经元与传递外界信息的神经元之间是互相联系的，认识加工过程既有数据驱动加工的作用又有概念驱动加工的作用。"可以有负责背景、期望、句子、词组的专业化的小妖，可以有负责句法、语义的小妖，也可以有负责音素和特征的小妖。……因此就得出一个关键性结论：一切小妖必然能够相互沟通"[①]。在认识加工中，总是有经验的解释作用，这就极大地加快了认识加工过程，提高了认识加工的准确性与加工能力。由此也可看出，经验的解释作用推动着思维定势的形成。

---

① 林赛，等. 人的信息加工：心理学概论. 北京：科学出版社，1987：201.

二是经验补充。因为有上述作用机制，在外界信息不足以达成某种认识时，经验就起补充作用，使人们形成完整的认识，这就是"完形"。"完形"的倾向是思维定势的一种重要表现形式。

三是经验代替。经验形成的模式化特别牢固，因而在只有少量信息而不足以形成某种结论时，经验往往无视这一点，易冲动地得出结论；或者经验抢占别的神经通路，导致认识错误。

知识是人们在认识事物过程中形成的具有某种逻辑结构的系统化的信息组合。经验影响思维定势形成的方式，知识也都具备。但知识对思维定势形成的作用更大。知识为主体接受和加工处理信息提供内在的参照系统，对主体新的认识活动起着规范作用。人们对某些事物虽然感觉到了，但并不能认识和理解它们，或者获得了大量的信息材料而不能有效地进行深度加工处理，不能作出系统化的解释；有时人们对同样的客体或同样的信息，往往有不同的理解和解释方式，甚至建立不同的理论体系和学说。之所以如此，往往是由于知识作为一种认识背景制约着认识的预定轨道，使认识活动表现出预先反应性。这体现了知识对于思维的定势作用。

其次，主体的情感在触发和维持思维定势方面也起着重要作用。

一般认为，情感是人对其活动对象的态度的体验，这种态度是由活动对象与人的基本需要的关系引起的，它是在人对客观对象产生认识后，综合各种基本需要进行权衡而产生的。它在诱发思维活动进入预定轨道、维持思维定势的稳定作用方面起着重要作用。一个问题进入人的大脑后，主体首先会运用一定的评价标准对问题进行评价，这种评价就会引起相应的情感。这种情感的强度决定主体的激活状态，它能通过强有力的激活引起并调节着思维活动。这时，主体提取一定的经验知识、运用一定的思维程序进行思维加工，当客体信息与原有的思维定势不相冲突时，主体就会产生肯定性情感，继续维持着认识加工循着某种预定的轨道运行。热烈的情绪体验、美好的心境对于推动思维活动向着某种预定的方向前进、诱发思维定势的形成具有重要作用。相反，当遵循固定的思路和程序反映对象遇到难以克服的障碍、思维定势不能有效地反映对象时，主体就会产生一系列强烈的消极情感体验，解除原有的思维定势并使自己产生新的思维定势。

　　思维定势的强烈程度与情感的强度有着密切的关系。心境和情绪也影响我们对世界的看法，无论由于什么样的原因，如果我们是在美好的心境中开始一天的话，——有着定势去知觉每一件事情的较好方面——我们几乎必然地在我们遇到的任何情境下却能发现和看到一线光明①。人们认识世界、解决问题，是为满足自身各种各样的需要。当某一认识对象涉及主体的根本需要时，主体就易对它产生一种尊崇心理，对这个对象的认识也往往容易形成一种强烈的思维定势。例如，有一个关于三个野人和三个书生摆渡的难题，这个难题使许多饱学之士也难以解答。这是因为人们普遍形成了这样一个基本信念——解决问题应该尽量省事。做到省事既是聪明的表现又是活动快速进行的保证。许多人都想不到，解决这个问题是必须一个书生一个野人摆渡回来，因为他们在生活中都形成了一个摆渡回去再接人回来是最省事的方式的信念，因而都无一例外地只想到一个人回去接，但问题解决的关键恰好是要想到一个书生一个野人摆渡回去②。人在现实中形成的那种强烈的尊崇情感，非常容易使人们解决问题的方式陷入僵化的思维定势之中。

　　最后，主体的意志对思维定势的形成同样也有重要的影响。

　　在认识活动中，意志是实现认识目标所不可缺少的一种主体能力。美国认知心理学家弗拉维尔指出，人对客体刺激的认知加工，不仅直接诉诸其特有的认知能力，而且与其元认知水平有密切关系。所谓元认知是指对认知活动本身的认知，其实质是意志对主体正在进行着的认知活动的自我监控③。意志的这种自我监控能力的外化表现就是注意。心理学家安吉尔说：“从心理学方面看，执行意志就是发生注意，在注意过程中我们可以指望发现意志的决定性特征。”④ 在一定的认识目标指引下，一定的意志能力使主体在即使对对象一无所知的情况下也能进行有效的选择，使认识对

----

① 克雷奇，克拉奇菲尔德，利维森，等. 心理学纲要：下册. 北京：文化教育出版社，1981：82.
② 司马贺. 人类的认知. 北京：科学出版社，1986：59-60.
③ Flavell，方富熹. 元认知和认知监控. 心理学动态，1983（1）.
④ 唐钺. 西方心理学家文选. 北京：人民教育出版社，1987：18.

象逐渐地明确起来。美国心理学家、哲学家詹姆斯认为，心理活动总是对它的对象的一部分比对其他部分更为关切，并且在其全部历程中总是欢迎一部分而拒绝其他部分。意志的这种选择性实际上就是一种定势作用。

在认识活动向预定方向进行的进程中，意志通过对主体内部情感世界的自我监控，调节情感的强度，抑制妨碍认识活动的消极情感，不间断地调整信息加工过程，使思维活动向着预定目标运行。神经心理学认为，在思维加工过程中，接受加工和储存信息的系统与规划、调节和控制复杂活动形式的系统之间存在着反馈联系。按照自动控制理论，要达到精确的调节，受控部分必须不断向控制部分反馈信息，以便控制部分不断纠正和调整其对受控部分的控制，这种控制与受控之间的联系通常被称为反馈联系。意志在主体思维定势的形成过程中的调节作用就是通过这种反馈联系实现的。

（三）思维定势形成的一般过程

从生理上来解释，思维定势的形成是由于神经元突触发生了变化；从影响思维定势的诸因素来讲，它是以一定的经验知识为前提，在情感意志等因素的影响与调节下形成的。而思维定势形成的一般过程可相对地区分为这样几个阶段：

第一，相关经验知识的积累，这是思维定势形成过程的初始阶段。任何事物都不是自然地成为人的认识对象，而是主体根据一定的图式有选择地设定的，然后主体会从认识对象上选择有价值的信息，对它进行意义解释，使其进入认识加工场。在短时记忆中，主体调动一切相关的操作系统，注意的焦距对准认识对象，进行反复的操作，并不断地反馈到相关系统进行评价，然后获得相关的认识结果，并把它贮存到一定的长时记忆中去，形成经验知识。经验知识包括两方面的要素：经验知识要素和逻辑数理要素。经验知识要素概指主体在其一定发展阶段上具有的全部经验知识单元的总和，它是整个认识结构的构造要素。逻辑数理要素是经验-知识结构的构成形式，对经验知识起着组织的作用。这两类经验知识的积累，是思维定势形成的必要前提。

第二，主体运用已有的认识结构去同化对象、解决问题，这是思维定势形成过程的关键阶段。相关认识结构的多次运用，对于思维定势的形成是绝对必要的。苏联定势学派的实验证明，定势刺激物呈现 5 次，造成定势错觉的只有 67.7％；而定势刺激物呈现 15 次后，形成定势错觉的到达 90％。"对于成年的被试者，呈现视觉的定势刺激物的次数不多，通常不能固着起时相性作用的定势；而呈现次数的增加，便保证着定势的固着。"① 与刺激物的多次呈现相似，主体多次运用认识结构去同化某一对象往往也就形成某种思维定势。认识结构多次运用对思维定势所起的作用，有的学者称为强化。强化分有意强化和无意强化两种。有意强化是指主体在学到一种知识后，经过反复训练，使主体能掌握并熟练运用，举一反三。几乎大部分的学习都要经过有意强化。无意强化则是指由于一些偶然的原因，原有的认识结构得到了强化，它是一种弱强化。

第三，将同化对象、解决问题的某种特定的方式、方法模式化，这是思维定势最终形成的阶段。通过多次强化，主体对某种思维路径越来越熟悉，思维操作过程越来越自动化、模式化，一旦相关问题的信息被主体所理解，它与有关结论的联系通路就异常迅速地接通，而这也就意味着思维定势的形成。这种情况下，主体无须特别地加以注意，就能让信息进入短时记忆进行思维操作，而且这种路径是如此的"通畅"，以至主体对不能引起这个结论的信息也失去了监察，从而导致思维定势的扩散性效应。

现代认知心理学关于思维的信息加工理论认为，认识过程就是信息加工的过程。"我们把人看成一个信息加工系统。信息加工系统也叫'符号操作系统'，更常称作'物理符号系统'。"② 人类具有的观念、概念以及脑加工的过程是物理符号的事件。任何物理系统的事件、过程或操作，只要能用符号的形式表示，并能明确每时每刻的状态，就能用计算机模拟出来。利用计算机，人们设计了 AM（机器数学发现）系统。AM 系统能根据自己的发现提出哥德巴赫猜想。这意味着，抽象思维也是可以模拟的。现代认知心理学关于注意的过滤或筛选理论、关于知觉的模式辨别和语词

① 普兰吉什维里，等. 定势问题讨论集. 北京：科学出版社，1959：38.
② 司马贺. 人类的认识. 北京：科学出版社，1986：10.

辨别、关于表象的新的研究方法、关于记忆的研究成果、关于学习和问题解决等的研究，把许多思维过程都程式化了，使其成为可模拟的过程。从思维的信息加工理论的角度来说，思维定势的形成过程也就是学习、问题的解决及其模式化的过程。学习就是获取信息并把它们存储起来，便于今后使用。问题解决是解题者通过当前情况与目标的不断比较而找到一个更好的算子。

人类信息加工系统包括输入装置、输出装置、中间的记忆装置和围绕着它的控制部分。某一信息系统（信源）发出一定的信息，经过信道（输入装置）和信宿（输出装置、中间的记忆装置及控制部分）的控制、转换和重组，变成新的信息并把它存储起来。例如，学习到字母 R 和 P，主体根据其形状将其进行信息编码，这就是思维定势形成的第一阶段。一段时间后，若这两个词中的 R 重新出现，主体就进行复杂的辨认操作。先是 R 的原始形象被形象小妖记录，然后特征小妖分析 R 的各部分特征，并报告模式中含有这种特征的数目，认知小妖找寻那些描述模式的特征的值，所找到的这种特征的数量决定反应的强度，然后决策小妖选择那个反应最强的，从而完成对 R 的辨认。如果经过复杂的过程而否定了 P，主体就会重新进行辨认，这也就是思维定势形成的第二阶段。经过多次的重复，各种特征小妖、认知小妖操作的能力越来越强，最后这种辨认的速度越来越快，主体的反应逐渐模式化、自动化。在这种情况下，思维定势也就形成了。苏联神经心理学家鲁利亚对思维定势形成的一般过程作了精辟的概括："如果在第一阶段，书写依赖于对每个字母图形的回忆，并由一系列孤立的运动冲动来实现，其中的每一个冲动只保证完成图形结构的一个要素，那么到后来，由于练习，过程的这种结构就发生了根本变化，书写转变为统一的'动觉旋律'，不需要专门去回忆孤立的字母的视觉映象或回忆那些为了完成一个策划的运动冲动。另一些高级心理过程也是由类似的方式发展起来的。"[①]

以上所述，就是我们对思维定势形成的一般过程所作的一种理论上的抽象和概括。当然，在具体的认识活动中，思维定势的形成过程并非都严

---

① 鲁利亚. 神经心理学原理. 北京：科学出版社，1983：71-72.

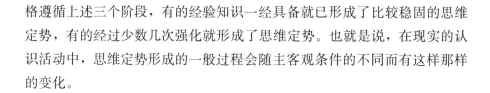

格遵循上述三个阶段，有的经验知识一经具备就已形成了比较稳固的思维
定势，有的经过少数几次强化就形成了思维定势。也就是说，在现实的认
识活动中，思维定势形成的一般过程会随主客观条件的不同而有这样那样
的变化。

三、思维定势对主体认识活动的影响

在人类认识活动过程中，思维定势既具有重要的积极作用，又具有不
可忽视的消极影响。那么，思维定势在主体认识活动中到底是如何起作用
的？它对主体的认识活动到底有哪些积极作用和消极影响？这些都是我们
从认识论上研究思维定势所必须予以回答的问题。

（一）思维定势在主体认识活动中起作用的方式

思维定势在主体认识活动中起作用的基本方式是对认识活动的思维过
程实行强有力的控制。在客体规定的"自由度"内，主体积极地活动，依
据自身的结构和能力在符合自己需要的形式上对客体进行选择，规定着认
识活动的方向。认识活动中的这种主体属性既控制着信息的接受过程又规
范着信息的加工过程。它促使主体选择客体的某些特定的信息而拒斥其他
方面的信息，同时它也促使主体按照某种固定的、已经习惯了的方式、方
法去加工客体信息。

首先，思维定势对于认识活动中的信息选择具有重要的控制作用。受
思维定势的影响，人的感觉活动对于外部信息具有选择性。以视觉为例，
积极的选择是视觉的一种基本特征。在视觉选取的东西中，那些环境中与
主体兴趣相关的信息总是优先受到注意。日常经验中，人的眼睛（耳朵）
随意转动，这是一种随机注意。但是，这种随机注意并不一定产生认识，
我们有时听到某种声音但却不一定明白它的意义。认识是一种有意识的自
觉的探索活动，人绝非碰到什么就认识什么。尽管客观对象千差万别、十
分复杂，但主体却能以一种自己或许都察觉不出的方式选择出合目的的认

识对象。相反，那些在思维定势范围外的对象，主体则很难看到，甚至根本看不到。这在科学史上不乏其例，比如化学家普里斯特里由于顽固地坚持他所信奉的科学"范式"，而完全看不到拉瓦锡所看到的东西，结果至死都不能接受氧化论。这对普氏个人及其科学研究而言，不能不说是一个巨大的遗憾。

美国心理学家阿恩海姆认为："人的感官不仅是为认识而存在的认识工具，而且是为生存延续而进化出来的生物性器官，从一开始起，它们的目标就对准了或集中于周围环境中那些可以使生活变得更加美好和那些妨碍其生存活动顺利进行的方面。"① 这说明，心理状态对对象的选择起着重要作用。同样，思维定势对认知对象的选择也起着重要的制约和影响作用。

其次，思维定势对于认识活动中的信息加工也起着重要的控制作用。马克思说，"人的眼睛和原始的、非人的眼睛得到的享受不同，人的耳朵和原始的耳朵得到的享受不同"②。人的眼睛、耳朵之所以有不同于动物的感受，在某种意义上说是因为有了思维定势的影响。神经生理学认为，在感知觉活动中主管感觉知觉的神经元与主管经验（记忆）的神经元同时发挥作用，知觉是数据驱动加工（从刺激到结论）与概念驱动加工相统一的过程，知觉是感觉的综合。由于注意的作用，知觉不会把感觉选择的客体的个别形象的信息，像照相那样一览无余地摄下来，而是通过分析，抓取主要的、有意义的形象信息并以此为中心构成事物的整体形象，从而把所需客体从它所处的背景分离出来。主体还把以前的经验、知识形成的选择性框架附着在所知觉的客体之上，甚至当客体的个别特性作用于主体时，也会形成关于这一客体的完整形象。在这里，思维定势弥补了知觉的不足。"知觉的恒常性"正体现了思维定势的作用。

在认识过程中，同一个对象往往提供多方面的信息。主体要认识对象，就必须对这多方面的信息进行过滤筛选，然后加以整理组合，经过一个"从完整的表象蒸发为抽象的规定"，再到"抽象的规定在思维行程中

---

① 阿恩海姆. 视觉思维. 北京：光明日报出版社，1986：63.
② 马克思，恩格斯. 马克思恩格斯全集：第 42 卷. 北京：人民出版社，1979：125.

导致具体的再现"的复杂过程。在这一过程中，主体对对象信息的加工整合，每一步都会受到思维定势的制约。

不同的认识主体具有不同的思维定势，从而造成不同的认识结果。未见过汽车的农村妇女可能把汽车认识成房子，而城市的五岁的孩子都能认出这是汽车。思维定势还使认识主体执着地寻觅某个他主观建立起来的对象，尽管这个对象实际上可能并不存在。例如，人们有时根据尚不充分的实际材料，预先根据思维定势设想、构造某种情况或对象，然后按图索骥去寻找这种情况或对象。

总之，思维定势对主体认识活动的思维过程的控制作用不仅表现在它总是使认识主体按照某种特定的方向去选择客体信息，而且表现在它也使主体总是习惯于按照某种方式、方法去加工客体信息。一种思维方法经过多次运用，并被证明是有效后，主体总是按照这种思维方法去解决问题，这种模式化过程几乎是必然的[1]。

（二）思维定势在主体认识活动中的积极作用

思维定势的目的是迅速有效地反映对象和解决问题，较为稳定地实现某种认识目标，它在主体的认识活动中具有重要的积极作用。

首先，思维定势能够防止思维活动的意外干扰，有利于使主体的认识活动向着某种预定的目标前进。

在认识对象、实现认识目标的过程中，主体有时面临着缺少有关对象的必要信息的情况。在缺少相关信息的条件下，由于有思维定势的作用，主体可进行模糊思维。模糊思维是主体运用少量模糊信息来实现对客体的确定认识的一种思维方法或思维能力。例如，画家不用精确的测量计算却可以画出栩栩如生的风景或人物；人们可以辨认潦草的字迹，听懂不完整的言语，这些都是在思维定势的作用下运用一定的模糊思维的结果。主体存在着一种"筛选框架"，这种"框架"的准备性使画家根据模糊测量就画出了栩栩如生的人物。模糊思维在认识中非常重要，并在科学认识中得

---

[1] 克雷奇，克拉奇菲尔德，利维森，等. 心理学纲要：上册. 北京：文化教育出版社，1980：252.

到了广泛运用。为了克服精确测量的困难和经典数学对人类认识的限制，科学家们还发展出了模糊思维理论。根据模糊思维理论，模糊思维方法主要有模糊集方法、模糊化方法和语言方法等。模糊思维的运用大大强化了人的认识能力，有力地保证了人的认识目标的实现。

在认识活动中，主体有时不能充分注意认识对象或出现注意力分散的现象。这时，主体在思维定势的强有力的惯性作用下，仍能推动认识活动的进行，并有效地实现认识目标。主体对某一对象的认识，有时虽然受到外界信息的强大拉力或不得不转向另外的更重要的认识加工，但原有的认识活动却仍能自动化地、下意识地进行。例如，我们可以一边思考问题一边回家。在心理学中，人们总结出了两种认识加工形式：一种是系列加工，一种是平行加工。人具有一定的平行加工能力，就是因为思维定势的自动化作用。这种自动化使一心可"二用"甚至多用，大大增强了人对世界的应变能力。

其次，思维定势能够使思维过程程式化，有利于加速主体认识目标的实现。

主体在实践基础上形成的认识对象或解决问题的思维程序，经过多次重复，便以一定的形式固定下来，成为解决某一类问题时经常有效的思考模式。在这种情况下，只要出现的问题不是全新的，对问题的解决就变成了一种习惯性处理。中学生学数学就典型地体现了这种思维程序的模式化过程：先是学会一定的例题，然后将解例题的方法运用于大量的同类问题，经过反复训练，学生就形成了用同一方法解决同类问题的模式化思维。主体认识加工是一种耗时耗力的艰辛过程，思维定势以一种程式化的形式使主体比较容易地实现认识目标，大大地提高了主体认识活动的效率。如果不论是老问题还是新问题，不论是简单问题还是复杂问题，都要从头认识，那就大大地耗费了人们的精力，极不利于认识活动目标的实现。

主体在实践活动中，逐渐发展起了比较完备的模式化的稳定的思维形式：概念、判断、推理。概念是主体在感性认识接受、处理客体信息并加以直观综合的基础上，经过大脑复杂的逻辑思维操作，对直观综合的信息进一步加工处理的产物。概念作为思维活动的产物是以人类社会实践为基础的，但它们一经产生又具有相对的独立性。借助概念进行的思维活动，可以独立于直接的实践活动进行。从概念到概念的直接运演，充分表现了主体思维活动的独立性，增强了思维的敏捷性和灵活性，也大大加快了认识目标的实现过程。在形成和运用概念的基础上，思维活动进一步展开为判断。判断是对概念所包含着的个别和一般、特殊和普遍的对立统一关系的展开，是对客体的性质、状况和关系等加以判定。理性思维不满足于仅仅对事物作出单个的判断，它还要将单个的判断联系起来，从已有的判断推出新的判断，这就是推理。推理是人类运用已有的知识来产生新的知识的思维过程。判断和推理作为一种模式化的思维形式有助于加快认识活动的进行，它们在人的认识活动中具有重要作用。

在一定的世界观基础上综合思维活动的多种因素而形成的主体把握客体的相对稳定的思维模式，我们称为思维方式。一种比较稳定的思维方式是主体把握世界的前提，它使思维活动能比较稳定、快速有效地达成认识目标，能起到提高思维活动速度和效率的作用。从其形成来看，思维方式不过是思维方法的程序化运用。科学的思维方法总是在正确地认识有关的思维活动规律的基础上形成的。如人们揭示了思维的同一律、矛盾律和排中律，进而便制定了明确概念的方法、进行证明和反驳的方法等等。一定的模式化的思维方法，如分析与综合的方法、归纳与演绎的方法、抽象与具体的方法、逻辑与历史相统一的方法、比较的思维方法、逆向思维的方法、不断提出质疑的方法等的程序化运用，作为思维定势都有利于加快思维活动的进程和提高认识活动的效率。

（三）思维定势对主体认识活动的消极影响

思维定势并不总能有效地实现认识目标，它有时会对主体的认识活动产生不可忽视的消极影响。

首先，思维定势有时会使主体思维活动用主观裁剪客观事实，从而导致出现认识错误。

在主体认识活动中，无论是信息的选择，还是信息的重组，都表现出思维定势的控制作用。这种控制作用通常有两种表现形式：一种是认识主体有可能把原有的知识、观点生搬硬套地运用于新的对象，以至于或者看不到对象的实际情况，或者置对象的实际情况于不顾，从而导致认识错误。另一种是在思维定势的作用下，认识的结论在认识过程之前在主体头脑中就已经形成了，这种认识活动只不过是为这种预成的结论寻找证明。我们知道，在认识活动中，认识主体先前的某些经验知识及价值观念总是在自觉或不自觉地支配或控制着主体的思维活动，这种思维定势容易造成认识的主观随意性。例如，在缺少批判精神的情况下，主体对一些事物的认识容易产生求助于权威解释的思维定势。据说曾有一个教士借助望远镜看到了太阳上的"黑子"，但《圣经》上却这样记载着：太阳是圣洁无瑕的天球，绝不会产生"黑子"。那位教士自言自语地说：幸好《圣经》上早有说法，不然的话，我几乎要相信自己亲眼看见的东西了。在这里，"权威"使传教士产生了一种对自己亲眼看见的东西也不相信的定势，导致认识的谬误。

其次，思维定势有时会导致思维活动的保守性，从而不利于主体认识活动的创新。

当运用比较固定的、模式化或程序化的思维无法有效地认识对象、解决问题时，亦即当认识活动要求主体进行创造性的思维活动时，思维定势就会有碍认识目标的实现，成为妨碍认识创新的一种保守力量。在这种情况下，那些思维定势严重的人，往往不但自己丧失了创造力，而且无法容忍新思想和新观点。在科学史上，由于受制于某种思维定势，一些原本很有成就的科学家却变成了压制和扼杀新的科学理论的强大保守势力的例子是屡见不鲜的。

创新是思维活动的最优秀的品质，它要求主体具有强烈的创造欲望、活跃的情感状态、彻底的批判怀疑精神以及艰苦求索的顽强意志力。然而，思维定势却易于使思维活动简单重复而造成思维惰性，并使主体总是"迫不及待"地进入某种先前的思维路线、框架之中，而这与创新精神是完全相悖的。

在思维定势的作用下，主体在认识中总是追求简单有效的方法，这就容易造成思维惰性，从而极其不利于思维的创新活动。人们在解决问题时，一般并不去寻求最优的方法，而通常只要求找到一个满意的方法。用这样的方式解决问题不依赖于问题的空间，不需要进行全部的搜索。但正因为不去寻求最优的方法，因而就在不知不觉中让具有创意的方法悄悄地溜掉了，结果往往是事倍功半。此外，人们接受书本知识、他人经验固然省却了重复认识，节省了大量时间和精力，但这又容易导致从众性思维习惯。正如发明家凯特林所说，阅读传统教科书会使人墨守成规，而摆脱陈旧的规则和解决某一问题本身一样费劲。可见，思维定势一旦形成，如不能有效克服它的负面作用，就会极大地妨碍认识活动的创新。

再次，思维定势有时会导致思维活动的狭隘性，从而会妨碍认识活动的深入。

经验是属于人的感性认识，它尚未上升到理论高度，丰富的经验可为认识活动的深入提供必要的准备，它是认识活动进一步深入的基础。但是，人们有时处于一种经验主义的思维定势影响之下，把过时了的经验搬到现在来用，把局部经验当作普遍真理加以推广，忘记了经验赖以产生的环境和条件，不顾现实的客观实际情况到处搬用，认识不到经验必须上升到理论高度才具有更普遍的指导性，从而妨碍了认识活动的进一步深入。司马懿中了空城计，就是吃了经验主义的亏。

最后，思维定势有时还会导致思维活动的封闭性，从而会阻碍主体认识活动向新的领域、新的方面拓展。

思维定势不仅妨碍新观念的形成，同时也妨碍对新知识的吸收。法国生物学家贝尔纳认为，妨碍人们学习的最大障碍，并不是未知的东西，而是已知的东西。我们前面已经讨论过，在已有的旧联想的影响下，主体的新联想总是被抑制，难以建立。思维定势易使认识主体形成刻板的思维路线和固定机械的思维模式，从而往往容易忽略新的、有用的信息或认识途径。阿恩海姆说过："在物理的事件、心理的状态以至社会的情势中，那些不变的方面是最容易被忽视的，也是最难理解的。"[①]

---

① 阿恩海姆. 视觉思维. 北京：光明日报出版社，1986：66.

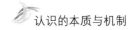

四、思维定势的调节

既然思维定势在人的认识活动中既有着十分重要的积极作用，又具有不可忽视的消极影响，就必然存在着一个对思维定势进行调节的问题。事实上，我们研究思维定势，分析它的本质规定和基本特征，考察它的形成机理以及它对人的认识活动的双重影响，其目的也就在于对思维定势进行调节，以便充分地发挥其在认识活动中的积极作用，避免和消除其对认识活动的消极影响，从而帮助人们更加有效地认识和改造客观世界。

（一）调节思维定势的必要性与可能性

思维定势是人类认识活动中的普遍效应，对它进行有效的调节是十分必要的。

思维定势在人的认识活动中具有重要的积极作用。能否推动这种积极作用的充分发挥，关系到认识活动效率的高低，甚至关系到认识目标能否实现。

库恩的科学哲学理论认为，科学家们按照占主导地位的"范式"进行科学研究是科学认识发展的常规态，而科学革命则是"异常态"。对于个体的认识来说，思维定势起作用是它的常规态，因为只有存在着比较稳定的思维定势，主体才能有效地进行认识。就现实生活中人们的学习而言，其目的在于使认识活动越来越熟练，也就是为了使思维活动程序化和模式化，使思维活动定势化。从这个角度说，思维定势越强，那么人的认识能力就越强。因此，推进思维定势的形成对于人的认识来说是十分必要的。

思维定势的积极作用的一个重要表现是在缺少足够的客体信息的情况下，主体能自动地去补充它，使认识活动得以完成。这是因为，主体已经形成了完整的意义结构。在认识活动中，不少人记忆时要把对象排成一个意义整体，这样就使记忆变得快速有效，同时也使记忆内容便于储存。有的认识主体虽然有很多经验知识，但却不能灵活地对其进行分散、重组，结果其经验知识变成了"死的经验知识"，因为他不能找到经验知识之间的关系，不能形成意义结构，因而也就不能使其思维活动模式化或定势化。可见，形成一定的意义结构（司马贺称为模式）是非常重要的。正如司马贺所说："在动物进化过程中，寻找模式对维持动物生存是必要的。人类至今已存储了各种各样的模式。……模式策略在人的生活中是很普遍的。"①

正如前述，思维定势对人的认识活动也有着不容忽视的消极影响。这一点在人类认识史上是众所周知的，由此它还获得了总是造成负效应的"恶名"，有的学者干脆就把它与思维的僵化模式等同起来，认为它根本无积极性可言。思维定势是主体思维活动的一种待发状态，它总是"迫不及待"地把认识活动拉入预定轨道，使认识活动模式化，使思维活动容易用主观裁剪事实。认识活动总是通过一定的主体进行的，它不可避免地受主体情感、意志等非理性因素的影响，而且客观现实总有模糊、不清晰的地方，因而难以避免用主观裁剪事实的思维定势。实际工作中的教条主义、经验主义也是思维定势的一些表现形式。思维定势对人的认识活动的种种消极影响也表明了对思维定势进行调节的必要性。

对思维定势进行调节确实很有必要，但这种调节又很困难。有的学者指出："人的某种思维定势一经形成，就很难打破，甚至打不破。"② 这是因为，首先，思维定势经过多次重复后，主体对之形成了肯定性情感。在生活中，我们或多或少都有这种感觉，有时明明知道自己的方法不如别人的方法，我们仍然坚持自己的方法。历史上思维定势阻碍对新创理论的传播、接受是很常见的。那些陷入僵化的思维定势的人之所以坚守自己的旧理论，是因为他把旧理论看作不容否定的东西。我们常有这样的体验，当自己准备用理性中止自己的习惯或某种正在做的事情时，我们很难做到，我们内心深处好像有一个极顽强的声音："我不情愿！"这些都说明思维定势所具有的巨大的惯性作用，我们往往很难打破它。其次，思维定势的作用有"无意识性"的特点。对于思维定势，我们通常只有在发

---

① 司马贺. 人类的认知. 北京：科学出版社，1986：166—167.
② 刘奎林. 思维科学研究的回顾与展望. 求是学刊，1991（2）.

现它的负效应时才知道它的存在，而这时往往已造成了认识上不可挽回的损失。思维定势起作用的这种难以被察觉的特性也带来了调节上的巨大困难。

思维定势的调节固然具有很大的难度，但是对它的调节也不是完全不可能的。

首先，从思维定势的形成机理来看，对它的调节是可能的。前述表明，思维定势的形成有其特定的生理机制。在神经加工过程中，神经元的突触起传递信息的作用，通过神经通道的不断重复，神经元突触会发生质的变化。通过促进突触的变化能使思维定势形成或被打破，这从一个方面说明了思维定势的可调节性。

其次，从影响思维定势形成的诸因素来看，调节思维定势也是可能的。意志、情感能促使主体认识活动向预定目标、按预定轨道运行。在认识活动中，重视情感、意志对于思维定势的触发、维持、推动作用，努力使它们为实现特定的认识目标服务，也有利于思维定势的调节。经验和知识是思维定势形成的必要前提，它们通过解释、补充、代替等作用方式影响思维定势的形成。在认识活动中，重视经验、知识的作用，根据认识活动的实际情况，有时大胆运用先前的经验、知识，把认识活动拉入某种预先的轨道，有时又不为一些条条框框所限，大胆地吸收新的经验、知识，就有可能对思维定势进行调节。

最后，思维定势在主体认识活动中有其特定的作用方式，把握了思维定势的作用方式及其表现，就有可能对思维定势进行调节。思维定势对认识活动的信息选择、信息重组起控制作用，它总是将主体的思维活动拉入预定轨道。在认识活动的信息选择过程中，如果主体能充分利用思维定势的"筛选"作用，让对认识有用的信息充分进入并拒斥无用的信息；在认识活动的信息重组过程中，如果主体能根据认识活动的实际需要而不断地变换思路，就有可能对思维定势进行调节。

当代科学研究表明，智力的本质是"适应"。因此，只要不断地努力，就一定能对思维定势进行有效的调节，或者是强化原有的思维定势，或者是打破原有的思维定势并形成某种新的思维定势。

（二）调节思维定势的两种基本方式

思维定势的调节既是必要的又是可能的，那么，如何对思维定势进行调节呢？思维定势常常有利于认识活动目标的实现，能够帮助人们正确深入地反映对象或有效地解决问题，这时主体就应该强化思维定势。但是，当面临新的对象或新的问题时，特定的思维定势有时会不利于认识目标的实现，阻碍着人们的认识活动的深入或延滞着问题的及时解决，这时主体又应该适时地打破思维定势。强化思维定势与打破思维定势是调节思维定势的两种基本方式。

首先，当思维定势有利于认识目标的实现时，就应该适时强化思维定势。思维定势通常很稳固，但是它也会逐渐消退。苏联心理学家哈恰普利捷的实验指出，在形成定势后，连续地用相等圆形让被试去比较，经过2～50次，被试的固着定势消失[①]。因此，当发现一种思维定势能有效地同化对象时，我们就应适时强化它。

人类大脑中许多知识如果不在一定时间使用或练习，就会遗忘。思维定势也是这样，它并非绝对稳固，为了使其继续发挥积极作用，必须经常不断地重复它，才能使其得以保持。在反复练习的过程中，注意发挥奖赏机制的作用，便于思维定势的保持。所谓奖赏，是指在思维定势的作用下同化对象、解决问题时，主体因为认识目标的实现而获得自我肯定或他人肯定，因而获得了一种满足感。奖赏既有利于学习动机的加强，也有利于具有积极作用的思维定势的保持。主体在获得满足感的同时也就获得了对这种思维定势的信赖感，从而也就使这种思维定势得到了强化。

非理性因素在强化思维定势方面的作用也是不容忽视的。在认识活动中，主体有效地调动自身的情感、意志等非理性因素，强化能有效地实现认识目标的思维定势，使思维活动向某个预定的目标前进，是十分必要的。实践证明，强烈的意志追求、热烈的情绪体验、美好的心境以及坚定的信念（信仰），都对推动思维向某个预定方向运行具有重要作用。

[①]　普兰吉什维里，等. 定势问题讨论集. 北京：科学出版社，1959：39.

其次，当思维定势不利于认识目标的实现时，则应适时打破思维定势。当对象或问题是全新的，主体按照原有思维定势难以认识对象或解决问题时，主体就应及时打破思维定势。打破思维定势必须对原有思维定势进行彻底的反思。有时原有思维定势整个都是有问题的，它一直阻碍着人的认识活动，这时就应完全予以打破。有时原有思维定势的相当一部分已经不符合客观现实，这时就应部分打破。在后一种情况下，我们既要看到原有思维定势中的合理因素，又要清醒地认识到它的缺陷所在。这样，就不会因某种思维定势出现了负效应就把它全盘抛弃，如同把洗澡水和小孩子一起倒掉，也不会固守着原有思维定势的条条框框不放。

随着原有思维定势同化功能的失效，主体内心就相应产生一定的消极情感体验，就会多方向、多角度、多思路地去思考问题，寻找解决问题的答案，进行发散式思维。没有发散式思维，"就不会有科学革命，也很少有科学进步"[①]。在进行发散性思维活动过程中，主体对于客体提出各种各样的解释或假设，然后进行检验。此时，主体要有不怕犯错误的勇气，要有不畏权威的精神，这样才能逐步打破旧的思维定势，建立新的思维定势。

旧的思维定势的打破必然伴随着对这种定势的肯定性情感的放弃。在认识活动中，客观因素的复杂性、主体思维结构的有限性等等，给思维定势的打破带来了相当难度。因此，要打破原有的思维定势，除了要求相关经验知识的积累外，还要求主体具备良好的心理素质，具有开放的心胸，自觉地吸收他人的长处，对自己的思维定势进行认真的、批判性的审视；要求主体具有求真的意志，不让情感蒙蔽自己的眼睛，尽量避免戴着有色眼镜看问题；要求主体具有追求真理的热切愿望，不为私心和私利所束缚；要求主体具有大胆的怀疑精神，不轻易下结论，不随波逐流，不为成见左右，不被权威吓倒；要求主体有锲而不舍的精神，坚信经过艰苦努力最终总能冲破僵化的思维定势。以上这样一些心理素质，对于解除原有的思维定势和防止思维定势负效应都具有重要意义。

在思维定势出现负效应时适时地对它进行调节固然重要，但采取一定

---

① 库恩. 必要的张力. 福州：福建人民出版社，1987：224.

的措施防止思维定势的消极影响也是不可忽视的。而要防止思维定势的消极影响，特别要注意以下两个方面：

第一，应注意加强知识积累。思维定势是否出现负效应，既取决于一个人的知识量，更取决于主体所积累的知识之间能否形成多种多样的联系。为了避免思维定势的负效应，应掌握好基础知识及广阔的背景知识。有的思维定势，只要主体掌握了某一方面的经验知识，它就再也不会出现负效应。

第二，应注意改善知识在头脑中的储存状态。有些人头脑中知识很多，但十分零碎杂乱。这就需要对它们进行整理，把各种知识有机地结合起来，使其能聚合、能分解、能置换，以有利于主体保持思维的灵活性和创造性。

防止思维定势的消极影响与优化思维活动是同一个问题的两个方面。事实上，只有优化思维活动，激发思维活动的创造性，才能真正避免思维定势的负效应。正如有的学者所说："防止思维定势的消极影响和拓展创新思路，是紧密相关的。要防就要创，要创须得防。"①

（三）思维定势的调节与主体认识过程

主体要正确地反映对象，就必须在认识活动的全过程中都注意对思维定势的调节，即根据认识活动的实际情况，有时适时地强化某种思维定势，有时又适时地解除某种思维定势。

从一个方面来说，主体认识过程的各个阶段都应贯穿着对思维定势的调节。

在认识过程中，面对新的问题，主体总是先要对认识问题进行解释，使问题以主体能够理解的方式呈现出来，形成一定的问题空间。主体在对问题进行解释后就会对问题作进一步的分析和评价，这时主体有可能察觉到自己对这个认识问题非常熟悉，发现原有思路可能有助于问题的解决，这时就应充分发挥思维定势的作用，推动认识活动按照预定轨道运行。而面对新的问题，认识主体也会遇到经过反复思考而仍然不能解决问题的情

---

① 陈光全. 怎样避免思维定势的负效应. 新华文摘，1985（9）.

况，这时就应解除原有的思维定势。此外，主体在认识过程中有时会发现某一问题非常"异常"，亦即以往从来都没有遇到过类似问题，在这种情况下，主体一开始就应该注意避免原有的思维定势，努力以全新的思路来解决问题。

在认识活动中，认识目标恰如一个遥远的灯塔，吸引认识主体去追求，认识过程就宛如向着灯塔不断逼近。从某种意义上说，一切认识都是在思维定势的作用下进行的，没有思维定势，就没有主体的认识，更不会有认识过程。主体认识活动的过程实际上也就是思维定势的作用过程。这是因为，主体进行认识活动时，根据一定的已经模式化的价值观念和认识选择框架，接受客体的信息，然后运用比较固定的思维方法，调动一定的经验知识，把认识加工活动推向一个好像"预成"了的目标，表现出思维定势的作用。

从另一个方面说，认识过程也是主体认识结构发挥作用的过程，其中也应贯穿着对思维定势的调节。

在认识过程中，主体在思维定势的作用下运用认识结构去同化对象一般有两种可能：一是主体正确地把握了客体的属性、本质和规律，形成了正确的认识。正如我们前面所指出的，一种思维定势如果能使主体正确解释或说明一些现象，使主体的认识目标得到了实现，那么这种成功的经验就会反过来使主体原有的思维定势得到强化。成功范例的不断强化，会使思维定势不断趋于巩固。在这种情况下，就应对思维定势进行强化。二是思维定势使主体歪曲地反映了客体属性、本质和规律，或使主体的认识活动遇到难以克服的困难，使主体的认识结构不能有效地同化对象。这时，就应自觉地打破思维定势。某种思维定势被打破后，主体必然又会形成新的思维定势。这种新的思维定势是适应新的认识对象形成的，它在一定时期和一定范围内有助于主体的认识活动，加速主体认识目标的实现。

总之，主体为了更有效地同化对象、解决问题，应强化思维定势，但为了使认识活动向新的领域、新的深度延展，有时又必须打破思维定势，形成新的思维定势。主体认识活动的整个过程中始终都贯穿着对思维定势的调节。从某种意义上说，主体的认识活动过程也就是对思维定势不断地进行调节的过程，即强化思维定势——打破思维定势——强化某种新的思维定势的过程。在这一过程中，主体的认识能力不断得到发展，其对事物的认识也不断得到深化。

第六章　认识的发生和演化

　　人类观念地把握世界的能力和方式并非先天预成、从来如此，而是有其起源、发生和社会演化的历史过程的。考察认识的发生和演化过程，对于深入理解认识论的一系列重要问题、全面把握人类认识的辩证本性，都是十分必要的。

一、认识的系统发生

　　发生学的方法在现代人类认识的方法序列中具有独特的地位。发生的观点、演化的观点，已经嵌入了现代人类的思维方式。天体的演化、化学元素的演化、生命的起源、人类的起源、语言的产生、心理的发生等等内容，已构成现代科学研究的重要方面。同样，对人的思维和认识进行发生学的考察，也已成为现代认识论研究不可缺少的一个视角。就马克思主义认识论理论的发展来看，考察认识的发生过程，对于深入理解认识的本质、认识的结构及其基本属性的形成，全面把握人类认识的辩证本性，都是十分必要的。

（一）认识系统发生的内涵及研究认识系统发生的意义

以观念的形式把握、再现和改铸世界，在头脑中能动地反映世界，是人类独具的认识能力。列宁说："假定一切物质都具有在本质上跟感觉相近的特性、反映的特性，这是合乎逻辑的"①。列宁的这一论断，不仅是合乎逻辑的，而且也是合乎事实的。但是，从物质世界类似反映的特性到人的反映特性，经历了一个漫长的进化过程。人对世界的能动反映能力从无到有、从低级到高级、从不完善到逐步完善的进化过程，也就是人类认识的起源和发生过程。

人的认识是以系统的方式发生的。所谓认识的系统发生，是指不仅认识活动的个别要素、个别特点，而且整个认识结构和人的全部认识能力，都有一个发生和起源问题。认识的发生实际上是认识的系统发生。

认识的系统发生表现在两个方面。人是依靠类的力量而成为认识主体的，认识体现着人的类本性，因此，认识的系统发生首先表现在人类思维的起源上，亦即表现为认识的种系发生。同时，人类的认识活动是由无数个人来完成和实现的，虽然人类的认识成果具有历史继承性，但个人的认识能力并不能获得性地遗传，每个个体的认识能力也有一个发生过程。因此，认识的系统发生也表现在个体思维的发育上，亦即表现为认识的个体发生。认识的种系发生使人类认识现象得以出现，它是个体发生的前提和依据；认识的个体发生则不断地巩固着种系发生的成果，使人类的认识能力能够一代一代地延续下去并逐步得到提高。

无论是认识的种系发生还是个体发生，既是自然生物过程，也是社会历史过程。前者形成认识得以可能的生理基础，亦即高度发达的物质形式——人脑神经机能系统，而这正是认识活动的物质承担者；后者提供认识得以实现的社会形式，其中最主要的是语言工具。语言工具这样一些社会形式，使人的认识不仅能够现实地进行，而且成为可以交流和传播的东西。总之，认识的系统发生，是自然生物过程和社会历史过程的统一。

对人的认识进行发生学考察，有利于正确解决认识论史上的"先天

---

① 列宁. 列宁全集：第 14 卷. 北京：人民出版社，1957：86.

论"与"白板说"之争。先天论把人的认识能力看作是先天固有的，主张人生而具有某些"天赋观念"或先天的认识形式。例如，康德认为，主体的认识活动实质上是运用先天的直观形式综合统一杂多的感性材料的过程。而经验论者洛克提出的"白板说"则认为，人的心灵最初如一块白板，没有任何观念，"我们的一切知识都是建立在经验上的，而且最后是导源于经验的。"①"先天论"和"白板说"都不符合人类认识的实际，其中，"先天论"无法说明人类认识起源的必然性，即何以只有人类才具有认识能力，最后只好求助于上帝的预先安排或前定和谐；而"白板说"则难以解释人类认识的发展，因为如果一切知识都必须来自经验，那么每代人的认识都必须从零开始，人类认识的进步也就成为不可能的事情了。从发生学的观点来看，"先天论"和"白板说"实际上都混淆了人类认识的起源与个体认识的发生。人类认识的起源是人类长期劳动实践的产物，人类认识完全是后天发生的。但是，在历史进程中，由于认识获得了社会形式，认识成果具有历史继承性，所以个体的认识不必都从经验开始。认识的个体发生，既是个体神经机能系统的发育成熟过程，也是在一定社会环境中学习和受教育的过程，所以，对于我们的种族进化之链来说是后天的某些东西，对历史进程中的个体来说又是先天的。

（二）认识的种系发生

认识的种系发生，是指人类认识的起源和认识的类本性的形成，它包括从动物萌芽状态的意识到文明人思维发展的全过程。

认识的种系发生与人从自然界的分化发展属于同一过程。从自然界的进化过程来看，人是由高等动物即猿类转化而来的。现代科学研究发现，黑猩猩和大猩猩等猿类，在脑的形态、血液蛋白质的结构、遗传物质（DNA）、免疫反应的过程和能力等方面，都与人有着惊人的相似之处，表明它们就是人类最近的动物祖先。不仅如此，比较高级的猿类已经能够利用天然的棍棒和石块猎取食物、袭击猛兽，从事一些表现出某种目的性的计谋活动。因此，高等动物的心理活动已经孕育和包含着人类意识的萌

---

① 洛克. 人类理解论. 北京：商务印书馆，1983：68.

芽。"在动物中，随着神经系统的发展，作出有意识有计划的行动的能力也相应地发展起来了，而在哺乳动物中则达到了相当高的阶段。"①

人类的意识是从动物萌芽状态的意识发展而来的。就其本质而言，意识是人类劳动的产物。在人类的形成过程中，为了适应大自然的生存竞争和自然选择，猿类学会了直立行走，前肢得到了解放，越来越多地利用自然界现成的"工具"从事获取生活资料的活动，这就是最初的动物式本能的劳动，而这种动物式本能的劳动反过来又推动着手和脚的专门化发展。直立行走和手脚分工，有力地促进了猿的脑组织的复杂化，为意识的产生提供了有利的生理条件。另一方面，在劳动过程中，形成中的人类由于相互交往的迫切需要，已经达到"彼此间有些什么非说不可的地步"，于是，猿类不发达的喉头缓慢地得到了改造，逐渐学会了发出一个个清晰的音节，这就是最初的语言。"首先是劳动，然后是语言和劳动一起，成了两个最主要的推动力，在它们的影响下，猿脑就逐渐地过渡到人脑"②。与此相应，动物萌芽状态的意识也逐渐转化为人类意识。

不过，从动物萌芽状态的意识向人类意识的过渡，是一个漫长的历史过程，并始终受到劳动发展程度的决定。与最初的动物式本能的劳动相适应，形成中的人类的意识还只是一种动物式意识。在这个时期，人与自然界的关系十分狭隘，自然界几乎还没有被历史的进程所改变，意识仅仅是对周围的可感知的环境的一种意识。"这个开始，同这一阶段的社会生活本身一样，带有动物的性质；这是纯粹的畜群意识，这里，人和绵羊不同的地方只是在于：他的意识代替了他的本能，或者说他的本能是被意识到了的本能。"③

制造并使用工具是真正人类劳动的本质特征。马克思说，"劳动资料的使用和创造，虽然就其萌芽状态来说已为某几种动物所固有，但是这毕竟是人类劳动过程独有的特征"④。与动物式本能的劳动根本不同，人类制造和使用工具是一种高度有目的的自觉活动，它以真正人类意识的产生为

---

① 马克思，恩格斯. 马克思恩格斯选集：第 4 卷. 2 版. 北京：人民出版社，1995：382.
② 同①377.
③ 马克思，恩格斯. 马克思恩格斯选集：第 1 卷. 2 版. 北京：人民出版社，1995：82.
④ 马克思，恩格斯. 马克思恩格斯全集：第 23 卷. 北京：人民出版社，1972：204.

前提。也正是这种活动，标志着人最终从自然界中区分出来，认识的主体和客体在现实中已发生分化，人类认识的长河也由此开始发源。

但是，原始人类的认识水平是十分低下的。现代人种志的研究表明，在原始思维中，个体意识完全被包摄在不发达的群体意识——集体表象之中。集体表象是原始思维的特有形式，它具有两个最显著的特征：

第一，就其内容而言，集体表象受"互渗律"或"交感原则"的支配，它对原始人具有相当神秘的性质。集体表象在原始集体中世代相传，它引起该集体的每个成员对有关的客体产生尊敬、恐惧、崇拜等等感情。因为通过集体表象，原始人到处体验着自己与对象、某一事物与别的事物之间的神秘互渗，认为神、人及事物的属性通过转移、接触、远距离作用、传染、亵渎、占据等途径可以相互交感：相似产生相似，神秘的影响可以借助某种关联而传递。

第二，从其相互之间的关系来看，集体表象又是"原逻辑"的。它完全忽视形式逻辑的矛盾律和同一律，容许某一实体在同一时间内可以存在于两个或几个地方，容许人与动物或物体、单数与复数、整体与部分等同划一，而对其中显而易见的逻辑矛盾毫不关心和注意。在它那里，主体既是他自己，同时也是与其互渗的那个存在物。

上述特征表明，虽然原始人类通过制造和使用工具的劳动实践而从自然界区分出来，认识的主体和客体在现实中已发生分化，但主客体在原始人的观念中却是未分化的。一方面，"本能的人，即野蛮人，没有把自己同自然界区分开来"①。在原始宗教和神话传说中，原始人相信自己直接地就是其图腾崇拜的那个动物，同时，天地万物也都分有人的属性，与人具有同样的心理功能。另一方面，自我与他人也未分化。由于集体表象不是个体感知觉及其理性抽象的产物，而是在生产力极度低下、个体对群体严重依赖的情况下，原始集体无条件地强加给个人的群体意识，所以在以集体表象为核心的原始思维中，个体意识十分薄弱，群体意识异常强烈，原始人很难把自己从群体中区分出来，活人与死人、自我与他人经常处于一种共生或占有的神秘前关联之中。例如，原始人认为，借助于巫术，自己

---

① 列宁. 哲学笔记. 北京：人民出版社，1974：90.

可以与他人发生实体性的神秘互渗或交感，从而影响他人的行为甚至主宰他人的命运。因此，原始思维尚处于主客体分化的边缘。

现代人通过思维和理性可以把自己的观念自由地与自然界区分开来，并能将自己的活动作为自己的意识和意志的对象，从而能够在实践和认识的较高水平上实现主体性与客观性、对象意识与自我意识的统一，这种统一是以分化为前提的。原始人类处于由动物向文明人类转化的过渡阶段，原始思维还停留在主客体分化的边缘，因而在主体性和客观性、对象意识和自我意识上还带有文明时期所没有的特点，这就是缺乏分化的直接同一。原始人的集体表象是一种综合式的意识复合体，其中，客体的形象和主体的主观因素水乳交融。在原始民族的图腾仪式、宗教信念直到一般的意识活动中，都不存在纯粹是自然现象的现象，不存在只是客体图像的图像，也不存在完全是物体形状的形状，客体的形象、属性总是为神秘的激情和运动因素所包裹。对原始思维来说，很难说有什么纯粹客观的事实和客体，情感的和激情的因素使客观化的思维难以获得任何优势。"原始人的知觉不但不抛弃那一切缩小它的客观性的东西，而且相反地，它还专注在存在物的神秘属性、神秘力量、隐蔽能力上面，从而指靠那些在我们看来具有纯主观性的、但在原始人看来却不比其他任何东西更少客观性的因素。"[1] 原始人倾向于过高估计其思想所具有的客观性程度，对那些本来是纯主观的东西却深信不疑。因此，原始思维总是将客体属性主体化，又将主体属性客观化，主体性与客观性直接同一于集体表象。同样，集体表象也是原始思维中自我意识和对象意识的直接同一体，这突出地表现在原始人的图腾意识上。一方面，图腾意识是原始集体即氏族主体的自我意识，是把血族关系对象化的产物；另一方面，图腾意识也是一种对象意识，只不过其中包含着氏族主体的特殊情感和拟人化的成分。

原始思维的发展以原始人类劳动实践水平的提高为前提，而原始思维向文明人思维的过渡，则以主客体关系的全面分化为中介。随着人类征服自然能力的不断提高，特别是随着以血缘关系为纽带的氏族的解体和社会分工的扩大，社会劳动日趋个体化，原始集体与其个体成员的关系发生了

---

① 列维-布留尔. 原始思维. 北京：商务印书馆，1981：37.

明显改变。最初那种个体对群体的依赖性的减弱，促使集体成员的个体意识逐渐增强，并开始从集体表象中摆脱出来。"这个神秘的和原逻辑的思维只是在集体表象的最初的综合、前关联渐渐分裂和分解时才开始进化的。"① 这一进化过程不仅是个体意识与群体意识的分化过程，而且也是认识的主体性与客观性的分化过程，因为"在互渗律变得最弱的地方，神秘的前关联最快地让出了自己的位置，而客观关系则第一次出头露面"②。

个体意识与群体意识的分化，已昭示出原始思维中主客体分化的曙光；而对象意识与自我意识的分化，则是主客体关系在原始思维中全面分化的标志。当人类的原始集体由氏族公社过渡到农村公社，人们之间的关系纽带由血缘转为地缘，血族主体为个体主体所代替，以血族为基础的图腾崇拜就逐渐为祖先崇拜所取代。祖先崇拜是主客体在原始人观念中分化的产物，正是这种分化使人们把眼光从动物王国转移到人的身上。祖先崇拜实质上是早期人类自我意识的一种形式，而与祖先崇拜同时出现的天体崇拜（对日神、月神以及后来对上帝的崇拜）则是自我意识的外化形式——对象意识。虽然与现代人相比，这种对象意识和自我意识还近乎幼稚，但它们的出现，毕竟使原始思维在向文明人的思维的过渡中迈出了关键的一步。

总之，原始思维是人类认识的源头，它与文明人的思维之间并没有决然分离的界限。当人能在观念上把自己的意识和意志同关于客观事物的主观映象及其对主体的意义区分开来，并能在分化的基础上把对象意识与自我意识重新统一起来时，那就是人的认识的类本性的形成，也就是人类文明时代的到来。在原始社会末期，它已如躁动于母腹中的婴儿，即将诞生了。

（三）认识的个体发生

认识的个体发生，是指个体认识结构及其认识能力的形成，它包括从儿童智力到成年人思维的成长发育过程。

---

① 列维-布留尔. 原始思维. 北京：商务印书馆，1981：103.
② 同①442.

认识的个体发生与认识的种系发生有着本质的联系，个体的思维发育重演着人类思维发生的过程。恩格斯曾经指出："正如母体内的人的胚胎发展史，仅仅是我们的动物祖先以蠕虫为开端的几百万年的躯体发展史的一个缩影一样，孩童的精神发展则是我们的动物祖先、至少是比较晚些时候的动物祖先的智力发展的一个缩影，只不过更加压缩了。"[①] 现代生物学中的重演学说有力地证明了恩格斯这一深刻思想的正确性。而现代发展心理学，特别是皮亚杰的发生认识论，则具体入微地研究了儿童思维的重演发育过程。

发生认识论的研究表明，意识开始于无意识的和浑然一体的"自我中心状态"，儿童最初的世界是完全以他自己的身体和动作为中心的"自我中心主义"的世界。作为儿童思维发育起点的"自我中心状态'，具有下述两个方面的特征：

第一，自我与外在世界不分。在心理进化的开始，自我与外部世界还没有明确地区分开来，这就是说，婴儿所体验到和所感知到的印象还没有涉及一个所谓的自我，也没有涉及一些被认为是自我之外的客体。在这种浑然一体的状态下，一切被感知的事物及其存在都以儿童的身体和动作为转移。

第二，自我与他人不分。年幼儿童尚不能把自己与别人区分开来，他们既不会去考虑别人是在他们之外存在这一事实，也不会从别人的观点来看待问题。"面对着社会集体的这种自我中心状态，乃是婴儿面对着物理的宇宙所表现出来的那种自我中心状态的再现和延伸。在这两种情况下，自我与外在现实还没有分化开来，不过在这个阶段，不仅是自我与客体没有分化开来，而且自我与别人也没有区分开来。"[②]

由此可见，儿童最初的"自我中心状态"实质上是主客体未分化的状态。尤其重要的是，对初生婴儿来说，主客体不仅是在观念中未分化，而且在现实中也没有分化，其与一般的自然对象（如动物）并没有本质区别，因而还不是现实的主体，至多也只是潜在的主体。这种双重的未分化

---

① 马克思，恩格斯. 马克思恩格斯选集：第4卷. 2版. 北京：人民出版社，1995：383.
② 皮亚杰. 儿童的心理发展. 济南：山东教育出版社，1982：31.

状态，也就是皮亚杰所谓的"根本的自我中心化"状态或主体与客体的原始同一状态。

儿童智力的发展，以主客体的分化为前提。正如原始思维中主客体的分化是人类劳动实践发展的产物一样，对儿童思维发育来说，主客体的分化是其活动或动作发展的结果。处于主客体原始同一状态中的婴儿，其内在世界（包括活动和感觉）与外部现实世界之间尚不存在明确的界限。婴儿的每一个活动各自组成一个把身体与周围物体直接联系起来的孤立系统，其各种动作没有协调成为一个整体，因而也意识不到自己是各种动作的发出者；相应地，与身体活动有关的各种环境变化也没有被协调成为一个整体，婴儿也意识不到物理客体是各种现象变化的基础。因此，初生婴儿的心理世界是一个变动不居的动画片般的世界，亦即只是一些对自身个别动作和外界刺激的不稳定感觉，其中既无主体也无客体，主体与客体直接同一于二者之间的中介物——动作结构。随着幼年儿童活动的发展，原来互不相关的、孤立存在的、主客体不分的中介物即动作结构，逐渐沿着内外两个不同的方向发生分化，相关而又分别地联合成为主体动作结构和客体变化结构。皮亚杰曾把动作分化的内向发展称为内化建构，而把其外向发展称为外化建构，它们分别是主体自身的建构和主体对客体的建构。在这一过程中，儿童逐渐意识到自己是各种动作的发出者，并对这些动作加以协调，从而建构、形成了主体概念；同时，儿童也逐渐意识到客体是各种现象变化的基础，从而建构、产生了永久客体的概念。可见，在这双重建构活动中，主体与客体开始分化。

就儿童智力的实际发展过程看，主客体的分化是在儿童不断摆脱自我中心化状态的过程中实现的。儿童心理学的实验证明，在一到两岁的时候，儿童的心理发生了一次"哥白尼式的革命"，即普遍的"脱离自我中心"的过程。这时，儿童的活动不再以自己的身体为中心，他开始以一个永久客体的世界代替先前那种变动不居的动画片般的世界，而最初的永久客体就是作为非我的他人。在实物动作水平上，儿童的自我中心状态解除了，主客体在现实中已发生分化，认识论意义上的主体与客体第一次出现。

但是，在二至四岁期间，儿童的心理又会复现自我中心化特征。所不同的是，最初的自我中心化是与身体本身相联系的，而现在是在概念水平上客体及其力量向活动本身的主观特性的简单同化。例如，在因果关系上，二至四岁的儿童常常把动机当作原因，把主观的联系当作对对象任意结合的证明。儿童心理发展过程中的概念水平上的自我中心化，表明主客体虽然通过实物动作水平上自我中心化的解除而被现实地区分开来，但它们在儿童的观念中仍是未分化的，这突出地表现在此期儿童的泛灵论态度上。随着儿童活动和心理的发展，在五至六岁儿童的身上，"人们发现一种类似的解除自我中心化，但现在是在概念或概念化了的活动之间进行的——不再只是在运动之间进行，而且同样也是由于逐步的协调所致"①。在概念水平上解除自我中心化，就是儿童最终在观念上将自身与外部世界和他人区分开来。只有在这时，儿童的认识才有了一个较为客观的参照系，认识论意义上的主体性与客观性、对象意识与自我意识才发生分化。

儿童思维发育中主客体的全面分化过程或儿童自我中心化解除的过程，不仅表现在认知方面，而且也表现在情感和意志方面，三者之间不存在哪一个支配另一个的问题，它们都平行发展。当儿童还处于"根本的自我中心化"状态时，儿童的一切情感也以自己的身体和行为为中心，这也就是鲍尔特温所谓的情感的"非二元论"时期。而随着"根本的自我中心化"在认知方面的解除（建立起永久客体的世界）及其后的发展，儿童的情感也逐渐地"从不能区分自我和物理环境或人类环境，向着构成群体交往或情绪交流发展，从而通过人与人之间的情感交流能区分自我与别人，或是通过对事物的各种好奇心的驱使，能区分自我和外部世界"②。与此相应，儿童的道德意志也从最初的纯个人性质的活动走向其行为服从一定的社会规范，并学会从他人的观点来看待问题。可以说，主体和客体在儿童观念中的区分过程，也就是儿童的知、情、意等思维机能要素通过不断地解除自我中心状态而分化发展的过程。

在儿童的思维发育中，从主客体的全面分化到成年人思维的形成之

---

① 皮亚杰. 儿童的心理发展. 济南：山东教育出版社，1982：34.
② 同①18.

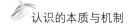

间，还有一段漫长的历程。这一过程受到内外两个方面因素的影响。

首先，在这一过程中，通过双重的建构活动，儿童的认识能力不断完善和提高。七至十一岁的儿童已形成具体思维能力。在内化建构方面，儿童的实物动作在先前已内化为表象思维的基础上，进一步内化成为具有可逆性和守恒性的具体思维，即联系具体事物进行思考的思维，思维的内容与形式尚未分离；在外化建构方面，儿童逐渐形成了时间、空间、因果性、偶然性等一系列逻辑概念。十一岁以后，儿童的智力进入形式思维阶段。在这一阶段上，动作协调进一步内化，思维形式最终从具体内容中解放出来，儿童不仅在外化建构中处理现实客体，而且有能力运用符号系统去处理各种抽象的事物和关系，从而使认识活动达到一个范围无限的可能性世界。同时，儿童逐渐能够客观地看待自己，使自己的理想、目的、计划与外界现实条件相适应，主体性与客观性、对象意识与自我意识开始趋于统一。至此，儿童的认识能力已接近成年人水平。

其次，这一过程也是儿童智力不断社会化的过程。儿童的智力发展是在一定社会环境中实现的，儿童认识活动的水平随着儿童生活的社会化逐步提高。所谓社会化，也就是儿童由一个自然人变为社会人的过程。幼年儿童没有真正的社会生活，直到七八岁以前，儿童的交往也不多，儿童社会仍然是非常松散的，没有真正的思想交流。随着年龄的增长、儿童活动的发展和交往范围的扩大，特别是借助于与父母、教师等成人长辈的关系，儿童生活才真正走向社会化。正是在与成人社会的交往中，通过学习和受教育，儿童逐渐接受了成人运用的逻辑思维规则和语言符号体系，从而由具体思维阶段转入形式思维阶段，并由儿童思维水平发展到成年人思维水平。

二、认识的社会演化

任何认识都是社会性的认识或社会化了的认识。人类认识的发展过程，虽然有其固有的内在逻辑，但它总离不开一定的社会历史条件，因为

"我们只能在我们时代的条件下去认识，而且这些条件达到什么程度，我们才能认识到什么程度"①。考察认识的社会演化，总结人类认识的历史，把握人类认识的现状，从而说明人类认识发展的一般规律，是哲学认识论的一个重要任务。

（一）认识社会演化的内涵

恩格斯曾经指出："每一个时代的理论思维，从而我们时代的理论思维，都是一种历史的产物，它在不同的时代具有完全不同的形式，同时具有完全不同的内容。"② 这就是说，人的思维和认识没有一成不变的内容和形式，它们都是特定社会历史条件下的产物。认识的社会演化，就是指认识活动的内容和形式随着社会历史条件的变化而不断演进，以及人类认识水平随着社会历史的发展而不断提高。

认识的社会演化，根源于人类认识的社会本性。人的认识活动本质上是社会性的活动，它总是在一定的社会关系中进行的，因为作为认识主体的人只能在现实的社会关系中存在。尽管个体是认识主体的基础和细胞，任何认识活动都是以个人作为认识主体的活动开始的，认识活动归根结底也是以个人作为认识主体而进行的，但个体并不是彼此孤立的，那种脱离任何社会关系的绝对孤立的个体，只能成为人形野兽（如狼孩）。况且，主体并不限于个体。实际上，人们对某一事物的认识特别是科学认识，往往是在一定的社会共同体中实现的，这种处于一定历史发展阶段上进行认识活动的社会共同体，也就是作为认识主体的群体，如科学研究共同体或科学家集团。从人类历史发展和人类世代延续来说，作为认识主体的个体、群体又集结成类主体而进行活动。因此，马克思说："甚至当我从事科学之类的活动，即从事一种我只是在很少情况下才能同别人直接交往的活动的时候，我也是社会的，因为我是作为人活动的。不仅我的活动所需的材料，甚至思想家用来进行活动的语言本身，都是作为社会的产品给予

---

① 马克思，恩格斯. 马克思恩格斯选集：第 4 卷. 2 版. 北京：人民出版社，1995：337-338.

② 同①284.

我的，而且我本身的存在就是社会的活动；因此，我从自身所做出的东西，是我从自身为社会做出的，并且意识到我自己是社会的存在物。"① 正因为人的认识活动总要受到社会历史条件的规定，所以它必然随着社会历史条件的变化而变化。

认识社会演化的动力，在于人类社会实践活动的需要。一般来说，人类社会发展一定历史阶段上的认识活动，总是为该时代社会实践的特定需要服务的；科学研究的任务也是围绕着人类实践的需要这个中心来确定的。恩格斯曾说："社会一旦有技术上的需要，这种需要就会比十所大学更能把科学推向前进。"② 这一论断完全符合科学认识发展的历史实际。在古代，由于游牧民族和农业民族确定季节、了解气候以及后来航海的需要，产生了天文学；由于丈量土地、衡量器皿容积和其他计算上的需要，产生了数学；由于建筑工程、手工业以及战争的需要，产生了力学。而天文学和力学的发展又促进了数学的发展。近代资本主义生产的发展，产生了对新动力的需要，在这种需要的推动下，出现了蒸汽机。对蒸汽机的研究和改造，又进一步推动了动力学、热力学和机械学的发展。正如恩格斯所指出："资产阶级为了发展工业生产，需要科学来查明自然物体的物理特性，弄清自然力的作用方式。"③ 现代科学研究虽然有较大的相对独立性，它的探索课题有些并不直接来源于实践的需要，而有所谓"纯理论"项目的研究，然而，就是在这种研究中，人们仍然重视所取得的成果可能有何种实际意义。至于人们最关心的多数课题，主要还是由社会实践的需要决定的。总之，随着人类社会实践需要的发展，人类认识的主题不断地发生转换。

在认识的社会演化过程中，人类认识的发展突出地表现出历史继承性特点。认识受到社会历史条件的制约，也包括受制于先前人类既有的认识水平，因为任何历史时期的认识活动都与以往人类认识的成果有着继承的关系。一定历史发展阶段上的人类认识，其内容和形式都有两个

---

① 马克思，恩格斯. 马克思恩格斯全集：第 42 卷. 北京：人民出版社，1979：122.
② 马克思，恩格斯. 马克思恩格斯选集：第 4 卷. 2 版. 北京：人民出版社，1995：732.
③ 马克思，恩格斯. 马克思恩格斯选集：第 3 卷. 2 版. 北京：人民出版社，1995：706.

来源；在内容上，它主要是反映该时代社会实践需要所规定的特定对象，但这种反映的广度和深度以历史上已积累的认识材料为转移；在形式上，它继承了以往既有的认识方式、方法和手段，同时又根据新的内容的要求对其加以改造、补充和发展，并创设某些新的认识形式。正是这种历史继承性，促进了"社会知识库"的形成。每一代人的认识都以社会知识库为背景，同时又为社会知识库贡献新的一份，因而后代人的认识总是比前代人更深刻、更完善。因此，认识的社会演化，总是向着更高的认识水平推移。在认识的社会演化过程中，人类认识不断实现着历史性的进步。

（二）认识社会演化的规律

纵观人类认识发展的历史，我们可以看到，认识的社会演化是一个有规律性的过程。这种规律性既体现在人类认识发展的内容和形式上，也体现在人类认识发展的速度上。科学认识是人类认识的典型形式，也是认识社会演化的主体。因此，探讨认识社会演化的规律，必须密切联系科学发展的历史实际。

首先，在内容上，认识的社会演化表现出两个方面的规律。

第一，从宏观向微观和宇观拓展。

人作为认识主体本身属于宏观的存在，其感觉器官只能直接感知宏观现象。人们对客观世界的认识，是从作为中间层次的宏观世界开始、而后分别向微观世界和宇观世界拓展的。

在科学技术不发达的古代，人们的认识是直接运用自己的感官或简单的认识工具，接收来自客观事物的信息，其认识所及仅限于周围世界有限的宏观客体。虽然近代的科学家们陆续发明了光学望远镜和显微镜，但直到 19 世纪末，人类认识的范围基本上还囿于宏观世界。哥白尼的太阳中心说、以牛顿力学为代表的经典物理学、拉瓦锡的氧化说以及达尔文的生物进化论，都是关于宏观世界的认识成果。

19 世纪末 20 世纪初的自然科学革命，标志着人类认识由宏观世界进入微观世界。在物理学领域，人们相继发现了 X 射线、天然放射线，并确定了电子的存在，从而打开了原子的大门。1911 年，卢瑟福等人进行了 α 粒子散射实验，发现了原子核并提出了原子有核模型。此后，人们又发现了质子、中子等，认识到原子核是由质子和中子组成的。从 20 世纪 50 年代开始，物理学研究又深入基本粒子内部，探索基本粒子的结构并创立了许多基本粒子的理论模型。在化学领域，已远远超出近代化学对元素及其化合物的研究，出现了运用量子力学的原理和方法探究分子的微观结构的量子化学。同样，现代生物学也从 19 世纪以前对生物体的器官组织和细胞的解剖研究，转向对生命微观过程的探讨，在分子水平上考察生物系统和生命活动，不仅认识了基因和有机体遗传信息的物质载体，而且还破译了生物遗传密码。

人类认识在由宏观世界向微观世界深入的同时，也在相反方向上由宏观世界向宇观世界进军。以往天文学研究的主要是宏观现象，人们利用低倍的望远镜观察到了一些行星、恒星以及行星系等等。20 世纪以后，随着微波技术的发展和射电望远镜的发明，人们的观测视野不仅拓展到太阳系，而且超出了银河系（直径约 10 万光年），探索河外星系、星团乃至总星系（100 亿光年）。目前，人类的探测活动已达 200 多亿光年的宇宙深处。在宇观世界中，人们发现了许多新奇的天体和现象，它们不仅与宏观物体的质量及时空特性不同，而且有着迥异的物质形态和运动形式，如宇观物质的等离子态、中子星、黑洞等特殊天体以及超新星爆发、活动星系核等剧烈现象。

第二，从既成事物向事物的过去、未来回溯和推移。

同在空间上人类认识从宏观世界开始、然后向两个相反方向即微观和宇观拓展一样，在时间上，人类认识也是由既成事物开始，而后向它的过去回溯并向它的未来推移。

从人类认识发展的逻辑来看，人们总是从"事物是什么"这一问题开始，首先认识事物的当下状态或既成事物。不仅古代科学是如此，而且近代早期的科学也基本上停留在这一认识阶段。恩格斯在谈到近代早期的自然科学时说，它的主要特征是"把自然界中的各种事物和各种过程孤立起来，撇开宏大的总的联系去进行考察，因此，就不是从运动的状态，而是从静止的状态去考察；不是把它们看作本质上变化的东西，而是看作永恒不变的东西；不是从活的状态，而是从死的状态去考察"①。由于缺乏联系和变化的观点，近代早期的科学还不能把世界理解为一个过程，从而也不可能自觉地研究事物发展的历史。当时，"康德的太阳系发生说刚刚提出，而且还只是被看作纯粹的奇谈。地球发展史，即地质学，还完全没有人知道，而关于现今的生物是由简单到复杂的长期发展过程的结果的看法，当时还根本不可能科学地提出来"②。

直到 19 世纪，人类才开始真正以科学的眼光看待事物的发展史。1859年达尔文发表了划时代性的著作《物种起源》，自觉而系统地探讨了生物的进化过程。马克思、恩格斯也特别重视对事物发展史的研究，他们从辩证唯物主义和历史唯物主义的观点出发，专门探讨了人类的起源、意识的起源及家庭、私有制和国家的起源等，并曾从理论上阐明了这一研究方法的重要意义。现代科学更加重视用历史演化的观点来研究事物，把人类的认识引向遥远的过去。天体的演化、化学元素的演化、生命的起源、人类的起源、语言的产生、思维的发生等内容，已构成现代科学研究的重要方面。

在另一个方向上，人类认识也从现在指向尽可能遥远的未来。从研究事物的现状到预测事物的未来，从研究现实的事物转向研究可能的事物，构成了现代科学认识的另一重要方面。特别是近几十年来，不仅各门科学都加强了对未来的研究，越来越带有面向未来的特点，如对策论、遗传工程、生物工程等等，而且还出现并迅速发展起了一门综合性学科——未来学，从而使未来成为人类科学认识的独立课题。

上述两个规律表明，在认识的社会演化过程中，人类认识是从客观世界中与人类社会实践的关系最为直接、最为紧密的中间层次、中间阶段开始并逐渐延伸和扩展的。人类认识向微观、宇观和过去、未来延展，正是基于深入认识宏观和现在的需要。这种延展必然会反过来加强和促进人类

---

① 马克思，恩格斯. 马克思恩格斯选集：第 3 卷. 2 版. 北京：人民出版社，1995：360.
② 马克思，恩格斯. 马克思恩格斯选集：第 4 卷. 2 版. 北京：人民出版社，1995：228-229.

对宏观客体和既成事物的认识，使之更加深刻和精确，从而能够更为有效地指导人类社会实践。

其次，在形式上，认识的社会演化也表现出两个规律。

第一，科学进化与科学革命交替进行。

人类科学认识的历史表明，任何一门科学理论的发展总是进化的连续性与革命的间断性的统一。科学进化是指科学知识的量的变化，是科学知识在数量方面的增加和积累；科学革命则是科学发展中的质变，是科学理论的根本变革。进化与革命既是科学发展的两种基本形式，又是科学发展过程中的两个不同阶段。

恩格斯指出："只要自然科学运用思维，它的发展形式就是假说。一个新的事实一旦被观察到，对同一类的事实的以往的说明方式便不能再用了。从这一刻起，需要使用新的说明方式——最初仅仅以有限数量的事实和观察为基础。进一步的观察材料会使这些假说纯化，排除一些，修正一些，直到最后以纯粹的形态形成定律。"[①] 这就是说，科学理论的发展，首先表现为量的进化，即不断修改原有的理论，使原有理论日益充实和完善。这种连续性的累积知识过程到达一定阶段，必将面临许多长期不能解决的"反常"问题而陷入困境。这时势必出现对原有理论进行根本改造的新理论，彼此进行竞争。如果新理论获得高度确证而被普遍接受，致使原有理论的研究传统中断，那就是科学理论的发展从进化转入革命，从量变进到质变，从连续性转化为间断性，而理论变革的结果是旧理论被新理论所取代。科学史上天文学中从托勒密体系到哥白尼体系，化学中从元素说到拉瓦锡的氧化说，生物学中从林耐的物种不变说到达尔文的生物进化论，物理学中从牛顿力学到爱因斯坦的相对论，其发展过程莫不如此。

上述表明，科学理论的发展在一定历史时期内处于相对稳定的进化状态，而在另一个时期则处于新旧理论的更替、剧烈变化的状态，进化与革命总是交替往复地进行着。通过这一发展形式，人类科学认识不断地由事物不甚深刻的本质深入更为深刻的本质。

---

① 马克思，恩格斯. 马克思恩格斯选集：第 4 卷. 2 版. 北京：人民出版社，1995：336-337.

第二，科学分化与科学整体化相互转化。

如果说各门科学理论的发展是通过进化与革命的交替而进行的，那么人类科学认识的整体发展，从宏观上看则是通过不断分化与整体化实现的。

科学分化是指由原来统一而完整的一门科学发展成为两门或多门新的分支学科，未分化的原理论系统是对某个研究领域的整体性认识。例如，自然界中的声、光、热、电磁等现象，本来是传统物理学研究的对象，而随着实践和认识活动的发展，后来产生了声学、光学、热学、电磁学等分支学科，它们各自探讨传统物理学研究对象的一个方面。与此相反，科学整体化是指两门或两门以上独立的学科，通过相互影响、相互渗透而形成一门新兴的学科。科学整体化不是简单地将若干门学科的知识机械地凑合起来，而是以特定的方式融会相关学科的知识和方法而形成具有新质内容的知识体系。例如，生态学、地质学、气象学、水文学、土壤学、工程学等学科的知识和方法在相互渗透中形成了环境科学。

科学分化与科学整体化是相互促进、相互补充和相互转化的。在人类科学知识发展的各个时期，有时科学分化较为显著，有时科学整体化较为突出。但是，每个历史时期的科学发展，都表现为分化与整体化的交错进行和相互转化，并由此涌现出了一批又一批的新兴学科。

最后，科学知识的加速增长，是认识社会演化的总体规律。

人类认识的演进，在内容上从宏观向微观和宇观拓展、从既成事物向事物的过去与未来回溯和推移，在形式上进化与革命交替进行、分化与整体化相互转化，其结果导致人类科学知识的加速增长。

恩格斯曾说："科学发展的速度至少也是和人口增长的速度一样的；人口的增长同前一代人的人数成比例，而科学的发展则同前一代人遗留下的知识量成比例，因此在最普通的情况下，科学也是按几何级数发展的。"[1] 也就是说，人类知识的数量越多，基数越大，起点越高，其增长速度也就越快。恩格斯关于科学加速增长的思想，已由科学发展的历史所证实。英国科学家詹姆斯·马丁等人的测算表明，人类的科学知识在19世纪

---

① 马克思，恩格斯. 马克思恩格斯全集：第1卷. 北京：人民出版社，1956：621.

是每50年增加一倍，20世纪上、中叶每10年增加一倍，70年代是每5年增加一倍，而90年代初是每3年增加一倍。现在，全世界每年发表的论文数量，每隔十几个月就会增加一倍。有人据此认为，今天人类已进入"知识爆炸"的时代。

知识的增长过程也是知识更新的过程。科学知识的加速增长，使得知识更新的周期日趋缩短。历史上，亚里士多德的重力说大约存在了2 000年之久，牛顿力学独霸物理学长达200年，道尔顿-阿伏伽德罗的原子分子说在100年间是关于物质结构的占统治地位的观点，而卢瑟福和玻尔原子结构学说的鼎盛期却没有超过10年。所有这些，标志着人类认识能力的空前提高。

三、现代认识的特点和发展趋势

现代认识是人类认识历史合乎逻辑的发展，是认识社会演化过程中的一个重要阶段，它内在地贯穿着认识社会演化的一般规律。同时，现代认识也是现代社会，特别是现代人类实践发展的必然产物。与历史上人类认识发展的各个时期相比较，现代认识的社会演化表现出一系列新的特点和发展趋势。

首先，认识的中介系统不断扩大。

认识工具作为认识活动中联结和沟通主客体的中介系统，是主体认识能力的重要构成要素。如果说主体的生理自然力是有限的，那么，认识工具的发展则是永无止境的。在科学技术高度发达的现代，人类认识活动的中介系统，无论是在数量上还是就其探索能力而言，都表现出空前扩大的特点和趋势。

第一，物质性认识工具高精度、智能化。物质性认识工具历来是人类探索客观世界的强有力物质手段，它首先是人类实践活动的工具，并随着人类实践的发展特别是工业的发展而发展。恩格斯指出，工业的巨大发展，"不但提供了大量可供观察的材料，而且自身也提供了和以往完全不同的实验手段，并使新的工具的设计成为可能。可以说，真正有系统的实验科学这时才成为可能"①。但是，受近代工业发展水平的限制，早期的实验手段主要还限于一些用于观察或观测的工具，如天平、温度计、望远镜等。与此不同，现代工业则把诸如射电望远镜、电子显微镜、光谱分析仪、激光测量仪、高能加速器、粒子对撞机等更加精密强大的认识工具贡献给科学，使人们能在空前的广度和深度上认识世界。

不仅如此，20 世纪 40 年代以后，随着电子计算机技术的发展和第 5 代电子计算机的研制，产生了用机械和电子装置模拟人脑的思维，即设计和制造人工智能的新技术，从而使人类认识的中介系统中出现了一类全新的物质认识工具——智能机。智能机不仅使人们从单调繁杂的计算活动中解放出来，而且还能够在人类无法直接到达的高温、高压、粉尘、有毒、放射性等险恶环境，尤其是在宇宙和海洋开发中代替人进行各种探索活动。目前，人工智能日益向问题求解和专家系统领域发展，它为人类认识思维过程的具体机制、揭示人脑思维的奥秘创造了前所未有的条件，成为人类认识向主体进军的一支劲旅。当然，智能机并不是什么"第二认识主体"或"人工认识主体"，断言机器思维会完全取代人的思维，甚至认为智能机将统治人类的看法也是没有根据的，因为智能机本身是人造的，其工作程序是人编制的，其工作过程是受人控制的，它不具有人类特有的能动性、自我意识和社会本质。智能机的诞生和广泛应用，只是说明了人类物质认识工具已向智能化方向发展。

第二，认识方法的多样化。现代认识的中介系统的扩大，也表现在认识方法体系的丰富和多样化上。近代认识基本上立足于经验归纳法，即通过大量事实的归纳，从个别走向一般、由有限进到无限。毫无疑问，经验归纳法在现代认识活动中仍然有其重要的地位和意义。但是，现代认识已经产生了与自身相适应的方法层次，它主要包括系统方法、功能方法、结构方法、信息方法、理想化方法、模型方法、输入和输出方法等等。与此同时，现代认识也产生了要求人们进行辩证思维的方法原则，如相对性原则、不完全原则、测不准原则、互补原则、人择原则、参照系原则等等。所

---

① 马克思，恩格斯. 马克思恩格斯选集：第 4 卷. 2 版. 北京：人民出版社，1995：280.

有这些新的认识方法，为现代认识开拓出具有更大自由度的思维空间，带来了全新的思维方式。可以说，没有这些方法，就没有现代科学的发展。

其次，认识的相对独立性程度日益提高。

人的认识来源于实践，为实践所决定。但是，实践对认识的决定作用并不具有机械的性质。如果说近代认识与近代实践之间基本上还存在着线性对应关系的话，那么，在现代，实践对认识的决定作用越来越间接，越来越被一些中间环节所冲淡和掩盖。

与近代认识不同，现代认识特别是现代自然科学认识具有高度的抽象性和数学化特征。近代自然科学本质上是经验科学，而在现代自然科学中，"一个理论可以用经验来检验，但是并没有从经验建立理论的道路。像引力场方程那样复杂的方程，只有通过发现逻辑上简单的数学条件才能找到，这种数学条件完全地或者几乎完全地决定着这些方程。……人们一旦有了那些足够强有力的形式条件，那么，为了创立理论，就只需要少量关于事实的知识"[①]。现代自然科学不仅在与事实、经验的对应上而且在与实验的关系上也发生了变化。就物理学认识而言，法拉第的电磁感应定律完全是实验的产物，而麦克斯韦却纯然从电磁场方程组的偏微分形式中预见到了电磁波的存在，并揭示出了光的电磁波本质。在这以后，狄拉克又在将薛定谔方程相对论化的推演过程中，由负能量的出现而预言了真空负能态场的存在。近年来，物理学上的一些重大发现，绝大部分是由数学形式中推得。目前甚至到了这样的地步，一个前沿理论的确立，往往首先取决于有关的完善的数学形式的产生。现代自然科学与事实、经验的非直接对应和对实验的非严格依赖，正是现代人类认识相对独立性的突出表现。

现代认识相对独立性程度的提高，日益引起人们的关注。科学哲学家波普尔为此提出了"世界3"理论，主张不仅存在着物质世界和精神世界，而且还存在一个客观化的知识世界即"世界3"，认为"世界3"是自主发展的。尽管"世界3"理论存在着这样那样的缺陷，但就其着重强调了现代认识的相对独立性特点来说，它是具有合理因素的。

---

① 爱因斯坦. 爱因斯坦文集：第1卷. 北京：商务印书馆，1976：40.

最后，认识的整体化趋势更加突出。

分化与整体化的相互转化仍然是现代认识社会演化的一般规律。但是，二者之中，整体化是现代认识发展趋势的更为基本的方面。

现代认识的整体化趋势与现代科学的分化性质密切相关。现代科学的分化，不再是像历史上曾经发生过的那样门类越分越细，新分化出来的研究对象也不是原来某一母学科研究对象的一部分，而是在原有学科的空白地带和交叉点上产生了一系列新学科。这一分化的结果，一方面在更深的层次上发现了事物、现象之间更深刻的联系，提出了从整体上认识客观对象的必要性和可能性；另一方面，交叉学科的出现，不仅没有导致各门科学之间的进一步分离，反而在以往彼此隔离的学科之间架起了桥梁，成为现代认识整体化的最重要条件和不可分割的方面。

具体来说，现代认识的整体化趋势主要表现在这样几个方面：

第一，边缘学科的兴起。现代科学通过将一门学科的理论、概念和方法运用于另一门学科的研究对象，形成了一系列边缘学科，如生物化学、天体物理学等等。

第二，横断学科的出现。横断学科是指将一门学科的理论、概念和方法运用于性质不同的各种认识对象，从横向上把握其一般规律的学科。20世纪40年代出现的控制论、信息论和系统论，就是这样一些横断学科。

第三，综合学科的形成。现代科学所面临的课题往往需要进行多学科的综合研究，而运用两门或两门以上学科的理论、概念和方法研究一个复杂的认识对象，就会形成一门综合学科，如环境科学、海洋科学、能源科学等等。

第四，自然科学与社会科学的相互渗透。早在100多年前，马克思就曾预言："自然科学往后将包括关于人的科学，正象关于人的科学包括自然科学一样：这将是一门科学。"① 事实也正是如此。现代自然科学的理论、概念和方法越来越多地被应用于社会科学的研究，诞生了诸如科学社会学、技术经济学、工程美学等交叉学科。正如列宁所说："大家知道，从自然科学奔向社会科学的强大潮流，不仅在配第时代存在，在马

① 马克思，恩格斯. 马克思恩格斯全集：第42卷. 北京：人民出版社，1979：128.

克思时代也是存在的。到 20 世纪，这个潮流是同样强大，甚至可说更加强大了。"①

总之，现代认识社会演化的特点和发展趋势是多方面的。这些特点和趋势，标志着人类认识的社会演化已跃进到了一个全新的水平。

---

① 列宁. 列宁全集：第 25 卷. 2 版. 北京：人民出版社，1988：43.

第七章　认识的传播

认识的传播是一种重要的认识现象。自从有了人，有了人的认识，也就有了认识的传播。可以说，认识的传播是随着人类认识的产生而产生的，各个时代、各个民族的人们都以不同的方式、运用不同的手段进行着认识的传播活动。今天，人类早已进入信息时代。信息社会也是知识社会，知识成为推动社会进步的主要力量。随着科学技术的发展和人类认识能力的提高，出现了知识爆炸的局面。在知识爆炸的情况下，一方面是知识和信息巨量地生产和高速地传播着，另一方面则是人们对知识和信息的开发和利用的严重不足，特别是大量信息垃圾的涌现妨碍了人们对有效信息的接收和利用。因此，如何有效地进行认识的传播已成为社会生活中一个突出而亟待解决的问题。近年来，在国内认识论研究中，一些学者从不同的角度对认识的传播现象作过这样那样的探讨。但是，从总体上看来，人们对这一问题的探讨至今仍然是相当零散的。可见，对认识的传播问题进行系统专门的研究，既是促进社会生活有序发展的客观需要，也是深化认识论研究的内在要求。

一、认识传播的实质、基础、类型和特点

从最一般的意义上说，认识的传播是人类通过符号和媒介交流认识的

活动。那么，认识传播的实质是什么？基础何在？可以分哪几种类型？各种类型的认识传播又有何共性和个性？这些都是我们研究认识的传播首先需要明确和回答的问题。

（一）认识传播的概念

什么是认识的传播？这是我们在研究认识的传播时首先需要阐明的一个问题。

要了解什么是认识的传播，我们首先需要对"传播"这个概念作一个界定。我们认为，传播是人类通过符号和媒介交流信息以期发生相应变化的活动。具体来说，对于传播这个概念，可以从以下几个方面来理解：

第一，传播是人类的活动。人是传播的主体和核心。在传播活动中，人既是信息的传播者又是信息的接受者，既是行为的施控者又是行为的受控者。施拉姆和波特指出："人类传播是人做的某种事。它本身是没有生命的。它本身没有什么不可思议的，除非是传播关系中的人使之成为不可思议。讯息本身并无含义，除非是人使之有含义。"①

第二，传播是信息的交流。信息是传播的内容，就像没有货物即无须搬运和运输一样，没有信息就没有传播。在信息传播过程中，传播者不是简单地输出信息，而是与受传者之间存在着复杂的双向交流；受传者也不是被动地接受信息，其同时也主动地反馈信息。所以，传播的过程既是人与人之间信息交流的过程，也是人与人之间通过信息而相互影响、相互制约、交互作用的过程。

第三，传播离不开符号和媒介。符号是人类传播的要素，是载送信息的代码。英国哲学家洛克在《人类理解论》中指出："符号就是达到和传播知识的途径。"② 他还说："我们如果想互相传达思想，并且把它们记载下来为自己利用，则还必须为观念造出一些符号。"③ 而媒介又是负载符号的物质实体。信息与符号、符号与媒介之间的关系，犹如毛与皮之间的关系，皮之不存，毛将焉附。没有听觉符号、视觉符号，听觉信息和视觉信

---

① 施拉姆，波特. 传播学概论. 陈亮，等译. 北京：新华出版社，1984：4.
②③ 洛克. 人类理解论：下册. 北京：商务印书馆，1959：721.

息内容就无所依附；同样，没有报纸、杂志等印刷媒介和广播、电视等电子媒介以及其他物质载体，符号就无法进入人的听觉、视觉等感觉器官。所以，符号和媒介是一切传播活动赖以实现的中介。

第四，传播的目的是希望引起相应的变化。不论是传播信息还是接受信息，每一个参与活动的人，都是有意图、有目的和有自觉的动机的，而不管他是否意识到。只要人的传播活动引起了相应的变化，就至少说明三点：传者送出了信息，受传者收到了信息，并且产生了传播效果。这种相应的变化，不专指态度和行为的改变，还包括情报资料的获得、知识的增加、见闻的扩大、感情的沟通、情况的了解、事实的澄清等。总之，人不会无缘无故地传播信息，也不会莫名其妙地接受信息。进入传播过程的活动者总会带有自己一定的目的，否则，传受双方要进行真正有效的信息传播几乎是不可能的。

根据以上对"传播"概念的界定，我们认为，认识的传播就是人类通过符号和媒介交流认识以期发生相应变化的认识活动。

首先，认识的传播是人类的认识活动，是人类认识过程的一个重要的环节。认识的传播作为人对客观世界的能动反映活动中的一个方面，能使人们对客观世界的反映更加符合客观世界本身。在认识的传播活动中，传播者通过一定的传播媒介使自己的个体性认识为他人和社会所知晓，并在实践中接受他人和社会的评价与检验，从而丰富认识、完善认识和发展认识，实现认识的社会价值并推动人类社会的发展。

其次，认识的传播是知识或观念的传播。人们认识客观世界的活动是在人类社会生活的各个领域及各个层面上展开和进行的，与此相应，就会形成不同性质、不同层面、不同水平和不同深度的知识与观念，其中既包含自然科学知识，也包含社会科学知识和人文学科知识，它们都反映和再现着相应的客观现实。认识的传播的内容就是人们对客观世界的认识成果。通过认识的传播，人们对客观世界的认识更加接近真理。

再次，认识的传播离不开一定的传播媒介和符号系统。认识在传播过程中的流通必须借助于一定的传播媒介和符号系统。传播媒介和符号系统是认识的传播者与受传者两者之间联系、沟通、交流的通道和桥梁。

最后，认识传播的目的是希望引起相应的变化。认识传播的主要目的在于通过传播者与受传者之间的交流和互动，实现整个人类认识的丰富、完善和发展，提高人类认识世界和改造世界的能力，进而推动人类社会的进步。

（二）认识传播的实质

作为人类通过符号和媒介交流认识以期发生变化的认识活动，认识传播的实质是什么？这是我们下面将要探讨的问题。我们认为，认识传播的实质至少可以从以下两个方面来加以把握。

第一，作为人对客观世界的认识活动的一个方面和人类认识过程的一个必要环节，认识的传播能使人对客观世界的反映更加正确、更加深入。

认识是社会的人所具有的一种能动的反映活动。认识的传播首先是一种认识活动，因而它也是一种认识主体对客观世界的能动反映活动。并且，认识的传播这种能动反映活动能够使人类对客观世界的反映更加正确、更加深入。

首先，认识的传播使人类对客观世界的能动反映更加正确。认识作为对客观世界的能动反映，有正确的，也有不正确的，或不完全正确的。认识越符合客观世界本身，也就越正确。如何判断某一认识是否与客观世界相符合亦即是否正确呢？只有通过实践。马克思说："人的思维是否具有对象的真理性，这并不是一个理论的问题，而是一个实践的问题。"[1] 我们知道，人们对客观世界的一切认识都是在单个个体的实践中形成的，其最初都是存在于个体的头脑之中而带有明显的私人特征。从这个意义上说，一切认识最初都属于个体认识。可以说，没有个体的实践和思维活动，认识就不可能产生。诚然，这种个体认识可以在个体自身的实践中得到检验、修正和发展。但是，个人的实践能力和认识能力毕竟是有限的，这种有限性必然会制约个体认识的正确性。通过认识的传播，可以使个体的认识为他人和社会所知晓，从而得以在他人和社会的广泛实践中得到检验，并在实践中不断地得到修正和完善。

---

① 马克思，恩格斯. 马克思恩格斯选集：第 1 卷. 2 版. 北京：人民出版社，1995：58.

其次，认识的传播使人类对客观世界的能动反映更加深入。人人都有不同层次的观念和认识，但要达到对客观世界全面和深刻的认识，并不是单个人可以轻易做到的。一方面，这是因为人类个体的存在在时间和空间上都是有限的，单个的人不可能在其有限的时空中通过自身的亲自实践去把握全部的客观世界；另一方面，这也是因为单个个体的思维能力和实践能力同样是极其有限的，单个的人不可能只依靠自身的能力达到对客观世界全部领域的认识。正是由于以上两方面的原因，面对错综复杂、千变万化、不断发展的客观世界，任何个人形成的对某一事物的认识都是有限的。"人对事物、现象、过程等等的认识从现象到本质、从不甚深刻的本质到更深刻的本质的深化的无限过程。"① 单个人是不可能完成这个无限过程的。通过认识的传播，能使整个人类的认识能力和实践能力连成一体，而整个人类认识能力和实践能力则是无限的。只有这种无限的认识能力和实践能力才能保证认识的不断深化，使人类对客观世界的能动反映不断地深入和发展。

第二，作为人与人之间的一种交往关系，认识的传播能使人与人、人与世界的关系更加优化、更加和谐。

首先，认识的传播能使人与人之间的关系更加密切、更加和谐。认识的传播是认识在传播者与受传者之间的流动。认识的传播形成了人与人之间的一种新型交往关系，即认识的交往。以传播内容为纽带，传播者与受传者之间建立起一种新型交往关系，这种交往是一种认识的或观念的交往。并且，由于认识的传播的特殊性质，它可以使那些没有可能进行直接交往的人们能够通过一定的认识进行交往，如后代人可以通过认识的传播与前代人进行交流。正是在这个意义上，我们说，认识的传播密切了人与人之间的关系。同时，认识的传播还能使人与人之间的关系更加和谐。认识的传播过程是一种双向甚至多向对话的过程，而不是一种单向的独白。在传播过程中，交往双方机会均等，权利平等，有对有应，从而形成双方或多方之间的双向或多向的交流和沟通。正是在这种应对、往来的过程中，交往双方各抒己见，从而实现认识、观念、情感、态度等方面的互换与交流。也正是在这种交换与交流过程中，人们的各种认识得以综合、融

---

① 列宁. 列宁全集：第38卷. 北京：人民出版社，1959：239.

合，形成普遍的共识。而人们在情感、态度、价值观、人生倾向上的共识以及基于这种共识的统一行为，必然会对人与人之间原有的关系产生影响，这种影响的结果从总的趋势看就是人与人之间的关系的更加和谐。

其次，认识的传播，不仅强化了人与人之间的交往关系，而且也优化了人与世界的关系。认识的传播是人与人之间交换认识的活动，这种活动一方面影响着人与人之间的交往关系，另一方面也影响着人与外部世界的交往关系。这是因为认识本身就是人在处理自身与外部世界关系的实践活动中获得的，是人对客观世界的反映。在认识的传播过程中，从传播者的信息发送到受传者的接收和接受，再到传播者与受传者的反馈交流，都包含着参与传播活动的人对传播内容也即是对认识的思考，包含着人对自身与外部世界的关系的思考。通过认识的传播活动，人与人进行认识的交流，在交流中不断地丰富、完善、发展人类整体的认识。而认识作为人对客观世界的能动反映，它愈丰富、完善、发展，就与客观世界本身愈相符合。用这种认识去指导实践，也就愈能在实践中实现人与世界的统一。正是在这个意义上，我们说，认识的传播一方面能够强化人与人之间的交往，同时它也能够优化人与世界的关系。

以上我们从两方面分析了认识的传播活动的实质。需要指出的是，这两方面实质上是统一的。这种统一就在于：正是人们对客观世界能动反映活动的深化，促进了人与人、人与世界之间关系的优化。反过来，人与人、人与世界之间关系的优化又能促使人们对客观世界能动反映活动的进一步深化。

（三）认识传播的基础

实践是认识的基础，同样也是认识传播的基础。

首先，实践使认识传播成为必要。人与动物的根本区别在于人会制造并使用工具。因为要进行制造工具的劳动实践活动，仅有动物的感觉和心理及其对事物的本能直观是远远不够的，还必须有足够的经验和知识。但经验与知识的积累和发展，任何单个的人都是不可能实现的，它必须通过无数个体间的信息传播与交流来实现。由于劳动的发展，人们的社会交往、互通信息和交流经验，"已经达到彼此间不得不说些什么的地步了"①。所以说，是人类实践活动的需要促进了认识的传播活动的产生。

其次，实践使认识传播成为可能。人类实践活动的发展需要进行认识的传播活动，而认识的传播活动也只有在实践的基础上才能进行。

第一，传播者所发出的信息来源于实践。人类的一切认识都来源于实践活动。这是因为，实践是主体和客体联系和沟通的通道，只有通过实践，才能使客体进入主体认识领域，为主体所认识和反映。在认识传播中，传播者所传的信息，无论是传播者个人的认识，还是他人的认识，都是在实践的基础上获得的，都只能来源于实践。

第二，认识的传播需要凭借一定的符号系统和传播媒介才能实现，而无论是符号系统还是传播媒介，都是人类实践活动的产物。认识传播的内容需要借助一定的符号系统予以外化表达，而"符号，特别是语言，是因狩猎和采集等劳动的迫切需要而产生的"②。马克思和恩格斯说："语言也和意识一样，只是由于需要，由于和他人交往的迫切需要才产生的。"③ 他们还指出，语言，起源于共同劳动④，语言是在人的实践活动中适应人类社会交往的需要而产生和发展的。同样也是在实践活动中，口头语言逐步向书面语言发展，成为指称和意义越来越明确和复杂、语词的概括性和抽象性越来越强的符号系统。认识的传播内容借助一定的符号系统外化以后，还必须借助于一定的传播媒介才能达到受传者。而传播媒介无论是书写媒介、印刷媒介还是电视媒介、网络媒介，无不是适应人类生存和发展需要而在实践活动中产生和出现的。

（四）认识传播的类型

认识传播活动的具体形式是多种多样的。对于认识的传播，我们可以根据不同的标准、站在不同的角度，将其分为不同的类型。例如，垂直性传播与水平性传播，隐蔽性传播与显明性传播，真理性传播、利益性传播

---

① 马克思，恩格斯. 马克思恩格斯选集：第4卷. 2版. 北京：人民出版社，1995：376.
② 邵培仁. 传播学. 北京：高等教育出版社，2000：174.
③ 马克思，恩格斯. 马克思恩格斯选集：第1卷. 2版. 北京：人民出版社，1995：81.
④ 同①.

与权威性传播，向下性传播与向上性传播，等等。在这里，我们拟根据传播范围的大小，将认识传播分为人际传播、组织传播和大众传播，并对它们予以简要的论析。

1. 人际传播

人际传播是指两个或两个以上的人之间面对面的或凭借简单媒介如电话、书信等非大众传播媒介进行的认识交流活动。人际传播可以是面对面的直接传播，如交谈、讲授、对话、讨论等，也可以是依赖一定的媒介进行的非面对面的交流，如写信、打电话、发传真等。人际传播是组织传播和大众传播的基础。相对于组织传播和大众传播而言，人际传播具有以下特点：（1）人际传播是直接传播。无论是面对面的传播还是非面对面的传播，无论是语言传播还是非语言传播，人际传播都不依赖大众传播媒介来做中介物。在人际传播中，除语言外，还大量使用了表情、姿势、语气、声调等非语言符号，传受双方可以直接了解对方的情绪和意图。（2）人际传播的随意性较大。在传播过程中，传播者和受传者的位置在交流过程中可随时互换，传播的内容和方式也可根据现实情境随时作出调整和改变。（3）人际传播的可控性强。由于人际传播是一种直接交流，对外界而言，除非传受双方公开交流内容，否则，其所交流的信息是不具有公开性的。当传播内容需要保密时，由于人际传播的对象和范围可以控制，这种传播方式比其他方式更有优势。（4）人际传播反馈迅速。在面对面的交流或其他形式的直接交流的情境下，传受双方都容易积极主动地进行交流，信息反馈直接、迅速、及时。而如果有了中间媒介以后，反馈的速度就会受到一定的制约。

人际传播的这些优点，使它常常能成为其他传播方式的有益补充。但是，人际传播的覆盖面窄、易走形等特点也使其有明显的不足之处。

2. 组织传播

组织传播也称团体传播，是指组织成员之间或组织与组织之间的认识交流活动。组织是社会中相近或相似个体有目的的组合，是"为了达到特定目标而建立明确程序和发生协调行动的群体"[①]。组织传播涵盖了人际传

---

① 宋林飞. 现代社会学. 上海：上海人民出版社，1987：286.

播，它是在人际传播的基础上进行的。组织传播可以分为对组织内的传播和对组织外的传播。对组织内的传播主要是为了进行思想上的沟通、统一组织内成员的认识，从而密切组织成员之间的关系、协调组织成员的行动，维持和增强组织的生命力，它又可以分为组织对成员的传播和成员对成员的传播；对组织外的传播则是为了对外传播组织的主张和宗旨，使更多的人接受本组织的观点和认识，从而发展和扩大组织。与其他类型的传播相比较，组织传播具有以下特点：（1）传播者是以组织或团体的身份出现的。（2）所发出的信息大多属于指令性、训导性和劝服性的东西。（3）传播活动是在有组织有领导的情况下进行的，有一定的规模。（4）在组织内传播中，由于传播者在组织内部具有权威性，传播内容较易为受传者所接受，从而能够有效地改变受传者的态度和行为。

3. 大众传播

大众传播是指"职业传播者利用大众传播媒介广泛、迅速、连续不断地发出信息，目的是使人数众多，成分复杂的受传者分享传播者所要表达的含义，并试图以各种方式影响他们"[1]。这里的大众传播媒介主要是指报纸、书刊、广播、电视、电影、网络等现代传媒。大众传播涵盖了人际传播和组织传播，它又是在人际传播和组织传播的基础上进行的。大众传播的主要特点是：（1）传播者是职业传播者，是一个传播组织整体（如报社、出版社、电台、电视台、杂志社、网站等），或这个整体中的个人。这类传播者大多受过专门的职业教育，以传播为职业。他们收集、管理并向社会公众传播各种类型、各门学科的知识。（2）借助于大众传播媒介，知识的传送是广泛、快速、持续、公开的。（3）传播对象面广量大，分布广泛，成分复杂，因而不利于传播者及时全面地了解受众的态度和需要。（4）传播者与受传者之间的联系是间接的、松散的，因而反馈间接、零散、迟缓。

在以上这三种认识的传播类型中，传播面最狭小的是人际传播，而传播面最广泛的是大众传播。虽然人际传播、组织传播和大众传播这三种认识传播类型各有其不同的适用范围和特点，但它们又都具有认识传播活动

---

[1] 德弗勒，丹尼斯. 大众传播通论. 北京：华夏出版社，1989：12.

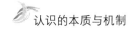

的共性，都是认识传播活动的具体形式。

（五）认识传播的特点

认识的传播作为人类的一种特殊的传播活动，具有以下特点：

第一，社会性和阶级性。认识的传播从来就是社会性的活动。这是因为，认识的传播活动是人与人之间进行的一种信息交流。没有传播与接受的主体——人，传播活动就无法进行。而人总是社会的人，社会也总是人的社会。作为社会成员，不论是传播者，还是受传者，他们都生活在一定社会关系中，隶属于一定的群体或社会集团。因此，他们的传播活动就必然具有一定的社会性。在阶级社会中，认识的传播活动必然会受到人们的阶级地位和阶级利益的影响，因而必然具有一定的阶级性。

第二，目的性和计划性。人的一切活动的基础，说到底都是为了满足某种需要。马克思指出，"任何人如果不同时为了自己的某种需要和为了这种需要的器官而做事，他就什么也不能做"①。因此，人的任何活动都是有目的、有计划的。认识的传播活动也不例外。认识的传播活动从来都不会是无目的和无计划的，传播者不会无缘无故地发出信息，受传者也不会无缘无故地接受信息。也就是说，认识的传播活动不是受本能驱使，而是在一定自觉意识的支配下进行的。认识传播活动的发生、运行、循环往复的全部过程，无不带有明显的或隐蔽的目的性和计划性。无论是传播者还是受传者，在传播过程中都有自己的目的和动机，并为了达到其目的而选择不同的传播内容、传播媒介和传播手段。

第三，主动性和创造性。认识的传播是人与人之间进行的一种自觉自愿、自择自控的传播活动。这个过程是主动的而不是被动的。由于认识传播活动总是按一定的目的和计划进行的，传播者所采取的传播方式和手段都是出于其自觉选择，没有人会去强迫他。同时，作为人类主动进行的自觉活动，认识传播本身就是一个知识的再生产、再创造过程。所有的认识传播都是创造性的。即使你用的是"旧"的思想和第二手的材料，你也为它们创造着一种新的而且是唯一的表达方式。在认识的传播活动中，从传

---

① 马克思，恩格斯. 马克思恩格斯全集：第3卷. 北京：人民出版社，1960：286.

播者的信息发送，到受传者的接收和接受，再到传播的反馈，无不闪耀着人类创造性智慧的火花。

第四，协同性和互动性。认识传播的过程，是传播者与受传者之间的知识汇聚的过程和信息共享的过程，也是他们之间相互影响、相互作用、协同操作、共同完成的过程。没有传播活动参与者之间的协同和互动，传播活动便难以进行。所以，那种认为传播是完全单向的或单方面的，是某人独自完成的看法是难以成立的。首先，认识的传播是双向的，表现为传播者与受传者两大传播要素之间的双向沟通和交流。在认识的传播过程中，既有传播者向受传者发出信息，又有受传者向传播者反馈信息。其次，认识的传播是互动的，即传、受两者不仅共享信息，而且互传信息和一起创造信息，他们相互作用、相互影响。最后，认识的传播是协作性的，即认识的传播是有一定目标和方向的合作性行为，传播过程对传播者和受传者来说都是一种自觉的、能动的活动，只有两者紧密配合、相互协调，才能达到最佳的传播效果。

第五，普遍性和永恒性。认识的传播是一种普遍的现象。不同时代、不同民族、不同国家、不同阶级的人都要进行认识的传播活动。可以说，认识的传播活动每时每刻都发生在我们每个人身上。同时，认识的传播不是一个暂时的现象，而是长久的、永恒的人类活动。从远古到现在，从现在到将来，认识的传播与人类如影随行。认识的传播使人类可以跨越空间、时间等各方面的鸿沟，使知识不受高山大川的阻隔而传之万里，使知识不受沧桑岁月的磨损而传之千年，使不同民族、不同文化、不同国度、不同时代的人能够相互沟通、相互理解、相互学习，使人类的认识成果能够不断地传承和积累下去。

二、认识传播的系统结构和过程

在明确了认识传播的基本规定之后，我们再来具体探讨认识传播的系统结构和一般过程。

（一）认识传播的系统结构

认识的传播活动是一个由多因素构成的复杂的动态系统。在这里，我们仅从如何科学而有效地进行认识传播的角度，对认识传播的系统结构作一简要的分析。一般来说，认识传播的系统结构包含以下五大要素：

1. 认识的传播者

传播者是认识传播系统的首要要素，是认识传播活动的发起者，也是传播内容的发出者。传播者不仅决定着认识传播活动的发生和发展，而且决定着传播内容的质量、数量、流量和流向，因而也就决定着传播活动对人类社会的作用和影响。从主体类型来看，传播者可以是个体主体，也可以是群体或组织主体。

在认识的传播过程中，传播的个体主体往往就是认识主体。一般说来，每个社会成员都是可能的传播主体，但只有当他实际地从事传播活动时，才是实际的传播主体。认识活动是由个体来进行的，认识主体或理论的创造者一旦将自己的思想和理论通过一定的传播形式和传播媒介进行公开表达和交流，他就开始了传播活动并使自己由认识主体或理论的创造主体转化为传播主体。个体主体进行认识传播的目的主要有两个方面：一是希望自己的认识成果能够为他人、社会所知晓和认同，成为人类知识宝库中的一部分，能够影响他人和社会；二是希望自己的认识成果能够受到他人和社会的评价与检验，由此使其得到确证和完善。因此，在传播过程中，个体主体也会传播出征询受传者看法的信息，以期获得相关的反馈信息。

除个体主体外，群体或社会组织也是一种传播主体。当一定社会组织成为某种传播活动的组织者和发起者，其就是群体或组织传播主体。群体或组织传播是指一定的社会组织以其所认同和倡导的思想和理论作为传播内容而进行的传播。一定社会组织之所以为传播者，是为了自身生存和发展的需要。一方面，为了使组织内部成员能思想一致地履行各自的职责，增强组织自身的凝聚力，社会组织需要进行对内传播。另一方面，一定组织也向其他组织和社会进行对外传播，以树立自身的社会形象，宣传自己的看法和主张，从而影响其他组织和社会。一般来说，组织传播是内外有别的，即使是同样的传播内容，也会因为传播对象的不同而选择不同的传播媒介和传播方式。在较大型的社会组织内，往往都设有专门负责信息传播的职能部门，如宣传部门、教育部门、新闻部门和出版部门等，它们本身就是以传播为专门职业的部门。群体或组织传播主体较之个体主体来说，具有更高效的传播手段、更大的影响力和影响范围。例如，党和国家的方针政策，经由使用各种媒介的组织传播，就能迅速地为全国人民所知晓、认同并转化为实践。

2. 认识传播的内容

传播内容是指传播者在认识的传播过程中发出的信息。人类所取得的一切认识成果都有可能成为传播内容，但只有当某一认识被传播者实际地加以传播时，它才成为现实的传播内容。相对于传播者来说，它是被传播的东西；相对于受传者来说，它是被接收和被接受的东西。围绕着传播内容，传播者和受传者才构成了认识传播活动中的两极。正是在这个意义上，我们说，传播内容是认识的传播活动的系统结构中最核心的要素。

认识传播的内容所设涉及的范围非常广泛，既包括自然科学知识，又包括社会科学和人文学科的知识；既包括正确的认识，又包括错误的或不完全正确的认识；既包括已有的旧知识，也包括创新性的新知识……但无论是从哪个层面上说，认识传播的内容都是认识主体对客观世界的能动反映和观念把握，因而它们都具有以下共同特点：

第一，客观性。认识传播的内容是认识主体对客观世界的一种观念把握，是主体对客体的某种能动的反映，因而具有客观性。不论受传者对它采取何种态度，注意到也好没注意到也好，理解了也好不理解也好，认同也好排斥也好，它都客观存在着，不以人的意志为转移。

第二，可感知性。认识传播的内容是可以为人的感官所感知和把握的。感知的方式与识别的手段因信息载体不同而各异，图片、文字中的信息由视觉器官感知，声音信息由听觉器官识别，冷热等信息由触觉器官识别。

第三，可传递性。认识的传播内容借助于一定的传播媒介可以在传播者与受传者之间进行传递。这种传递可以是人与人之间近距离的口语交流，也可以通过电报、电话、书信、传真来进行，还可以通过报纸、杂志、广播、电视、网络来实现。

第四，可存贮性。借助于一定的物质载体，认识的传播内容可以长期积累存贮，以便随时提取。信息的存贮有两种方式，一是通过人的大脑进行记忆存贮；二是利用各种物质载体进行存贮，如通过书刊、录音带、录像带、光盘存贮各种信息。这种可存贮性使人类的认识得以保存、继承和发展。

第五，共享性。传播者一旦发出信息，传播内容就可以为更多的人所知晓、占有和享用。交流和传播并未使信息本身的质量和效用受到影响，传播者也未失去对原有信息的占有和享用。正如萧伯纳所说的那样，倘若你有一个苹果，我也有一个苹果，而我们彼此交换这些苹果，那么你和我仍然各有一个苹果；但是，倘若你有一种思想，我也有一种思想，而我们彼此交流这些思想，那我们每个人将有两种思想。

3. 认识传播的媒介

认识传播的媒介是指传播者与受传者之间用于负载、传递传播内容的物质实体。没有传播媒介，认识传播的内容就无法到达受传者，传播者与受传者之间就无法进行沟通和交流，因而认识的传播活动也就无法进行。

传播媒介的形式是多种多样的，大致可以分为简单媒介、书写媒介、印刷媒介、广播媒介、影视媒介和互动媒介。在实际的传播活动中，它们各有其不同的适用范围和优缺点。但是，作为认识的传播媒介的不同形式，它们又具有以下共性：

第一，物质性。媒介的物质性，是指媒介是一种具体的、真实的、感性的物质存在，故而也就有磨损、消耗和锈蚀。传播媒介是一种具体的、真实的、感性的物质实在，这是人所共知的事实。例如，在大众传播中，书刊、报纸、收音机、电视机、网络等都是用于传播的媒介。而无论是哪种媒介形式，它们首先都是客观的物质性存在。

第二，中介性。传播媒介的中介性特点，一是指它的居间性，即它居于传播者与受传者之间；二是指它的桥梁性，即传播者和受传者可以通过它交流信息、发生关系。当其他的物质实体（如屏风、木板、幕布等）插入人与人之间之后，它会使之隔离、分开。但传播媒介却是传受两者之间建立联系、沟通信息的"渡船"、"桥梁"和"纽带"。

第三，负载性。负载一定的符号信息，是传播媒介存在的前提。一般的物质实体上如果没有刻画、负载上特定的符号和信息，那它就只是普通的物体，而不是传播媒介。金、木、石、纸都是负载文字符号和图像符号的合适媒介；磁带、唱片是负载声音符号的最佳媒介；胶片、影碟则是负载图像符号和声音符号的合适媒介。由于传播媒介不仅负载符号而且通过符号负载着信息或内容，因此，当人们说"传播媒介"时，往往既指其物质实体（纸张、收音机、电视机、放映机），也指媒介实体、符号、信息的混合物（报纸、书刊、广播、电视、电影），有时甚至泛指媒介机构或媒介组织（如"大众媒介""新闻媒介"）。

第四，还原性。作为中介的传播媒介应具有还原性，即传播媒介应客观地、原原本本地负载传播内容，而不应对其作扭曲、变形或嫁接处理。换句话说，传播媒介在将传播者编制的符号传递给受传者之后，应在受传者那里能够还原为传播者所编制的那种符号形态。唯有这样，传播媒介才能发挥其应有的功能。

第五，扩展性。传播媒介不仅可以"穿针引线"，使传受两者发生关系，还可以将某一个人的思想、感情和所见所闻扩展成能为许多人所共享的东西。日本电影评论家浅昭圭司在《艺术与媒介技术》一文中曾经极力赞赏这种扩张性："绘画类的作品，在出现机械复制以前，仅被一部分特权阶层所占有，把它供奉在特别的场所（圣城），然而印刷媒介却可以将其扩展到一般群众所能观赏到的地方。"[①]

4. 认识传播的对象

传播对象通常也被称为受传者。简言之，传播对象或受传者就是接收信息的人，其既包括大众传播中的信息接收群体，例如报刊的读者、广播的听众、电视的观众；也包括小范围传播中的信息接收个体。换句话说，

---

① 邵培仁. 传播学. 北京：高等教育出版社，2007：201.

在认识的传播活动中，受传者可以是一个人，也可以是几个人；可以是一国、一代的人，也可以是几国、几代的人。受传者在认识传播过程中所扮演的角色也是多重的。他既是传播者发送信息的对象，又是传播内容的接收者和理解者，同时还是反馈信息的发出者。因此，受传者在认识的传播过程中具有主、客体的双重身份和性质。

一般来说，传播对象或受传者具有以下三个特点：

第一，个体差异性。世界上不存在等同划一的传播对象。受传者在兴趣、爱好、性格、价值观等方面存在的个体差异，并非先天赋予，而是后天习得。也就是说，每个人所处的社会环境、所具有的社会经历和所受的社会教育不同，他们各自的人生态度、经验知识等也就必然不同。当这些各具个性的受传者面对同一传播内容时，他们所作出的反应势必不同。"受众成员心理或认识结构上的个人差异，是影响他们对媒介的注意力以及对媒体所讨论的问题和事物所采取的行为的关键因素。"①

第二，归属性。受传者是可以分类的。尽管人们的个性各不相同，但在一定的社会生活中，由于在性别、年龄、地区、民族、职业、宗教信仰、文化程度等方面的相同或相近，会形成不同的社会类型，结成各种不同的社会群体。同属于某一社会群体的受传者在文化背景特别是在价值观上较为接近，对媒介所传递的同一信息也会作出大体相同的反应，而隶属于不同社会群体的人们则会有着不同的接受倾向。

第三，自主性。受传者同传播者一样，有强烈的自主意识和创造性。他们对传播者发出的信息有自己的选择、理解和判断，并不轻易地为传播者所任意左右或支配。受传者虽然是信息的受体，但他们的接收和接受活动从来都不是被动的和消极的，而是自觉自愿的和积极主动的；不是盲从的，而是自主的。

第四，自述性。受传者对于传播者所发出信息的感知和认识与传播者预先所设想的并不是完全一致的。面对各种信息，每一位接收者都会作出属于自己的理解和阐述，并据此再进行传播。所以，如果说传播是传者的自由，那么，"自述"就是受者的特权。

---

① 德弗勒，鲍尔-洛基奇. 大众传播学绪论. 北京：新华出版社，1990：200.

第五，社会性。人与人之间有着各种社会联系，每个人都有着自己的生活圈子。这种生活圈子可能是有纲领、有领导、有组织的团体，也可能是无纲领、无组织、临时性的非正式团体，还可能只是邻里、家庭等一类群体。然而，不管属于哪一种生活圈子，你都会在认识的传播活动中受到生活圈子的直接或间接的约束或影响。这也就是说，人们之间复杂的社会关系会这样那样地制约着受传者对传播信息的态度和接收或接受行为。一般来说，在接收或接受传播信息时，受传者会采取与生活圈子内的人们一致的态度。

5. 认识传播的效果

传播效果是指传播者发出的信息经过媒介传至受众而引起受众思想观念、行为方式等的变化。它是诸种传播要素相互作用的集合效应，也是受传者受到信息作用在某些方面发生的具体变化。这些变化，有一些是显性的，也有一些是隐性的；有短期的，也有长期的；有正面的，也有负面的；有个体的改变，也有群体、社会的改变；有观念的改变，也有行为的改变。一般来说，认识的传播效果主要表现在以下几方面：

第一，改变受传者的认识。这是指传播者通过向传播对象传播认识，实现与受传者之间的知识的共享，从而影响和改变受传者已有的知识体系。其一般过程是：受传者收到信息、理解信息、形成知识、创造新的知识。一代又一代人对认识的传播—承接—创造—传播，既有利于人们认识世界和改造世界，也有助于人类积累知识和创造新的知识。

第二，改变受传者的认识能力。这里所说的改变受传者的认识能力，是指认识的传播能够帮助人们正确地认识、理解事物，提高人们运用经验和知识解决问题的能力，以及观察力、想象力、思考力、判断力、创造力等。

第三，改变受传者的价值观念。这是指通过认识的传播，能够引起受传者价值观念体系的变化，包括人生观、伦理道德观念等的变化。

第四，改变受传者的态度。这是指认识的传播能够强化或改变人们对某一问题的看法和态度，能够引起受传者在情感上的起伏变化，如喜爱、厌恶、恐惧、愤怒、胆怯等，也能够强化人们的动机，坚定人们的意志。

这种态度的变化既表现为原有态度的加强，也表现为原有态度的改变。

第五，改变受传者的行为。这是指认识的传播能够改变受传者的行为习惯，使受传者的行为朝传播者所期望的方向发展。

上面我们简要论述了认识传播效果的五种主要表现形式。应该注意的是，在现实的传播过程中，传播的效果可能是单一的，也可能是复合的。传播效果会受到以下因素的影响：

一是人的因素。人既是认识传播的主体，又是认识传播的客体。因此，人的因素对传播效果的形成具有举足轻重的影响。在传播效果的形成过程中，有三类人分布在传播渠道的各个关口，制约着传播效果的形成。（1）传播者。其个人地位的高低、资历的深浅、知识的多少及其政治立场、品德修养、心理素质、工作效率等因素，都与传播效果的形成有着密切的关系。（2）"把关人"。一切有权决定哪些知识信息可以进入传播媒介的人，如编辑、导演、领导等都是"把关人"。这些人以什么样的观念和价值标准对大量的待传信息进行筛选、取舍，直接影响传播的效果。（3）受传者。受传者的预存立场、个人经历、智能结构、接受心理、兴趣爱好、性别年龄、个性特点等是因人而异的，因而传播效果在不同的受传者身上是不同的。

二是传播内容。认识传播的内容真实与否、新颖与否、适用性如何，是诉诸情感还是诉诸理性，是客观报道还是空洞议论，是清楚还是含糊，等等，这些都会对传播效果的形成产生直接或间接的影响。

三是传播媒介。在认识的传播中，不同的传播媒介具有不同的特点和优势，因而形成的传播效果也会不同。例如，在组织传播中，讲演和讲话所产生的传播效果是不一样的；在人际传播中，写信和打电话交流的传播效果也是不一样的。此外，传播媒介的权威性、可信度、美誉度等，也都会对传播效果产生一定的影响。

四是环境因素。不论是国家安定、民族团结、政通人和的社会环境，还是空气清新、优美舒适的自然环境，抑或是和谐融洽的媒介环境，都是认识传播活动正常进行所需要的外部条件，都有利于产生积极的传播效果。

应当指出的是，这些因素在影响传播效果的形成时，往往不是单独地发生作用的。传播效果的形成是多重因素共同作用的结果。我们认为，要取得最佳的传播效果，须注意把握和遵循以下两条原则：

第一，传播要素对应一致的最佳配置原则。为使传播获得传播者满意或期望的效果，传播者必须关注传播要素之间的关系。在一定的传播环境中，以一定方式表达的传播内容对应着一定的传播媒介和受传者。在这些要素中，传播内容的表达方式和媒介具有一定的选择余地，传播环境是不能选择但却是能了解和利用的，受传者虽然可能是非特定的，但其大致的层次和范围却是可以估计和把握的。也就是说，传播者在传播认识时可以对传播环境、传播内容的表述、传播媒介以及受传者进行选择。认识传播的最佳效果生成于传播要素之间的对应一致之中。因此，在配置认识传播系统的最基本要素时，传播者应尽量做到传播内容与传播的社会环境和传播媒介尤其是与受传者对应一致。例如，深层的理论探讨，可采用学术语言表达，选择专著和专门性刊物作为传播媒介，以相应的学术共同体或学术圈为传播对象；有些认识有深层理论研究的内容，但又需要大众知晓和理解并共同行动，如习近平新时代中国特色社会主义思想等，就需要以领导机关与专家团队相结合的组织传播形式，动员和利用一切可利用的媒介进行反复强化的宣传，以达到最佳传播效果。

第二，把握传播要素的互动性关系。认识传播效果的形成是传播系统结构内部各要素综合作用的结果。传播效果内存于各个传播要素的作用之中，但又不简单地取决于各个单独的传播要素的作用；传播效果中既体现着各个要素的质和量及其功能，同时，传播效果又是各传播要素综合作用的结果，而不是各传播要素的作用简单加和的结果。在传播过程中，各要素只有在与他要素的互动关系中，才真正成为它自身并具有它相应的功能；各要素作为效果变量在一定结构中相互规定，某一变量的变化必然引起其他变量的相应变化；各变量在不同的关系结构中都会影响自身的功能以及系统整体的功能。因此，对认识传播的最佳效果的追求，既要注重要素质量的提高，又要在系统整体的视野中注意把握各要素在相互作用中的互动关系，以便建构起能产生出最佳效果的优化结构。

（二）认识传播的一般过程

研究认识传播问题不仅需要进行静态的结构要素分析，还需要进行与结构分析相对应的动态的过程分析。

我们可以大致地将认识的传播过程划分为三个阶段：一是传播者的信息发送，二是受传者对信息的接收和接受，三是认识传播效果的反馈。

1. 传播者的信息发送

传播者的信息发送是认识传播的起始阶段。当认识传播者将一定的认识予以公开表达时，认识的传播过程也就开始了。

正如前述，就其主体类型而言，传播者有个体主体和群体/组织主体之分。但无论是哪种传播主体，在发送信息时都会首先对信息进行一定的选择、整理、加工，然后再将这种过滤后的信息投入传播过程。传播者的这种行为在传播学上被称为"把关"，传播者因此被称为把关人。

传播者的把关行为是传播过程中必然发生的行为。之所以要对信息进行过滤和加工，主要是因为：

第一，信息的差异性。客观世界的事物是多种多样的，人们对客观世界的反映所形成的认识也是多种多样的，它们之间在属性、作用等方面的差别很大。要有效地进行传播，传播者必然要对繁多杂乱的信息进行筛选和过滤。

第二，传播者传播目的的差异性。传播者的传播活动都是在一定的目的的支配下进行的。传播者的传播目的各不相同，他们必然会选择那些有利于实现自身目的的信息进行传播。

第三，受传者的差异性。受传者之间差异巨大，其需要、素质相去甚远。为了达到最佳的传播效果，传播者必然会针对不同的传播对象而选择不同的信息进行传播。

正是以上三个方面的因素，决定了传播者在进行传播活动时，为了达到其预期的目的和实现预期效果，必然要对外界的信息进行加工过滤，选择他所需要的信息进行传播。正是在这个意义上，我们说传播者在信息发送环节上具有很大的自主性和自决性。但是，也应该看到，把关这种看似是个人的行为，实际上要受到一系列客观因素的制约。这种制约性主要表现为两方面：（1）传播者所处的外在社会环境的制约。传播者首先是一定社会中的成员，而社会成员在社会中的任何活动必然要受到其所处社会环境如政治制度、经济制度、社会价值体系、文化氛围等的制约。传播者的信息发送活动自然也不例外。（2）传播者自身因素的制约。传播者自身因素中有三个方面对其把关活动的影响最大：一是个人的世界观、价值观；二是个人的个性特征，包括其个性、兴趣、爱好等等；三是个人的认识水平和传播能力。传播者选择怎样的信息发送、以怎样的方式发送，都会受到其认识水平和传播能力等因素的影响。

2. 受传者对信息的接收和接受

受传者接收和接受所传信息是认识传播的第二阶段。当传播者将一定的信息内容通过相应的媒介传送出去后，受传者就有可能接收到相应的信息内容。受传者对传播内容的接收和接受是一个积极主动的过程，就是说，受传者具有自主性和选择性。同时，受传者又要受到一系列主客观因素的制约，如要受到受传者所处的社会环境、接触媒介的程度等的制约。

受传者对所传信息的接收和接受是一个复杂的过程。一般来说，这一过程包含着选择性注意、选择性理解和选择性记忆等三个重要环节。

选择性注意是受传者在认识传播过程中的第一个活动。从心理学上看，人的注意力只主动注意那些与自己固有观念相一致以及为自己所需要和关心的信息，而忽视或主动回避那些与自己固有观念相悖或自己不感兴趣的信息。在认识传播过程中，受传者是有选择、有定向的注意者，是对他们感兴趣的传播内容的主动的"觅信者"。受传者只有注意和接收到相应的信息，这些信息才能引起受传者的相应活动。主动觅信的活动使受传者从传播过程中的被动、受动的客体地位转换到积极的主动地位，使传播活动不至于变成传播者单方面的"灌输"过程，也使受传者不至于变成单纯的"靶子"或"容器"。

如果说选择性注意是信息接受通道上的第一关，那么选择性理解就是这个通道上的第二关，并且是最难过的一关。所谓选择性理解，是指具有不同心理特征、文化倾向和社会地位的受传者会以不同的方式解释传播内容。在受传者所注意到的所传信息中，只有一部分才被受传者所思考并形成关于它的深层认识。受传者的这种深层认识，是具有选择性的。受传者在理解传播内容时总是有意或无意地以自己已有的思维框架（包括受传者已有的经验、知识、价值观念乃至情感、态度、需要）作为参照。"由于兴趣、信念、原有的知识、态度、需要和价值观念等等这些认识因素上的差异，具有不同认识结构的人们实际上对任何复杂的刺激都会产生不同的认识即赋予意义。"① 有时，受传者甚至还能以自己的理解去主动发现和解释隐含在其接收的信息里面的一些东西，引申出一些新的意义。在这种情况下，就表现出选择性理解的"再创造"的作用。一般来说，受传者要受到被理解对象的制约，如果他与传播者遵循的是同一思维逻辑，具有同一层次的知识水平、认识能力和相同的价值观念，那么，他对传播内容的理解就与传播者的本意大体相近；反之，则会因实践经验、知识水平、思维方式、价值观念、情感态度等的差异而使传播内容发生变形、扭曲甚至与传播者的本意相去甚远以至相反。因此，所受信息并不就等于所传信息，所理解的东西并不就等于传播者的原意。传播者不能指望所有被传的信息都一定能被理解和接受或人人都能理解和接受。但是，同时也应该看到，受传者的选择性理解只要不歪曲理解对象的内涵和外延，不背离所传信息的客观内容，就并非是消极的，而且还可能是积极的。人们对于世界的理解，如果没有一定程度的"再创造"，就得不到新的知识。从这个意义上说，一个信息的实际意义在一定程度上存在于受传者的创造性的理解中。

在信息传播中，已经突破选择性注意和选择性理解这两关的部分信息，要想顺利地进入受传者的大脑并在其中储存起来，还必须经过选择性记忆的再过滤。记忆是人脑对经历过的事物或活动的反映。无论什么人都不可能将自己经历过的事情完全记住或记清楚。受传者也不可能将自己注意和理解过的认识都记住或记清。人们常常对某些内容记忆深刻，对某些内容记忆模糊或只记住其中一部分内容，而对某些内容则是很快就忘记了。这种记忆上的取舍就是选择性记忆。受传者的选择性记忆，同样也受到受传者自身的需要、兴趣、性格、立场、观点等的影响。并且，一般来

---

① 坦卡特. 传播学的起源、研究与应用. 福州：福建人民出版社，1985：118.

说，受传者往往只记忆对自己有利、符合自己兴趣或与自己意见一致的传播内容。受传者在选择性注意和选择性理解之后，能够保存在记忆中的信息量大大小于传播者所传的信息。大多数信息对于受传者来说都成为过眼云烟，只有那些保存在受传者记忆中的信息才会发生作用。

总之，在认识传播过程中，传播者所发出的信息特别是新信息为受传者所接收和接受是一个复杂的过程，不是一次就能完成的。一般来说，认识或信息的内容越新，对传统观念的突破越大，所引起的不同意见和争论就越大，也就越难为受传者所认同和接受。

3. 认识传播效果的反馈

传播效果的反馈是认识传播的第三阶段。严格说来，认识的传播是传播者与受传者互为主客体的双向信息交流或对话的社会互动过程，而不是单向的、线性的和单方面的行为。传播不是任何个人、群体或组织单方面的事，而是双方建立共知、共识、对话的互动性的活动过程。虽然受传者在理解传播内容时就已表现出与传播者之间的某种对话关系，但那种对话还只是一种没有公开表达的对话。只有在认识传播活动的反馈阶段，认识传播活动的两极——传播者与受传者之间才实现了真正的对话与交流。

认识传播效果的反馈有两种途径。一是受传者在收到传播内容以后，经过一定的思考和理解，针对传播内容形成一定的看法或意见，并把自己的看法或意见以某种方式主动地回送给传播者，从而实现与传播者的正面对话和交流。二是传播者在发出信息以后，主动地到受传者中去了解他们的看法和意见，从而获得反馈信息。

认识传播效果的反馈之所以是传播过程的必要环节，是因为：第一，传播的反馈有助于传播者了解认识的传播效果，包括受传者是否收到传播信息、受传者对传播信息的接受情况如何、传播是否达到预期目的等等。检验和衡量传播效果最直接、最真实、最权威、最可靠的标尺就是受众的反馈。第二，认识传播的反馈使受传者转为传播主体，使传播由"讲话-听话"结构转为有回路机制的"对话"结构。这样就可以使传播过程得以在主客体之间的双向交流互动中不断地延伸。第三，传播者与受传者在传播效果的反馈阶段可以进行思想的碰撞和交流。在认识的发展过程中，不同观点、不同视角、不同方法、不同意见之间的碰撞、研讨和争论，既有利于参与讨论和交流的各方深化对有关问题的理解和认识，也有助于整个人类认识的丰富和发展。卡西尔说过："真理就其本性而言就是辩证的思想的产物。因此，如果不通过人们在相反的提问和回答中的不断地合作，真理就不可能获得。"① 第四，传播者了解反馈信息后，可以有针对性地改进传播手段和方法，进一步优化传播效果。这既是受传者反馈信息的目的，也是传播者寻求和接受反馈信息后理应采取的行动。受传者通过反馈向传播者表达自己的愿望和意见，希望传播者在有关方面作出相应的调整和改变；而传播者根据反馈信息，可以适时地作出调整，从而达到双方预期的结果。正是因为传播效果的反馈能够实现传受双方的真正交流，促进传受双方认识水平的提高，实现传播效果的最优化，所以，无论是传播者还是受传者都应当主动地参与认识传播效果的反馈活动。对于受传者来说，应该具有责任感和使命感，对于那些有意义的传播内容，应积极地进行思考和讨论，并在思考和讨论中使自己得到提高。对于传播者而言，也不能只是被动地接收或接受反馈信息，而应当成为反馈信息的主动"觅信者"，积极运用各种方法和手段来获取反馈信息。同时，面对反馈意见的冲击，传播者应予以认真思考，在反思中发展自己的认识。

三、认识传播的作用和意义

认识的传播是人的认识过程中的重要一环，它对于人的认识的丰富、完善和发展具有特殊的意义。同时，认识的传播又是人类社会生活中的一种重要的社会现象，它在人本身和人类社会的发展中起着极其重要的作用。考察和说明认识传播的作用和意义，也是我们研究认识传播问题的一个重要任务。

---

① 卡西尔. 人论. 上海：上海译文出版社，1985：8.

（一）认识传播与认识的丰富、完善和发展

认识的传播作为人类的一种认识活动，具有极大的认识论意义。这主要表现在以下三个方面：

首先，认识的传播极大地丰富了人的认识。之所以说认识的传播丰富了人的认识，是因为：

第一，认识的传播丰富了单个个体的认识。人要生存和发展，必须对外部世界有所认识和了解，从而适应外部世界的发展变化。然而，个人在其有限的一生中，通过自己亲身实践所能取得的认识总是有限的。同样，一个组织所能取得的认识也是有限的。人际传播、组织传播、大众传播，可以使人与人、组织与组织之间建立起信息的流动通道，丰富各自的认识。如古埃及的僧侣告诉柏拉图大西湖的存在，现代的卫星电视可以将南非的新闻在北美直播。认识在传播中达到人类共享，从而丰富了单个个体的认识。可以说，在现代社会中，个人的知识绝大部分不是依靠亲身实践而来的，而是在与外界的接触中获得的间接知识。特别是人类进入大众传播时代以来，大众媒介不断地向受众传播新思想、新经验、新技术，认识的传播已经成为人们积累知识、丰富知识的最主要渠道。

第二，认识的传播丰富了整个人类的认识。认识的最初形态都是存在于单个个体的头脑之中的"个体性认识"。这种个体性认识与个体本身密切相关。一方面，它是在个体主体的亲身实践中获得的；另一方面，它又以个体的生理性存在为转移，会随着个体的死亡而消失。通过认识的传播，就可以使个体性认识获得更广泛的存在，从而避免人类的认识可能因个体死亡而中断。避免人类认识的中断也就是对人类认识的一种丰富。在人类历史上，有很多这样的例子。哥白尼面对教会的强大压力，百般犹豫，终于在临终前出版了《天体运行论》，使日心说的传播不至于无限期推迟。

个体性认识是这样，由个体性认识转化而来的组织性或大众性的认识也是这样。一种文明的消亡，不仅是指该文明的创造者的消失，更是指该文明所获得的认识成果的消失。马克思和恩格斯早在 1845 年就指出："某

一个地域创造出来的生产力，特别是发明，在往后的发展中是否会失传，完全取决于交往扩展的情况。"① 当一种文明所获得的认识成果通过传播依然留存于世时，即便该文明的创造者不存在了，我们仍然可以说该文明存在于世界文明的宝库中。可以说，人类文明的留存离不开认识的传播。

当然，认识的传播在丰富人类认识的同时也存在着一些需要注意的问题。被传播的认识总是真假混杂、良莠并存的。真的知识、假的知识都可以涌入信道，到达受体；即使是真的知识，也有对受体产生好的还是不好的效果的问题。

其次，认识的传播也有助于完善人的认识。

认识的传播为认识的完善提供了可能。认识的传播可以使个体性认识为他人和社会所知晓，从而能够在他人和社会的接受活动中受到批判、检验和完善。

认识的传播事实上也不断地完善着人的认识。这主要表现在受传者的接受活动和认识传播效果的反馈活动中。

在认识的传播过程中，当传播内容借助于一定的传播媒介到达受传者时，受传者并非被动地接受。受传者本身也是能动的主体，面对其所接收到的信息，受传者会有所行动，并进行反馈。

受传者的行动包括选择性的接收或拒斥。从传播心理学上看，受传媒的权威性、传播者与传媒的接触频率及受传者自身因素等的影响，受传者对所接收到的信息会依次进行选择性注意、选择性理解和选择性记忆。受传者的这种选择性接受除了受制于个人因素和社会文化因素外，也受到相关实践活动的影响。受传者对所接收的信息的实践检验，对于信息的取舍有重要作用，甚至起决定性作用。从科学史上看，伽利略在比萨斜塔进行的抛球实验，证伪了亚里士多德的重力学说。而 1919 年爱丁堡公爵对光在经过太阳强磁场时偏折的观察报告，证明了广义相对论的正确性。当受传者将选择性取舍的结果反馈给传播主体时，受传者就成为传播主体。受传者依据实践作出的选择，对认识的完善起着重要的作用。同样，原来的传播主体、现在的传播对象，也可以有所行动并作出反馈。于是，人的认识

---

① 马克思，恩格斯. 马克思恩格斯选集：第 1 卷. 2 版. 北京：人民出版社，1995：107.

在传播中不断地得到修正和完善，由此不断地向真理逼近。

最后，认识的传播也有助于发展人的认识。

马克思主义认识论认为，认识是在实践中产生的，也只有在实践中才能得到检验和发展。而要使在实践中产生的认识得到检验和发展，往往首先必须使它在一定的范围内得到传播。这是因为，一方面，使一定的认识得到检验和发展的实践并不是单个人的事，尤其不是一定认识的发现者单个人的事情。事实上，要求所有的认识发现者通过亲身实践来检验和发展自己的认识也是不可能的。在科学发展史上，一些重要的科学理论提出后，其实践（实验）检验和发展一般都是在该理论得到传播后由别的科学家完成的。另一方面，任何个体的认识能力都是有限的，任何个体所获得的认识都只能是对客观事物某一层次、某一方面的反映。只有借助于其他人的智慧，才能有效地把认识推向前进。而要做到这一点，也必须首先使认识得到传播，使认识为他人所知晓。

在认识的传播过程中，传播内容由传播者发出，通过一定的传播媒介到达受传者，受传者对其作选择性接受。而对于具有主观能动性的人来说，在已接受的信息的基础上进行创新，就能够形成新的认识。认识的传播引发创新从而发展人的认识，这在历史上特别是在文化交流史上不乏其例。例如，活字印刷术为我国宋朝的毕昇所发明，大约在1258年，我国的印刷术沿着丝绸之路传向中东地区和西方，在欧洲，德国人古登堡在活字印刷术的基础上，创制出铅活字和手压印制设备，并在欧洲发展出现代印刷术。

（二）认识传播与人和社会的发展

认识的传播不仅有助于丰富、完善和发展人的认识，具有重要的认识论意义，而且还有助于人和社会的发展，在社会生活的各个方面都发挥着重要作用。

1. 认识传播与人的发展

首先，认识的传播能够促进人的社会化，从而能够推动人自身的发展。人是社会的人，认识的传播在人从自然人向社会人的转化中，发挥着不可替代的作用。"所谓社会化，是指在特定的社会与文化环境中，个体形成适应于该社会与文化的人格，掌握该社会所公认的行为方式。"[①] 人的社会化过程是个体内化社会规范、继承社会文化、形成和完善自我意识的过程，同时也是一个不断地改造、适应、再改造、再适应的复杂过程，这一过程贯穿于人的一生。对儿童来说，通过认识的传播，他们可以从媒介内容中得到许多经验、知识，认识外界事物的发展变化，从而较好地适应社会发展的需要，培养起适应社会生活和应付各种社会事物的能力。有研究表明，较早和较多接触媒介的儿童的社会化程度要远远高于生活在闭塞环境中的儿童。对成人而言，也存在着一个继续社会化的问题。在成人的继续社会化过程中，认识的传播依然起着重要的作用，是把个体与周围世界紧密联系起来的纽带。认识的传播，使人们的视野不断扩大，能够更加准确地理解和把握其所生活于其中的群体的共同信念、生活方式、道德准则和价值观念及其变化情况。

其次，认识的传播有助于提高人的认识能力，促进人的观念变革，丰富人的精神世界，从而推动人的发展。如上所述，认识的传播对于人的社会化有重要促进作用。它实际上表明了一个社会内部的人是如何形成其观念世界的。而人的观念世界形成后，并非是一个一成不变的东西。随着社会的发展，必须会有新的认识不断产生。新的认识又会通过传播而进入人的观念世界，从而必然会促进人的认识能力的提高、观念的变革和精神世界的丰富。

2. 认识传播与社会的发展

人类社会生活包括政治、经济、文化等不同的领域。认识的传播对社会发展的促进作用，也具体表现在对政治、经济、文化发展的促进作用上。

第一，认识的传播能够促进社会政治的发展。政治是社会生活的一个重要方面，它与社会生活的其他领域有着密切的联系并处于相互作用之中。在社会生活中，认识的传播特别是那些关于社会的认识的传播，常常

---

① 沙莲香. 传播学：以人为主体的图象世界之迷. 北京：中国人民大学出版社，1990：178-179.

这样那样地影响着政治，甚至直接服务于政治。对于政府而言，认识的传播可以帮助他们传播政策，宣传法律，稳定社会秩序，协调社会行动。对于人民而言，认识的传播可以帮助他们了解政府工作，监督从政人员；表达民情民意，影响政府决策；了解自己的民主权利，促进社会民主的发展。

第二，认识的传播能够促进社会经济的发展。在当今社会，传播是促进经济发展的重要手段，也是一种具有极大潜力的经济力量。首先，认识的传播能够为经济发展创造有利的条件。特别是在当今世界上，认识的传播活动可以为经济发展创造合适的环境和条件，如可以促进人们观念的更新和生产技术水平的提高。认识的传播还可以使社会经济的发展在更大范围内运作，还可以大大加速不发达国家实现现代化的步伐。其次，认识的传播可以使人们都成为经济发展的推动者。在经济发展过程中，认识的传播活动可以向人们提供关于国家发展、经济变革的信息，向人们传授必要的技术和知识，还可以使公众通过媒介参与社会决策过程，为国家的经济建设服务。

第三，认识的传播也能够促进社会文化的发展。认识的传播对文化发展的影响是持续而深远的。这种影响主要表现在以下几方面：一是传承文化。认识的传播活动可以使传统文化中的精华得到继承，使之世代相传并与其他文化相互作用。二是选择和创造文化。通过认识的传播活动，人们可以接触到外来文化。面对外来文化，既不应一味地排斥，也不应全盘照搬。一味地排斥外来文化，会造成自身文化的封闭和僵化，并最终会阻滞自身文化的发展；全盘照搬外来文化，同样也不利于自身文化的发展，因为全盘照搬外来文化必然会扼杀自己文化的母体，而没有母体的文化是无法与其他文化进行交往和互补的。正确的态度是依据一定的标准对外来文化的积极因素予以合理选择，并结合自身文化对其加以创造性转化，由此促进自身文化的创造性发展。三是积淀和享用文化。认识的传播使人类的文化在历史的长河中得以积淀。文化传播的时间愈久远，文化积淀就愈深厚。而悠久深厚的文化，又为文化的享用提供了丰富的内容。值得注意的是，认识的传播对文化积淀的作用是动态的，文化的积淀并不是一种封闭的、仅仅将历史上的文化简单机械地传递下去的过程，而是一个创造性的过程。文化在世代相传的过程中，也会被不断地筛选，有的内容会被淘汰，有的内容会被改造，有的内容会被弘扬，还会不断地形成和吸纳一些新的内容。

当然，讨论认识传播在社会发展中的积极作用，也必须注意其可能的消极作用。例如，错误认识的传播会给人们以误导，使人们的实践出现失误。特别是在当代社会，认识的传播早已由个体传播发展到大众传播，如果所传认识有误，可能会引起灾难性的后果。20 世纪初，一些国家的法西斯政府就是通过错误东西的传播，煽动起民众的军国主义热情和整个社会心理的狂热，使法西斯主义迅速蔓延，进而酿成给世界带来巨大灾难的两次世界大战。

总之，认识的传播具有多方面的重要作用。在认识的传播活动中，我们应努力发挥其积极作用，克服和避免其消极影响，使之更好地为人类服务。

第八章　认识传统

　　研究认识传统问题，有助于推动马克思主义认识论研究的深入发展，具有重要的理论意义。马克思早在手稿中就强调指出："如果心理学①还没有打开这本书即历史的这个恰恰最容易感知的、最容易理解的部分，那么这种心理学就不能成为内容确实丰富的和真正的科学。"② 要发展马克思主义认识论，我们必须从马克思所言的历史的、传统的基础出发，将认识论的研究和唯物史观结合起来，将认识的本质理解为人的本质的一种表现方式，即以逻辑的方式体现出来的人与世界的意义关系。这样，我们就可充分借鉴当代科学哲学、哲学解释学以及文化人类学研究的理论成果，从更广阔、更深层的历史文化传统中发掘人类认识的丰富内容，实现认识论与唯物史观的内在结合，从而不仅把马克思主义认识论推向前进，而且促进整个马克思主义哲学的发展。

　　研究认识传统问题，不仅具有重要的理论意义，还具有重大的实践意义。人的生存问题、人的主体性问题，是当代社会实践中日益凸显的问题，因而也成为人文社会科学和哲学研究竞相涉入的热点问题。马克思主义哲学要保持自己作为时代精神的精华的地位，就必须对以上问题作出正

---

　　①　马克思在此处借用了费尔巴哈的术语，将认识论称为"心理学"。
　　②　马克思，恩格斯. 马克思恩格斯全集：第 42 卷. 北京：人民出版社，1979：127.

确回答，并有效地指导社会实践向着有利于人的生存和发展的方向发展。我们研究认识传统问题，就是要从哲学反思的层面揭示认识传统在认识活动中的重要地位，以及人在社会历史实践中的自我实现方式，并以此回应当代实践中关于人的自由和解放这一归宿性问题。

一、认识传统研究的理论源流

黑格尔说过："我们的哲学，只有在本质上与前此的哲学有了联系，才能够有其存在，而且必然地从前此的哲学产生出来。"[①] 对认识传统的研究，必须以批判地继承、吸收以往哲学思想史的合理因素为前提。在哲学思想发展史上，虽然还没有人提出专门的"认识传统"概念，但有一些哲学家却对与此相关的问题展开过有益的探讨。

（一）哲学史上的有关探讨

在近代西方哲学史上，有些哲学家把消除前见、传统作为正确理解和认识的前提条件。第一个涉及认识传统问题的是培根。他认为，阻碍人类正确认识的有四类假相，即种族假相、洞穴假相、市场假相和剧场假相，而认识的使命就是"把所有这些东西都弃尽屏绝，使理解力得到彻底的解放和涤洗"[②]。培根的"四假相"学说对关于认识传统的研究有两点启示：第一，他对四类假相的区分有助于我们把握认识传统的构成要素；第二，认识传统具有选择功能。当然，培根的探索是以否定的形式出现的，在认识传统的作用问题上，他也只看到了消极的一面，而没有看到积极的方面。

康德是认识论史上第一个以肯定的方式涉及认识传统的人。在《纯粹理性批判》中，康德探讨了使知识具有普遍必然性的先天认识形式——"直观形式"和"范畴"。"直观形式"就是在感性阶段用以接纳对象的时

[①] 黑格尔. 哲学史讲演录：第 1 卷. 北京：商务印书馆，1983：9.
[②] 培根. 新工具. 北京：商务印书馆，1984：44.

间和空间，而范畴则包括在知性阶段用来综合、统一感觉材料的思维形式，如因果性、可能性、现实性等十二对范畴。康德理论的积极意义在于，肯定了先天认识形式具有规范、组织、构造认识对象的积极功能，使认识由被动的映射转变为主动建构，标志着认识论的革命性转折。但对于先天认识形式如何产生的问题，康德简单地归结为先验的来源，这实际上回避了问题。培根和康德的研究只是以不同的方式涉及认识传统问题，真正成形的认识传统理论是在现代西方科学哲学和哲学解释学的发展中形成的，它主要包括以下两个方面：

一是科学哲学历史主义学派的研究。波普尔提出"背景知识"概念，认为任何科学研究都是在知识提供的前提条件下进行的。库恩在分析科学进步的模式时，提出了他的"范式"理论。在《必要的张力》中，库恩将"范式"称为收敛性思维占统治地位的"专业母体"。他认为，"专业母体"的成分有符号概括（可化为逻辑表达式的部分）、模型（提供类比和本体论）、范例（具体的题解）等，也就是指一定的科学共同体所共有的信念、理论、方法的模型或框架。但库恩认为，范式转换是突然发生的，且范式之间不可通约。这就无法解决新范式取代旧范式的时间界限和二者间的继承关系问题。拉卡托斯的"研究纲领"对库恩的理论做了修正，他提出了"硬核"和"保护带"的概念。研究纲领的特征是具有一个由背景知识构成的"硬核"，它是经过长期试错后形成的，并且它神圣不可侵犯，一直受到由辅助性假说与观察所构成的"保护带"的保护。

二是哲学解释学的探讨。海德格尔认为，理解不单是主体面对客体的认识活动，而首先是此在的存在方式，是"此在的前结构向未来进行筹划的存在方式"。他还指出，任何理解、认识活动都建基于由先有、先见和先设组成的"前理解"。"先有"是指人的社会文化背景、传统习俗以及民族心理结构等；"先见"将"先有"提供的各种可能性现实化，它具有选择的功能，把我们引向一个特殊的问题域；"先设"指我们在探讨这个问题域时所共同确立的假设。伽达默尔是现代哲学解释学的真正创始人，他积极肯定了"前见"（成见），认为它是人的真实的历史存在状态，是一切理解的前提或"视界"（horizon）。他认为，理解不是针对一个"所与"对象的主体行为，而是一个"视界融合"的过程，是一个表现人与自己的历史、传统以及未来存在的关系行为。历史与现实的"时空间距"不是理解应消除的东西，而是理解得以滋生的基础。解释学的这些探讨，对认识传统问题的研究有重要意义：第一，将认识传统问题与人的生存、发展等社会历史实践中的问题结合起来探讨，有利于阐明认识传统的真实基础；第二，"视界""视界融合""效果历史"等概念有利于探讨认识传统的形成、发展及作用机制；第三，对语言的关注，启示我们借助符号分析等方法研究认识传统问题。但解释学的研究也有种种弊端，如过分注重语言分析、忽视实践阐释、排斥客观性、陷入相对主义的理论困境等。

（二）马克思主义经典作家的有关论述

早在手稿时期，马克思就意识到了人的背景知识、现实生存状况等因素对主客体认识关系的影响。他说："忧心忡忡的穷人甚至对最美丽的景色都没有什么感觉；贩卖矿物的商人只看到矿物的商业价值，而看不到矿物的美和特性；他没有矿物学的感觉。"[①] 到了写作《法兰西内战》时，马克思的这一思想已融入了丰富的历史内涵。他说："一切已死的先辈们的传统，像梦魇一样纠缠着活人的头脑。当人们好像刚好在忙于改造自己和周围的事物并创造前所未闻的事物时，恰好在这种革命危机时代，他们战战兢兢地请出亡灵来为他们效劳，借用它们的名字、战斗口号和衣服，以便穿着这种久受崇敬的服装，用这种借来的语言，演出世界历史的新的一幕。"[②]

在《反杜林论》中，恩格斯批判了主观意志论，认为人的创造、认识活动"是在十分确定的前提和条件下创造的。……甚至那些萦回于人们头脑中的传统，也起着一定的作用，虽然不是决定性的作用"[③]。在《自然辩证法》中，恩格斯已经明确地提及认识论与历史科学的统一问题了。他说："每一个时代的理论思维，从而我们时代的理论思维，都是一种历史

---

① 马克思，恩格斯. 马克思恩格斯全集：第42卷. 北京：人民出版社，1979：126.
② 马克思，恩格斯. 马克思恩格斯选集：第1卷. 2版. 北京：人民出版社，1995：585.
③ 马克思，恩格斯. 马克思恩格斯选集：第4卷. 2版. 北京：人民出版社，1995：696.

的产物，……因此，关于思维的科学，也和其他各门科学一样，是一种历史的科学，是关于人的思维的历史发展的科学。"①

以上引述表明，马克思、恩格斯已注意到了人的背景知识、现实生存状况，以及历史文化传统等因素在认识活动中的影响和作用。尽管他们的论述十分零碎，且散见于不同的论著中，但若将它们统一起来加以考虑，对我们今天的认识传统研究仍具有重要的指导意义。

在《唯物主义和经验批判主义》一书中，列宁关于认识论研究必须遵循历史唯物主义原则要求的有关论述，对研究认识传统具有重要意义。

首先，列宁强调马克思主义认识论的历史主义原则。在"认识论中的实践标准"一节中，列宁针对马克思《关于费尔巴哈的提纲》的第二条中"离开实践提出'人的思维是否具有对象的〈即客观的〉真理性'的问题，是经院哲学"的论述，建设性地提出："生活、实践的观点，应该是认识论的首要的和基本的观点。"② 生活是人的现实的历史活动，实践是人改造客观世界和改造自身的创造活动。以生活、实践作为马克思主义认识论的基础，就是要从历史-传统的层面探讨认识论问题。这样，列宁就把历史主义原则引入了认识论研究。

其次，列宁深入分析了认识客体和认识主体的历史性。在"什么是物质？什么是经验？"一节中，列宁指出，哲学的物质概念不同于具体科学的物质概念，它是一个抽象概念。从哲学认识论的角度看，物质的唯一特性就是客观实在。哲学意义上的物质概念只能历史地进入人的认识视野。所以，认识客体具有历史性。在"自由和必然"一节中，列宁认为，人的认识过程，就是不断地把自在之物转化为为我之物的过程，也就是主体不断获得、发展自由的历史过程。因此，对认识主体的考察，也必须坚持历史主义原则。

以上所述，只是马克思主义经典作家们有关认识传统问题的一些概要性、原则性的论述。整理经典作家们的这些论述，并结合当代人文社会科学和自然科学的最新发展，深入、系统地研究认识传统问题，是马克思主

---

① 马克思，恩格斯. 马克思恩格斯选集：第4卷. 2版. 北京：人民出版社，1995：284.
② 列宁. 列宁选集：第2卷. 3版修订版. 北京：人民出版社，2012：103.

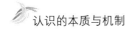

义认识论研究所面临的迫切任务。

二、认识传统的本质及基本特征

那么，什么是认识传统？认识传统具有哪些基本特征？这些是我们研究认识的传统所要回答的最基本的问题。而要准确地把握认识传统的本质规定性，首先必须从哲学上弄清什么是传统这一问题。

（一）什么是传统

无论在东方还是西方，"传统"一词都有悠久的历史和丰富的内涵。在中国古代文献中，"传"字最早见于甲骨文，其本义是"驿站"，后来依次引申出"传达""延续"的意义；"统"字较早见于篆文，其本义是"丝的头绪"，后来依次引申出"系统""纲要"的意义。在以后的发展过程中，"传统"结合为一个词，指称世代沿传下来的、具有根本性的模型、模式、准则的总和，其中包含着文化的深沉积淀。在西方，"传统"一词的拉丁文为"traditum"。在罗马法中，这个词表示转移私人财产拥有权的一种方式。英文的"tradition"即由此词演变而来，《牛津英文词典》（第 4版）将之定义为"passing of beliefs or customs from one generation to the next"，意指从过去延传到现在的信念或习俗。

根据以上论述，传统可被定义为"围绕人类的不同活动领域而形成的代代相传的行事方式，是一种对社会行为具有规范作用和道德感召力的文化力量，同时也是人类在历史长河中的创造性想象的沉淀"[①]。

这一定义表明传统具有以下一些特征：第一，传统具有时间性，是"过去"和"现在"的统一体。一切传统都是过去的东西，但它又延传至今。"过去"是传统的属性之一，但我们不能离开过去和现在的关系来谈传统。第二，传统具有社会整合性。一切传统都是人的社会性言行的历史积淀，它不仅对言行者个人有意义，更重要的是要指向他人的言行。即是

---

① 希尔斯. 论传统. 上海：上海人民出版社，1991："译序"第 2 页。

说，传统是具有社会整合性质的言行，它具有使同一传统的群体凝聚在一起的稳定作用。第三，传统具有变异性。传统在延传过程中保持着某些共同的主题，同时在代代相传中又发生着种种变异。因此，它表现为一条世代相传的事物之"变体链"（希尔斯称为"chain of transmitted variants of a tradition"），它使代与代之间保持了连续性和创新性，给人类生活带来了秩序和变革。

传统并非静止的东西，在历史长河中，它有其形成、发展的动态过程。传统都是有其"原本"（the original）的，原本是传统的初始模型。传统的初始言行是在这样一种体系中进行的：它有其特定的初始行动者（发言人），有其特定的受动者（受话人），还有其特定的发生环境（包括时代背景）或参照系。在传统的原型中，所有这些都是特定的、不可代替的。随着时间的推移和历史的发展，原本逐渐被认为是具有权威性的东西而为群体所接受，成为凝聚群体的力量，这样，原本就逐步地形成为传统。传统的发展过程是传统的原本不断更新的开放的过程。诚然，传统是过去了的东西。就其形成之初而言，原本是绝对确定的、封闭的。但如何对待传统，则是属于现在和将来的问题，因而是不确定的、开放的。我们总是根据新的参照系对旧传统作出评价和解释，这样传统也就成为有生命的东西。尼采说过，只有从现在的最高力量的立场出发，你才可以解释过去。否则，传统就像任何过去了的东西一样，是一具僵尸。

传统是一个历史过程，是一连串对原本的再理解、再认识。传统和理解、认识是一而二、二而一的东西。二者都在原本内部，都是原本的活动过程。利科尔指出：理解、认识不是"对原本所作的活动"（the act on the text），而是"原本的活动"（the act of the text）。前者把理解、认识看成是主体针对某一确定对象的主观活动，是西方传统的认识论观念。后者把理解、认识看成构成传统的内在因素，是传统及其原本本身的客观活动过程。按照前一种观念，人对传统的认识与传统本身处于外在关系之中，不可能参与到传统之中去，因而也无法使旧传统转化为创新的力量，旧传统也永远与我们保持着历史间距。按照后一种观点，由于人对传统的参与，旧的东西可以通过理解、认识而成为新的东西，远离我们的东西可以通过

解释而化为贴近我们的东西。

(二) 什么是认识传统

所谓认识传统，是指某一认识共同体在长期的认识活动中逐渐形成的、为该共同体的成员所遵循并使该共同体区别于别的共同体的认识模型。它是认识活动结果的一种历史沉淀和凝结，是由经验-知识要素、目标-价值要素和模式-方法要素组成的结构整体。

要深刻地理解什么是认识传统的问题，必须把握以下方面：

第一，从形成和发展的过程来看，认识传统是历史和现实的统一。认识传统的形成和发展与其他传统的形成和发展具有诸多共同的地方。从形成来看，认识传统是在长期的认识活动中逐渐形成的，是认识活动诸要素的一种历史沉淀和凝结。在历时指向上，它是过去的事物。同其他传统一样，认识传统也有其形成的"原本"：它有其特定的认识主体和特定的认识对象，还有其特定的认识中介工具，这些都是由特定的历史时代背景决定的。随着历史的发展和认识活动的深入，原本被认为是具有权威性的东西而为某一认识共同体的其他成员所接受，成为凝聚、整合群体认识活动的指导原则。这样，原本就逐渐成为认识传统，并且有稳定性、权威性等特征。从发展的过程来看，认识传统又不仅是属于过去的静态的东西，它为特定共同体的成员所遵循，对他们的现实的认识活动起着重要的作用。认识传统必定与认识主体的社会历史实践活动相联系，与现实相联系，并指向无限可能的未来，具有现实开放性。可见，认识传统具有两面性：它在形成的过程中，既因其具有的稳定性（权威性）而抗拒变革，力图使自身永恒化，又因新的认识条件与认识传统的原本相抵牾而不断地更新自己。认识传统的这种矛盾本性表明，它是历史和现实的统一，是在过去的认识活动中逐步形成的，但又只能存在于现实的认识活动中。

第二，从内容上看，认识传统具有丰富的内涵，是一定的结构和功能的统一体。就结构而言，认识传统既反映着某一认识共同体所共同拥有的经验-知识背景，同时也包含着该认识共同体成员共同的认识目标和价值追求，并受到其思维模式和认识方法的影响，它是由经验-知识要素、目标-价值要素和模式-方法要素组成的结构整体。在认识传统中，这些构成要素相互制约、共同作用，其具体表现是：认识传统规定着认识活动的目的和目标，是认识主体有选择地设定、处理认识客体的基本依据；认识传统制约着认识活动得以展开的方式和方法，它使认识主体借助一定的中介工具进行认识活动，从而导致新的知识的形成和新的理论体系的建立，进而丰富、发展原有的认识传统。可以说，影响认识活动的一切作用因素，全都在认识发展的历史进程中整合为认识传统。因此，认识传统是一定的结构和功能的统一体。这种内在统一性表现在，认识传统的结构是活动的结构，这种结构不是先验的，而是历史地生成的，是在具体的认识活动中发挥作用的，是具有特定功能的结构；认识传统的功能的发挥过程是认识传统的结构构造和变化过程，这个过程不断积淀而形成相对稳定的认识传统结构，同时又不断突破以往的结构系统，体现了认识的开放性。概言之，认识传统的结构是具有一定功能的结构，认识传统的功能是一定结构的功能。

（三）认识传统的基本特征

认识传统具有稳定性与可塑性相统一、延续性和变异性相统一、系统性和开放性相统一的特性。但就其主导方面而言，认识传统具有稳定性、延续性和系统性等基本特征。

1. 稳定性

认识传统是在长期的认识活动中逐渐形成的，是从众多具体的认识活动中凝聚而成的。它是前人认识经验和认识结果的积累与总结，经过了时间的检验。它还是后来的认识共同体成员选择的结果，且得到了新的补充和发展。所以，认识传统一经形成，就具有质的稳定性。正如希尔斯所言："信仰和行动的传统范型具有极大的持久性，甚至比人类设计的人工器物还更为持久；对那些力图抛弃、废除或改造它们的人来说，它们并不会完全失去约制他们的作用。"[1]

认识传统的稳定性源于认识传统各组成要素的稳定性。具体而言，它

---

[1] 希尔斯. 论传统. 上海：上海人民出版社，1991：267.

包含经验-知识要素的稳定性、目标-价值要素的稳定性和模式-方法要素的稳定性。经验-知识要素作为认识共同体成员认识结果的一种历史沉淀，是该共同体对于外部世界的整体观念和总体看法，即劳丹所言的"一种本体论和形而上学的假定"。作为对外部世界的整体观念和总体看法，它不同于人们对于具体事物的具体看法和观点，它是经过长时期积累、更新的结果。在认识传统中，它具有基础性的地位，从某种程度上说，它已具有了信仰的性质。目标-价值系统是主体有选择地设置认识客体的基本依据和主体能动地认识客体的动力系统。它作为一种动力和内驱力推动着认识活动不断发展，又作为一种价值追求引导着认识共同体成员的认识行为。模式-方法系统则是认识传统规范功能的具体体现，它是思维风格、思维习惯和认识方法的统一。认识传统一经形成，它就有成形的模式-方法，并因而具有规范功能。

认识传统的各组成要素相辅相成、融为一体，使认识传统具有强大的稳定性。这种稳定性是某一认识传统走向成熟的标志。正如库恩在分析"范式"时所言，承认了某一范式，该学科就获得了稳定性，而稳定性是学科走向成熟的标志。另一方面，在成熟的科学中，科学共同体对范式的心理依赖非常强烈，推翻某一范式，将产生极大的心理创伤，如同一次政治大变动。当然，认识传统的稳定性并不是僵化性，它是面向新的认识环境和对象的一种动态的稳定，具有立足现实、指向未来的可塑性。否则，这种稳定性就有可能使认识传统绝对化，使之发生结构僵化和功能固结，丧失更新机制，在新的社会历史条件下最终被抛弃。

2. 延续性

认识传统不仅包含着认识共同体前几代成员在认识活动的历史发展中总结和积累的经验-知识要素，而且包含着几乎根深蒂固的价值观念和思维模式等等。因此，后来的认识共同体成员常常在不知不觉中就认为它是合理的、实用的，愿意继承它、发展它。这使得认识传统具有如同生物遗传因子那样的延续性。认识传统的延续性是其稳定性在历史进程中的表现。

认识传统的延续性首先表现为认识传统主题的同一性。在认识传统的历史延续中，它可能经历某些变化，但它的基本要素却保存了下来，并在延传和承袭的历程中保持着同一性。希尔斯指出："作为时间链，传统是围绕被接受和相传的主题的一系列变体。这些变体间的联系在于它们的共同主题，在于其表现出什么和偏离什么的相近性，在于它们同出一源。"①在拉卡托斯的"研究纲领"中，有一个由基本假设构成的"硬核"，它是不能被放弃或修正的，它使该"研究纲领"在其发展过程中保持同一性。变化只发生在由"特设性假说"和"辅助性假说"组成的"保护带"中。

　　认识传统的延续性还表现为世代的延传性，世代的概念是表现传统持续性的一种方式。一种认识模型要被延传多长时间才能被视为一种认识传统呢？在希尔斯看来，对于这样的学术问题，不能像数学那样作出精确的回答。但他同时指出："信仰或行动范型要成为传统，至少需要三代人的两次延传。"② 我们不一定同意希尔斯的这种界定。但我们认为，只有当一种认识模型在认识发展中为一定的认识共同体所认同，并且延传好几代，对后来的认识共同体成员产生持续不断的影响时，才能成为认识传统。当然，认识传统的延续性与变异性是相统一的。传统是围绕被接受和相传的主题的一系列变体。时代在更替，生产在发展，人们总是面临新的认识和实践问题。人们必须根据新的环境、新的条件，对认识传统作出新的补充，以解决新的认识问题，到达新的实践目标。"即使人们要达到前人已达到的目标，他们也需要去作新观察和新决定，因为他们所处的环境在不断地变化。因此，人们即使要坚持遵循已被确立的范型，也需要设计新范型，因为环境要经历各种不同的变迁。"③ 认识传统在延续的过程中不断地发生变异。正是延续性和变异性的统一，才使得认识传统总是充满生机。

　　3．系统性

　　所谓认识传统的系统性，是指认识传统是一个系统，是一个由多种组成要素以一定的结构方式组合而成并具有一定功能的整体。这有两方面的含义：第一，从组成上讲，认识传统是由各种组成要素按一定的结构方式

---

① 希尔斯. 论传统. 上海：上海人民出版社，1991：17—18.

② 同①20.

③ 同①38.

组合而成的整体。这个整体是个复杂的整体，是无法从实际上加以分割的非实体性整体。在认识活动中，认识传统中的经验-知识要素、目标-价值要素和模式-方法要素相互融贯、浑然一体。第二，从功能上讲，认识传统具有系统整合功能。认识传统的各组成部分没有自己独立的认识功能，它们都不是孤立地、单独地制约和支配认识过程的。在认识传统的统一体中，各组成部分相互联系、相互制约，彼此之间存在着复杂的相互作用。各组成部分对认识的作用，不仅仅取决于它本身，还取决于与其他组成部分之间的关系，取决于它在整个认识传统中所处的地位。

当然，认识传统并不是一个静态的封闭结构，而是一个动态的开放系统，它是系统性和开放性的统一。认识传统在本质上是历史文化的积淀和社会现实生活的反映。新的信息不断渗透、沉淀到主体的认识中，充实着认识传统，成为认识传统的新要素，从而使认识传统的内容不断更新。认识在发展，认识传统也在发展。社会现实生活的创新性决定了认识传统永远是一个开放的系统，是一个无穷无尽地进行着内容更新、结构变革的动态整体。

三、认识传统的结构、形成和发展

认识传统作为一个系统整体，它的组成要素有其内在的结构层次。认识传统不是静止不变的，它有形成、发展的动态过程。考察认识传统的结构、形成和发展，对于理解和把握认识传统也是极为重要的。

（一）认识传统的结构

在任何一个系统中，它的构成要素都是以一定的组合方式结合在一起的。我们只有弄清系统内部的结构状态，才能准确地把握其形成、发展的历程。对认识传统的研究也是如此。

1. 认识传统结构的内涵

所谓认识传统的结构，是指认识传统内部的经验-知识要素、目标-价值要素和模式-方法要素相互作用、相互联系的稳定方式。认识传统的结构，是稳定性和变异性的统一，这要求我们以动态、发展的眼光分析认识传统的结构。恩格斯指出："一个伟大的基本思想，即认为世界不是既成事物的集合体，而是过程的集合体。"① 因此，我们在进行认识传统的结构分析时，应该把认识传统看成是动态的"过程的集合体"，深刻把握以下几点：

（1）认识传统的结构是在一定的认识共同体的认识活动的历史发展过程中，由影响认识活动的各要素以一定的组合方式逐渐形成的。这种结构一旦形成，各要素之间的联系就是确定的、牢固的，甚至有某种惯性。即使认识传统的某些组成要素发生了一定程度的变化，认识传统的结构也不会随之直接和立即地发生显著变化。这就是认识传统结构的稳定性。正因为认识传统的结构具有稳定性，认识传统才得以在一定的历史时期为一定的认识共同体所遵循，才得以延传若干世代而被后来的认识共同体成员所继承。

（2）认识传统的结构是一种动态的非平衡结构。一方面，任一认识传统总要与外界的自然、社会环境和其他认识传统相互联系、相互作用。当外界的作用超过本系统结构的稳定性范围时，这一结构就会发生显著的乃至根本性的变化。另一方面，每种认识传统内部各组成要素之间总是相互作用、相互影响的。当某种组成要素发生蜕变，偏离原有的适应状态，影响到与其他要素的固有关系，并超出原系统结构的稳定性范围时，认识传统的结构也会在各要素的相互作用中发生显著的乃至根本性的变化。

（3）认识传统的结构在本质上是一种社会历史关系结构。这要求我们在分析认识传统的结构时，贯彻共时和历时相统一的原则，纠正以往结构分析中的非社会历史性倾向。毛泽东早在《实践论》中，就对认识论研究的非社会历史性倾向进行了批评。他指出，以往的认识论研究，"离开人的社会性，离开人的历史发展，去观察认识问题，因此不能了解认识对社

---

① 马克思，恩格斯. 马克思恩格斯选集：第 4 卷. 2 版. 北京：人民出版社，1995：244.

会实践的依赖关系"①。毛泽东的这一论述虽然是针对一般的认识活动而言的，但它同样适用于对认识传统的结构分析。以往的一些结构分析，只注重探讨认识与对象之间的共时关系，这样的结构分析只能是封闭式的结构分析。认识传统的结构分析必须引入历时的向度，在关注主-客共时结构关系的同时，更应注意其历时关系结构，即处于社会历史关系中的主-主结构关系。因为认识过程决不只是单一的认识主体面对客体的心理过程和逻辑过程，而更重要地是主体与主体之间、主体与社会之间双向交流、双向建构的过程。单一的共时结构分析，充其量只能说明个体的认识发展，却无法找到影响认识发展的群体合力和社会历史动力。我们应看到，认识的发展，不只是个体直接推动的结果，更重要的是群体的社会合力作用的结果。主体与主体之间的分工合作和认识交往关系是认识发展的社会推动力。这些作用必然导致主体的社会关系的历史发展，从而导致认识传统结构的历史发展。

2. 认识传统的构成要素

认识传统结构是由经验-知识要素、目标-价值要素和模式-方法要素组成的关系整体。这三大构成要素相互联系、相互作用，共同形成认识传统的整体结构。但是，它们各自在结构中的地位和作用不尽相同。

（1）经验-知识要素。

认识传统的经验-知识要素概指一定的认识共同体成员"所具有的全部经验知识单元的总和"②。这里所谓的经验，主要是指"人们在社会实践中多次重复过的某种经验模式"③。当这种经验模式多次重复以至达到一定的频率要求时，它就可以形成一种定势。在一定的认识共同体内，人们常说按经验进行研究，凭经验进行判断，这说明通过重复某种经验所形成的定势是强有力的。这里所谓的知识，主要是指一定的认识共同体所掌握的关于客观世界的某种有逻辑结构的系统化的信息组合。它不仅

---

① 毛泽东. 毛泽东选集：第1卷. 2版. 北京：人民出版社，1991：282.

② 汪信砚. 论认识的主体性//本书编委会. 中国人文社会科学博士硕士文库：哲学卷：上. 杭州：浙江教育出版社，1998：236.

③ 夏甄陶. 论认识系统. 中国社会科学，1987（2）.

包括来自客观世界的信息内容，而且包括信息内容的组合方式。在认识传统的结构中，这种信息内容的组合方式以逻辑数理的形式表现出来①。逻辑数理形式承担着组织者的作用，它将认识传统内部积累、沉淀的认知结果和知识要素结合成为有结构的系统。

经验-知识要素是认识传统结构的重要的组成要素。经验-知识要素是以往认识结果的一种历史沉淀，它作为知识背景和理论框架，为认识共同体成员接受和加工新的信息提供内在的参照系统和处理范本。一定的认识共同体的认识具有连续性、继承性，认识共同体中的前一代人的认识总是为后来的认识共同体成员提供一定的知识背景和理论框架。后来的认识共同体成员通过纵向的历史联系和横向的社会联系，通过经验-知识的转移运动，在前一代人提供的知识背景和理论框架的基础上，建构和形成新的认知结构，从而推动认识传统的发展。就起源来看，经验-知识要素中的逻辑数理形式是人类长期实践的产物，但对于特定历史时期的认识主体来说，它常常被当作公理来接受。所以，逻辑数理形式"对每个个人而言是先验的，但对于我们种族的进化发展之链来说则是后天的"②。

（2）目标-价值要素。

马克思主义认为："在社会历史领域内进行活动的，全是具有意识的、经过思虑或凭激情行动的、追求某种目的的人；任何事情的发生都不是没有自觉的意图，没有预期的目的的。"③ 认识活动总是由一定的需要引发的，总是指向和逼近一定的目标值。目标是对认识活动结果的预期展望和观念建构，它作为一种动力和内驱力推动着认识活动的不断发展，又作为一种价值追求把不同的认识主体凝聚起来为实现共同的目标而奋斗。所以，我们分析认识传统的构成要素，必须关注目标-价值要素。

认识传统的目标-价值要素与认识主体的情感、意志紧密相关。"价值（不论是肯定方面或否定方面）决不能作为对象本身的特性，它是相对于

① ② 汪信砚. 论认识的主体性//本书编委会. 中国人文社会科学博士硕士文库：哲学卷：上. 杭州：浙江教育出版社，1998：237.
③ 马克思，恩格斯. 马克思恩格斯全集：第21卷. 北京：人民出版社，1965：341.

一个估价的心灵而言……抽开意志与情感，就不会有价值这个东西。"① 目标-价值要素作为评价尺度，"尤其与意愿相关，它能知道善之为善并向往这种善"。于是，不同的认识共同体在不同的阶段有着特殊的价值追求，而同一认识共同体则有大致相同的价值追求，它们确立一个特定的价值范式，以一种相对固定的模式来观照它们全体的自由选择②。

不同的认识传统具有不同的目标-价值要素，表现为不同的理想、信仰、信念等。在认识传统中，正是这些理想、信仰、信念等，既作为一种基本规范制约和制导着认识共同体成员的认识活动，又作为一种精神纽带联结着同一认识共同体内的不同认识主体。有了它们，认识共同体成员才能在认识活动中获得群体认同感。认识传统中的目标-价值要素类似于默顿科学社会学研究中的"精神气质"概念。默顿指出，那些表现出最大程度的一致的科学家群体，是共享库恩范式的共同体。这些共同体内部所表现出来的凝聚力、团结一致和共同的信奉，是来自一种总的科学的"精神气质"。"虽然科学的精神气质并未经过系统地整理，但是，从科学家的习惯中，在无数论述科学精神的著作中，在由于触犯精神气质而激起的科学家的道德义愤中所表现出来的道义一致性上，可以推断出科学的精神气质。"③

（3）模式-方法要素。

认识传统的模式-方法要素是针对认识传统所具有的思维模式和认识方法而言的。

这里所说的思维模式，特指认识共同体成员在认识活动中所表现出来的独特的思维风格、思维习惯、思维方式等。思维模式的本质内涵是对人们"怎样思维"而不是"思维什么"的概括和反映，它属于主体思维活动的形式方面。在一定的认识共同体的认识活动中，认识共同体的成员每天都要进行大量的思维活动，思考的内容复杂多样，思考的环境变化不一。但是，无论这些认识主体思考什么，在什么样的情况下思考，他们总是表

---

① Windelband，Wilhelm. Introduction to philosophy. London，1921：215.

② 麦克林. 传统与超越. 北京：华夏出版社，2000：7.

③ 加斯顿. 科学的社会运行. 北京：光明日报出版社，1988：20~21.

现出大体类似的思维风格、思维习惯和思维方式。这种具有相对稳定性的、定型化的思维模式标志着认识共同体思维活动的品质。认识传统不同，其所包含的思维模式也会不一样。

这里所说的认识方法，是指认识共同体成员在认识活动中所使用的一些具体的方法，如分析与综合、归纳与演绎等等。在认识史上，一种新的认识方法的形成，总要或早或迟地引起认识传统的发展、变化。在现代认识中，相继产生且并存的有三种认识方法：因果分析法、功能分析法和目的分析法。这三种认识方法与认识论研究中的反射论、发生认识论和人本主义认识论存在着不可分割的关系①。

在认识传统的构成要素中，认识方法与思维模式紧密相关。一种新的认识方法的应用能够改变认识共同体成员的思维模式，拓宽人们的思维空间，进而突破旧的理论框架，推动认识传统的发展、变化。

认识传统的各构成要素既相互区别又相互联系。经验-知识要素是认识传统结构得以建立的知识背景和理论前提，它决定着认识的可能性。目标-价值要素是维系认识共同体、凝聚认识共同体成员的精神纽带，同时，它决定着认识发生的现实性，如果没有它，认识传统中的各种知识构成要素就无法被激活，认识传统也无法现实地发生作用。模式-方法要素是认识共同体成员所共同遵循的思维方式和认识方法，这些要素在形成之初就带有强烈的个人色彩，但它一旦从具体的认识主体中"外化"出来，成为群体所接受的东西，就具有了公共性。认识传统结构的三大构成要素的地位和作用虽有所不同，但它们又是紧密联系、相互作用的。正是它们的交互作用，才使得认识传统在现实的认识活动中成为结构和功能的动态统一体。

（二）认识传统的形成

认识传统不是从来就有的，它有其发生、形成的过程。认识传统也不是在孤立和封闭的状态中形成的，它是社会历史文化积淀、整合的结果。

---

① 何萍. 人类认识结构与文化. 武汉：武汉出版社，1991：336.

1. 影响认识传统形成的主要因素

"文化决定了人的存在：表达自我的方式（包括感情的流露），思维方式，行为方式，解决问题的方式，……（各种）文化侧面，以最深刻和最微妙的方式影响着人们的行为。"① 认识传统是一定的社会历史文化在认识活动中沉淀的结晶，充满了特定的社会历史文化的内容。构成社会历史文化的要素复杂、多样，它们都这样那样地影响着认识传统的形成。其中，语言、民族心理和认识交往活动三种因素对认识传统形成的影响最为显著。

（1）语言。

马克思主义认为，语言是思维的物质外壳。作为社会历史文化保存者的语言符号，与人的认识活动密切相关。研究影响认识传统形成的要素，必须关注语言。具体而言，语言从以下三个方面影响认识传统的形成。第一，语言是"储存传统的水库"，是文化传统的载体，它极大地影响着认识传统的经验-知识要素的形成。"语言忠实反映了一个民族的全部历史、文化，忠实反映了它的各种游戏和娱乐，各种信仰和偏见。"② 作为文化的重要组成部分，语言是外在于主体的，是先于个体并久于个体而存在的社会现实，是"一种把自己的构造和规律强加于社会各成员的、超乎个人之上的力量"③。我们每一代人除了生理上与上一代人的延续关系外，总是在语言中接受文化传统的。对于必须生活于某一文化传统中的人来说，他无可选择地要接受他降生于其中的传统，因为这就是他的历史存在。他接受传统的最基本方式是学习各种符号，尤其是语言符号。正是通过对语言的学习，个体的群体化、社会化才得以实现。语言所蕴含的文化要素是一定的认识共同体成员形成大致相同的经验-知识的基础。

第二，语言表征一定的思维方式和认识方法，它极大地影响着认识传统的模式-方法要素的形成。语言是人的头脑中的"世界图景"的积极创造者，人们所使用的语言体系不同，头脑中的"世界图景"就有所不

① 周文彰. 狡黠的心灵：主体认识图式概论. 北京：中国人民大学出版社，1991：148.
② 帕默尔. 语言学概论. 北京：商务印书馆，1983：139.
③ 同②145.

同，进而形成不同的认识传统。美国语言学家、人类学家本·沃尔夫指出，语言体系极大地影响着人们的思想、行为方式。他提出了两个原理：一是语言相对性原理。人们是按照语言所强加的思维和认知方式认识世界的。他说："同样的物质现象并不能使所有的观察者对世界产生同样的认识，除非他们的语言背景相近，或是可以通过某种方式得到校准。"譬如，德国人的思辨思维方式和中国人的直观思维方式与他们的语言就有很大关系。二是语言体系的客观必然性原理。语言体系所强加的思维和认知世界的方式不以个人的意志为转移，处于一定认识传统中的人的思维方式受他所不意识到的语言形式的那些不可抗拒的规律的支配①。

第三，语言蕴含特定的行为规范和价值体系，它极大地影响着认识传统的目标-价值要素的形成。马克思指出："语言是一种实践的、既为别人存在因而也为我自身而存在的、现实的意识。"② 语言记录着人与外部世界发生关系时形成的特定的行为规范、价值观念和情感态度。所以，罗素认为，一个人接受了一种语言，就获得了按社会共同的行为方式进行认识活动的现实手段和价值前提。这样，虽然认识活动、认识过程总是个人"私有的"，但其中存在着某种超出个人范围的东西，社会性的语言的介入往往使人们以一种类似的方式从事认识活动。因此，不同的主体对于同一对象的认识过程，极其自然地有相同或类似的一面。语言能够感染那些具有类似语言的人们，唤起他们类似的期望、类似的偏好、类似的行为方式，这些恰恰是形成一种认识传统所必需的。

（2）民族心理。

所谓民族心理，是一定民族对一定客观社会关系和本民族的地位、活动、利益等方面的综合反映。它的重要特点是为民族全体成员所共有，并体现在民族成员的个体心理中。按稳定程度的不同，民族心理可分为民族日常心理和民族心理素质两部分。民族日常心理包含民族愿望和动机、民族情感和情绪等等，它们属于民族心理的表层，随民族的生存条件和利益

---

① 沙夫. 语义学引论. 北京：商务印书馆，1979：343.
② 马克思，恩格斯. 马克思恩格斯选集：第1卷. 2版. 北京：人民出版社，1995：81.

的变化而变化。民族心理素质包含民族性格、民族气质等等，它们属于民族心理的深层，可以世代相传。民族心理素质的成因具有难言的复杂性和久远的历史性。概略地说，它是民族生存条件的内化和世代相袭的历史文化在民族心理中的沉淀，是民族各个历史时期心理发展凝结、聚合的产物。

每个民族都有自己独特的心理特征。恩格斯在研究西欧社会18世纪的哲学思想史时，认为专门强调"英国人的民族特性在本质上和德国人、法国人的民族特性都不相同"① 是必要的。我们在研究影响认识传统形成的因素时，同样需强调民族心理的作用。

民族心理尤其是民族心理素质对认识传统的形成具有积极的推动作用。黑格尔曾将民族心理称为"民族精神"。他认为，民族精神"构成了一个民族意识的其他种种形式的基础和内容"②，它表现了每个民族的意识和意志的所有方面，并在该民族的科学、艺术认知形式上打下了深深的烙印。黑格尔的"民族精神"是脱离实践主体的抽象意识，是虚幻的。但就其功能而言，黑格尔的论述值得我们借鉴。特定的民族在其发展的每一个历史时代都有着基本相同的心理特征、价值追求和思维模式，这些因素恰恰是认识传统，尤其是以民族共同体为群体主体的认识传统在形成的过程中所必需的。民族精神在长期演变和历史延续中显现认识传统的特征，使其与其他群体、民族的认识传统明显区别开来。

民族心理对认识传统形成的积极作用是通过其向个体心理的转化实现的，这种转化是以文化遗传的方式进行的。一个民族的悠久历史文化有一种塑造作用，当个体出生后生活于历代积累并传递下来的同质的民族文化氛围中时，他就通过其社会化过程逐渐接受民族文化的洗礼，进而逐渐生成现实的民族心理素质。文化遗传使民族心理稳定地传承到个体心理中，使作为民族成员的个体在心理上保持着明显的群体特征，并在现实的认识活动中表现出群体的相似性和认同感，进而逐渐形成一个认识共同体。这是认识传统形成所必需的主体条件。

---

① 马克思，恩格斯. 马克思恩格斯选集：第1卷. 2版. 北京：人民出版社，1995：22.
② 黑格尔. 历史哲学. 北京：商务印书馆，1963：93.

（3）认识交往。

在马克思主义经典作家的著作里，"交往形式""交往关系"曾被作为历史唯物主义的重要范畴使用。同样，由于交往实现着认识主体之间以及认识主体与社会历史文化背景的相互作用，它在认识活动中也具有重要的地位和意义，因而也必然成为马克思主义认识论的范畴。沙夫早就指出："交际似乎是一个同一切有关认识的过程不可分割地联系着的要素……所以，如果我们要以任何合理的方式来研究认识论的话，哲学就不能不注意交际的问题，这是没有什么可以奇怪的。"① 我们在考察影响认识传统形成的因素时，必须注意认识交往的重要作用。

就其时间特性而言，认识交往有共时交往和历时交往两种形式。共时交往是同时代人之间的横向交往，交往的空间范围呈现出大小不同的序列，如科学家团体内的交往、民族范围内的交往、国际交往等等。共时交往以两条途径影响认识传统的形成：一是自由组合式。不同的认识主体通过交往，表达、评价自己的或他人的经验、知识等等。在交往中知不足，进而引起完善、修正的趋同行为。在交往中，不同的认识主体逐步地形成共同的思想观点、情感和认识目标，以此为纽带自由组合为一个认识共同体，最终形成一个既有共同的认识目标和价值追求，又有相关经验、知识、思维模式的认识传统。二是组织建构式。某一组织或个人为完成某项认识任务，通过与他人或其他群体的交往，选择具有同一认识兴趣和不同认识能力的人承担认识任务的不同方面，由此组织起具有共同认识任务的认识共同体，进而促进认识传统的形成。譬如，皮亚杰所组织的发生认识论研究所，就极大地推动了以发生认识论为核心的认识传统的形成。

历时交往是认识共同体中的成员与前代人之间的纵向联系和沟通。历时交往以两种情形影响认识传统的形成。一种情形是交往的一方（前一代人）已经不复存在，他们的知识、价值观念、思维模式等通过物质产品和精神文化产品留传给后代人，后代人则通过"解读"这些产品而同前代人进行"对话"和交往。另一种情形是，由于历史中的每一时刻都是前代人和后代人的重叠和交叉，并且任何个人都经历和兼有前代人和后代人的双

---

① 沙夫. 语义学引论. 北京：商务印书馆，1979：125-126.

重身份，因而前代人和后代人之间会形成了一条永不间断的链条，链条的每一环节都是前代人和后代人的交融。前代人的社会历史文化，尤其是生活方式、价值观念、思维模式等等，就通过这种方式传递下来，形成认识传统。

2. 认识传统的形成过程

认识传统作为一定的认识共同体成员共有的认识模型，具有群体性特征。但是，就其形成过程而言，它类似于皮亚杰发生认识论所揭示的个体认知图式的形成。它们都有一个"动作内化"（interiorization）与"图式外化"（exteriorization）的双重建构（construction）过程。所谓内化，是指一定的认识共同体成员将历史文化背景和民族心理等转化为自身的认识能力。这是种群体文化个体化、社会文化内在化的过程。所谓外化，是指具体的认识主体通过认识交往，使其认识成果成为集体、民族、人类共同的成果。这是一种个体认识群体化、类化的过程。

当然，认识传统与个体认知图式在发生根源上有着本质的区别：个体认知图式中的原始认知格局，如吮吸、抓握等功能，是通过生物基因的遗传途径获得的；认识传统则是历史文化的产物，其形成过程中的"内化"和"外化"是在一定的历史文化背景下进行的。恩格斯指出，由于"承认了获得性状的遗传，便把经验的主体从个体扩大到类；每一个体都必须亲自去经验，这不再是必要的了，个体的个别经验在某种程度上可以由个体的一系列祖先的经验的结果来代替。例如，在我们中间，一些数学公理对每个八岁的儿童来说都好像是不言自明的，用不着从经验上来证明，这就完全是'累积的遗传'的结果"①。恩格斯关于获得性遗传的论述虽然是针对人类文化的进化而言的，但用来说明认识传统的形成也是适用的。

（三）认识传统的发展

认识传统既是认识活动的历史结果，又是现实的认识活动发生的前提和基础。随着社会生产劳动和社会认识的历史发展，认识传统不断地改变着自身的构成要素，以渐进式和革命式两种形式实现自身的发展。

---

① 马克思，恩格斯. 马克思恩格斯选集：第 4 卷. 2 版. 北京：人民出版社，1995：365.

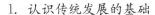

1. 认识传统发展的基础

社会生产劳动是认识发展的基础。恩格斯早就指出："科学的发生和发展一开始就是由生产决定的。"① 正是在社会生产劳动中，才产生了主客体的对立分化，产生了现实与需要、理论与实践之间的矛盾，才使得认识成为可能和必要。而"社会一旦有技术上的需要，这种需要就会比十所大学更能把科学推向前进"②。

作为认识活动及其结果历史积淀的产物，认识传统的发展同样也以社会生产劳动为基础。

首先，社会生产劳动现实地推动着认识活动的发展，进而引起认识传统的发展。在历史唯物主义中，"劳动"被界定为表征主客体相互规定、相互作用的关系范畴。马克思说："劳动首先是人和自然之间的过程，是人以自身的活动来引起、调整和控制人和自然之间的物质变换的过程。"③ 主客体之间的相互作用关系造成无尽的实践-认识需求，它们现实地推动着认识的发展。另一方面，在生产劳动过程中，"人不仅仅是自然存在物，而且是人的自然存在物，也就是说，是为自身而存在着的存在物，因而是类存在物"④。人要确证自己是"类存在物"这一特性，就必然与他人发生交往关系。这种交往首先是经济上的交往和政治上的交往，这些交往是认识交往的基础。在此意义上，我们认为社会生产劳动是认识传统发展的基础。其次，社会生产劳动历史地推动着人类文化的发展，进而为认识传统的发展奠定坚实的精神文化基础。在历史唯物主义中，"劳动"也是个历史性范畴，劳动及其产品（尤其是作为工具的劳动产品）的历史性变换和更迭可被视为划分历史时代的标尺。马克思指出，"弓和箭标志着蒙昧时代高级阶段，正如铁剑标志着野蛮时代，火器标志着文明时代一样"，而那些"与原始形态的氏族——相适应的血缘亲属制度，保存了关于全体氏族成员彼此之间的亲属关系的知识"⑤。在劳动过程中产生的是一种凝聚在

---

① 恩格斯. 自然辩证法. 北京：人民出版社，1971：162.

② 马克思，恩格斯. 马克思恩格斯选集：第4卷. 2版. 北京：人民出版社，1995：732.

③ 马克思，恩格斯. 马克思恩格斯全集：第23卷. 北京：人民出版社，1972：201—202.

④ 马克思，恩格斯. 马克思恩格斯全集：第42卷. 北京：人民出版社，1979：169.

⑤ 马克思，恩格斯. 马克思恩格斯全集：第45卷. 北京：人民出版社，1985：332，503.

生产力中的普遍的东西，生产力的发展带来生产关系的变革，而生产关系的变革又必须推动上层建筑的发展，尤其是其中的文化的发展。人类文化的历史发展为认识传统的发展提供了精神文化基础。

马克思主义认为，认识传统的发展总是以社会生产劳动的发展为基础和原动力的。"每个个人和每一代所遇到的现成的东西：生产力、资金和社会交往形式的总和，是哲学家们想象为'实体'和'人的本质'的东西的现实基础，是他们神化了的并与之斗争的东西的现实基础……"① 马克思认识到，社会生产劳动的发展（即工业的历史）"是一本打开了的关于人的本质力量的书，是感性地摆在我们面前的人的心理学"②。社会生产劳动的发展不断地推动认识的发展，进而推动认识传统的发展。

马克思的这一理论为批判解释学的代表人物哈贝马斯所继承、发挥。在批判海德格尔和伽达默尔解释学的语言本体论倾向时，哈贝马斯指出，人类的一切行为包括认识行为只有在客观的社会背景中才能得到理解和解释，这种客观的社会背景由三个方面构成：一是劳动生产的过程，二是经济发展的制约，三是这二者与语言的联系。海德格尔和伽达默尔忽略了前两方面的因素，只是单方面地肯定了作为认识传统的"前理解"对认识的制约，这样认识和认识传统就失去了发展的基础和动力。海德格尔和伽达默尔赋予"前理解"存在论的意义，但这种存在只停滞在语言的层面上，造成了语言的本体论化，他们的哲学也在语言的本体化中把更根本的人类与存在的关系遗忘了。哈贝马斯提出的补救方法是，从社会生产劳动的发展中去理解传统。这样，"传统将不再是处于未决状态的某种理解的东西，而是我们能在它与社会存在的整体的其他成分的联系中把握确定传统。以便展现传统以外的那些经验的条件，在这些条件的限制下，理解与行动的超验的法则发生着变化"③。

2. 认识传统发展的动力

认识传统发展的动力来源于认识传统的同化与顺应之间的张力。同化

① 马克思，恩格斯. 马克思恩格斯选集：第1卷. 2版. 北京：人民出版社，1995：92-93.
② 马克思，恩格斯. 马克思恩格斯全集：第42卷. 北京：人民出版社，1979：127.
③ 殷鼎. 理解的命运. 北京：生活·读书·新知三联书店，1988：273.

是认识传统依照自身的构成要素观念地建构、解释外部对象的机能。在同化过程中，认识传统的思维模式表现出收敛性，认识传统在吸收正例的活动中得到强化，认识传统以渐进性的方式发展。顺应则是认识传统改变自身的构成要素以适应外部对象的机能。也就是说，它是指认识传统在外部对象的作用下服从、适应对象，被对象改造，从而导致自身的转换。在顺应过程中，认识传统的思维模式表现出发散性，认识传统在消解反例的活动中得到保护，而当反例到达一定限度时，认识传统将出现革命性的发展。同化和顺应这两种相互矛盾的机能的统一推动着认识传统的发展。如果只有同化作用，认识传统就会出现结构僵化，最终失去发展的动力；如果只有顺应作用，认识传统就会不断地改变自身，无法获得相对稳定的形态。唯有它们二者相辅相成、在矛盾统一中保持一种必要的张力，才能真正成为推动认识传统发展的内在动力。

认识传统的同化与顺应之间的张力，不只是一种矛盾对立，它还是一种动态的平衡。所谓平衡，按照皮亚杰的理解，是指同化作用仍服从于外部对象的性质，而顺应作用又服从于用以同化外部对象的认识传统的构成要素。实际上，人类的所有活动几乎都存在着两极性倾向。在认识活动中，这种两极性倾向表现为：一方面，认识的客观性要求使人总是力图按照外部事物的本来面目反映对象；另一方面，人又总是按照自己的理论框架和思维模式去理解对象。于是，在客观与主观、现实与传统之间就形成一种张力，且保持一种动态的平衡，使认识的发展既符合主体需要，又符合客体状态。同化与顺应之间的平衡对认识传统的发展极为重要，因为平衡状态下的稳定形态是认识传统成熟的标志，而不平衡在某种程度上表征着结构系统紊乱和不完善。不过，值得注意的是，平衡不只是一种状态，它更是一种动态过程。认识传统作为系统整体，其平衡状态不可能一成不变，系统内部的各种形式的矛盾始终推动着同化与顺应之间的矛盾关系的发展，从而不断地打破平衡。同化与顺应之间平衡—打破平衡—新的平衡的辩证运动，推动着认识传统不断发展。

3. 认识传统发展的形式

认识传统的发展通常采取渐进式和革命式两种形式。

认识传统的渐进式发展是指认识传统基本符合认识活动的需要和要求，在内部结构保持质的稳定状态下，通过同化外部对象，使自身不断丰富和完善。认识传统的渐进式发展有两个特点：一是认识传统只有量的变化而无质的跃迁，认识传统的基本构成要素保持不变；二是它以同化为实现机制，即认识传统按自身的方式同化外部对象，使客体信息成为巩固、完善认识传统结构的养分。

处于渐进式发展时期的认识传统，类似于库恩所说的常规科学。在这一时期，认识共同体成员主要从事解难题的活动，而不必怀疑认识传统的构成要素。一方面，他们通过成功的认识范例（正例）强化认识传统，使认识传统更加巩固、成熟。另一方面，他们通过改变认识传统内部的边际内容或增加特设、辅助性假说，以吸收、消化反例，保护认识传统的基本内核不受破坏，化不利因素为有利因素，使认识传统更有解释说服力。例如，牛顿力学创立以后，通过吸收正例、消化反例的反馈调节活动，其内容不断得到丰富和完善，到 19 世纪就成为一个成熟的科学理论体系。

认识传统的革命式发展是指当认识传统的基本内容同客观外部环境不相适应时，调整认识传统的内容和结构，甚至使其基本内核发生根本性的质的变革，以适应新的要求。认识传统的革命式发展有两个特点：一是认识传统打破自身的稳定状态而发生了"革命"，系统的内容和结构都发生了质的转换；二是它以顺应为实现机制，即认识传统自身发生根本的变革，以适应认识新的对象的需要。

处于革命式发展时期的认识传统，类似于库恩所说的科学革命时期。在《科学革命的结构》中，库恩提出了"前科学—常规科学—危机—科学革命—常规科学"的科学发展模式。根据库恩的分析，我们认为，认识传统要实现革命式发展，须经历三个阶段：反例—发散—跃迁。反例是与认识传统的基本理论相矛盾的认识事例。反例有真假之分，假的反例是认识传统可以通过修改自身内容、结构或增加特设性假说加以解决的问题。真的反例是指认识传统的同化保护机制无法消解的问题，这类问题反映了认识传统与外部世界的矛盾，以及认识传统内部各组成部分之间的矛盾。随着反例的增加，人们对认识传统的信心开始丧失，不可遏止的疑惑开始取代认识传统内的群体认同感。发散是指随着疑惑的扩张，人们开始以批判、创造的精神活动力图打破认识传统的束缚，实现认识创新。这一阶段就是库恩所说的"思维活跃、思想开放"的发散式思维阶段。没有发散式思维，"就不会有科学革命，也很少有科学进步"，因而也就无法实现认识传统的革命式发展。跃迁是指经过或长或短的发散阶段，认识传统的内核被新的内容所取代，或认识传统的内部构成发生了重要变化。通过反例—发散—跃迁的过程，认识传统的革命式发展就得以实现。

当然，认识传统的革命式发展，并非是抛弃原有认识传统的一切要素而彻底重建，它是扬弃和继承的统一。在革命跃迁中，往往是一两种关键的构成要素发生了彻底转变，而别的要素则以新的表现形式得到了保留。

四、认识传统的作用及其优化

认识传统既具有重要的积极作用，又具有不可忽视的消极作用。如何发挥认识传统的积极作用，避免其消极作用，是我们研究认识传统所要解决的主要问题之一。

（一）认识传统的积极作用

认识过程大都会经历选择和设定对象、加工和整理对象信息、解释和理解对象信息这三个步骤。相应地，认识传统在认识中的积极作用主要表现在以下几个方面：

第一，认识传统是认识共同体成员有选择地接收和采集对象信息的参照系，它影响着认识主体对认识对象的选择、设定。

认识传统规定着认识共同体成员选择、设定认识对象的范围。认识是一种有意识的自觉的探索活动，人周围的万事万物都可以成为认识的对象，但只有它们中的一部分能现实地成为认识活动的对象。也就是说，认识对象是认识主体自己选择、设定的产物。认识传统选择、设定对象的积极作用正是针对这一点而言的。认识传统的构成要素中的经验-知识要素和目标-价值要素作为这种选择的基本参照系和价值尺度制约着认识共同体成员的认知兴趣和对象选择。马克思说："忧心忡忡的穷人甚至对最美丽的景色都没有什么感觉；贩卖矿物的商人只看到矿物的商业价值，而看不到矿物的美和特性；他没有矿物学的感觉。"[①] 在这里，除了认识传统中目标-价值要素不同之外，经验-知识背景的差异也是重要的原因。

认识传统不仅规定着认识共同体成员选择、设定认识对象的范围，而且规定着认识共同体成员对某一对象的不同侧面、属性的选择。严格说来，客体和客观事物本身是不尽相同的。客体不是对客观事物无限多样的属性的毫无遗漏的包容，在认识活动中，认识共同体成员总是在认识传统的制导下将客观事物的某一侧面或某些属性确立为认识的客体。苏联学者拉扎列夫等指出："事实上，任何具体的客体总是存在于某些确定的条件下，因而不是在其属性的全部多样性中，而只是在自己的某一个方面表现自身。结果，我们看到的已经不是一般的客体，而是某种特化的对象，其实正是这种对象有可能成为认识的客体。"[②] 在这里，认识传统起着把复杂多样的东西简单化、把无限的东西有限化的作用。这是通过把客观事物的某一方面或某些属性从同其他属性的普遍联系中隔离出来、显化出来并确定为认识对象的方式实现的。

认识传统的这种选择、设定作用在科学发展史上表现得非常明显。在科学研究中，处于一定认识传统中的认识共同体有其相对确定的研究对象，也就是有其相对确定的问题域，这种问题域划定了不同认识共同体的边界，也是某一认识传统区别于其他认识传统的标志。一定的认识共同体成员总是围绕着其问题域展开研究工作的。

第二，认识传统是认识共同体成员整理客体信息的准则和规范，它影响着主体对客体信息的加工、处理。

处于一定认识传统的认识共同体成员选择、设定的客体信息往往是零散杂乱的，需要主体对其进行加工、处理。认识共同体成员要实现对感觉经验材料的加工、处理，也离不开认识传统。主体对客体信息的加工、处

---

① 马克思，恩格斯. 马克思恩格斯全集：第 42 卷. 北京：人民出版社，1979：126.
② 拉扎列夫，特里福诺娃. 认识结构与科学革命. 长沙：湖南人民出版社，1986：122.

理活动不是对感觉经验材料的简单排列和拼凑，而是要对其进行比较、分析和归类。这只有凭借一定的认识传统的指导才能做到。认识传统中的概念、范畴等是对某一类事物共同本质抽象和概括的结果，主体借助它们对感觉经验材料进行加工、处理，也就是要按照一定的概念框架对感性材料进行比较和分类。认识传统不同，认识共同体成员分类的原则就不同，对感觉材料加工、处理的方式就不同。

有了认识传统的介入，主体对感觉经验材料的加工、处理活动就不是一个单纯整理客体信息的活动，而是主体提取存储于自己头脑中的内部信息，用内部信息处理外部信息的活动。正如认知心理学所认为的："对新输入的信息进行加工要利用已存储的知识，把旧信息增添到新信息上面来。"[1] 在主体加工、处理客体信息时，他所遵循的规则均来自认识传统。主体所处的认识传统不同，他的思维框架和认知定势就会不同，就会对同一对象的信息作出不同的加工、处理，形成不同的认识结果。

心理学上著名的鸭兔图实验可以用来说明这一点。一幅似鸭又似兔的二义性图形，被具有不同心理条件的观察者认为是不同的图像。有人抓住两片突出的长条并依据自己头脑中鸭的形象把它们加工、组合成鸭嘴；有人则看着这两片突出的长条并参照自己头脑里的兔的形象把它们整理、建构成兔耳。针对同一认识对象，主体认识加工时所遵循的规则不同，所得到认识结果就不同。库恩据此认为，科学家们认识的世界是约定的世界，约定的规则、标准来自科学家们共同遵守的范式。

第三，认识传统是认识共同体成员解释、理解客体信息的基本依据，它影响着认识主体对认识对象的意义、价值的理解和表述。

认识主体对认识对象的选择、设定和对客体信息的加工、处理是认识过程的前两个环节。认识共同体成员要最终完成认识过程，还存在对客体信息的意义和价值进行理解和表述的问题。而认识共同体成员对认识结果的理解和表述，"部分依赖于他过去的经验、他的知识和他的期望"[2]。不同的认识传统包含不同的经验-知识要素、目标-价值要素以及模式-方法要

---

① 司马贺. 人类的认知. 北京：科学出版社，1986：117.

② 查尔默斯. 科学究竟是什么?. 北京：商务印书馆，1982：34.

素，它们使得不同的认识共同体成员具有不同的知识背景和意义预期，因此，外部事物不可能对任何认识传统中的认识主体都呈现出相同的面貌。同一对象，有可能对不同的人表现出不同的形象、意义或价值。

在人文社会科学尤其是历史学的研究中，人们总是按照自己所接受的历史理论和对社会历史生活的理解而对过去进行重建。所以，克罗齐说，一切历史都是当代史，它反映着时代生活的现状和人们对未来的预期。正是在意义理解中，历史、现在、未来连为一体，构成人类真实、完整的生活画面。

在自然科学的研究中，人们对自然现象的认识也会打上意义理解的印记。设想第谷和哥白尼两人观日出，第谷看到的是地球固定不动、太阳绕地球转动，心中荡漾的是对上帝造世的感激；而哥白尼看到的则是太阳固定不动、地球绕太阳转动，心中弥漫的是对基督教神学体系的不屑。他们的认识活动，虽然都是针对同一认识对象的，但是由于他们接受的认识传统不同，他们的认识结果也不同，其中包含着意义理解的成分，并且渗透着他们所处的认识传统的目标-价值要素的影响。

（二）认识传统的消极作用

认识传统在认识过程中发挥着重要的积极作用，但同时也具有不可忽视的消极作用。认识传统的消极作用主要表现在以下几个方面：

第一，认识传统有可能导致认识共同体成员认识的保守。

一定认识共同体的成员总是在他们所处的认识传统的影响下认识外部对象的。从设定对象、加工信息到作出解释，这三个步骤若没有认识传统的构成要素参与其中，是无法完成的。但是，这也使得认识共同体成员在认识对象、解决问题时，有可能总是以原有的知识、观点去理解新事物、把握新问题，看不到事物发展中出现的新因素，扼杀了推动认识发展的积极要素。这种认识上的保守性导致一种思维活动的惯性和惰性。科学史上因认识传统而导致的认识的保守性的事例不一而足。譬如，普里斯特里由于坚信以燃素说为核心的科学范式，失去了提出氧化说的机会，最终成为科学进步的绊脚石。

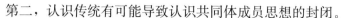

第二，认识传统有可能导致认识共同体成员思想的封闭。

这种封闭主要指认识传统设定对象的选择作用过于狭隘，缺乏弹性的动态边界，使得认识共同体成员往往自缚其足，拒绝和摒弃一切与他们所处的认识传统的构成要素有矛盾冲突的外部事物和理论观点。封闭性也就是排斥性，它使得不同的认识共同体成员拒绝交流互动，进而导致认识传统的系统结构更加封闭，最终成为"一潭死水"。譬如，伽利略在接受哥白尼的日心说后坚持认为，圆形运动是唯一的自然运动，在由各个行星的完美的圆形轨道组成的整个系统中，太阳位于中心。当开普勒发现行星沿椭圆轨道运动、太阳是这个椭圆形中的一个焦点时，伽利略觉得难以接受，他的科学探索精神受到他的思想上的封闭性的限制。伽利略拒绝承认开普勒的发现，未能在科学的道路上继续迈向前进。

第三，认识传统有可能导致认识共同体成员思维模式的僵化。

这种僵化主要表现为思维方式缺乏灵活性，总是在僵化的框架下运转，也表现为认识方法单一，缺乏创新性。人们以这种僵化的思维模式和单一的认识方法去认识变动不居的外部事物，就会盲目加深对这种思维模式和认识方法的自信，也就会以僵化的模式去裁剪丰富的外部对象，并对客体信息强加解释。在科学发展史上，普朗克为了给黑体辐射定律作理论推导，曾提出能量子假说。但他的思维却始终处于经典物理学的理论模式之中，并耗费了大量时间力图证明能量子假说与经典物理学理论之间存在一致性。当这种证明陷入困境时，他宁可抛弃正确的能量子假说也不愿跳出经典物理学的思维框架。

（三）认识传统的作用的优化

认识传统的积极作用和消极作用并存。一种认识传统从形成到发展成熟这一时期，其积极作用占据着主导地位；而一种认识传统在度过一定的稳定发展时期后，其消极作用就可能上升到主导地位。

认识传统消极作用的上升与认识传统作用本身出现的韧性和惯性的过度膨胀有关。所谓韧性，是指认识传统作用所固有的顽强性和持久性，它使认识共同体成员看准某一认识目标就执着追求这一目标，并使之坚信自己的计划、假设等一定能够得到实现、证明。这种追求、自信甚至达到顽固、自负的程度。所谓惯性，是指认识传统的作用所固有的一贯性、惯常性，它使认识共同体成员习惯于以一种思维和认知定势去观察对象、思考问题，甚至达到不知不觉、自然而然的程度。

在一种认识传统发生、发展的初期阶段，这一传统内的认识主体主要从事解难题和吸收正例的活动，认识传统表现出极强的生命力和解释力，它使人们加深了对这种传统的认同。另外，一些信念、信仰等因素也渗入其中，促使认识传统的韧性和惯性急剧膨胀，最终发展到保守、封闭、僵化的地步。库恩曾说，范式转换伴随着极大的心理创伤，所以科学家们往往信守老的科学范式，新的科学范式必须等到这些科学家死后才能为人所接受。这是一种悲剧，但却是存在于认识发展史上的事实。库恩对此评论道："从忠于一种规范转到忠于另一种规范是一种不能强迫的转变经历。特别是来自那些人的终生抗拒，并不违背科学的标准，而是科学研究本身的本质的一种标志，他们的多产经历已经使他们信守常规科学的一种比较古老的传统。"① 库恩的分析肯定了范式的韧性和惯性的必要性和合理性，但他却对这种韧性和惯性过度膨胀的不良后果做了多余的辩解。实际上，任何一种范式、一种认识传统，当它有碍于获得正确知识和接受新知识时，它就变成保守、封闭和僵化的了。

认识传统作用的韧性和惯性的过度膨胀，是由认识传统发展机制中的同化和顺应失衡而导致的同化机制的单向运行而引起的。前面我们在论述认识传统发展的动力机制时，曾谈到在同化和顺应之间保持矛盾张力的重要性问题。我们在分析认识传统的消极作用时，应当看到，认识传统不仅有同化客体（把握外部对象）的一面，同时还有顺应客体且变革自身的一面。当认识传统的系统结构出现秩序紊乱、功能固结，不能顺应客体时，处于该认识传统中的认识共同体成员在认识中就可能出现主观随意性。这是因为，此时的认识传统与外部对象之间本应是同化与顺应的双向运行，却变成了同化的单向运行；认识共同体成员本应以发展着的认识传统去同化客体，现在却成了以不变的理论框架和思维模式去同化丰富、变动的客

---

① 库恩. 科学革命的结构. 北京：上海科学技术出版社，1980：125.

体。于是，认识上的保守、思想上的封闭、思维模式上的僵化就成为不可避免的了。

要实现认识传统作用的优化，就必须避免认识传统作用本身出现的韧性和惯性的过度膨胀。而要避免这种韧性和惯性的过度膨胀，则须避免认识传统同化机制的单向运行，在同化与顺应之间保持一定的矛盾张力，力求达到一种动态的平衡。

要实现认识传统作用的优化，从某种意义上说，就是要实现认识传统结构的优化。因为认识传统的作用与认识传统的结构具有内在统一性，作用是结构的作用，结构是发挥着作用的结构。认识传统作用的优化包含两方面的要求：一是认识传统构成要素的优化；二是认识传统构成要素之间组合方式的优化。其中，认识传统构成要素的优化，主要指提升构成认识传统结构的经验-知识要素、目标-价值要素和模式-方法要素的质量。譬如，一定认识传统中的认识共同体成员所具有的经验-知识要素应有兼容性，他们的模式-方法要素则应有发散性。认识传统构成要素之间组合方式的优化，则是指使认识传统的各构成要素之间保持适当的比例关系。当然，它们之间的比例不可能用精确的数量关系加以衡量。但是我们认为，各种构成要素只有以一定的比例优化组合在一起，才能产生优化的作用效应。譬如，认识传统中若没有目标-价值要素，则该认识共同体就缺乏凝聚各个认识主体的精神纽带，认识传统就无法发挥其积极作用。但是，若认识传统中的目标-价值要素，尤其是其中的信念、信仰等非理性要素过度膨胀，认识传统作用的韧性和惯性就会随之膨胀，认识传统的消极作用就可能上升到主导地位。要实现认识传统作用的优化，必须在认识传统的各个构成要素之间，尤其是其中的理性因素与非理性因素之间保持优化的构成比例。

认识传统作用的优化是一个历史的过程，任何认识传统都没有恒定不变的优化性质。在一定社会、一定时代属于优化的认识传统，到了另一社会、另一时代其消极作用就可能突显出来。认识传统作用的优化，实际上是要求认识传统随着时代的发展而不断发展，努力适应人类认识发展的新形势和新要求。

第九章　自我意识

　　自我意识是人类意识和人类认识的一种独特形式，虽然它与人类的其他意识形式一样属于一种对象意识，但它不是以外部世界的事物为对象，而是以主体自身为对象。自我意识既有其特殊性质和规律，又在人类意识中具有特殊的地位和作用。深入研究自我意识的特殊性质和规律，正确把握自我意识在认识和实践活动中的独特地位和作用，对于人们正确地认识和评价自我，在实践和认识活动中充分发挥其积极性、主动性和创造性具有重要意义。

一、西方自我意识理论的历史演变

　　人类自我意识的发展程度，是整个人类精神文明发展水平的集中体现。而西方哲学家们对自我意识问题的探讨是与人类自我意识本身的历史发展分不开的。人类对自我意识的理解和认识如同人类自我意识本身的发展一样经历了一个漫长的历史过程。

　　古希腊时期，哲学家们已开始关注作为主体的人对自身的认识。普罗塔哥拉的"人是万物的尺度"的名句、苏格拉底的"认识你自己"的箴言，表明古代的哲学家已注意到了主体认识自身的重要性。但是，对自我意识本身，古希腊哲学家尚未进行自觉反思。真正对自我意识问题进行理论探讨是从近代开始的，而近代最早研究自我意识问题的哲学家是笛卡儿，他是近代和现代自我意识理论的始祖。

笛卡儿曾经对自我意识问题作过深入细致的研究，并且明确地提出了自我意识这一概念。在笛卡儿那里，自我意识主要指心灵的反观自照。笛卡儿认为，在我们的心灵中没有什么不是我们所意识的。在他看来，我们对于自身是非常明了的；对我们来说，心灵中根本没有隐秘的东西，一切都是通明透亮的。

笛卡儿首先区分了纯粹意识与反省意识。所谓纯粹意识是指自我对外部对象的意识，反省意识是指自我对意识本身的意识，亦即自我意识。在他看来，一切意识都伴随自我意识，自我从来都兼有意识和自我意识的双重身份，因为意识在以外在的东西为对象时也总以心灵的眼睛去注视自身。笛卡儿还区分了自我意识与回忆。他认为，回忆是不确实的，因为它可能发生错误；而自我意识总是确实的，它不因思想形式的变化而变化，只要你在思想，你就有自我意识。而且，在他看来，回忆只是涉及过去的东西，只是把过去的东西再现出来；自我意识主要涉及当下的精神状态，并能把不同的精神状态联系起来。

笛卡儿强调说，自我有能力随时反省他的思想，这种反省不仅是对当下思想的反省，而且可以是对过去观念的反省。心灵为各种各样的观念占据着，其中有些观念是外来的，有些是天赋的，有些是我们自己制造出来的。对天赋观念的反省是自我意识的另一种形式。在我的心灵中天赋观念占有特殊地位，它不仅是我思维的对象，而且是我思维的支撑点。我首先在这些天赋观念中发现了我自己，进而我根据这些观念去观察和理解外部世界。因此，对天赋观念的发挥与审视是自我认识的起点，是自我意识的第一要义。

在自我意识与外部意识的关系问题上，笛卡儿注重的是前者而不是后者，因为在他眼里，关于自我的知识是我们获得的第一知识，我们对外部世界的认识是从自我出发并通过自我而实现的，用他自己的话说就是，我们的认识必须从人的灵魂开始，因为我们的全部知识都依赖于它。

在笛卡儿看来，认识自我是认识外界的前提，因为在认识外部世界之前我们必须考察自我的本性和自身能力的局限。同时，认识外部世界需要实体、时间和数目等观念，它们是心灵在进行自我反省时得到的，而不是我们认识外物时形成的。

在近代，肇始于笛卡儿的自我意识理论的发展基本上体现了人的主体性地位在哲学中的上升过程。在这一过程中，由笛卡儿提出的自我概念的含义在不断改变，关于自我意识的规定在不断丰富。

继笛卡儿提出"自我意识"概念之后，洛克提出了"反省"概念，并认为反省是获得知识的重要途径。虽然洛克不同意笛卡儿的天赋观念，也不同意把自我看作脱离物质的精神实体，但他有关反省的思想与笛卡儿的自我意识理论有不谋而合之处。像笛卡儿一样，洛克也认为"观念是思维底对象"①，并声称人的每一种精神状态都伴随着对这种状态的反省。洛克说，"人心在反观内照，思维自己底行为时，最初就发现有思想"②。他认为，通过反省活动，我们把从外部世界得来的观念材料上升为抽象的理论知识。由此看来，洛克进一步发展了笛卡儿关于自我意识的能动性的思想。

笛卡儿提出的"自我"和"自我意识"概念在康德那里获得了新的内容。在康德看来，笛卡儿和洛克对自我意识的解释都是经验的，因而没有普遍性和必然性。而他本人则提出了一种先验自我意识理论。这种理论认为，自我并不是笛卡儿所说的那种实体，自我意识也不是洛克所说的那种"内感觉"，而是超时空的纯形式。这种纯形式以直观材料为前提，因此，笛卡儿的"我思"离不开对外部对象的认识。基于这一点，康德声称，笛卡儿的"我"仍然是经验的"我"、个别的"我"，而他本人所说的"我"是先验的"我"、普遍的"我"。他把笛卡儿所说的主体对自身的感知、思维和想象的意识称为"经验的自我意识"，把他本人所说的自我意识称为"先验的自我意识"，这种自我意识是经验意识的先验构架和逻辑前提，是

---

① 洛克. 人类理解论：上册. 北京：商务印书馆，1983：68.
② 同①196.

经验自我意识得以可能的条件。这样一来，康德就比笛卡儿更为明确地强调了自我的综合构造功能，从而更加突出了自我的能动性。从这个意义来说，康德的先验自我意识无疑是深刻的和合理的；但若用它来指称主体自己对自己的意识，则是错误的。这是因为，并不存在什么离开个体的、经验的自我意识的一般的自我意识。康德的自我意识本身是一个"物自体"，人们只能看到它能动活动的结果却不能了解它的本质。

与笛卡儿不同的是，康德并不认为自我意识可以脱离关于外部对象的意识而独立存在，恰恰相反，他坚持认为自我意识和关于外部对象的意识相互依存：一方面，对于我的内在经验以对关于外部对象的意识为前提；另一方面，关于我存在的意识同时也就是对我之外的他物的存在的直接意识。"我并不由于意识我自己正在思维而认知我自己"①，而是通过认识外部对象或"我的直观"来认识我自身。

康德之后的德国古典哲学家对自我意识进行了不断的探索，但他们始终没有超出狭隘的精神领域之外去考察自我意识的本质和起源。康德的先验自我意识被费希特发展成为无所不能的实体，它不仅认识而且设定、创造整个对象世界。

黑格尔摈弃了费希特的万能的自我意识。在《精神现象学》中，黑格尔对自我意识进行了深入的研究。像笛卡儿一样，黑格尔把自我意识看作人的本质特征，看作人之所以区别于动物的根本标志。黑格尔还阐明了个体自我意识的发展与人类自我意识发展的一致性：从个体意识看，认识是先外而后内；从人类意识看，认识是先自然而后自我；从意识的总体看，它"一方面是关于对象的意识，另一方面又是关于它自己的意识"②；从个体意识的过程看，自我意识是关于外部对象意识的必然结果，是关于外部对象意识的扬弃。黑格尔认为，自我意识是认识外部对象和以劳动改造外部对象的结果，因此，自我意识是一个长期发展的过程，这个过程是认识与实践相统一的过程，是人的主体性提高的过程，是自由意识的发展过程。

---

① 康德. 纯粹理性批判. 北京：生活·读书·新知三联书店，1957：272.
② 黑格尔. 精神现象学：上卷. 北京：商务印书馆，1979：59.

黑格尔认为，自我意识意味着个体性在活动中与共同性交相融合。他把自我意识的发展分为三个阶段。第一阶段，"单个的自我意识"：自我只意识到自身存在、自己的同一性和自己同其他客体的区别。第二阶段，"承认自我意识"：个体与他人接触，并从他人身上意识到自己的差异，认识到自己的特点，于是对自身单个性的意识转化为对自身特点的意识。第三阶段，"全体自我意识"：自我掌握了社会、家庭、美德等的共同原则，从而不仅意识到自己的差异，而且意识到自己的共同性乃至同一性。这种共同性就构成"道德实体"，使个体自我成为客观精神的一部分。黑格尔的表述在形式上是唯心的，但在内容上却是深刻的，这就是主体认识自我不是通过内省，而是通过他人，通过从个别向全体过渡的交往和活动；自我意识不是自我对自身单个性的认识，而是对个体与全体性的社会结构的联系的意识。

黑格尔分析和阐述了自我意识与对象意识的关系。他认为，真正的自我意识并不是孤立的抽象的共相，也不只是自我与非我、人与自然界的统一，更重要地，它是个别自我意识和普遍自我意识的统一，即一个自我意识与另一个自我意识之间的普遍性社会关系。一个自我意识发现另一个自我意识和它对立，成为它的"对象"，但同时又在对方中看到它自身。自我意识非它，乃是把自我看作一个对象的意识；对象意识非它，乃是对另一个自我的意识。它们的关系被归结为自我意识的相互关系，这种相互关系被视为自我意识的本质。

黑格尔的自我意识理论是近代自我意识理论发展的最高成就，它有其深刻、合理之处：把自我意识视为有生命的存在物的主体的本质规定之一，把自我意识当作一个"历史"过程来考察，把"自我"看作是"一个自在自为的普遍性"，强调了个别自我意识与普遍自我意识的统一，等等。但是，黑格尔的自我意识理论是唯心主义的，他把自我意识看作是绝对精神的一个环节，视为发展到主观精神阶段时的绝对精神对其自身存在和发展的一种反身意识；在黑格尔那里，世界的主体始终是抽象的意识和自我意识，现实的人和现实的自然界不过是这一主体的"宾词"和"象征"，是它的外在化。

在现代西方哲学中，关于自我意识的理论主要体现在人本主义哲学中。现代西方人本主义自我意识理论大都是唯心主义的、反理性主义的。例如，新黑格尔主义把自我意识看作世界的基础，认为事物的实在性是由自我意识决定的；现象学通过把现象还原为本质、把本质还原为自我和关于自我的"纯粹意识"，认为外部世界都是由自我决定的；存在主义把人的存在抬高到高于一切的地位，认为外部世界只有相于人的存在才有意义。在这里，存在主义者所说的人的存在不是指个人的感性存在，而是指人的"自我意识"，特别是指个人陷入绝境或面临死亡时的恐慌、畏惧心理。在存在主义者看来，人的纯粹的自我意识，作为宇宙万物的核心，并不是不可认识、不可把握的。但他们认为，对自我的认识，既不是运用感觉、知觉、表象等感性形式直接感知的，也不是靠概念、判断、推理等理性形式直接把握的，而是只有当个人处于烦恼、畏惧和死亡状态时才能真正体验到。在人的存在与客观世界的存在的关系问题上，存在主义者认为，客观世界的存在依赖于人的自我的存在，自我规定着客观世界的性质并赋予客观世界意义；只有从自我出发，才能说明客观世界的存在的可能性、现实性。总之，存在主义者把人的存在解释为个人的病态心理和自我意识的存在，进而认为个人的存在决定外部世界的存在，任何事物只有当个人的自我意识赋予其意义时才有存在的价值，这显然是本末倒置。

综观西方自我意识理论的发展，我们看到，西方哲学家们认识到了自我意识是作为主体的人与动物的本质区别之一，认识到了主体的自我意识的能动性，并明确阐述了自我意识的能动性，这是西方自我意识理论的理论功绩。但是，西方自我意识理论基本上是一种唯心主义理论，他们或者把自我意识看作主体先天就有的一种先验能力，或者把自我意识看作能够脱离作为主体的人和外部对象而存在的一种独立的精神实体，或者认为外部世界的存在依赖于主体的自我意识；关于自我意识的内涵，西方哲学家们主要把自我意识理解为一种反省意识，即对意识本身的意识。诚然，主体的自我意识包含着主体对自己意识的意识，但并不仅此，它还包括主体对自身属性和本质力量等的意识以及对自身与周围环境关系的意识。

二、自我意识的本质和特性

自从笛卡儿将"我思故我在"这一著名命题作为他整个哲学的出发点以来，人类哲学思维开始由对外部对象世界的探讨转入关于人的内心、人的认识能力和认识基础以及人类精神本质的研究。然而，在马克思以前，整个近代欧洲哲学都在自我意识的本质问题上纠缠不休，哲学家们或是唯心主义地，或是自然主义地，或是抽象地、形而上学地理解这一问题，都没有对之作出正确解答。马克思主义哲学坚持能动的反映论，认为自我意识是作为实践主体和认识主体的人的机能和属性，是主体对自身及其活动的一种能动反映。自我意识不是纯粹主观自生的东西，而是主体在社会实践中能动地认识自身的结果。马克思认为，自我意识是人之所以成为人的一个重要规定。动物不能把自己与自己的生命活动区别开来，更不能将自己的生命活动变成自己的意志和意识的对象。"人则使自己的生命活动本身变成自己的意志和意识的对象"①"有意识的生命活动把人同动物的生命活动直接区别开来。正是由于这一点，人才是类存在物。"② 因此，自我意识是人的"类特性"或类本性。与黑格尔相反，马克思不是把劳动视为自我意识发展的一个环节，而是把自我意识视为劳动本身的一个本质环节。正是劳动使人成了"有意识的存在物"，因为劳动本身就是有意识的生命活动。马克思认为，这种意识既不是黑格尔所说的那种哲学家头脑中抽象的"纯粹意识"，也不是费尔巴哈所说的"自然本能"或"情欲"，而是与感性活动紧密相连的"劳动意识"，它在劳动过程中表现为劳动者的自觉性和目的性。自觉性是人在劳动中与自身的关系，是人把自己的生命活动变成自己意志和意识的对象；目的性则是人在劳动中与对象的关系，"劳动过程结束时得到的结果，在这个过程开始时就已经在劳动者的表象中存在着，即已经观念地存在着"③。劳动不是意识在自身之内的活动，更不是

---

① ② 马克思，恩格斯. 马克思恩格斯全集：第42卷. 北京：人民出版社，1979：96.
③ 马克思，恩格斯. 马克思恩格斯全集：第23卷. 北京：人民出版社，1972：202.

"纯粹的"、抽象的意识活动（如黑格尔所说的那种抽象的精神劳动），而是人为了维持自己物质性的肉体生存而进行的活动。因此，它必须对客观外界发生现实的物质作用和影响，以满足自己的物质需求。然而，正如人在意识中把主客体区别开来一样，人在他的生命活动中（由于意识的加入）也把这个活动与直接的肉体需要区别开来，他"甚至不受肉体需要的支配进行生产"，因此他能够"自由地对待自己的产品"①。在劳动过程中，"人不仅像在意识中那样理智地复现自己，而且能动地、现实地复现自己，从而在他所创造的世界中直观自身"②。这就是说，人通过劳动实践改造客观世界，客观世界表现为他的作品、他的现实。而人就是通过他的作品而认识到自己的，自我意识就是主体在实践过程中对自身的对象化活动及其结果的反省与认识。马克思曾说过，工业的历史和工业的已经产生的对象性的存在，是一本打开了的关于人的本质力量的书，是感性地摆在我们面前的人的心理学。人们就是从这本打开了的书中认识自己、获得自我意识的。

自我意识是相对于关于外部对象的意识而言的，它是人类的一种高级的意识形式。作为人的类本性（或类特性），自我意识是与关于外部对象的意识相伴共生的，但从人类认识的一般秩序来看，人们对事物的认识总是从外到内，先外物后自身。事实上，无论是从人类进化还是从个体发育看，客观的自我意识（或曰相对正确的自我意识）都是认识发展一定阶段上的产物，人类或个体只有达到相当的认识水平才能形成较为客观的自我意识。因为认识外物易，认识自我则难。作为高级意识形式的自我意识，不仅具有意识的一般属性，而且还具有关于外部对象的意识所不具备的特殊属性。

第一，主客体同一性。这是自我意识与关于外部对象的意识之间最根本的区别。关于外部对象的意识是主体对外部事物的反映，其客体是外部事物。而自我意识是主体对自身的一种能动反映，认识对象是自身，主体既是认识主体又是认识客体，主客体直接同一。自我意识的主客体同一性

①②　马克思，恩格斯. 马克思恩格斯全集：第42卷. 北京：人民出版社，1979：97.

决定了其与对象意识在内容、性质、反映方式、建构过程以及功能等各个方面都不相同。

第二，高度的自觉性。自我意识是主体对自身的自我感知、自我分析、自我评价以及在此基础上对自身的活动和情绪的自我控制。因此，自我意识的最大特点是自觉性。这种自觉性具体表现在三个方面：自知、自控、自主。"自知"是指主体能够认识到自身的属性、能力、心理和需求，从而把握到自身作为主体的内在尺度。"自控"是指主体能够对自身的行为进行自觉的控制和调节。其内在根据，是主体在自知的基础上提出的活动目的。主体的自控活动主要包括：通过控制主体自身的行为，实现对自身活动结果的控制；控制主体自身的心理活动，使自身的情绪与意志力处于最佳状态；控制主体自身的观念、思想和知识结构，进行自我监督、自我教育和自我改造。"自主"是指主体按照自己的意志来行动，体现了主体对自身的认识达到了较高的程度。它包括人的主体地位的自主独立、决策和行动上的自由等。"自知""自控""自主"构成了自我意识自觉性的本质内容。

第三，特殊的能动性。自我意识的特殊能动性是建立在其高度自觉性基础上的。首先，主体凭借自我意识能动地调控自己的行为和活动。主体根据他人的评价和自己社会实践的结果来调控自身的活动，使自身的活动符合其目的，要靠发挥自我意识的特殊能动性来实现。其次，主体通过自我意识不仅能反映自身及其与外部世界之间关系的现象，而且还能透过现象把握自己的本质。最后，自我意识在关于外部对象的意识的形成过程中也具有能动作用。在主体的意识结构中，自我意识居于核心地位，它不仅渗透在对象意识之中，而且还制约着关于外部对象的意识的形成。自我意识的首要内容之一，就是对主体需要的反映。人对自己的需要有所了解，才会根据需要去认识世界。同时，主体需要的内容，又规定着主体对外部世界事物的选择范围，决定着外部世界的事物中哪些部分、侧面首先进入主体的视野。

从自我意识的诸特性可以看出，自我意识是一种区别于关于外部对象的意识的特殊的意识形式。当然，自我意识与关于外部对象的意识的区分

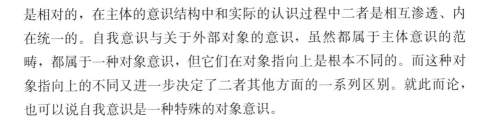

是相对的，在主体的意识结构中和实际的认识过程中二者是相互渗透、内在统一的。自我意识与关于外部对象的意识，虽然都属于主体意识的范畴，都属于一种对象意识，但它们在对象指向上是根本不同的。而这种对象指向上的不同又进一步决定了二者其他方面的一系列区别。就此而论，也可以说自我意识是一种特殊的对象意识。

三、自我意识的结构与功能

自我意识是一个相对独立而又极具开放性的、经常处于矛盾运动之中的不断变化着的复杂系统。这个系统有其独特的结构和功能。

（一）自我意识的结构

自我意识是一个复杂的系统，从不同的角度、按照不同的标准，我们可以对自我意识的构成作出不同的区分。

首先，根据自我意识的主体的不同，我们可以将自我意识区分为个体的自我意识、群体的自我意识和人类的自我意识。

由于主体有个体、群体和人类总体三个基本层次，所以主体对自身的意识即自我意识就有个体的自我意识、群体的自我意识和人类的自我意识。其中，个体的自我意识居于最低层次，而人类的自我意识则居于最高层次。

个体的自我意识是个体对自身及其与周围环境关系的意识。个体的自我意识带有鲜明的个性特点。由于每个人的先天素质和自然禀赋不同，社会生活的道路和实践经验不同，所处的社会环境和所受教育不同，因此，每个人的自我意识也各不相同。个体的自我意识的内容极为丰富，它涉及个体自身及其与周围环境关系的各个方面。与群体的自我意识和人类的自我意识相比较，个体的自我意识主要表现为对自己区别于他人的特殊属性、需要、能力和职责等的认识。人的需要是多方面、多层次的，不同个体的不同需要，决定着他们在认识和改造外部世界过程中的不同价值取向。如果个体对自身的需要缺乏明确的认识，其活动就带有极大的盲目性。人对自己能力的认识决定着其活动的自由度。人们往往都有一定的才干和能力，有的人对自己的能力缺乏正确的认识和评价，其优势和潜能就难以得到充分的发挥。社会是一个整体，个体是社会的一分子，因此，个体在其社会活动中必须明确自己的责任和义务，都应对自己的行为负责，履行自己的义务。正确的自我意识对于个体自身的发展和社会的维系都是十分重要的。当然，个体对自身的认识是一个逐步深化的过程，一个由浅入深、由低到高不断发展的过程，一个由感性认识上升到理性认识的过程。一般说来，个体进入成年时期，其自我意识才趋于成熟。

群体的自我意识是指群体对自身及其与周围环境关系的意识。群体的自我意识着重表现为对自身的本质、力量、使命、地位和作用等的认识。恩格斯说过，马克思作为一个革命者，他毕生的使命就是使无产阶级意识到本阶级的根本利益、地位和要求以及自身解放的条件。当无产阶级还是一个"自在的阶级"的时候，它对自己的使命和地位尚缺乏明确的认识。马克思主义的产生，使无产阶级有了科学的自我意识，从而也就使无产阶级变成了一个"自为的阶级"。群体的自我意识往往是通过代表该群体利益的思想家的自觉创造来实现的，但决不能由此认为，群体的自我意识只是少数杰出人物个人智慧的产物。实际上，群体的自我意识是群体实践活动的结果，它本质上是群体的共同认识。

人类的自我意识是人类主体对自身及其与周围环境关系的意识，它是自我意识的最高层次。人类的自我意识主要表现为对自己区别于他物的特殊本质、地位、能力及其前途和命运的认识。在人类与外部世界的关系中，人类是占主导地位的一方，人类积极地认识和改造外部世界，使外部世界满足人类的需要。同时，人类在改造外部世界的活动中，显示了自己的力量和创造能力。在这一过程中，人类逐渐意识到自己的类特性或类本性，意识到自己与外部事物的本质区别，由此形成和不断发展了自己的自我意识。在当今时代，人类特别对自身的前途与命运感到困惑。与现代文明的发展相伴随的，不仅有物质财富的增长，而且有环境污染、生态失衡、能源危机、资源短缺、人口爆炸等全球性的社会问题。从某种意义上说，罗马俱乐部的观点反映了人类对自身前途的一种自我认识。虽然他们的悲观结论是不可取的，但人类确实必须高度重视他们所警示的各种全球性问题。马克思主义始终以极大的热情和崇高的使命感关心人类的命运和人类的解放，但马克思主义不是抽象地看待人自身的，而是立足于历史的发展，立足于社会关系和社会实践来考察人，从而科学地指明了人类自我解放的正确道路，即推翻一切剥削制度，建立共产主义的社会制度。

个体的自我意识、群体的自我意识和人类的自我意识是相互联系、相互作用的。任何自我意识首先是人脑的活动，都是通过个体实现的。在个体的自我意识中，既有对个人自身独有特点和性质的认识，也有通过个体自我意识而呈现出来的对群体或人类普遍的本质和特点的认识。群体和人类作为个体的集合体，并没有超越于个体的感知思维器官系统，其对自身的认识归根到底都只能借助于个体的感知思维系统。也正因如此，所以我们对主体自我意识的把握必须立足于对个体自我意识的考察。另外，无论是个体的自我意识，还是群体或人类的自我意识，都是一个由浅入深、由低级到高级不断发展的过程。

其次，根据自我意识的对象内容不同，我们又可以将自我意识区分为反映自身自然属性的自我意识和反映自身社会属性的自我意识。

自我意识是主体以自身以及自身与周围环境的关系为对象而进行的认识，它以"自我"作为对象。自我的规定性很多，它是自然属性和社会属性的统一。自然属性是自我作为"感性的存在"的生物学前提。人是自然界长期进化的产物，其肉体存在及其自然力受自然规律的支配，具有与自然客体相类似的自然属性。但是，人又是社会的动物，"个人是社会存在物"①，人的本质在其现实性上是一切社会关系的总和。所以，人的自我又具有社会属性。需要说明的是，与动物不同，人还具有理性、感情、意志，人能思维，亦即人具有精神属性，但从广义上说，人的精神属性也属于人的社会属性。因此，作为主体自我意识的对象，自我是人的自然属性和社会属性的统一。其中，人的自然属性包括自身的身体构造及特性、生老病死、饮食男女等等，它们都构成自我意识的具体内容。就对人的社会

---

① 马克思，恩格斯. 马克思恩格斯全集：第42卷. 北京：人民出版社，1979：122.

属性的认识而言，自我意识的具体对象也很多，如人的本质、人的价值、人生的目的、人生的意义等等。主体对自身社会属性的认识，其主要内容是自我的特殊社会本质、自我在社会关系中的特殊地位和作用。

反映自身自然属性的自我意识和反映自身社会属性的自我意识都是主体的自我意识，它们的内容因主体的不同而有所不同。如前所述，反映自身自然属性的自我意识和反映自身社会属性的自我意识在个体的自我意识、群体的自我意识和人类的自我意识那里分别有着不同的具体内容，其在个体的自我意识中主要表现为对个体的身体状况、特性、需要、能力和职责等的认识，在群体的自我意识中主要表现为对群体的性质、使命、地位和作用等的认识，而在人类的自我意识中则主要表现为对人类区别于其他存在物的特殊本质、地位、能力以及前途和命运的认识。

再次，根据自我意识的高低层次的不同，我们又可以将自我意识区分为经验的自我意识和理性的自我意识。

主体关于自身的意识是有高低层次之分的，是一个由浅入深的逐渐深化的过程。自我意识的不同层次实际上是主体对自身的把握的不同的形式，即经验的形式和理性的形式。

经验的自我意识是指主体通过自我体验、自我感知而形成的一种"自我感"或"自我印象"。它主要是对自身状况的感知和体验，即对自身的属性、状态、能力、需要、情感等的感知。经验的自我意识揭示的是自我的外部特征以及自我与对象世界的外部联系，因而具有形象性和直接性特点。

经验的自我意识是主体通过自我感知和自我体验而形成的。在经验的自我意识的形成过程中，主体通过感官和心智对自身进行感知和体验，并运用想象加以联想，即将感知到的材料联结起来，形成一种"自我印象"，从而达到对自身的初步把握。经验的自我意识有两种表现形式：自我感和自我印象。自我感即主体对自身的感觉、感受和体验，它是主体对自身个别属性的意识；自我印象则是主体对自身较为整体的感性认识。经验的自我意识形式是自我意识的初级阶段，是初级的自我意识，而要达到对自我的深刻认识，还需要进到更高一级的自我意识，即理性的自我意识。

　　理性的自我意识是自我意识发展的高级形式，是主体借助于抽象的思维对经验的自我意识材料进行加工、整理、概括而形成的关于自我的本质以及自我与外部事物的本质联系的意识。理性的自我意识所反映的内容主要包括自我的本质、主体地位、社会责任和义务等，它具有间接性、抽象性等特点。

　　理性的自我意识作为主体对自我本质的把握是借助于概念、判断、推理等思维形式来实现的。主体以概念的形式对经验的自我意识的结果加以概括，并进一步地运用判断、推理等思维形式和分析、综合等逻辑手段对其进行加工、整理，从而使主体对自身的认识和把握发生质的变化、达到更高的层次。

　　经验的自我意识和理性的自我意识是自我意识的两个不同阶段，经验的自我意识是理性的自我意识的前提和基础，而理性的自我意识是经验的自我意识的必然发展结果。理性的自我意识以间接性为特征，但是这一间接性却离不开经验的自我意识的直接性。一方面，理性的自我意识是对经验的自我意识的扬弃，因而具有间接性；另一方面，没有经验的自我意识的直接性，理性的自我意识的间接性也无从谈起。而且，按照人类认识的一般规律，经验的自我意识必然要求超越自身的局限性，而提高到理性的自我意识的水平。

　　最后，根据自我意识的表现形式，我们还可以将自我意识区分为自我认知、自我情绪体验以及自我意志活动。

　　苏联的心理学察尔塔认为："自我意识也像人的全部意识一样，其表现具有认识的、情绪的和意志的形式。"[①] 自我意识是在"知""情""意"的活动过程中形成的，并具有自我认知、自我情绪体验和自我意志活动等表现形式。

　　自我认知是指主体对自身及其与周围环境关系的认识。它主要表现为自我感觉、自我观察、自我分析、自我评价等。自我认知的对象内容非常广泛，包括自我的身体状况、特点、地位、能力、需求、权利、义务等。其中，对自己的主体地位的认识具有重要的意义。所谓认识自己的主体地

---

① 捷普洛夫，等. 苏联心理科学：第 2 卷. 北京：科学出版社，1963：94.

位，就是认识到自己是认识、改造对象世界的主体。人对自己的主体地位认识到什么程度，人就在什么程度上去积极认识和改造客体。看不到自身的主体地位和本质力量的人，就会在浩瀚无边的对象世界面前畏首畏尾、不知所措，就会失去认识和改造世界的信心和勇气。自我认知是主体一切自觉意识的前提和基础。

自我情绪体验是指主体对自身及其与周围环境关系的一种内心体验。它在个体、群体和人类身上都有所体现。如个人的自尊、自信、自爱、责任感、义务感等，阶级、民族的自豪感、历史使命感等以及人类的优越感等。自我情绪体验是自我意识结构中的一个重要层次，具有与自我认知完全不同的独特功能，对于主体的活动有着十分重要的影响。

自我意志活动是主体在追求自己的目的时表现出来的自我调控。自我调控是主体在自我认知、自我情绪体验基础上对自身心理和行为的自觉调节和控制，它是一切合目的性活动的必要前提。动物也在某种程度上进行着自我调控，但那是动物对外部环境作出的本能反应。人的自我调控是主体适应对象世界的变化而作出的自觉反映，是人的自觉活动的独特表现。在这里，主体关于外部对象的意识和自我认知是其自我调控的依据；自我调控是否有效、合理，取决于其关于外部对象的意识的深刻程度及自我认知的准确程度。通过自我调控，主体能够实现对于客体世界既合目的性又合规律性的改造和自身的不断完善。

自我认知、自我情绪体验和自我意志活动是自我意识的三种表现形式。无论是个体的自我意识、群体的自我意识还是人类的自我意识都是通过这三种形式表现出来的。自我意识的这三种表现形式是互相联系、互相影响、互相作用的。自我认知、自我情绪体验是自我意志活动的前提和基础，自我情绪体验对自我认知和自我意志活动有着重要影响，而自我认知和自我情绪体验活动又需借助自我意志活动来实现。

以上四种区分都是相对的，它们有着相互交错的复杂情况。如第一种区分就体现在其他三种区分中，因为自我意识是主体的自我意识，而主体又是有层次的，因而其他三种区分都包含着个体的自我意识、群体的自我意识和人类的自我意识。第二种区分与第三种区分也是相互交叉的，就是说，无论是反映自身自然属性的自我意识还是反映自身社会属性的自我意识都包含经验的自我意识和理性的自我意识，而经验的自我意识和理性的自我意识的内容无非是作为主体的人的自然属性和社会属性的统一。第四种区分与第二种、第三种区分也是相互交错的，等等。

总之，主体的自我意识是极为复杂的和有机统一的系统。这一系统归根结底是人们在改造客观世界和主观世界的实践活动中历史地形成的。

（二）自我意识的功能

作为一种特殊的意识形式，自我意识有其独特的功能。主体自我意识的功能体现在其具体的认识和实践活动中，自我意识是认识和实践活动赖以进行的重要主体要素，是主体从事认识和实践活动的重要的主体性条件。

由于人类认识活动过程始终伴随着自我意识和关于外部对象的意识两个方面，自我意识在不同程度上影响着关于外部对象的意识，影响着主体对外部世界的认识和改造。这种影响会朝着两个截然不同的方向发展。一方面，自我意识会促进主体对外部世界的认识和改造，助力主体关于外部对象的意识反映事物的本来面目，使之不断接近真理；另一方面，自我意识也可能妨碍主体对外部世界的认识和改造，使关于外部对象的意识不能正确地反映事物的本质和规律。我们把前者称为自我意识的积极功能，而把后者称为自我意识的消极功能或负作用。

在人的认识和实践活动中，自我意识的积极功能主要有以下几个方面：

第一，分化功能，即自我意识是使主体与外部对象分化的条件。人对外界事物的认识，以意识到"我在意识"为前提，即必须有主客体的区分。自我意识的出现标志着人是自主、自为、自觉的生命存在物。没有自我意识就不可能有真正的主客体的分化，也就不可能有对外部世界的认识。动物不能区分自我和外部对象，也就谈不上有什么对自身和外部对象的认识。有无自我意识，是人与动物的重要区别之一。正因为有自我意识，人才成为实践和认识活动的主体，人对外部世界的认识才成为可能。

第二，选择功能，即自我意识设定着主体认识和实践活动的具体对象。在众多的客观事物中，主体只能选择特定的事物作为自己认识和改造的对象，而这种选择正是主体依据自我意识即对自身的能力、知识和经验等等的一定认识而进行的。主体只有根据自身的能力、知识和经验来设定和选择外界对象，才能有效地达到认识和改造外部世界的目的。

第三，定向功能，即自我意识决定着对外部世界的认识的方向。主体认识和改造外部世界的目的是满足自身的某种需要，而自我意识通过反映主体自身的需要制约着认识和实践的主要内容和大致方向。主体只有对自我的需要、利益等有所认识，才能按照自身的内在尺度去掌握和占有外物。没有自我意识，不了解自身的需要，主体就无法有目的地活动，无法把某些特定对象从外部世界中区分出来作为自己认识和实践活动的客体。可见，认识和改造外部世界离不开主体的自我意识，自我意识保证了主体合目的地认识和改造外部世界。

第四，批判功能。众所周知，人类认识活动都是通过主体在认识和实践中所形成的认知图式来进行的。认知图式在一定的情况下会趋于固定化和僵化，使主体无法积极地调节自身的知识和认识方法以适应当前的需要，从而妨碍主体正确地把握外部世界。然而，主体的自我意识具有高度的自觉性，它不断地调节认知图式中的因素及其结构，从而有利于克服认知图式的固定化和僵化问题。当认知图式在认识活动中无法适应认识活动的需要并产生错误认识的时候，自我意识能够自觉地重新审视和评价认识主体的知识结构、思维方式以及价值信念等，促使主体建构新的认知图式，从而能够使主体不断地趋向对外部世界的正确认识。人们常说的"吸取失败的教训，总结成功的经验"，就是自我意识的批判功能的表现。离开了自我意识，主体就无法进行自我批判、自我调节和自我控制，也就无法正确地把握外部世界。

第五，调节功能。自我调节也是自我意识的一个重要功能，是自我意识的自觉性、能动性的体现。在实践中，外部世界的各种信息传输到主体的中枢神经系统，自我意识通过对主体自身需要的反映能够引导主体以特定的方式加工、处理这些信息，并使主体根据这种信息加工处理的结果对实践活动进行调节和控制。在自我意识调整认知图式、加工和处理各种信息并调整实践活动的过程中，主体不仅能够正确地把握外部世界，而且能够有效地改造外部世界。不仅如此，自我意识作为自觉、自由和反思的意识，不仅能自觉地反思主体所获得的认识，而且能反思认识和实践的一致性问题。在实践活动中，关于外部世界、实践活动及其结果的信息会不断传输到中枢神经系统之中，自我意识主动地调动原有认识，使之与实践所获得的有关客体的信息相比较，判断认识是否与外部世界相符合及其符合的程度。没有自我意识就不会有实践活动，也不会有关于外部世界的正确认识，更不会有检验认识的正确性的可能性。

由上可见，自我意识在人们认识和改造外部世界的活动中具有多方面的重要作用。可以说，没有自我意识，便没有人类能动地认识和改造客观世界的活动。

但是，同时也应该看到，自我意识对认识和改造外部世界的活动也具有某些消极作用。自我意识的消极作用是在主体对自身及其与周围环境关系的不正确认识的情况下出现的。例如，当主体对自身的状况缺乏清晰的了解和认识时，就会不切实际地设定和选择外界对象，从而不能有效地达到认识和改造外部世界的目的；当主体由于不能正确地认识自身与周围环境关系而产生不切实际的需要，并且按这种不切实际的需要去支配和占有外物时，其实践活动就会遭到失败，其需要也会得不到满足；当自我意识受到认识主体的认知图式及情感、意志等一些心理体验的限制，对一些外来信息不敏感，甚至对之产生本能的抗拒和排斥时，自我意识就会使主体自我封闭起来，从而也会妨碍主体对外部世界的认识和改造。

总之，在认识和实践活动中，我们不仅要努力发挥自我意识的积极功能，而且还要尽可能地避免和克服自我意识的消极作用。

四、自我意识的建构

所谓自我意识的建构，是指主体到底是怎样认识自我、形成自我意识的。研究自我意识，必然要探讨自我意识的建构问题，包括自我意识建构的基础、自我意识的建构方式以及自我意识的建构过程等等。

（一）自我意识建构的现实基础

我们研究自我意识的建构，不能仅仅停留在对人脑的神经系统和思维机能的考察上，而应从实践中去探寻它的根据。马克思主义认为，人是通过劳动自我创生的，劳动使人从自然界中分化出来，因此，也必须从劳动实践中去揭示人的自我意识形成的秘密。实践就是自我意识建构的现实基础。

首先，实践是主体的一切意识活动、认识活动的基础，即实践是认识的来源、动力、目的和检验标准。既然实践是主体的一切意识活动和认识活动的基础，而自我意识不过是主体的意识的一种特殊形式，自我认识不过是主体的认识的一个特殊方面，实践当然也是自我意识建构的现实基础，是自我意识的源泉、动力、目的和检验标准。主体的自我意识是在社会实践和社会交往中产生的，社会实践推动着主体的自我意识不断发展。主体认识自我的目的是更好地改造外部世界。不仅如此，主体的自我意识的正确与否也只有在社会实践中才能得以检验。在社会实践中，主体把自己的需要、能力、本质力量对象化到实践结果中去，并通过实践结果来判断自我意识正确与否。

其次，任何人都只能是处于一定社会关系中的实践着的人，任何自我意识归根到底也都是实践着的人的自我意识，是实践主体的自我意识。主体自我意识建构的必要性和可能性全都根植于社会实践活动中。

与动物的活动不同，人的社会实践是一种目的性活动。社会实践的目的性是指，社会实践是按照人的方式、人的需要来进行的。在从事一定的社会实践之前，主体总是已经观念地形成了某种社会实践目的。社会实践的目的性要求从事实践的人对自我的需要、能力等的了解和对自我的控制，要求人们形成自觉的自我意识，亦即自我意识的建构是社会实践的需要，自我意识建构的必要性根植于人的社会实践中。不仅如此，主体的自我意识又是在社会实践中形成和获得的。社会实践是一种对象性活动，人只有在实践这一对象性活动中才能认识自我。马克思认为，人在实践过程中实际创造一个对象世界，借此确证自身的本质。实践是人的本质力量对象化的过程，由实践创造的对象世界是人的本质和属性的对象化，是人的"镜中自我"。通过这个"镜中自我"，人才得以认识自身。作为主体的人只有通过对象性活动把自身的本质力量对象化到活动结果中去，其自我意识的建构才成为可能。

正因为自我意识的建构以社会实践为现实基础，而不同的主体（个体、群体以及不同时期的人类）的社会实践（内容、性质、方式、作用等）是不同的，所以不同的主体有不同的自我意识。

（二）自我意识的建构方式

主体的一切认识都不过是关于客体的反映，自我意识也不例外。反映就是自我意识的建构方式，或者说，自我意识就是主体对自身的反映。

意识是关于外部对象的意识和自我意识的统一，其中，关于外部对象的意识是主体对外部事物的反映，自我意识是主体对自身的反映。无论是作为关于外部对象的意识的建构方式的主体对外部事物的反映，还是作为自我意识的建构方式的主体对自身的反映，它们都是在实践的基础上主体对客体的一种能动反映，都是主体与客体相互作用的产物。这两种反映都以主体与客体的分化为前提，是主体以一定的方式对来自客体的信息进行有组织的加工、改造、整合的过程。

人对外部事物的反映，其主体是人，其客体是人之外的客观事物；而人对自身的反映，其主体是人，其客体也是人，主客体直接同一。因此，作为自我意识建构方式的主体对自身的反映与作为关于外部对象的意识建构方式的主体对外部事物的反映又有所不同。

首先，主体只有把自身及其属性投射出去，造成一定的对象化的结果，其对自身的反映才成为可能。人认识外部事物时，通过感官或借助于一定的工具与客体发生作用，外部事物的特性就会被反映到人的头脑中。而人对自身的反映则不同，人既是主体又是客体，主客体直接同一，作为主体的人只有把自身及其属性投射出去，使自身发生分裂，即使人作为主体和客体二重化，其对自身的反映才有可能。这种投射是通过人的对象性的活动即改造外部事物或社会交往来实现的。马克思说："人不仅象在意识中那样理智地复现自己，而且能动地、现实地复现自己，从而在他所创造的世界中直观自身。"① 人之所以能在他所创造的世界中直观自身，就是因为人的社会实践活动能把人的本质和特性对象化到他创造的世界中，实践活动是人现实地、能动地复现自己的方式。人的对象化活动的结果是人认识自己的一面镜子。当人以活动为中介，把自己的需要、意志和情感物化在活动结果中去时，人就获得了一种新的存在方式，即以可感知的外部对象的形态表现出来。这样，人就成为可以认识的现实客体，作为主体的人就可以借助对象世界认识自己。人不仅能够通过对象性活动把自身投射出去，而且还能通过社会交往把自身投射出去，使自我意识成为可能。人总是处于一定的社会关系中，是社会群体的一员，必然要与他人进行社会交往。在这种社会交往中，人可以通过其言行把自身的本质和特性投射出去，这样，别人就能根据这些言行对其进行评价。而别人的评价和态度，就像是一面镜子，个人可以从这面镜子中看到自己的形象，从而形成自我意识。

其次，主体对自身的反映是通过对自我信息的内省而实现的。人对外部事物的反映是一种信息加工。在实践中，主体通过感官或借助于一定的工具作用于外部事物，外部事物的信息通过感官传入主体的头脑中，并经过大脑的选择、处理、加工，形成关于外部事物的观念。主体对自身的反映同样也是一种信息加工，不同的是，这种信息的加工是通过内省来实现的。对于在对象性活动和交往中获得的关于自身的信息，主体通过内省进行加工，从而观念地把握自身。但是，主体对自身的反映并非完全封闭于自己的主观世界内部，它需要关于外部事物的背景知识以及一定的外部参照。与对外部世界的反映相比较，主体对自身的反映有其特殊的困难。我们今天拥有的关于外部世界的科学知识，实质上是许多人乃至数代人共同努力的结果，就是说，关于外部对象的意识的建构具有继承性，主体对外部世界的反映能够借助于许多人的共同努力而一步步地深入。自我意识的

① 马克思，恩格斯. 马克思恩格斯全集：第 42 卷. 北京：人民出版社，1979：97.

建构则不同。虽然人类自我意识的建构具有某种继承性，但对个体而言，这种继承性是不存在的。这是因为，在任何个人对自身的反映中，无论是主体还是客体都是独特的、唯一的。因此，主体要正确地反映自身是极其不易的。

当然，这并不是说人们形成客观的自我意识即正确地反映自身毫无可能。事实上，人们认识自我的途径是多种多样的。一是在社会关系中，通过与他人的交往来认识自己。从他人对自己的客观评价以及与他人的比较中，主体能够形成客观的自我意识。二是通过对象性活动来反观自身。社会实践是一种对象性活动，主体通过这种对象性活动把自己的本质力量对象化，从而能够从对象化活动结果中认识自己。三是借助科学手段来了解自我。人的许多属性通过感官是无法感知到的，对它们的认识需要借助于一定的科学手段来实现。主体利用工具作用于自我，自我的属性通过科学工具被把握到，借此主体也能正确地认识自我。在这里，社会交往、对象性活动以及科学手段都是客观的，它们为主体正确地反映自身提供了客观的条件。同时，主体对自身的认识是建立在改造外部世界的实践基础之上的。正是在实践活动中，主体不断地审视自己、反思自己，从而逐渐形成较为客观的自我意识。

（三）自我意识的建构过程

要弄清主体到底是怎样认识自我、形成自我意识的，还需对自我意识的建构过程进行探讨。自我意识的建构过程，也就是主体对自身的反映逐步实现和不断深化的过程。一般来说，自我意识的建构过程可分为以下几个阶段：

一是自我感知。自我感知是自我意识的初级阶段，是主体在活动和交往中认识和把握自己的第一步。自我感知是主体对自身的一种较为粗浅的反映，它是通过感官直接获得的关于自身的感性认识，如对自身的存在、状态、特性的感知，对自己的认识能力、实践能力的觉察以及对自己的情绪的体验等。

自我感知包括自我感觉、自我印象、自我形象三个层次。自我感觉是主体对自身的感觉、感受和体验，它是主体对自身个别属性的反映；自我印象是主体对自身及其与周围环境关系的较为综合的粗浅反映；自我形象则带有更完整的特点，具有更丰富的经验内容。这些都是自我意识的感性形式。自我感知意味着主体对自己有了初步的认识，然而主体并不会满足于此，它需要对自己有更深入的认识。

二是自我分析。自我感知是自我分析的基础。主体对自身有一个较为粗略的感性认识之后，就会开始进行自我分析。自我分析实际上是主体对自身的反省意识，在这一阶段上，主体通过自我反省、自我内省等心理活动以及比较、鉴别等方法来分析自己，如分析自身优缺点的主次、行为活动的得失、认识能力和实践能力的高低等等，由此使自我意识更加深入。主体在进行自我感知活动后，如果不进行自我分析，自我意识就只能处在感性阶段，而不能上升到理性阶段。因此，自我分析是自我意识建构过程的一个不可缺少的阶段。自我分析在自我意识建构过程中的重要性还体现在它是自我评价的必要前提。就是说，主体只有通过自我分析获得关于自身较为客观的认识，才能进行自我评价。

三是自我评价。自我评价是主体对自身的需要、属性、能力、思想、行为等的自我评判。它是主体在自我感知、自我分析的基础上对自身的一种能动反映。自我评价总是根据一定的规范或标准来进行的，它表现为主体的自我审度、自我估量、自我检查等等。在自我评价中，一个人的世界观、人生观、价值观起着十分重要的作用。当一个人接受了一种正确的世界观、人生观、价值观时，就可分清正确与错误、善与恶、美与丑、荣与辱的界限，从而对自己的思想、行为作出合理的评价。自我评价具有自我监督功能，主体通过自我评价能够不断调整和校正自身的思想和行为。

四是自我意识的核校。自我意识经过自我感知、自我分析、自我评价三个阶段后，其建构过程并未完成，主体还必须对其进行核校。"核"即检验，"校"即调整。自我意识的核校是通过实践来完成的。自我意识从实践中产生，又必须回到实践中去。这一方面是因为实践的需要。主体只有对自身的需要、能力、本质力量等有所认识，才能按照自身的内在尺度去支配和占有外部事物，从而更合理地改造和利用外部世界。另一方面，自我意识也只有在实践中才能得到检验，得到修正、补充和发展。主体是通过实践来检验其自我意识的，而检验的结果有两种可能性：其一是达到预定的实践目标，它将强化主体对自身的认识和评价；其二是未达到预定的实践目标，它会促使主体对自身的需要、能力、思想、行为等进行全面的反省，由此使主体对自身的认识和评价即自我意识更加完善。

当然，把自我意识的建构过程区分为以上四个阶段仅具有相对的意义。实际上，主体自我意识的建构是一个永不停息的、无限开放的过程。通过这样一个过程，主体的自我意识不断地从低级向高级发展。

第十章　超前认识

　　自人类诞生以来，人们就以各种方式在进行着超前认识。古人说"凡事预则立，不预则废"，就是强调在事情发生之先或人类实践活动实际展开之前要有所准备。而要先事为备，就必须对当前现实的未来变化有着观念的预先把握即超前认识。在很早的古代，人们就注意根据天象物象来预测自然界与人的生活密切相关的某些现象的未来变化，并借以对未来的人事活动的适时与否、适当与否及其吉凶祸福作出前瞻性的认知和评判，如中国的"龟策"、西方的"占星术"等。尽管以往的人们对未来进行观念把握的认知（预测）手段，往往包含着某些神秘甚至迷信的成分，但它们说明，超前认识作为人类认识的一种具体形式早已是不争的客观事实。然而，在认识论上，目前已有的一些的关于超前认识的研究大多是从与同步认识相比较的视角来进行的，其中存在着诸多问题：超前认识的概念不够清楚，其对象域的确认不够明晰；多停留于对超前认识作外在形式的简单诠释和一般分析；对超前认识的科学化问题、超前认识的形成依据问题等都缺乏专门研究；等等。在这样一种情况下，深入研究超前认识的概念内涵、本质特征、基本形式、形成机理以及超前认识的科学化及其实现途径等问题，对于推进关于超前认识的研究，丰富和发展马克思主义认识论，具有极其重要的理论意义。

一、超前认识的本质、特征和基本形式

近年来，超前认识问题一直是国内马克思主义认识论研究中的一个理论热点。但是，迄今为止，学术界对超前认识的概念并没有一个统一的界定，人们对超前认识的理解相互之间还有很大的分歧。而要对超前认识进行研究，我们就必须首先明确超前认识的概念，弄清它的内涵、本质特征和基本形式。

（一）超前认识概念的内涵

超前认识是指主体在实践活动基础上，立足并超越当前现实状况而对于尚未出现或发生的自然事件或社会事件，以及人们未来实践活动过程、结果及其效应等的一种前瞻性认识。

超前认识具有自己的相对独立的认识对象，是一种不同于一般认识的特殊认识形式，它在整个人类认识形态中占有特殊地位，具有自身的特殊规定性。

第一，超前认识以事物的时间特性所规定了的事物的未来形态为认识对象。事物的未来形态，是事物作为时间链条中的过程性存在的三种具体样式之一，它同事物的过去形态或现状一样，都能成为人的认识对象。事物的未来形态也就是未来的事物，包括未来的自然事物、社会事物和人类实践活动三个基本方面。未来自然事物的出现或演变、未来社会事件的发生或发展，以及人们未来实践活动的过程、结果及其效应等，共同构成超前认识的对象域。对象域的相对独立性，决定了超前认识作为人类认识的一种特殊形式存在的必要性和可能性。超前认识是对未来的一种整体的观念把握，它不仅包括对自然状况下客观事物变化的预见性认识，也包括对人类实践活动及其结果和效应的提前反映；不仅包括对制约着社会实践的自然、社会因素和条件以及它们的变化的超前认识，也包括对符合人的需要的理想客体即现实中并不存在、将来也不会自然产生事物的观念创构。

第二，超前认识是一种以实践活动为基础、根植于现实而指向未来的认识。超前认识是指向未来的一种认识活动，其所认识的对象及其活动过程并非是现存的，而是将来才会产生或出现的。从内容上看，它既有对客观事物未来变化趋势和状况的前识，又有对人们的未来实践活动的过程、结果及其效应的前识，也有对现实中还没有也不会自然产生的人的创造物的前识。就其实质而言，超前认识是主体理性思维对事物未来的可能状况的提前反映。超前认识超越现实指向未来，但超前认识必须以人们的实践活动为基础，以人们对对象现已暴露出的规律的认识和把握为根据。规律，作为客观事物自身内部或与他事物之间的内在本质联系，是无法直观直接反映的。因为它隐藏在纷杂多变的现象背后，人们只有通过对客体进行实际的分解、综合的实践操作，事物的本质联系才能感性地显露出来，并经感官而为思维把握。实践是人们获得外界信息（包括征兆性信息）、反映客体规律并形成超前认识的源泉。一般说来，人们的现实实践活动的水平愈高，实践的广度和深度愈得到提升，人们对事物的本质和规律的揭示就愈发客观、准确、可靠，超前认识也就愈发清晰、准确和科学。离开实践活动，人们对客体现状都将无法把握，更不用说超前反映其未来了。

第三，超前认识还具有深刻的人类学本体论内涵。正如前述，超前认识是作为主体的人立足并超越当前现实而对事物未来变化的可能状况的一种前识。这里所谓的"当前现实"是包括人自身的生存和发展在内的现实世界。人的生存和发展总是既立足于现实而又趋向未来的，这是由人之趋向未来的本性决定的。"在现实世界中，个人有许多需要""他们的需要即他们的本性"①。人不是自身封闭无所外求的存在物，而是一个需要性的匮乏性的存在，因而是一种只有不断地与外界进行物质、能量和信息的交换才能生存下去的对象性的存在物。人按其本性是不会消极地、被动地接受"给定"的现实的，而是总在积极主动地追求和创造理想的未来世界。在这个意义上，人可以说是追求和创造理想世界的动物。正因如此，我们说人的需要的开放性决定了人之趋向未来的本性，而这恰是人类之所以进行超前认识的根本原因，是超前认识产生和发展的最终根据。超前认识这一人本主义规定表明，对超前认识的确认不能仅限于对现实世界的未来可能状况的事实性的知性预测，而应立足于对人类自身生存和可持续发展的终极关怀。超前认识不仅仅属于知性范畴，它不仅要回答"世界是什么"的问题，而且也要回答"世界应该怎样""人应该怎样"的问题。这样，对超前认识的确认就离不开对人的需要、价值、理想、愿望等的人本学意义上的追问。

（二）超前认识的本质

超前认识，作为人类认识形式之一，与其他一切认识具有共同的本质——主体对客体的能动反映。马克思主义认识论认为，不管人的认识多么复杂，认识的本质都是以实践为基础的能动反映。马克思主义认识论一方面强调认识对客观世界的依赖性，主张"一切观念都来自经验，都是现实的反映——正确的或歪曲的反映"①，同时又明确承认，认识具有能动性和创造性。正如列宁所指出的："认识是人对自然界的反映。但是，这并不是简单的、直接的、完整的反映，而是一系列的抽象过程，即概念、规律等等的构成、形成过程，这些概念和规律等等（思维、科学＝"逻辑观念"）有条件地近似地把握永恒运动着的和发展着的自然界的普遍规律性。"②"人的意识不仅反映客观世界，并且创造客观世界。"③"观念的东西不外是移入人的头脑并在人的头脑中改造过的物质的东西而已。"④在马克思主义认识论看来，反映性与创造性是认识的两种属性，二者是相互联系、相互包含、不可分割的。一方面，反映是创造性的反映，反映中包含着创造；另一方面，创造是反映中的创造，是在反映的基础上进行的创造。主体对客体的反映是认识活动中主体思维创造的前提和基础，离开反映，创造就是无源之水、无本之木；同时，作为主体反映客体的过程中对客体的主观改造，创造也是主体认识活动的一个基本规定。

超前认识，作为人类认识活动的特定形式，具有特殊的认识对象及认

---

① 马克思，恩格斯. 马克思恩格斯全集：第20卷. 北京：人民出版社，1971：661.

② 列宁. 列宁全集：第55卷. 2版. 北京：人民出版社，1990：152-153.

③ 同②182.

④ 马克思，恩格斯. 马克思恩格斯选集：第2卷. 2版. 北京：人民出版社，1995：112.

识关系，这使得超前认识本质上具有不同于一般认识的特殊规定性，即突出地体现了人类认识的目的性和创造性特征的能动反映。超前认识是主体立足并超越当前现实而对事物未来发展变化的一种前瞻性的认识。相对于现实来说，未来仅是一种趋势或可能，是现实未来发展的各种可能性的综合，其中既有好的、合乎主体需要和利益的可能性，也有不好的、有违主体需要和利益的可能性。要实现科学合理的超前认识，主体不仅要在现实的规律性认知的基础上对未来的各种可能性进行提前反映，而且还要充分发挥主观能动性，将自身的需要、目的、能力、本质力量等自觉地融入对各种可能性的分析、比较、权衡和抉择的认识过程中，力求实现对最符合主体生存和发展需要的可能性的观念占有。可以说，超前认识是未来事物和人类未来活动及其结果的观念存在形式，它本质上是主体对事物未来发展变化的诸多可能性的能动反映，并突出地体现了人类认识的目的性和创造性特征。

首先，超前认识是具有鲜明的实践目的性的主体对客体的能动反映。无论是在对未来自然事物的超前认识之中，还是在对社会事物的超前认识之中，抑或是在对未来人类实践活动的超前认识之中，实践目的性都有着鲜明的体现。人的活动是经过头脑思考的，是在一定的意识支配下进行的，因而总是具有根据自己的需要进行活动的目的性特征。马克思曾对人的活动和动物的活动的区别作过比较："蜘蛛的活动与织工的活动相似，蜜蜂建筑蜂房的本领使人间的许多建筑师感到惭愧。但是，最蹩脚的建筑师从一开始就比最灵巧的蜜蜂高明的地方，是他在用蜂蜡建筑蜂房以前，已经在自己的头脑中把它建成了。劳动过程结束时得到的结果，在这个过程开始时就已经在劳动者的表象中存在着，即已经观念地存在着。他不仅使自然物发生形式变化，同时他还在自然物中实现自己的目的，这个目的是他所知道的，是作为规律决定着他的活动的方式和方法的，他必须使他的意志服从这个目的。"① 人能够使自己的意志和行动服从于自己所确立并为自己所意识到的目的，这在超前认识上有着充分体现。与同步认识相比，超前认识的目的不仅在于获得对现存事物合规律的真理性认识，而且

---

① 马克思，恩格斯. 马克思恩格斯全集：第 23 卷. 北京：人民出版社，1972：202.

要在此基础上结合主体的需要和能力在头脑中前识事物未来发展变化的趋势和前景，并在观念中超前设定出未来实践活动目的及其观念模型，从而范导人类改造自然、社会的实践活动，借以满足人类自身生存和发展的需要。目的性是超前认识之所以能适应人类改造世界、创造未来的实践需要而产生、发展的主要原因，其深层关怀在于对人类自身存续发展的终极思考。在超前认识中，主体根据对现实世界事实性认识所反映的客体规律和事物现有变化迹象，推测事物的未来状况，以提前为人们认识和改造自然、社会的实践活动提供科学、合理的对象背景；同时，主体在反映现存世界的基础上结合主体创造未来的需求，预先确立实践的主体意向。不仅如此，在超前认识中，主体还根据对客体本质和规律的认识和评价，在自觉意识到自身需要，并将其作为改造客体的行为动机的基础上，在观念中超前设定、确立起未来实践模型，其目的在于求得未来实践过程、结果及其效应的最优化。作为人类认识形式之一，超前认识本质上是主体对事物未来状况的提前反映，它集中体现了人的活动"带有经过事先思考的、有计划的、以事先知道的一定目标为取向的行为的特征"①，具有极强的目的性。

其次，超前认识是具有突出的思维创造性的主体对客体的能动反映。超前认识永远是对未来事物的探求和追索，而未来作为现实世界变化发展诸多可能性的综合本身没有固定的模式和预成的结果，它总是随着客观现实的变化而处于变动不居的状态。因此，在指向未来的认识道路上，存在着大量信息空白和逻辑缺环。为了认识和把握未来世界，认识主体就必须依靠超前性思维创造性地重组信息以突破现实与未来之间的信息空白和逻辑缺环的束缚与限制，完成从已知到未知、由现实到未来的超前认识。可以说，认识对象的不确定性为超前认识的创造性提供了必要性和可能性。超前认识的创造性，正是人的主观能动性的最高表现形态。一般认识以现实事物为认识对象，以求获得合乎客观事物内在本质和规律的真理性认识，而超前认识则是以事物的未来变化发展为认识对象，其超越现实指向未来的特性，要求主体在超前认识活动中不仅要反映客体现状，更要关注

---

① 马克思，恩格斯. 马克思恩格斯选集：第4卷. 2版. 北京：人民出版社，1995：382.

客体未来，不仅要回答事物未来是什么、会怎样，更要解决事物未来应如何、应怎样。超前认识的创造性不仅体现在主体借助想象和假设等思维形式将客观事物的现实与未来状况之间的信息空白和逻辑缺环连接起来，实现人在观念中对客观事物未来发展趋势、前景的预先把握；而且体现在主体通过揭示事物的未来相较现实未曾或有待实现的客观真理性和客体价值性，及对其综合评估而在头脑中进行观念实践和理想物的创造。

（三）超前认识的主要特征

超前认识，作为人类诸多认识形式之一，是主体对事物未来状况的能动反映。认识对象及相应认识关系的特殊性，决定了超前认识具有不同于一般认识形式的特殊属性或特征。

第一，超前认识具有鲜明的超前性。超前性是超前认识的首要特征。所谓超前性，首先是指它超越了现实事物的界限，是主体实践活动的基础，是通过对客体运动规律的揭示和把握，而对现实事物未来发展趋势和前景的提前反映。超前认识虽然是从现实的事物出发的，但它并不停留在事物的现存状况上，而是根据对现实事物内在本质和发展规律的揭示而预见事物未来的发展状况，形成对未来事物的预先的观念把握。超前认识的超前性还体现在它总是走在现实实践的前面，这集中体现在对未来实践活动的超前认识上。这种超前认识以未来实践为反映对象，通过预测、制定目标和设计、选择行动方案，对实践结果将会引起的变化及将会产生的各种时空效应的事前评估等形式而为未来实践提供指导和规范。马克思说："劳动过程结束时得到的结果，在这个过程开始时就已经在劳动者的表象中存在着，即已经观念地存在着。他不仅使自然物发生形式变化，同时他还在自然物中实现自己的目的，这个目的是他所知道的，是作为规律决定着他的活动的方式和方法的，他必须使他的意志服从这个目的。"[①] 马克思所说的劳动过程的结果以观念的形式在劳动者头脑中的预先存在，实质上就是我们所说的这种超前认识。所以，超前认识虽然是建立在以往实践的基础之上的，但它是尚未付诸实践的认识，是关于未来实践的指导思想，

---

① 马克思. 资本论：第 1 卷. 2 版. 北京：人民出版社，2004：208.

因而也是对现实实践的超越。

第二，超前认识具有一定的不确定性。超前认识的不确定性，是由超前认识的主客体及其关系的特性决定的。超前认识以当前现实状况的未来发展变化的诸多可能性的综合为认识对象，认识对象的不确定性是造成超前认识的不确定性的客观原因。而主体认识能力的有限性及其在超前认识形成过程中所使用的方法的局限性，则是超前认识具有不确定性的主观原因。超前认识是主体在观念中对现实事物的未来发展变化的超前反映，是事物未来发展与变化的种种可能性，以"现实"的形式存在于主观之内的过程，同时又是对这种种可能性所包含和具有的现实性进行观念内的比较、鉴别、选择，从而寻找在主体看来最具有现实性的可能性来加以把握的过程。这决定了超前认识主要是一种主观之内的思维操作。与对现实事物的认识不同，超前认识的认识形式主要是想象、假设和推测。事物的未来状况并非实存于当前的现实之中，人们对它的认识和把握无法借助客观的观察或科学的实验，而只能通过运用想象、假设和推测等思维形式。想象、假设和推测等使未来超前地"存在"于人们的观念之中，使人们在其所展示的各种未来图景和诸多可能性中作出抉择，从而为人们的未来活动提供方向性的指导。正是通过想象、假设、推测等认识形式，人们才得以在未来的事物和未来的活动还没有成为当前事物的时候，就已经观念地反映了这些事物和活动。超前认识借助想象、假设、推测等思维形式对未来的世界进行观念把握，但它并不仅仅只是一种主观臆造，而是以人们对当前的现实世界的本质和规律的科学揭示的同步认识为前提和依据的。一方面，人们对现实世界的同步认识不可能完全穷尽现实世界的所有方面，因而具有一定的不确定性；另一方面，现实世界的未来趋势和前景也并不可能完整地、确定地出现在现实世界之中，反映事物未来趋势和前景的超前认识较之于揭示现实事物的本质和规律的同步认识具有更大的或然性。超前认识结果的或然性，是超前认识不确定性的又一表征。

第三，超前认识具有突出的能动创造性。超前认识是主体立足当前现实状况，通过创造性的思维活动所作出的对客体运动的趋势或前景的能动反映。超前认识的创造性，首先表现为思维形式和思维方法的创造性即理性思维的创造性构想，也就是通过对事物本质的理性的创构形成某种猜测、假说或假设性理论。人类认识过程是渐进与跳跃的统一。如果只有逻辑性的渐进认识，而无主体在信息加工活动中对某些信息空白和逻辑缺环的跨越，就只能"等待材料去纯化到足以形成定律为止，那就是要在此以前使运用思维的研究停顿下来，而定律因此也就永远不会出现"①。同步认识是如此，超前认识更是这样。超前认识，是以未来这一现实中尚未出现却植根于现实的本质规定之中的诸多可能性的综合为认识对象，其可供参照的确定信息更少，逻辑缺环更多，因而超前认识的实现更离不开主体跨越信息空白和逻辑缺环的能动性的发挥。创造性重组信息的想象和假设，是主体完成超前认识的最基本的思维手段和方法。超前认识的思维方法——想象和假设都是对事物未来状况的猜想，它们本身都是一些创造性的思维活动。超前认识要求认识主体采取多角度或全方位的发散思维，突破思维定势，打破原有理论的框架束缚，大胆地进行猜想。在超前认识中，每一种猜想的内容都必然具有指向未来的新颖独创的特点。

超前认识的创造性还表现在思维对象及思维结果本身具有的创造性，这集中地体现在主体对未来的实践活动过程、结果及其效应的超前认识之中。实践是一种通过改造现实世界而达到创造未来的对象性活动。以未来实践为反映对象，通过预测实践结果、制定实践目标和设计、选择行动方案等形式为未来实践提供蓝图的超前认识，必然也具有创造性的特点。此类超前认识的过程实质上也就是主体在反映客体的本质、规律的基础上，根据主体的需要和愿望，在观念中创造性地设定实践的目的和实践活动的观念模型的过程。此外，超前认识的创造性特质还体现在主体借助创造性构想在观念中把客观事物的尺度和人的内在尺度有机地统一起来，按照人的需要对现实事物进行观念的分解和综合，创造出现实中并不存在也不会自然产生，但却符合人的需要的理想客体。

超前认识具有强烈趋向于实践并指导实践的特性。超前认识所反映的是事物的未来，而不是其当下的现实。在观念中超前地把握事物的未来，让事物的未来状况以"现实"的形式超前存在于人的主观之中，是超前认

---

① 马克思，恩格斯. 马克思恩格斯选集：第 4 卷. 2 版. 北京：人民出版社，1995：337.

识所要解决的问题。这使得超前认识不仅要反映和遵循事物自身发展变化的内在本质和规律，而且贯穿着人的内在需要和主观要求。与只告诉人们事物"是什么""是怎样"以解决认识与对象的符合或一致的同步认识（它涉及的只是在主观中如何正确地把握事物的真实面目而并没有触及人们为什么和怎样去认识和改造世界的活动）不同，超前认识主要是关于"做些什么""怎么做"的观念。一方面，作为主观要求的意向，超前认识体现了人的需要、价值、理想、愿望等人的活动的主旨；另一方面，作为对客观事物的反映，超前认识体现着事物的内在本质和规律，是人的活动必须遵循的客观前提。因此，超前认识为人们的实践活动提供了科学的根据和理由，具有强烈趋向于实践并指导实践的特性。超前认识的实践特性首先体现在主体思维通过对客观事物（自然的、社会的）的本质和规律的科学揭示而作出的有关客观事物的未来发展变化的趋势和前景的判断性前识上——它反映着为必然性所制约的一事物向他事物转化的确定趋势即事物如何转化为他事物、转化的过程和内容，从而把事物发展前后相接的两个过程联结起来。这就是说，超前认识不只是对现实事物的认识，而且是对事物未来发展变化的提前反映。正是对事物未来发展变化的过程和内容的判断性前识，才使得超前认识以肯定或否定的形式影响、制约着人们当下的实践活动，并在一定意义上决定着人们进行变革现实的物质实践活动的方法、途径。科学社会主义是马克思、恩格斯对人类社会未来发展变化的趋势和前景的提前反映，它通过建立关于社会发展的理想观念、制定符合社会发展规律的切实可行的理想目标，而激发和促使人们以自觉的实践活动改造现存世界，实现社会进步和人的解放。其次，超前认识的实践性还集中体现在它对未来实践活动过程、结果及其效应的提前反映亦即建构未来实践观念模型的过程上。它内在地要求主体在头脑中对未来实践的目的、对象、条件、方法、手段、步骤、途径、措施及其整个活动过程不断地进行观念的分解、组合以及再分解、再组合，制定合理可行的实践计划、方案、措施等，进而规范、指导人们的实践活动，以求达到实践的最优化。可见，超前认识的本性就在于它能否定自身的认识形式，使自身有关事物未来状况的前瞻性观念把握变成未来的实践活动本身或成为未来实践活动过程或结果的一个方面、环节乃至全部。正是在这个意义上，超前认识实现了实践和认识的内在统一，从而具有强烈的实践性。

（四）超前认识的基本形式

超前认识是主体立足并超越现实事物而在头脑中对事物的未来状况进行的能动反映。事物的未来状况并非浑然不可分的一个整体，它作为事物的过程性存在的三种具体形态之一，同事物的过去、现实一样都包括自然事物、社会事物和人类实践活动三个基本方面。而且，自然事物、社会事物和人类实践活动，作为不同形式的客观存在，具有各自的存在形式、组织结构、本质属性及其发展变化规律等。这三种不同对象的超前认识，各有其特殊的认识规定、认识要求、认识途径和方式。我们将对自然事物、社会事物和人类实践活动的超前认识分别称为自然预见、社会预测和决策认识，它们构成了超前认识的三种基本形式。

超前认识基本形式的上述区分，与人们从主体意识方面把超前认识划分为经验形态（感性形式）的超前认识和理论形态（理性形式）的超前认识的传统观点根本不同，并具有深刻的认识论意蕴。

首先，自然预见、社会预测和决策认识分别形成于人类认识的不同发展阶段，标志着人类认识自然、社会及其自身能力和水平的不断增强和提高。在人类历史的初期，由于生产力水平和认识水平的限制，人们对外部世界的认识和把握是懵懂的主观臆想，有关自然、社会和人类实践的认识驳杂混同，虽然其中不乏以事物未来状况为认识对象的超前认识，但那时的超前认识并没有自然、社会和人类实践三个维度的自觉区分，而且往往包含着某些神秘甚至迷信的成分，超前认识尚处在混沌未觉的萌芽状态。后来，随着人类生产水平和认识水平的提高尤其是近代自然科学的兴起和迅猛发展，人们可以透过自然界的现象而揭示自然事物的本质和规律，并在此基础上出现了对自然事物的未来变化的超前认识。在自然预见产生和发展的同时，人们对与人的生活密切相关的生活现象（事件）的未来变化也进行这样或那样的认识尝试，但真正科学意义上的社会预测，则是在马克思主义哲学产生并使社会科学和社会认识成为真正的科学以后才逐步形成的。前马克思主义时期，人们或者把社会现象（事物）看作有意识的人的主观意志自由创造的产物，把社会历史看作纯粹偶然事件的堆积，否认社会运动变化有其自身内在必然性和规律性，从而根本否定对社会事物未来状况进行超前认识的可能性；或者把社会现象（事物）看作某种超验的"绝对精神"、"神"或"上帝"创造或衍生的结果，认为社会历史不过是"绝对精神"或"上帝"自我创造、自我发展、自我实现的过程和结果，社会事物的未来状况就是"绝对精神"或"上帝"的预先确定的既有存在，从而把对社会事物未来状况的超前认识归之于对"绝对精神"或"上帝"的认识乃至信仰。只有马克思主义哲学的产生，才真正使人们对社会事物未来状况的超前认识彻底摆脱了唯心主义主观意志论和神学目的论的困扰和纠缠，而获得自身本应具有的科学地位。唯物史观认为，社会历史是历史主体以自己的生产劳动为基础并通过自己的实践活动不断地扬弃社会的过去而得到社会的现在和未来的发展的过程，社会历史本质上是一个合规律的"自然历史过程"；社会现象（事物）不过是人的活动的过程或结果而已；社会历史规律即"人们自己的社会行动的规律"①。这不仅为一切以社会存在及其发展变化为研究对象的社会科学和社会认识奠定了客观基础，而且为人们对社会事物的未来状况的判断性前识提供了客观根据和科学保证，使真正科学意义上的社会预测得以产生。决策认识，作为人类实践活动自由自觉展开的最直接的认知准备和观念前提，则是人们在科学揭示和把握自然事物、社会事物的本质和规律的基础上，适应现当代人类实践活动的现实需要而产生的。在现当代，随着生产力和科学技术的迅猛发展，人类社会实践的规模日益扩大，实践能力日益增强，其作用的范围和时空效应也愈发深广，其间一系列危及人类自身存续和发展的反主体性效应接踵而至。这迫使人们不得不自觉反省和规范自己认识和改造自然和社会的实践活动，努力求得实践合理性的实现。于是，通过对未来实践活动的过程、结果及其效应的思维模拟和逻辑预演，而选择、确定符合满足主体生存和发展需要的最佳的实践观念模型的决策认识应运而生。自然预见、社会预测和决策认识作为超前认识的不同形式分别形成于人类认识的

---

①　马克思，恩格斯. 马克思恩格斯选集：第3卷. 2版. 北京：人民出版社，1995：758.

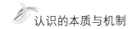
不同发展阶段上，是人类认识能力拓展和水平提高的历史明证。

其次，自然预见、社会预测和决策认识具有各自不同的认知规定和要求，科学合理的自然预见、社会预测和决策认识所反映和遵循的认识根据不尽相同。自然预见是以自然事物的未来状况为认识对象的超前认识。自然界的事物及事物之间的关系是外在于人本身的，它们有着自身运动、变化和发展的规律，并不以主体的意志为转移，也不会因主体需要与否而有所改变。在自然预见中，被认识的自然对象在认识主体看来是一种异己性的事物。主客体异己性认识关系，要求人们在进行自然预见活动时自始至终遵循自然客体尺度即自然事物自身运动变化的规律，而对自然事物的未来变化发展的趋势和前景作出推测性科学说明。社会预测是以社会现象（事物）的未来状况为认识对象的超前认识。任何社会现象都离不开人的活动，都不过是有目的、有意识的人的活动及其结果而已。"社会——不管其形式如何——究竟是什么呢？是人们交互作用的产物"①，人们对未来社会事物进行预测实际上也就是在观念中预先把握人自身的活动及其结果。社会预测客体与预测主体人的活动是直接统一的，这决定了人们在进行社会预测时，必须遵循社会客体尺度和主体的价值尺度相统一的认识原则：一方面要穷究社会客体的内在本质和发展规律，以便为社会预测的确立提供科学的认知根据；另一方面要兼顾主体的内在需要和目的，以解决社会预测过程中主体与客体的自我涉及、认知与评价的相互渗透及理想与现实之间的冲突等问题。决策认识是以人们未来实践活动的过程、结果及其效应为认识对象的超前认识。它是主体在实践活动之前在观念中对未来实践活动的目标、方法、手段、结果及其效应所作出的超前设计和对策预案，其目的在于通过对未来实践活动的思维模拟和逻辑预演而从诸多实践可能性中选择、确定最佳的实践观念模型和行动计划、方案，借以在未来实践活动中创造或实现符合满足主体生存和发展需要的理想客体或实践预期。决策认识过程本质上也就是通过预测而确定目标、设计行动方案及对策等，以观念形式对客体进行合目的合规律的改造。因此，科学合理的决策认识必须反映被改造客体的"外在尺度"。决策主体只有在深刻地认识

---

① 马克思，恩格斯. 马克思恩格斯全集：第 27 卷. 北京：人民出版社，1972：476.

事物的本质和规律，自觉地按照事物自身的尺度建构起合理的决策认识，才能使人们未来实践活动有更多、更大的自由，也才能使决策认识的对象化和现实化顺利进行。另外，科学合理的决策认识也必须自觉地反映主体的"内在尺度"即主体的需要、目的。决策认识，作为对未来实践活动过程、结果及其效应的提前反映，并不是单纯为了掌握客观事物的自在性的知识，而是为合乎客观事物的发展规律并按照主体内在尺度去有效地变革事物使其满足人们的需要服务的。人们正是通过决策认识活动在观念中实现对外界事物的现成形式的变革，才塑造出对自己有用或有利的理想客体的。

最后，就预测结果与预测主体及其活动的关系来看，自然预见、社会预测和决策认识也有根本的不同。自然预见以人们对自然事物或现象的本质和规律的科学揭示和把握为其确立和实现的科学依据，从根本上讲，自然预见的认识结果实质上不过是自然事物或现象的自身本质和规律之内在逻辑规定在未来的现实展开和实现而已。一般地说，预见客体不受认识主体的干扰和影响，预见结果也不会影响和制约自然预见活动本身。这与其他两类形式的超前认识有着本质的区别。无论是在社会预测（对社会事物的超前认识），还是在决策认识（对人类实践活动的超前认识）中，主客体之间都存在着鲜明的自我相关性。在社会预测中，预测主客体的自我缠绕、自我渗透的相干性决定了预测结果与预测主体及其活动彼此影响、相互制约的复杂关系。所谓预测主客体的自我缠绕、自我渗透的相干性，是指在社会预测活动中，社会预测主体对所面临的预测客体进行判断性前识时，他的预测客体可能就是"他的作品和他的现实"即预测主体内在地存在于和活动于作为预测客体的社会事物（社会事件）之中，而作为社会预测客体的社会事物（社会事件）则实际地将那些作为主体而映现着社会事物（社会事件）的人们包含于自身之中。社会预测的主客体自我缠绕、自我渗透的相干性直接影响着社会预测活动本身的展开和实现。社会预测的主体是人，而社会预测的客体是由人所发起、控制、参与的社会事件；在某些情况下，预测者甚至要预测自身的社会活动状况，这就使得预测客体中必然包含着主体的活动，而认识主体的活动往往会对预测事件产生干扰和影响。例如，股市预测权威对股票价格作出近期将上涨的预测，往往会引起一大批股民购股的狂潮，从而实际影响所预测的上涨现象。这即所谓的"自力实现预测"（self-fulfilling forecast），它是一种只是由于作出了这种预测，才促进了它成为事实的预测。还有一类"自拆台脚预测"（self-defeating forecast），它是一种只是因为作出了预测，才使预测不能实现的预测。如预测犯罪率将大幅度提高，势必引起社会有关部门高度重视和加强社会控制的措施，致使犯罪率不仅不提高反而下降。这种社会预测对被预测事件产生干扰和影响的现象，被英国哲学家波普尔称为"俄狄浦斯效应"（来自古希腊"俄狄浦斯弑父娶母"的著名预言）。社会预测活动本身与其预测客体（预测结果）之间彼此影响、相互制约的特性，构成了社会预测区别于其他形式超前认识的重要特质。直接指向实践活动的现实实践性，是决策认识结果与决策主体及其活动关系的本质规定，也是决策认识区别于其他两种超前认识的本质特征。决策认识之所以不同于其他形式的超前认识，就在于它是一种直接指向实践活动的建构观念化、意向化的实践模型的观念活动。它是人们对未来要进行的实践活动的过程、结果及其效应的一种提前反映和把握，是直接服务于实践的对客观世界的能动把握。决策认识的实践性特征，主要表现在：决策认识产生的目的是改造世界的实践活动；决策认识所依据的那些关于外界客体"是什么""怎么样"的事实性知识，已转化为为实践活动服务的实践手段、途径或方式；决策认识所面临的实践问题或有待完成的任务，也已因主体内在尺度的"改制"而转化为实践主体"要什么"的实践目标及为此而"应如何""该怎样"进行实践活动的问题，即表现为对具体实践措施如行动计划、行动方案等的选择和确立。因此，决策认识活动，作为实践的观念预演过程，实际上是要在实践主体的头脑中观念地改造世界，观念地组织各种实践因素和条件，模拟实践活动，从而建构起实践活动的观念模型并以此直接指导和支配现实的实践活动。在这里，实践的东西和观念的东西已不可分离地密切结合在一起。决策认识成为人们认识活动和实践活动一体化的中介和桥梁。因此，决策认识具有极强的实践性，这集中体现在其认识结果即实践观念具有很强的务实性、意向性和操作性上。

此外，自然预见、社会预测和决策认识具有各自的科学规定性，且其实现途径和方式各有不同。关于这一点，我们将在下文作详细论述。

二、超前认识形成的内在机理

"机理"亦称"机制"，原意是指机器的构造和工作原理，它是自然科学和社会科学研究中广为使用的概念，其引申意义甚为复杂。综观目前各学科对"机理"一词的使用，我们认为"机理"一词的基本含义有三个方面：一是指事物各组成要素的相互联系，即结构；二是指事物在有规律性的运动中发挥的作用、效应，即功能；三是指发挥功能的作用过程和作用原理。超前认识形成的内在机理，就是指在超前认识的生成过程中，对其产生影响的各种因素的结构、功能及其相互联系，以及这些因素产生影响、发挥功能的作用过程和作用原理。超前认识的形成，具有一定的客观基础，又具有一定的主体依据，是客体物质运动和主体思维活动的辩证统一。因此，对超前认识形成的内在机理应从其客观基础（现实根据、客体根据）与其主体依据（生理基础、思维基础）两大方面进行分析，以揭示超前认识形成过程的基本动因和内在根据，以观念形式逻辑再现超前认识生成的一般过程。对超前认识形成的内在机理的研究，有助于揭示超前认识形成的奥秘，实现对超前认识生成过程的科学把握，从而推进对超前认识的研究。

（一）超前认识形成的客观基础

作为人类认识的诸多表现形式之一，超前认识是主体在实践活动基础上，立足当前现实，通过把握客体运动规律的人脑思维活动所产生的对客体的未来趋势和前景的能动的提前反映。事物的现实存在和事物自身内在的本质和规律，构成了超前认识形成的客观基础的主要内容和基本方面。

现实客观物质世界的系统性存在，是超前认识形成的现实根据，也是超前认识形成的客观基础的最基本的方面。超前认识以未来为认识向度，但绝不是脱离当前的现实、与当前的现实无关的。因为事物的未来状况是以其当下的现实为基础的，因而对事物的未来状况的超前认识也必须立足于现实，以对现实的认识为前提。按照唯物辩证法和系统论的观点，世界是一个充满了极其多样的物质形态和现象的统一的物质世界。构成物质世界的具体的事物或事件各自都是一个系统，这些系统都是由一定的要素组成的，而每一种要素也都是系统的，这就表现出系统的层次性。因此，在一定的时空界域内，那些系统中各种具体的事物、事件或要素互相作用、互相联系、互相依赖，产生一种大于它们分散、分解的能量的结合能，于是那些看起来好像是一个一个的事物、事件或要素，就会在不同层次上按一定的方式组合成一种具有总体构型的复杂的整体性系统。这些整体性系统具有自身特定构型的结构，具有自身具体的属性、规定和本质。并且这样的结构、属性和本质，在相对稳定的条件下，具有保持下来的趋势，具有一定的恒常性、不变性。这种恒常性、不变性，就使同系统的事物在时间和空间的展开上具有连续性和普遍性，亦即具有可重复的规律性。这体现在物质世界具有无限的宽容度，它容许总的物质运动发展出多种多样的总体构型和组织结构，容许它们具有多种多样的属性、规定和本质，容许生成无数多层次的系统形式，而且物质世界正是在遵循整体性系统自身具有的属性、规定和本质，并合规律性地不断地改变旧的系统、形成和产生新的系统的过程中变化发展的。这个有规律、合逻辑的历程中所包含和存在的各种系统的结构、属性、规定、本质及其建构和形成过程，作为现实，就像一座将过去与未来联系起来的桥梁。由此现实，我们不仅可以认识事物的现存状况，而且可以通过后思回溯地认识事物的过去，也可以通过推理超前地认识事物的未来。

超前认识形成的现实根据，从信息论的观点来看，更容易得到理解和说明。按照一般唯物主义观点，信息是物质的基本属性，客观世界中一切物质系统相互联系和相互作用，普遍地发生着输出、传递、接收和保留信息的过程。从信息的层面认识物质的相互作用，相互作用也就是一个能动的信息系统效应过程。客观世界的物质过程和能量过程，必然伴随着信息过程，因此，通过与客观世界实际的相互作用，人们就能够参与到信息过程之中，使认识具有客观性内容，获得关于外部世界的知识。物质世界这一认识信息过程为超前认识提供了客观可能性。这种可能性的根据就在于现实的事物或事件的现存状况中包含着有关这些事物或事件的未来状况和未来可能发生的事物或事件的某些征兆性信息。所谓征兆性信息，就是指现实的事物或事件的现存状况中预示着其未来变化发展的信息。掌握和利用这些征兆性信息，人们就可以运用假说演绎法预测和推论现实的事物或事件发展变化的未来趋势和前景。现实的事物或事件的现存状况中预示着其未来变化发展的征兆性信息，是人们运用假说演绎法超前地认识未来、形成超前认识的客观根据。

客观事物的内在本质和规律，是超前认识形成的客体根据，也是超前认识形成的客观基础的核心内容。超前认识是主体立足事物的现实、根据客观事物运动的规律而对客体未来状况所作出的一种特殊反映。"物质是一切变化的主体"①。人们对客观事物的本质和规律的事实把握是超前认识形成的客观基础。何谓规律？列宁在研究什么是规律的问题时明确指出："规律就是关系……本质的关系或本质之间关系。"② 在这里，"关系"同我们所说的"联系"是同义概念。因此，列宁所说的"本质的关系"就是我们所说的客观事物的内在或本质的联系。概而言之，唯物主义所谓的规律，就是客观事物内部的本质联系，而且这种本质联系是由物质运动本身固有的内在矛盾决定的。因此，只有坚持矛盾论，把规律置于事物运动、变化和发展的过程之中，才能真正理解和把握规律的科学内涵。唯物辩证法告诉我们：事物的发展是由事物所固有的矛盾推动的，推动事物发展的矛盾包括内部矛盾和外部矛盾两个方面。事物的内部矛盾即事物内在的本质联系构成事物变化发展的内在根据，它是事物变化发展的根本原因；事物的外部矛盾即一事物与他事物之间的本质联系构成事物变化发展的外部条件，它是事物变化发展的必不可少的外在原因。具有特定的内在根据的客观事物在相同的条件下会表现出一种确定不移的变化发展趋势，这种趋势就是规律在客观事物变化发展过程中的具体展开和实现。因此，人们一

---

① 马克思，恩格斯. 马克思恩格斯全集：第2卷. 北京：人民出版社，1957：164.

② 列宁. 列宁全集：第38卷. 北京：人民出版社，1959：161.

旦把握了事物变化发展的客观规律，也就可以以之为根据，并结合事物的现实状况及其条件，把逻辑原则和历史原则有机地结合起来，从而大致地预见事物发展变化的未来状况。可以说，正是客观事物自身固有的普遍联系和客观规律性，才为人们从一事物预见另一事物或从事物的过去、现在预测其未来提供了初始的客观可能性。因此，人们只有把握了客体的运动规律，才能预见其未来趋势和前景；人们对事物的规律揭示得愈深刻，对事物的未来状况的预见就愈准确。

（二）超前认识形成的主体依据

认识表征着主体对客体的一种概念的或理论的关系。认识的主体是人，而人作为"有意识的存在物"①，是一种具有意识-生理结构的生命实体，其基本构成要素是意识要素和生理物质要素（核心是大脑）。作为主体的人自身的内在结构及其功能和属性是认识形成的当然根据。超前认识一般指主体在实践的基础上通过人脑这一物质生理器官的意识思维活动而产生的对客体运动变化的趋势和前景以及人类未来实践活动及其效应的提前反映。因此，对超前认识形成的主体依据的考察实质上也就是对超前认识形成的生理机制（大脑的结构和功能何以使超前认识成为可能）、超前认识形成的思维机制（人的意识或思维如何具体展开和实现超前认识）的探讨，亦即对主体何以具有超前认识能力的问题的回答。

要揭示超前认识形成的生理机制，必须对人脑何以能够以及怎样实现超前认识的生理基础进行透析。超前认识是主体意识和思维活动对客观事物未来发展变化的趋势和前景以及人们未来实践活动及其效应的提前反映。主体的自觉意识和思维活动是超前认识形成的根本主体依据，但是主体的意识和思维并非纯粹的精神存在，它有其现实的物质基础。现代科学告诉我们，意识和思维是人脑的属性。人脑的肉体组织和生理机能，是人类意识和思维进行信息加工、从事认识活动的物质载体和机制。思维的现实展开和实现必须以人脑的结构及其功能的发挥作为生理物质基础。主体的超前认识能力（意识思维能够对客观事物未来发展变化的趋势、前景及

---

① 马克思，恩格斯. 马克思恩格斯全集：第42卷. 北京：人民出版社，1979：96.

未来实践活动及其效应作出提前反映）必然根植于人脑的结构及其功能实现的机制之中，必然有其坚实的生理基础即有一定的人脑结构及其功能与之对应。

人脑是在生物界漫长的进化过程中逐渐形成的，它有自身特殊的时空物理特性和生命机体特性，是一个极其复杂的物质-机能系统。它以神经细胞（神经元）作为自己最基本的单位，包含着许多在结构和机能方面各不相同的神经活动器官，通过神经纤维和神经纤维束连接自身的感觉器官和运动-效应器官，组成以中枢神经系统为核心的周围神经系统。现代脑科学和神经心理学把人脑分为三个相互区别又相互协同的基本机能联合区：（1）调节紧张和觉醒状态的联合区；（2）接收、加工和保存外感受性信息的联合区；（3）规划、调节和控制复杂活动的形式的联合区。主体超前认识能力的生理基础在这三个联合区中分别以不同形式不同程度地存在着。

在大脑的第一机能联合区，网状结构是调节皮质紧张程度和觉醒状态的器官。它不仅能引起觉醒反应，提高兴奋性，增强感受性，给大脑皮质以一般的激活性影响，而且能够将大脑皮质所受一般性影响同从外部世界进入有机体的刺激相联系，从而导致以定向反射的形式出现的、完全是另一种形式的刺激作用的产生。这种新型刺激作用的认识论意义就是使主体的认识积极性或意向性有了明确的指向，因为定向反射使得人的兴奋流受到严格限制。人生活在信息的世界中，人的认识过程实际上也就是人对信息进行加工处理的过程。面对纷杂多变的外部信息，定向反射的认识兴奋约束机制，一方面使认识主体排除不必要的认知干扰，集中于与待识客体有关的信息的加工和处理，并持续以认知兴奋相维系，以便透过现象揭示客观事物的本质和规律，为前识事物的未来变化发展趋势、前景提供客体根据；另一方面促就主体认知理想、认知意图、认知计划、认知目的等的形成和巩固，从而为主体超越当下事物既存状况，前识其未来变化发展的趋势、前景提供主体根据。

人脑建构主要是第三级皮质区的扩张和整个脑皮质的重组，其中额叶和前额区是脑皮质进化的最后产物，是进行与人的目的相联系的最复杂的活动的高级中枢。它约占整个大脑半球的 24.4％，加上额叶和枕叶这些执行认知机能的脑区，其面积达 67％。大脑皮质的这种非均衡性建构，是人类工具性活动的产物，它使得脑机能"特异性递减"成为可能，并为人的意识、语言、思维和目的性活动的出现、发展提供了脑生理基础。人脑皮质结构特殊组合决定脑机能"特异性递减"即人脑第一、第二、第三级皮质区神经元的信息整合机能依次增强，相应地，其所接收、加工、处理的信息的特异性依次减小、一般性逐渐增大。受此规律作用，人脑第三级皮质区成为各种分析器的"重叠区"，其神经元的模式特异性更小。在这里，信息实现了高度的抽象和综合，并升华为人的认识或行为的程序、规则和目的，它为超前认识的产生、形成提供了一般前提和条件。这在第二机能联合区的三级皮质区体现得最充分。

第二机能联合区的三级皮质区，是人所特有的具有高度抽象概括机能的生理结构，其机能为超前认识的形成作了重要准备。本级机能组织的投射皮质区和投射-联合区从外部接受各种认知信息，并把它们分解为最小部分加以识别、编码和整合，而三级皮质区则在此基础上，对兴奋加以空间组织，把先后到来的连续的信号转变为同时起作用的信号组合，并为人们借助语言从事表征、概括等提供了可能。因此，三级皮质区"不仅对于顺利地综合直观的信息是必要的，而且对于由直接的直观综合水平过渡到象征过程水平，对于词的意义、复杂的语法结构和逻辑结构的运用、数的系统和抽象的相互关系的运用都是必要的"①。正是第二机能联合区的三级皮质区的生理活动，一方面使得大脑能够将外部的、分散的、特殊的信息作出概括和综合，保证由对被感知世界部分的模式特异性的详细反映到较一般的、抽象图式的综合反映的过渡，而这恰为人们透过现象认识事物本质规律，并据此对客观事物未来变化发展的趋势、前景进行超前认识提供了可能；另一方面使得所有同语言相联系的高级心理活动形式——范畴知觉、积极言语记忆、逻辑思维等得以顺利进行，这又为人们借助观念的分解、组合创设符合人的需要的有关未来的超前认识或理想客体提供了认知中介和途径。可以说，第二机能联合区的第三级皮质区使主体不仅具有再

---

① 鲁利亚. 神经心理学原理. 北京：科学出版社，1983：101.

现客体的能力，而且具备了建构与创新的能力，这为人们认识和揭示外部世界及自身活动的本质规律、进而在观念中实现对自身当下和未来活动的提前反映提供了认知形式的准备。

规划、调节和控制复杂活动形式的联合区即第三机能联合区，是超前认识特别是以未来实践活动及其效应为对象的超前认识形成的重要生理基础。它定位于脑半球中央沟前面的额部各区，额叶是其中最重要的部分。现代脑科学借助物理学、化学、生物学、心理学和精神病理学等多学科的知识和方法，并运用新的技术对人脑前额皮质区的研究表明：脑的前额部分在对刺激物的整体综合和行动计划确立中起着重要作用，这不仅表现在它与当前起作用的信号的关系方面，而且也表现在其对指向未来的积极行为的激发和对动作的控制及其结果估计方面。其认识论意义在于：有了这样的机能联合区，人们在进行认识活动时，不仅能对当下外来信息予以反应，而且还能据之制定自己的行动计划和程序，确立意图，组织和监督动作的进行，并将行为的可能效果与原初的意图相对照，纠正错误，调节行为，以保证活动目的、计划的实现。这构成了超前认识特别是以未来实践活动及其效应为对象的超前认识的生成——调控机制。

我们在上面探讨了主体超前认识能力的生理基础。但是，作为人的理性认识的重要组成部分，超前认识并不直接就是基于生理机制的超前反映。后者是以过去无数次重复作用于自己的祖先或多次地重复作用于自己的那类现象或事件为对象、以人类遗传性的生理结构或暂时接通的神经通路为基础而同外界建立的一种刻板的联系，它是机体在生物学意义上的功能特性，而不是认识论意义上的对外部对象的自觉把握。因此，我们对超前认识主体依据的考察，不能仅限于对主体超前认识能力之生理基础的分析，还必须就超前认识通过人脑的思维活动具体展开实现的内在机理进行透视。

人是一种能思维的存在物。超前认识形成的主体依据即主体具有超前认识能力，特指主体通过思维活动在认识当下现实事物的本质及其发展规律的基础上，能够结合自身生存发展的需要对现存事物未来发展变化的趋势、前景，以及人类的未来实践活动及其效应作出判断性前识。作为人脑的属性，思维是以人脑的结构和机能为生理物质基础的，人脑的结构和机能决定着思维的品质。我们对超前认识能力生理基础的分析，就是为了更好地阐明主体通过思维活动何以能够达到对客观事物未来发展变化的趋势、前景及人类未来实践活动及其效应的前瞻性认识。超前认识的发生、发展尽管以人脑的结构和机能为生理基础，但它并不受生物学规律支配，而是遵循社会性的思维规律。超前认识是在人脑思维的各种具体内容、形式的交互作用过程中实现对事物未来发展变化的趋势、前景及人们未来实践活动及其效应的提前反映的。

就其思维品质而言，超前认识是以人的理性认识所把握的客观规律为依据，结合主体的需要、愿望、意志等主体性因素，对事物未来发展变化的趋势、前景或人类未来实践活动及其效应进行预见性认识的思维活动。人的思维是知、情、意相互作用的多维结构-功能系统。而作为主体能动性的充分展现，超前认识是最能体现人类思维本性的认识形式。下面我们将把对超前认识形成的思维机制的考察视点聚敛到思维内部结构之中，在透视思维自身发展内在逻辑的基础上阐释超前认识在思维中的形成过程及其内在机理。

我们可以首先立足于思维的知性层面，从思维内容的信息化和操作的符号化来看超前认识在人脑思维中的展开和实现。人的认识活动实际上也就是以感性直观形式和理性思维形式协调统一地对外界信息进行接受、储存、加工、处理的过程。思维以感性直观作为自己的信息来源，它又能借助理性思维的力量及认识中介系统，超越直接的感性直观的界限，透过现象深入揭示那些感性直观所不能直接感知的事物的本质属性和内部联系。在认识过程中，人的思维先通过分析、抽象对具体的感性材料进行筛选、识别，作去伪存真、去粗取精的处理，从中抽取、综合出反映事物普遍本质和规律的一般规定。这些作为认识结果的一般规定具有高度的抽象性和超现实性，它们为超前认识在思维中的形成提供了最一般的认识基础，因为思维正是借助语言符号系统对这些抽象规定进行再综合、再概括，进而形成关于客体的总体性的具体观念的。不仅如此，主体还会运用分析、综合、推理、演绎等思维方法，对观念进行分解、组合、再分解、再组合，以形成新的观念。这些新的观念既有对当下事物本质规律的揭示，也有对事物未来发展变化的趋势、前景或人类未来实践活动及其效应的提前反映，借以回答"现实世界是什么""未来世界会怎样"的问题。它们或表现为作为科学理论发展形式的假说，或表现为作为实践预期结果的观念模型，或表现为理想的创造物等。

　　超前认识，作为思维综合品质的集中反映，是以事实认识和价值认识为基础，把客体自身发展的可能性与主体对它的发展要求结合起来，在观念中形成一种人所需要的超越事物当下的前瞻性认识或理想客体的过程。对超前认识形成的思维机制的科学揭示，离不开对认识主体需要、愿望、价值、意识等主体性因素在超前认识形成过程中的地位、作用的考察。因为超前认识的形成必须以人们对当下事物的真理性认识为依据，在回答"现实世界是什么""未来世界会怎样"的基础上结合主体的内在需要和要求对现实世界的未来发展变化及人们未来实践活动过程及其效应进行前瞻性的观念把握，进而回答"世界应该怎样""人应该怎样改变世界"的问题。因此，要完整全面地揭示超前认识形成的思维机制，必须对需要、价值、愿望、意志等主体性因素在超前认识形成过程中的地位和作用作一全面透视，这也就是对超前认识在思维的非知性层面上的展开和实现的内在机制的揭示。

　　思维结构作为主体的内在的精神世界，本身就体现着人的主体性和主观性的一方面，体现着主体的内在需要、情感、意志、理想、信念和价值观念等。这些存在于人脑中的先在的因素必然以主体的主观形式发挥作用，用以实现主体的认识活动、实践活动的目标。主体总是按照自己的需要、要求、愿望在揭示事物的本质和规律的基础上对事物未来发展变化的趋势、前景或人类未来实践活动及其效应作出预见性认识。马克思指出："任何人如果不同时为了自己的某种需要和为了这种需要的器官而做事，他就什么也不能做。"[①] 由主体需要形成的需要意识，是思维活动的内在动因。人们的超前认识也是植根于人类生存和发展的需要之中的。人的需要即对外部世界的价值追求，使人的认识不同程度地带有某种目的性、指向

---

　　① 马克思，恩格斯. 马克思恩格斯全集：第 3 卷. 北京：人民出版社，1960：286.

性。在认识活动中，人总是根据自己的需要主动地进行选择，并且总是只选择其所需要的东西。也就是说，人们在探索某一未知领域时首先面临的是对认识对象的选择，同时要对认识结果预先进行价值评价。只有当主体意识到这一认识结果对人们具有某种价值、能够满足自己的某种需要时，他才会进行认识。这样，需要本身所具有的超越现实性的特质就决定了认识的超前性。正是因为有了需要意识，主体才会以社会生存和发展的需要作为参照系，结合个体的特殊情况及其需要，从事认识世界及其自身的活动，而其认识目的不是仅停留于对现存事物的本质和规律的揭示，更重要的是在此基础上预先前识事物发展变化的趋势、前景以及人们未来实践活动的过程及其效应，以便更加有效地范导人们的认识和实践活动，更好地满足人们生存和发展的需要。

不仅如此，在思维结构中，情感作为一种激发力量和动力因素，在很大程度上影响着思维的活力。在超前认识形成的过程中，人的情感能够转化为思维的动机，这样那样地影响着超前思维的能动性和创造性的发挥。此外，意志作为思维结构中的一种激发和调控因素，是人们进行认识和实践活动的巨大的支撑力量和推动力量。在超前认识形成的过程中，正是在这种力量的激发、支撑和调控下，人们才能够按照自身的需要和愿望，以对事物的本质和规律的认识为依据，去追求对事物未来变化发展的提前反映，并能在极端困难的情况下，排除内外各种干扰，去实现自己的认识目标。

总之，需要意识、价值观念、情感、意志等主体性因素的作用和影响，构成超前认识形成的思维机制在思维的非知性层面具体展开和实现的重要内容。它以超前认识形成的思维机制在思维的知性层面的展开和实现为基础，并与之有机结合，二者彼此影响、相互制约，共同构成超前认识在思维层面上的具体展开和实现的内在机制。

（三）超前认识形成的一般过程

作为人类认识的一种重要形式，超前认识在人类认识中有着不可取代的地位。同其他的认识形式一样，超前认识也有其特有的矛盾和形成的一般过程。超前认识形成的一般过程就是它所特有的矛盾形成、展开和获得解决的有规律的发展过程。

人作为主体与其所需认识和把握的事物的未来状况的矛盾，是超前认识所特有的矛盾，也是超前认识自身运动的内在根据和超前认识形成的一般过程的运动轴心。任何人类活动都是主体与客体相互作用关系的运动。主体与客体的矛盾是人类所有活动的基本矛盾，当然也是人类认识活动包括超前认识活动的基本矛盾。但一般性寓于特殊性之中，并通过特殊性呈现出来。主体与客体的矛盾，在超前认识中也有其特殊的表现形式。超前认识跟一般认识活动的不同在于，它的客体并非单纯的现实事物，而是未来的可能事物。超前认识是主体立足并超越当前现实（包括人自身）而对其未来状况的前瞻性观念把握。对作为主体的人自身现存状况的超越及其未来理想的认识追求，使得超前认识具有鲜明的人本主义内涵。这从根本上决定了超前认识的客体不是一般的事实性存在，而只能是主体所需要的、作为事物未来发展变化趋势和前景的特殊客体，后者超现实地蕴含着主体的需要、愿望、目的、价值追求等主体性因素。因此，超前认识的内在矛盾，就是主体与主体所需要认识和把握的事物的未来状况之间的矛盾。超前认识的运动实际上是这对矛盾的展开和实现的过程：主体根据自身实践活动的需要对当前现实的未来状况即事物未来变化发展的趋势和前景的认识追求，是超前认识的发端；主体观念地把握合乎人之生存和发展需要的理想的事物之未来状况的思维行程，便是超前认识的过程；主体在超前认识规范和导引下把握客体或实践地改造客体，最终会使矛盾得到解决。这样，超前认识也就暂告一阶段。由于超前认识主体总是力求把握事物的未来状况，以保证其实践活动有目的、有计划、持续稳妥地进行，而事物的未来状况又尚未展开或充分展开，未来实践的因素及其结构、过程还不可能清楚地加以把握，并且在超前认识的演进过程中，主体的需要、愿望、目的、价值追求等主体性因素作为超前认识赖以发生和发展的重要激发因素也在不断变化和发展，这样就必然导致主体与主体所需要的客体的矛盾不断产生和解决，从而推动超前认识过程的不断发展。因此，要揭示和把握人们对事物的未来状况的超前认识形成的一般过程，就必须把握

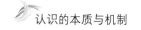

贯穿于整个超前认识过程的这一矛盾。

超前认识，超越现实，展示未来，它是对暂时还不存在的"现实"进行能动的反映，是把未来可能存在的客观系统转变成主观的观念系统，从而实现对事物的未来状况的预先性观念把握。"从生动的直观到抽象的思维，并从抽象的思维到实践，这就是认识真理、认识客观实在的辩证的途径。"① 列宁这段话科学地揭示和阐明了人类认识活动的一般过程，它对我们理解和把握超前认识形成的一般过程也有重要的启发意义。超前认识有其特殊的矛盾和运动过程，但其基本的思维行程仍然遵循从生动的直观到抽象的思维再到实践这一认识活动的"辩证的途径"。

首先，它要在主观之内根据对现实世界的本质和规律的揭示，设想未来世界的图景，回答"世界将是什么样"的问题。超前认识的内在矛盾即主体与主体所需要认识和把握的事物的未来状况的矛盾，决定了超前认识活动的目的不同于一般认识活动的目的，即实现主体对认识对象的合规律性的科学反映，更重要的是通过认识对象，通过对事物的未来状况的预先观念把握来满足自身生存和发展的需要。而客观世界走着自己的道路，它不会自动满足人的需要。为了使客观事物朝着人类所需要的方向发展，人类就必须能动地改造客观世界。而要有效地改造客观世界，首先必须对事物发展的未来趋势和前景作出判断性前识。因为只有人类意识超越于事物的发展和实践的现实界限，获得了对它们未来发展趋势的各种信息、各种可能的变化的预先把握，人类为满足自身存续和发展而改造客观世界的实践活动才有坚实的科学认识基础，人类实践活动才会取得成功，人类自身存续和发展的需要才会得到最终满足。当然，这里所谓的对客观事物未来发展的趋势和前景的科学预见，是以对事物发展规律的深刻认识和全面把握为基础的。在这个意义上，我们说超前认识的目的就是要把握事物的未来状况。可以说，它是感性认识、理性认识的必然发展和延伸，是建立在对现实事物的本质和规律的科学认识基础之上的，同时还要运用想象、假设、推测等思维形式，充分发挥人的主观能动性、创造性，使得未来世界得以与现实世界相同的形式，超前存在于人们的主观之中，借此人们就能

---

① 列宁. 列宁全集：第 38 卷. 北京：人民出版社，1959：181.

回答"世界将是什么样"的问题。

其次，它要在主观之内的这些图景中或在建构这些图景的过程中探寻出人的能力范围和对人的需要满足的限度，回答"人能在多大程度上和多大的范围内认识、控制和改造未来世界"的问题。超前认识的内在矛盾即主体与主体所需要认识和把握的事物的未来状况的矛盾，规定和要求超前认识必须如实反映客观事物"怎么样"，而对客观事物"怎么样"的反映蕴含着对现存事物未来发展状况的前识；而且还规定和要求超前认识必须在回答客观世界"怎么样"的基础上，提出并解决未来世界"应如何"才符合人类利益的要求，人"应该怎么做"才能实现人类存续和发展的需要。这意味着超前认识过程实际上也就是主体追求价值、创造价值即进行价值预设的过程，它使得超前认识具有极强的理想性，使得价值认识同事实认识一样成为超前认识的主要内容。超前认识总是主体基于自身存在和发展的需要而带着某种愿望进行的。在建构出有关事物的未来状况的各种图景之后，主体就会先假定这些图景都是未来的现实，然后以人们的主观愿望为评价和选择的标准，对这些假定的未来现实进行审视，把原来主体根据科学认识的标准和客体尺度建构的有关未来世界的认识成果当作价值认识对象进行再认识、再创造。通过这个过程，人们在主观之内的未来世界之中形成自己的价值预设，或者抛弃、修正自己的价值预设。在超前认识中，人们会把这个主观的未来与依据客观事物自身的内在逻辑而把握到的未来进行比较，看它们之间有多大程度的一致性，从而推断出这个主观的未来能在多大程度上得到实现，借以探寻出人的能力范围和对人的需要满足的限度，回答"人能在多大程度上和多大的范围内认识、控制和改造未来世界"的问题。

最后，它还要在主观之内设想出人们改造事物的未来状况、使其存在和发展更能体现人的意志的一般途径及条件，回答"人们如何认识、控制和改造未来世界"的问题。这是超前认识由对事物未来状况的观念把握而走向现实实践操作的关键所在。超前认识不仅能够科学地预见事物发展的种种趋势和可能，而且能够将其变为思维中的具体而加以确定。因此，超前认识实质上是主体在思维中结合自己的需要、目的、愿望等主体性因素，对所获得的有关事物未来发展进程及其结果的种种趋势和可能的信息进行重新建构的结果，超前认识过程就是主体在观念中寻找和确立实现对事物的未来状况的改造、以使事物的未来状况的存在和发展更能体现人的意志和需要的一般途径及条件的思维过程。可以说，超前认识就是依据主体尺度和客体尺度而建构的关于未来的观念模型。这种观念模型的建构主要有两个方面：一是观念地构造"物的模型"。人们在获得事实的认识的基础上，根据事物发展的规律，利用客观世界中已有的物的因素并超越事物发展的自然进程进行创新想象，在观念中改变现实事物的关系和结构系统，重新建构新的未来物质客体。用列宁的话来说，就是人给自己构成客观世界的图画。二是观念地构造"实践模型"。"物的模型"只有在实践活动中才能对象化、现实化，因此，还必须对将"物的模型"现实化的未来具体实践过程进行观念建构。超前认识的主要目的，就在于通过"物"的观念模型的建构，指出人们未来活动的方向，并在此基础上超前地认识和掌握人们未来行动的各种条件，从而在观念上为人们提供未来实践的一般途径。实践的方式、程序、手段等是多种多样的，达到同一实践结果往往有多种途径可供选择。但实践是有目的的组合运动，在超前认识中，主体预先设计出对各种条件和因素的组合运动，预先设计出未来实践可用的方法，并对可能组合及可用方法进行价值评判，选择出最有效、最有利的组合和方法，预先确立起人们未来实践的观念模型，从而回答"人们如何认识、控制和改造未来世界"的问题。当然，未来实践观念模型的确立并不是一蹴而就的，而是逐步地实现的。在超前认识中，要超前地把握未来实践活动的过程，主体必须把实践目的即未来所要达到的理想境界在主观意识中具体化，预演出未来实践的全过程。这种预演往往必须反复多次地进行。主体也只有通过对未来实践活动的种种可能性进行多次思维预演，才能对之进行观念的比较，看哪种方案最科学、最行之有效，才能最终确定未来实践活动的方案。

总之，超前认识是关于事物的未来状况以及人们未来活动的思维操作和观念预演，上述三方面构成了超前认识形成的内在逻辑结构和运行轨迹即超前认识形成的一般过程，这是由超前认识的内在矛盾即主体与其所需

要认识和把握的事物的未来状况的矛盾所决定的。

三、超前认识的科学化及其实现途径

超前认识的科学化与超前认识的本质、特征、基本形式以及超前认识形成的内在机理直接相关，是超前认识活动所要解决和完成的认识任务。因此，超前认识的科学化是超前认识研究必须着力探讨的一个问题。

（一）超前认识科学化的必要性和可能性

超前认识的科学化，是表征超前认识的科学性即客观真理性之实现的特定范畴，是指超前认识遵循科学理性和科学精神不断完善、发展和实现自身客观真理性的辩证过程。使事物的未来状况以观念的形式预先正确地反映在人脑之中，是超前认识科学化的归宿，也是超前认识活动逻辑展开的终点。

超前认识，作为对未来的一种观念把握，是指主体在实践活动的基础上立足并超越事物的现实而对其未来状况进行的前瞻性认识，其意义在于能使人的认识活动指向未来，从而超前地把事物的未来置于人的认识活动之中。作为主体对客体的一种观念把握，超前认识与一般认识形式一样，都是在人们现实的实践活动中产生和发展起来并最终服务于现实实践的。只不过超前认识对象的非现实存在的未来时间特性，标示着主体在对现实客体的合规律性的科学认识基础上，结合其自身的需求意识和价值追求，在观念中超前设计、确立起了有关事物的未来状况。超前认识是事物的未来状况以观念形式在人脑中的"现实"存在，它具有鲜明的超前性、创造性特征。科学、合理的超前认识，不仅对人们认识和改造现实世界的实践活动有着重要的指导作用，而且对人们追求和创造美好的未来世界也具有十分重要的意义。因此，实现超前认识的科学化是非常必要的。

首先，超前认识的科学化意味着主体在观念中实现了对事物的未来状况合乎其内在本质和发展规律的正确反映，而这正是超前认识活动所要完成的认识任务。科学化标志着客观真理性的实现，它是任何认识活动都必须关注的中心问题和必须追求的基本目标。一般说来，人们大都肯定真理性认识是存在的，并承认"理论知识的目的在于真理"①，肯定认识的任务是要获得具有客观性的真理性知识。超前认识是主体在实践活动的基础上，立足并超越事物的现实而对事物未来的可能状况进行的预先观念把握活动。超前认识的任务就是要使主体关于事物的未来状况的思想、观念符合于事物未来发展的实际，从而达到客观真理。正如黑格尔所说，"思想的真正客观性应该是：思想不仅是我们的思想，同时又是事物的自身，或对象性的东西的本质"②，即要在主体思维中实现事物的观念再现。只有这样，超前认识才能用以指导人们改造现实世界、创造美好未来的人类实践活动。

其次，超前认识所具有的多维开放性特质，使得超前认识的科学化问题特别复杂。所谓多维性，一方面是指超前认识所依据的理论并不是单一的、非此即彼的，而且不同理论之间的解释力存在着很大的差别，它们甚至是根本对立的；另一方面是说超前认识所指向的事物的未来可能状况也并非单一的，而是一个由诸多可能性构成的可能性空间。因此，超前认识既不可能仅仅依据某一种理论所提供的客体尺度去建构有关事物的未来状况，也不是简单综合某种客体尺度与主体尺度的结果，而是主客体尺度及其他相关认识因素相互作用、系统整合的产物。自然界和人类社会中的任何事物的未来状况都是一个蕴含着多种可能性的具体统一体。作为多种因素、多种尺度相互作用的结果，超前认识本身具有显著的开放性。相较于事物的当下现实来说，事物的未来状况是一个不断展开的过程，因此，作为对事物未来变化发展的趋势和前景之探究的超前认识必然是一个不断深化、拓展的过程，它不可能停留在一个层次或水平上，而必然在深度上不断实现层次跃迁、在广度上不断扩展。超前认识的这些特性集中体现在认识主体对事物的未来状况的双重否定性、超越性上：一是理论（观念）对现实的否定与超越，即主体在观念中实现对现存事物的合规律性的科学认

---

① 亚里士多德. 形而上学. 北京：商务印书馆，1959：33.
② 黑格尔. 小逻辑. 北京：商务印书馆，1980：120.

识；二是未来对现实的否定与超越，即主体根据对现实事物的科学认识而在观念中实现对事物未来状况的超前反映和预先把握。超前认识这种多维开放的特性，使得超前认识的科学化相较一般认识来说更加困难。

最后，超前认识具有强烈趋向于实践并指导实践的特性，其科学化直接关系和影响人们改造自然和社会、追求和创造未来的现实实践活动的展开，直接关乎着人类自身的存续和发展。超前认识是在观念中超前地把握事物的未来状况的认识形式，它让事物的未来状况以"现实"的方式超前存在于人的主观之中。超前认识的目的是在认识自然、社会和人类实践活动的发生、发展的规律以及在不同具体条件下各种规律相互作用的基础上，揭示事物的未来发展的方向和趋势，分析事物发生、发展的途径和条件，使人们尽早预知未来的状况和将要发生的事情，并在可能的限度和范围内对其进行控制，使其有利于人类社会的发展和进步。超前认识不仅对自然、社会事物的未来变化发展的趋势和前景作出判断性前识，借以为人们的实践活动提供背景知识，强化实践决策的针对性和可行性，而且对人们未来实践活动的过程、结果及其效应，包括尚未实施的实践目标、步骤、方法等进行超前预演，以便创造尽可能合乎主体需要的未来，并为此选择适当的行动计划和方案。正是通过对未来实践活动的思维操作和观念预演，而在实践活动之前预先选择、确定达到实践目的的尽可能完善的方案，超前认识能够避免由于认识偏差所导致的实践中的失误及其必然伴随着的大量人力和物力浪费，进而提高实践活动的成功率和实践效益。不仅如此，超前认识的科学化还有助于突破严重制约着人们的视野、思维方式和行为方式的现实时空局限，而在一个重关系、重全局、重长远的开放的大时空观念中，建构人类实践活动的价值体系，实现局部效益和整体效益、短期效益和长远效益以及经济效益、社会效益和生态效益的最佳组合，最大限度地减少各种局部的、分散的实践活动所带来的负面效应，包括一系列危及人类生存和发展的全球性问题。可见，超前认识科学化不仅有助于增强人们改造现实、创造未来的实践活动的针对性、可行性和效益，而且有助于协调自然-社会、现实-未来等多重关系，使人们的实践活动不仅符合实践主体利益，而且有利于保护生态环境，符合人类长远利益，从而能够为人类可持续性生存和发展提供有力支撑。这一点随着当代科技发展及人类实践活动规模和效应的空前扩大和增强而愈发明显。

超前认识的科学化不仅是必要的，而且是可能的。首先，作为人的一种认识活动，超前认识本身就是一个合规律性的展开和实现的过程。如前所述，超前认识有着自己形成的客观基础、主体依据，而且也有其形成的一般过程。超前认识活动本身的规律性为超前认识科学化及其实现提供了最一般的前提和基础。其次，超前认识的具体建构，也有其科学规定性和内在要求，无论是自然预见、社会预测或决策认识都是如此。而这构成了超前认识科学化的具体内容。在这里，我们对超前认识科学化的可能性问题再作如下补充说明：第一，我们不能以认识形式（想象、假设等）的不确定性来否定超前认识科学化的可能性。任何真理都是以思想、观念的形式表现出来的对客体真实情况的反映。认识是否具有真理性不在于其形式是否具有确定性，而关键在于观念形态的认识结果是否具有来自客观实在的内容。任何真理都是对客观实在的反映。要获得和掌握真理，就必须充分发挥主体的主观能动性和创造性，科学揭示和把握客体的内在本质和发展规律，进而在观念中实现对客体未来发展的具体再现。正是通过运用想象、假设、推测等创造性思维形式和方法，认识主体才得以在观念中跨越现实与未来之间的"认知裂谷"，进而实现对未来的超前反映和预先把握。想象、假设、推测等认识形式的不确定性并不能成为否认超前认识科学化的根据和理由。第二，我们不能以认识结果的不确定性来否认超前认识科学化的可能性。如前所述，认识科学化（客观真理性之实现）的具体含义是观念性的认识具有来自客体的客观性内容。但是，我们不能对此作简单化的、形而上学的理解。超前认识是主体立足并超越现实而对事物的未来状况的预先观念把握。事物未来的或然性存在、认识形式的不定性使得超前认识结果不可避免地带有非确定性的一面，但我们不能因此而否认超前认识科学化的可能性。只要超前认识能够正确地反映客体未来状况，可以具有不依赖于主体、不带有主观附加的客观性内容，我们就必须承认和肯定超前认识的科学化是可能的。第三，我们也不能因超前认识检验、证实的困难和不易操作而怀疑、否认超前认识科学化的可能性。必须明确的是，是超前认识的科学化即其客观真理性的实现决定了超前认识的可证实性，而不是相反。超前认识的客观真理性与超前认识的检验和证实虽然有着密切的联系，但并不是一个问题，不能混为一谈，不能认为超前认识的科学化就是超前认识的检验、证实。因超前认识检验、证实的困难和不易操作而怀疑、否认超前认识科学化的可能性的观点在逻辑上、理论上是不能成立的。

（二）自然预见的科学化及其实现途径

自然预见的科学化也就是指自然预见的科学性的实现。自然预见的科学性亦即自然预见的客观真理性，其本质规定性在于自然预见是对自然客体内在本质和发展规律的正确反映。在自然预见中，只有当主体所预见的自然现象确实如期发生，才能证明主体对自然客体未来状况的提前反映和预先把握是正确的、科学的，是符合自然客体自身内在本质和发展规律的。

实现自然预见的科学化，必须从以下几个方面着手：

首先，在实践基础上科学揭示和把握自然客体的本质及发展规律，是实现自然预见科学化的关键。自然预见是主体在一定的科学理论指导下，根据自然客体自身发展规律而对现实自然客体的未来状况所作出的前瞻性认识；自然预见的科学性即客观真理性就在于其与自然客体自身发展规律的符合。因此，对自然客体发展规律的科学揭示和把握是顺利进行自然预见及实现自然预见科学化的根本所在。"科学研究中最主要的经验认识方法是观察和实验"①。人们通过观察和实验等科学实践活动能够获得有关自然客体的大量观察材料，但"单凭观察所得的经验，是决不能充分证明必然性的"②，事物的本质或规律必须靠理论思维来加以把握，"表象不能把握整个运动"③。人们通过理性思维活动，对科学事实加以抽象，舍去事物

---

①　汪信砚，肖新发. 科学真理的困惑与解读. 武汉：湖北人民出版社，1998：94.

②　恩格斯. 自然辩证法. 北京：人民出版社，2015：99.

③　列宁. 列宁全集：第38卷. 北京：人民出版社，1959：246.

的外部联系，把大量个别的、零碎的经验性的科学事实组织起来，概括出其中普遍性的联系。揭示出这种普遍联系的根据，才能实现对事物的内在本质和发展规律的科学揭示，形成一定的科学概念、科学定律、科学理论等。自然客体的内在本质和发展规律是自然客体存在和发展的内在规定性，它们不会因外部条件的变化而改变，也不会因主体的意志而改变。正因如此，人们以之为据进行自然预见才得以可能。人们对自然客体内在本质和发展规律的反映和把握愈准确，人们对未来自然客体所进行的判断性前识也就愈科学、可靠。

其次，坚持以正确的科学理论为指导，也是实现自然预见科学化的重要保证。自然预见，作为一种高级形式的科学认识活动，是主体在一定的科学理论的指导下，立足自然客体的现实状况而对其未来发展变化的一般趋势和前景所作出的判断性前识。科学理论与揭示自然客体某一方面、某一局部的属性的科学概念、科学定律不同，它从整体上再现了自然客体，其真理性"是由现象、现实的一切方面的总和以及它们的（相互）关系构成的"①。科学理论在内容上概括了认识对象的多方面的规定性，从而原则上逻辑地包含着相关的科学概念和科学定律，并往往建立了一个对自然客体有着完整的科学解释力的理论模型。从一定意义上说，自然预见就是依据一定的科学理论对自然客体的未来状况所作出的阐释。只有坚持以正确的科学理论为指导，人们才能跨越认识客体现实与未来之间的"认识裂谷"，实现对自然客体未来变化发展的趋势和前景的前瞻性认识。正确的科学理论，是自然预见的指南。

最后，在重视实证分析、力求精确性和确定性的同时，合理运用想象、假设等创造性思维形式和方法，对实现自然预见的科学化也是极其重要的。自然预见是主体根据自然客体的内在本质和发展规律，而对自然客体的未来状况所作出的判断性前识。坚持并运用追求精确性、确定性的各种实证分析方法，对于科学揭示和把握自然客体的内在本质和发展规律，确保自然预见科学化的实现，具有至关重要的意义。同时，作为把握未来的科学认识，自然预见总是立足并超越自然客体的现实状况，而在观念中

① 列宁. 列宁全集：第38卷. 北京：人民出版社，1959：210.

预先实现对自然客体未来状况的观念把握，它要求认识主体跨越自然客体的现实与未来之间的"认知裂谷"。为此，主体在坚持和运用追求精确性、确定性的实证思维方法的同时，还必须大胆运用想象、假设等创造性思维形式和方法，创造性重组客体信息，以超越客体现实与未来之间的信息空白和逻辑缺环，完成由已知到未知、由现实到未来的认识推移。

（三）社会预测的科学化及其实现途径

社会预测的科学化是指社会预测的科学性的实现。社会预测的科学性是指所预测的社会现象（事件）的客观性。社会是人的社会，人的活动构成了社会历史及其发展过程。社会现象（事件）不过是人们创造历史的客观的、物质的活动及其结果。人们的社会活动过程贯穿着不以个人意志为转移的社会历史规律。社会预测的客观性首先是指被预测事件遵循社会历史发展规律内在要求"应运而生"的必然性、非随意性。但需要指出的是，主体"干预"客体是人类认识和改造世界的本质特征，而预测行为本身也是一种干预行为，这种干预行为也体现着一定的社会历史规律。预测本身作为人的一种历史活动所具有的规律性，也是社会预测科学性即客观性的不可或缺的内容或重要规定性。因此，无论是从预测客体与整个社会历史过程的关系来看（社会预测的客观性即被预测事件的必然性、非确定性），还是从预测客体与社会历史发展规律的关系来看（社会预测的客观性即预测本身作为人的一种历史活动所具有的规律性），社会预测的客观性的最终根据在于预测行为本身及其结果（被预测事件）与社会历史发展规律的符合，这也是社会预测科学化的最根本的规定和要求。只有当预测活动及其结果符合社会历史发展规律本身的要求和规定时，社会预测才是科学的。

实现社会预测的科学化，必须注意以下几个方面：

首先，坚持以科学的社会理论为指导，这是实现社会预测的科学化的首要前提和重要保证。社会预测是主体在一定的理论指导下立足社会现象的当前现状而对其未来发展变化的趋势、前景所作出的前瞻性认识。从某种意义上说，社会预测就是依据一定的社会理论对社会未来发展所作出的预测。以不同的社会理论为指导会导致社会预测的科学性的巨大差异。这具体表现在：第一，有些社会理论可以指导人们实现对预测客体的本质和规律的揭示，从而为社会预测提供坚实可靠的科学依据；而有些社会理论不仅不能够指导人们实现对预测客体的本质和规律的揭示，相反会使人们的认识偏离甚至完全违背预测客体的本质和规律，从而会使社会预测失去科学根据，使社会预测成为关于未来的谎言。第二，不同的社会理论可能都有助于人们把握预测客体的本质和规律，但不同理论解释力的差异，也会导致主体对预测客体及其未来变化发展的趋势和前景作出不同，甚至完全相反的结论。因此，为确保社会预测的科学化的实现，我们进行社会预测时必须坚持以科学的社会理论为指导，特别是要坚持马克思主义的立场、观点和方法。只有这样，人们的社会预测才会有科学的指南，社会预测的科学化才能得到实现。

其次，社会预测是主体在一定的理论指导下根据社会历史自身发展规律对现实社会现象及其未来状况的前瞻性认识，社会预测的科学性即客观性的最终根据在于预测活动及其结果与社会历史自身发展规律的符合，因此，对社会历史发展规律的科学揭示，是顺利进行社会预测及实现社会预测的科学化的根本所在。没有对社会历史发展规律的科学揭示，社会预测就成为无源之水、无本之木，社会预测的科学化也根本不可能实现。只有深入研究和理解社会历史（事件）及其发展进程，揭示出社会历史自身发展的内在规律即"人们自己的社会行动的规律"①，才能为社会预测的具体展开和实现提供科学依据，确保社会预测的科学化的真正实现。

最后，社会预测还必须运用各种科学的预测方法，后者也是影响社会预测科学化实现的重要因素。在进行社会预测时，我们必须注意对各种具体预测方法的选择和运用。例如，未来趋势外推法、条件假设法等预测方法，不仅在一般预测活动中被广泛应用，而且也已被移植、引入社会预测之中。此外，数学模型、计算机智能模拟追踪等方法的借鉴和应用，也有利于实现社会预测的科学化。

---

① 马克思，恩格斯. 马克思恩格斯选集：第 3 卷. 2 版. 北京：人民出版社，1995：758.

（四）决策认识的科学化及其实现途径

决策认识的科学化是指决策认识科学性的实现。决策认识的科学性，即决策认识能够有效付诸现实实践。它包括以下三方面的规定性：

一是合理性，即决策认识实现了合规律性与合目的性的统一。它体现了客体外在尺度和主体内在尺度统一的要求，是主客体尺度对决策认识科学性的规定。合目的性与合规律性的统一，是决策认识科学化的基本规定和要求。决策认识是指导人们进行实践活动、实现对客体占有的一种观念，是关于未来实践活动的目标、手段、条件、过程、结果及其效应的一种理想模型，它是对主客体之间改造和占有关系的反映。建构和实现合乎主体需求和目的的理想客体是决策认识的根本动因和最终目的。目的性是决策认识活动不同于一般认识活动的一个重要特点。尽管一般认识活动也具有目的性，但其目的主要在于合规律，即获取与客体相符合的认识或真理。决策认识则不同，尽管它也追求合规律性，但合规律性并不是决策认识的根本目的。决策认识最主要的目的是按照主体尺度即主体的需要、愿望、目的而把客观事物改造成为能在一定程度上满足主体某种需要的东西。简言之，合目的性是决策认识的根本目的。人们之所以进行决策认识，就是为了求得其目的的实现，这个目的主要在于超越现实、塑造出对自己有用或有利的新的理想客体，且这种理想客体是不会由外部客观的自然界自发产生和形成的。因此，尽管决策认识的合理性是合规律性和合目的性的统一，但合规律性和合目的性在决策认识的合理性中的地位和意义是不同的，其中，合规律性是决策认识合理性的前提，而合目的性则是决策认识合理性的核心。

二是可行性，即决策认识具有付诸实践的可能性，也就是作为决策认识结果的实践观念能够指导主体在诸种约束条件下成功进行实践。决策认识是主体立足现实在观念中对未来实践活动过程、结果及其效应的提前反映。这里所谓的"现实"，不仅是指实践活动中主、客体两极的现实存在以及主客体尺度的作用和影响，而且包括影响和制约决策认识具体展开的外界环境和条件，即决策认识的可行性限域。决策认识的可行性限域特指决策主体合理地进行决策认识所必须切实把握的信息条件、组织条件、物质条件和环境条件等。可行性之所以成为决策认识科学性的本质规定，是由信息条件、组织条件、物质条件、环境条件等外在约束条件在与决策认识及其现实化的本质联系中所处的地位决定的。一般而言，具有合理性的决策认识都是可以付诸实践的，但是，将具有合理性的决策认识付诸实践还必须创设各种条件，包括改造和把握各种约束条件。决策认识的合理性内在要求决策认识的合条件性。就决策认识活动的展开和实现而论，决策认识的可行性实质上也就是决策认识的合条件性，即决策认识在诸多约束条件下指导主体成功进行实践的性质。只有当决策认识的内在根据和诸种外在条件有机地结合起来时，决策认识才能真正具有可行性。而将决策认识内在根据和诸种外在条件有机结合的现实中介或有效途径主要表现为对实践手段、途径、方法的科学选择和利用。

三是效益性，即决策认识付诸实践能够使实践最优化，这是决策认识科学性的本质内涵。决策认识是主体对未来实践活动的过程、结果及其效应所作出的超前设计。建构实践观念模型是决策认识的基本任务，其目的在于用它来指导实际行动，调控实践过程，以求未来实践现实展开的最优化，也就是对实践活动效益最大化的追求。这是决策认识最根本的目的所在，也是决策认识科学性的最深层的本质规定。决策认识的效益性主要体现在这样两个方面：第一，对实践目的、目标的效益约束。实践观念使实践目的明确化。一方面，它把实践目的转化为合条件性的实践目标；另一方面，它使主体更专注于实践目的所指的理想客体，不断使其转化为直接现实。第二，对实践过程、手段、方式等的效益约束。实践观念使实践过程模型化，在效益性原则约束下，主体必然会在诸多优化度不等的行动计划、方案中选择最优的一种，以便最终实现对实践效益值最大化的追求。

实现决策认识的科学化，最为重要的有以下几个方面：

首先，坚持事实认识和价值认识的辩证统一，是实现决策认识科学化的最基本的前提。决策认识既不同于一般事实认识又不同于一般价值认识，而是一种包含认知、评价、决策在内的复杂的认识活动。一般认识的目标在于求真，而决策认识的目标不仅在于求真，还在于求利、求善、求美，是对真利善美的统一的追求。价值认识在实现决策认识科学化的过程中起着重要作用。决策认识，作为一种特殊的超前认识，是对未来实践的探索，而实践是人们改造现实、重建现实的过程。决策认识所指向的东西是尚未存在的，它总是通过实践观念的塑造，着力挖掘和实现可能的价值关系。仅仅停留于事实认识的层面上，是不可能产生决策认识的。决策认识必须立足于人和社会的需要，体现人和社会的根本利益，有利于人和社会的生存和发展，而这是价值认识才能完成的任务。因此，实现决策认识的科学化必须坚持事实认识和价值认识的辩证统一。

其次，对实践观念进行严密的可行性论证，是实现决策认识科学化的重要条件。决策认识过程是未来实践过程的预演，它不是在现实实践中通过物质工具的操作来进行，而是将未来实践观念化，通过建立主客体相互作用关系的理论模型，在头脑中运用逻辑思维来进行的。决策认识是包括未来实践目标的确立、方案的拟定、手段的筹划等的复杂过程。科学的决策认识成果就是主体在未来实践活动中所据以行动并且能取得最佳效益的实践观念，包括实践目标、行动方案等，它对主体改造和占有客体的活动具有重要指导作用。现实发展的多种可能性、主体需要的多样性，使得决策认识中人们常常面临着不同实践目标、实践方案等的选择，并且这些不同的选择所带来的实践效益往往有很大的差异。究竟选择何种实践目标、实践方案等，直接关系着未来实践活动的结果及其效应。为保证决策认识科学化的实现，必须对实践目标、实践方案等的可行性进行严密的逻辑论证。只有这样，我们才能对实践目标、实践方案等作出最优化的选择，才能实现决策认识的科学化。

最后，充分运用现代科学技术手段，是实现决策认识科学化的重要保证。现代社会实践，尤其是那些面向未来的实践往往都会产生广泛深远的影响，都具有显著的系统性、综合性。与此相应，用以指导未来实践活动的决策认识也应该是系统的、综合的。无论是对社会实践所涉及的各种自然因素和条件以及它们的变化，还是对制约社会实践的各种社会因素和条件以及它们的变化，决策认识都必须作出提前的反映。同时，对社会实践将引起的各种关系的变化及时空效应，决策认识也须进行事前评估。只有对未来实践活动的过程、结果及其效应进行系统的、多角度的、全方位的透视，才能为行将进行的社会实践作出科学的、正确的、可行的决策，才能实现决策认识的科学化。这就要求决策认识必须建立在现代科学技术发展的基础上，广泛借鉴、运用现代科学技术手段，如大数据、人工智能等等。只有这样，我们才能在观念中科学地建构未来实践的蓝图，为未来实践活动的具体展开提供充分的认识准备。

第十一章　社会舆论

社会舆论既是一种特殊的社会现象，又是一种特殊的社会认识现象。社会舆论的形成过程也是人们对社会的认识过程，它既是个人意识与社会意识相互交流和碰撞的过程，又是客体主体化、主体客体化的双向过程；既包含着个人意识与社会意识的相互作用，也包含着社会舆论主体对社会舆论客体的认知和评价。深入研究社会舆论问题，有利于丰富马克思主义认识论。

一、社会舆论的本质、特点和基本类型

社会舆论是许多学科包括政治学、社会学、社会心理学、新闻学等的研究对象。从哲学认识论上研究社会舆论，首先必须考察和阐明社会舆论的本质、特点和基本类型。

（一）社会舆论的本质

社会舆论是古今中外都普遍存在的社会现象和认识现象。从辞源学上看，英、俄、法文的"舆论"都是复合词，都由"舆"即"公众"和

"论"即"意见"两部分组成。在英文中,舆论一词是"public opinion",常译作民意、公论、公共舆论或公众舆论,作书名时则一般译作舆论学。中文"舆"字最早出现在春秋末年,是指一种车子,后来"舆"字与"人"字一起连用指造车的人,称为"舆人"。《周礼·考工记·舆人》中说"舆人为车",意即舆人制造车子。到春秋末期,"舆人"这个词被赋予管理、驾驶车辆的人的含义,并含有"下等人"的意思。当时,人分十等,舆人为第六等。《左传·昭公七年》中记载:"天有十日,人有十等,下所以事上,上所以共神也。故王臣公,公臣大夫,大夫臣士,士臣皂,皂臣舆,舆臣隶,隶臣僚,僚臣仆,仆臣台,马有圉,牛有牧,以待百事。"① 凡与车有关的各种人通称舆人,如车夫、管车男女、随车士卒、差役、小官吏等,"舆人"也就泛指坐车君臣的随从者。用今天的话说,舆人就是众人。"舆者,众也"。"舆人"这个词出现不久,逐渐产生了"舆人诵之""舆人之谤""舆人之谋"等表达社会下层民众意见的概念,并得到了日益广泛的应用。到战国时期,"舆人"的外延进一步扩大,带有老百姓的意味,泛指社会中下层平民百姓。

中文"舆论"一词最早出现于三国时期。曹魏谏臣王朗在上呈文帝的一份奏疏中写道:"往者闻权有遣子之言而未至,今六军戒严,臣恐舆人未畅圣旨,当谓国家慍於登之逋留,是以为之兴师。设师行而登乃至,则为所动者至大,所致者至细,犹未足以为庆。设其傲狠,殊无入志,惧彼舆论之未畅者,并怀伊邑。臣愚以为宜敕别征诸将,各明奉禁令,以慎守所部。"② 在这段话里,王朗认为不宜轻率动兵伐吴的理由是"惧彼舆论之未畅也"。他解释说,既然孙权已答应派其子来做人质,就不能因其子未至而兴兵伐吴。否则,舆人就会对圣旨不解而议论纷纷。即使孙权高傲凶狠,死不称臣,也不宜发兵。不然,舆论不但不支持圣上圣旨,反而会同情孙权。王朗对舆论形势的分析说服了曹丕,曹丕因此而罢兵息战。此后,《梁书·武帝纪》中也使用了"舆论"一词,指出舆论是社会人心所向的产物,人们冷嘲热讽的议论带有苍然勃发的性质。可见,"舆论"一

---

① 洪亮吉. 春秋左传诂:下. 北京:中华书局,1987:676.
② 陈寿. 三国志·魏书. 北京:中华书局,1975:412.

词此时已基本形成，只是由于社会历史条件的限制，其内涵和外延还远远不及现代意义上的社会舆论概念。

"舆论"概念一经出现，便得到了迅速的发展。随着社会历史的进步、人的主体意识的增强，现代意义上的社会舆论概念在内涵和外延上都发生了很大变化。

关于现代意义上的社会舆论概念，我们可以引用黑格尔在《法哲学原理》一书中对社会舆论所作的深刻分析和概括来加以说明。他说："个人所享有的形式的主观自由在于，对普遍事物具有他特有的判断、意见和建议，并予以表达。这种自由，集合地表现为我们所称的公共舆论。在其中，绝对的普遍物、实体性的东西和真实的东西，跟它们的对立物即多数人独特的和特殊的意见相联系。因此这种实存是经常存在的自相矛盾，知识成为现象，不论本质的东西和非本质的东西一同直接存在着。"① 很容易看出，黑格尔在这里揭示了社会舆论概念的如下特点：其一，在黑格尔看来，社会舆论的主体是以自己的私人名义发表见解的一些个人，他们除了自己之外不代表其他任何人。他们不是在某机关居于相应的社会位置并以该机关名义代表官方说话的公职人员，也不是为主流意识形态服务的舆论领袖。其二，这些个人所发表的见解，乃是对普遍事物、对具有重要社会意义的事物所作出的判断。只有在这种条件下，这些见解才能有效地融合并构成社会舆论。反之，就没有任何实际基础可以使许多单个人的见解达到一致，并由此产生社会舆论。其三，黑格尔认为，以这类方式产生的社会舆论所表达的内容，不一定是真实的东西，即普遍的和必要的东西，因而也绝非总是符合社会发展的客观规律和整个社会的真实需要的。这些社会舆论既可能是"本质的东西"，也可能是"非本质的东西"。

必须承认，尽管黑格尔哲学是一种典型的唯心主义哲学，而且他表达思想的方式也很抽象，但他的确从哲学的高度揭示了社会舆论的内涵和本质特点。他关于社会舆论的主体是纯粹的个人、社会舆论的客体是"普遍事物"即具有重要社会意义的事物、社会舆论意见是主体所表达的对客体的"特有的判断、意见和建议"等看法，也被当今社会科学所接受。

_____

① 黑格尔. 法哲学原理. 北京：商务印书馆，1961：331-332.

作为一种复杂的社会现象和认识现象，社会舆论是由社会舆论主体、社会舆论客体和社会舆论意见三个基本要素构成的。

1. 社会舆论主体

社会舆论主体即参与社会舆论活动、对具有重要社会意义的社会事件作出评价和发表见解的人。社会舆论主体是社会舆论的发起者和传播者，他们对社会舆论的形成和影响起着决定性的作用。

在舆论学中，人们一般把社会舆论主体称为"公众"。如前所说，英文"public opinion"就是公论或者公众舆论的意思。人们之所以把社会舆论主体称为"公众"，主要有以下原因：

首先，社会舆论公众与通常人们所说的"群众""众""人群"等有所不同。一般来说，群众是相对于领导而言的，是指对来自领导的刺激产生心理上的共同反应的群体。而社会舆论公众则不分领导与群众，社会舆论主体是没有领导与被领导的关系的、地位平等的群体。而且这个群体的范围也具有不确定性。公众也不同于"众""人群"，它不仅仅指"多数的人"，而且还意指多数人与特定的社会生活有着直接的联系。20 世纪初，法国社会心理学先驱 G. 塔尔德从科学的角度定义了"公众"概念，认为公众与"人群""群众"不同，它的内聚力来自精神的沟通和平等的交流。公众有着相同的社会生活，他们一旦为一个共同关注的社会问题所吸引，就会以这个共同关注的社会问题为中心进行思想的交流、互动，从而逐渐形成"公意"的洪流即社会舆论。因此，作为公意的社会舆论中融合了无数个体的意识、意志，是个体意志的集中表现。

其次，社会舆论公众与公共关系公众有着明显的区别。如果说前者是行为主体，是社会舆论行为的发起者，那么后者则是行为客体，是公关行为的对象。公共关系公众是一个特定的利益群体，而且这个特定利益群体为某一组织的政策和行为所影响。因此，公共关系公众与施行某种行为的组织之间的关系是一种依存关系，公众依组织的意志为转移，不同行为组织具有不同的公众，公众是可变的。社会舆论公众的形成则不以他者的意志为转移，他们是独立的、自存的，他们具有自主意识，这是他们构成社会舆论主体的最基本的特征。社会舆论主体是一些以自己的私人名义发表见解的个人，他们除了自己之外不代表其他任何人。当然，社会舆论公众往往也是一种利益群体，他们因利益的相同而具有相同或者相似的意见。但是，具有不同利益和不同文化背景的人群也可能对某些问题持相同或大体一致的意见。

最后，社会舆论公众一般说来是随机的、非组织化和非制度化的。公众是未组织的群体，是一个开放的系统。公众可以包括某些社会团体和组织，但从本质上说是属于未组织的。公众松散而无定型，流变而无定势，没有固定的组织体制和上下级关系，也没有谁发指令和谁服从谁的问题。它可以存在于一定的社会组织中、一个地区内，也可以跨越组织和地区，甚至还可以跨国界。无论你是领导或群众，属于何集团、何阶级、何组织、何系统；也无论你从事何种职业，只要你对大家所关注的社会事件有兴趣，你就可以参与其中，成为公众的一员。公众形成的这种随机性、偶然性，恰好表明了公众所具备的独立自主性和自由自觉性。社会舆论主体的独立自主性和自由自觉性使社会舆论具有更强代表性、真实性和科学性。苏联曾将"国家采取任何政治决策都要考虑社会舆论"写进宪法，其原因大概也在于此。

社会舆论主体除了一般公众以外，还包括拟态公众。所谓拟态公众，就是公众代言人，它是对一般公众的模拟。拟态公众多是专职从事社会舆论活动的有组织的群体或代表组织发言的舆论人，如新闻界、出版界、宣传部门、公共关系部门及新闻发言人等等。这类拟态公众比一般公众更专业、更系统地从事社会舆论活动。他们不仅积极地发动、传播社会舆论，而且肩负引导社会舆论、调控社会舆论的职责。在当代社会中，拟态公众的大量出现和强有力地参与社会舆论，使社会舆论有时带有某种官方色彩，从而使社会舆论现象更为复杂。

2. 社会舆论客体

关于社会舆论客体或对象是什么的问题，学术界有各种不同的说法，诸如公共事务、社会问题、社会矛盾、人物、事件等等都被认为是社会舆论的客体或对象。美国著名记者李普曼在《舆论学》一书中指出："有些现实世界的情况涉及其他人的行为，又与我们的行为有一定关联的，它仰

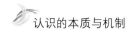

藉于我们，是对我们感兴趣的，我们大致把它称为公共事务。"① 其实，用何种术语称谓社会舆论客体并不重要，重要的是，要成为社会舆论客体，必须具备以下特点：

首先，社会舆论客体与多数人有一定关联，对于社会具有相当重要的意义，同时它又是新颖的、人们感兴趣的。这种关联主要是利害关系或利益关系。这是社会舆论客体的首要的、最主要的特点。有些公共事务直接涉及人们的利益，具有重大的社会意义，从而引起公众的广泛关注。如党和国家领导人的换届、国家大政方针的出台、新冠肺炎疫情的蔓延等等，都引起了整个社会的关注和讨论。有些公共事务并不直接关系到人们的利益，但却与公共利益相关，而且是突发的、新颖的，同样能引起公众讨论的兴趣。如连体婴儿手术的成功、影视明星意外事件等，也都成为社会舆论的对象。

其次，社会舆论客体是一个外延宽泛的概念，它的涉及面极其广泛，几乎横亘在我们的整个生活空间，上至国家政府机关，下至社会组织或个人，甚至整个全球范围。国家政府机关的公务多牵涉大多数人的切身利益，如果处理这些公务按既定规范办事，可能不会引起大的社会舆论风波。反之，如果处置这些公务时打破常规、作出超常的重大改革，推出政治、经济等方面的重大举措，或者处置公务时不讲规范，它们就可能成为社会舆论对象。随着改革的深入发展和公众参政水平的提高，各种涉及面广泛的改革举措，如中小学学费、医保和养老金等方面的改革，都是全国上下经常讨论的话题，都有可能引发社会舆论。

最后，社会舆论客体虽然分布于广泛的社会生活领域，但都集中地表现为突出的、亟待解决的社会矛盾或社会热点问题。当社会生活各方面相互协调和平衡发展，社会进入良性运行轨道时，一般不会出现大的社会舆论纷争。社会平衡系统被打破特别是整个社会处于转型之时，则往往是社会舆论的勃发期。从某种意义上讲，平衡只是相对的、暂时的，矛盾、差异则是绝对的、普遍的。人类社会是不断向前发展的、动态的系统，所以社会矛盾和社会问题会不断地产生。矛盾具有特殊性，不同地区、不同国

---

① 李普曼. 舆论学. 北京：华夏出版社，1989：19.

度，存在着各不相同的社会矛盾、社会问题，从而引发形形色色的社会舆论。但矛盾的特殊性中往往又显示出同一性。如在我们社会主义中国，共同的根本利益使全国人民在政治、经济、文化等方面的意识渐趋一致，从而对诸多的社会问题比较容易形成一致的社会舆论。同样，在今天这样一个全球化的时代，生活在同一个地球上的人类面临诸多的共同问题，如人口膨胀、能源危机、环境污染、核威慑、恐怖主义等，这些问题必然促使人类在很多方面达成共识，形成全球性的社会舆论。

3. 社会舆论意见

社会舆论意见是在言论中体现出来的公众意识状况，是社会舆论主体对社会舆论客体的认知和评价，这种认知和评价一般是通过语言或文字等来表达的。形成后的社会舆论意见往往具有自己的特点和表现形式。

首先，社会舆论意见是公众用语言文字表达出来的对公共事务的认知和评价。这里包含了两层意思：其一，社会舆论意见是公众对公共事务的认知和评价；其二，这种认知和评价是用语言文字表达出来的。前面我们探讨了社会舆论的发起者和对象，了解到公众和公共事务分别构成了社会舆论的主客体因素，也为社会舆论意见的形成提供了可能。人们每时每刻都在感知着外部世界，人们的头脑中也就显现出各种各样的"他人像""自我像""社会像"等。而各种图像的组合联结，就构成了人们各自心目中主观化的客观世界。公共事务是具有重要社会意义的、与多数人有一定关联的社会事件。一旦这样的社会事件发生，好奇心或自身的利益就会强烈地驱使公众去关注和了解该社会事件。人们通过与他人的交流和各种媒体报道来了解和认识公共事务，并在此基础上发表自己的看法和见解。各种各样的看法或见解的融汇和整合最终形成了社会舆论。当然，只有用言语文字表达出来的看法和见解才能称为社会舆论意见。没有表达出来的意见只是公众的社会心理或公众的意识状况，它只是为社会舆论意见的形成创造了条件。

其次，社会舆论意见具有公开性的特点。社会舆论意见不仅是公众用语言或文字等表达出来的对公共事务的看法和见解，而且这种看法和见解还应该公开地表达出来。社会舆论意见不公开表达，同样只能算是个人意见，不能称作社会舆论意见。社会舆论意见只有公开表达出来，才能得到广泛传播和交流，才可能吸引更多人关注和参与，形成讨论和争辩的局面，才有可能使个人的意见转化为群体的、公众的意见。同时，社会舆论意见只有公开地表达，才能获得力量，才有可能实现其社会功能，发挥应有的作用。社会舆论意见的公开性主要包含两个方面。一是个体意见向社会的公开。这主要表现在社会舆论意见的形成过程中，个体之间如果不公开自己的看法和见解，就不可能相互交流，他们的看法和意见也不可能得到融汇，也就不能形成公众的意见洪流。二是社会向公众的公开。这主要表现在形成后的社会舆论意见总是通过各种渠道向公众传达，以便在更大的范围内形成社会舆论浪潮。应该说，正是社会舆论意见的这种公开性特点，使它和小道消息或流言、谣言等区别开来。

最后，社会舆论意见具有自己的表达方式。一般说来，社会舆论意见都是通过各种媒体表达出来的，如电视、电台、报纸等。在信息化时代的今天，网络成为社会舆论意见表达的大舞台。当然，社会舆论意见有时也通过舆论人以报告、演讲等方式得到表达。

综上所述，我们认为，社会舆论即是社会舆论主体对社会舆论客体的意见表达，是由公共事务引起的、用语言文字表达出来的公众意识状况。

传统的社会意识理论通常将社会意识分为两个层次，即社会心理层次和社会意识形式层次。普列汉诺夫把社会心理从社会意识中分离出来，认为社会心理是联结社会存在与社会思想体系的中介环节。我们认为，社会舆论作为表达出来的公众意识状况，既与社会意识形式和社会心理紧密联系，又与二者相区别，是介于社会意识形式与社会心理之间的中间层次。

首先，社会舆论与社会心理既相联系又有区别。二者的联系之处主要表现在社会舆论的形成和发展总是受到社会心理因素的影响、制约。如感情、风俗、成见等往往会影响到社会舆论的发生和发展。同样，社会舆论的形成也在一定程度上强化了某些社会心理。一场完整的社会舆论往往会形成并展示着一套固定的态度，它包括社会情感、社会动机等，这些因素都会自觉地积淀到社会心理中去，成为社会心理结构的组成部分。可见，社会舆论与社会心理是紧密联系的。二者的区别表现在两个方面。其一，社会心理是对社会存在比较直接的反映，是不深刻的、尚未完全分化的、处于混沌状态的社会意识，它不能揭示出社会的本质；而社会舆论反映的是具有重要社会意义的社会事件、引起公众关注的社会问题或社会事务，它包含着比社会心理更为深刻的内容。其二，社会心理是直接与日常社会生活相联系的，它是没有经过思想家加工改造的、自发形成的一种不系统的、不定型的意识形式，包括直接具体的社会感知、朴素芜杂的情感体验和意志趋向等，而社会舆论是公众对公共事务的意见表达，它比社会心理具有较多的理性因素和理性成分，具有某些自觉的反映形式，表现得较为明确和强烈。

其次，社会舆论与社会意识既相联系又有区别。二者的联系之处表现在社会意识形式为社会舆论提供理论基础和理论指导；一些积极的社会舆论经过思想家的加工和改造成为社会意识形式的有益补充。二者的区别之处也表现在两个方面。其一，社会意识形式从根本上反映了社会生活的各个领域，系统地揭示了社会生活的本质。与社会意识形式相比，社会舆论的内容更直接和具体。虽然社会舆论的某些方面触及了社会的本质，但它也不像社会意识形式那样长期关注社会存在的某一特定领域，其所关注的对象带有游移不定的特点。其二，社会意识形式是从社会生活中概括提炼出来的比较自觉的理论化的思想观念系统，如科学理论、哲学世界观和方法论、艺术思想、宗教学说等。社会舆论并不具有理论的形式，它往往带有自发性甚至非理性的特点。

最后，社会舆论为社会心理和社会意识形式之间的转化提供了中介。社会心理可以通过社会舆论这个中介而向社会意识形式转化。社会心理通过社会舆论为社会意识形式提供现实的意识素材。社会舆论通过反映社会事件、社会矛盾，使社会心理的倾向性和意向性获得具体的内容，而社会舆论借助于社会意识形式的参与，使社会心理的内容明确起来，并趋向于系统化、理论化。人们可以通过社会舆论意见感受具体的社会心理内容、心理倾向等，并把社会心理的有关内容加工提升到社会意识形式中去。社会心理之所以能借助社会舆论上升为社会意识形式，原因在于社会心理的感性形式中积淀着人类世代相传的理性内容。同时，社会心理又通过社会舆论制约着社会意识形式。当然，社会意识形式也通过社会舆论这个中介向社会心理转化。社会意识形式通过社会舆论对社会心理进行某种加工和提炼，使社会心理由分散、自发的状态上升为系统的、理论的形式。与此同时，社会意识形式通过社会舆论对社会心理进行引导、调整和组织，包括对有利于自身经济基础的社会心理进行强化和完善、对不利于自身经济基础的社会心理进行约束和限制，从而使社会心理得到改造和提升。

(二) 社会舆论的特点

社会舆论的复杂本质决定了社会舆论具有多方面的特点。这些特点包括：主观性与客观性的统一、理性与非理性的统一、自发性与自觉性的统一、争议性与一致性的统一。

1. 主观性与客观性的统一

社会舆论具有某种主观性。社会舆论主体对社会舆论客体的认知和评价，往往渗透着自己的情感、意志和价值取向等主观因素。在社会舆论的传播过程中，公众的讨论和交流也总是带有特定的感情色彩，人们强烈地希望自己的看法和见解得到他人的认同。这样，经过整合而形成的社会舆论也就具有了某种主观性。

同时，社会舆论还具有客观性的一面。人们的意识和观念并不是无中生有或者凭空产生的。在本质上，它是现实生活着的人对包括自身在内的客观世界的能动反映，是由客观世界以及人同外部世界的相互关系所直接规定的。社会舆论是由具有重要社会意义的公共事务引起的，具有重要社会意义的公共事务为社会舆论提供了客观的基础。公众只有在正确反映社会问题或社会事件的基础上发表自己的感受和想法，才有可能形成正确的社会舆论。不尊重客观事实，不以客观的公共事务为基础，最终只能制造错误的社会舆论，甚至制造谣言。

社会舆论的主观性与客观性是相互联系、对立统一的。社会舆论是公众对公共事务的意见表达。在发表自己的看法和见解之前，主体要先对公共事务进行了解和认知。在此基础之上，主体再运用已有的经验知识和理论知识对社会事务进行分析和思考，得出自己的结论性意见。一方面，社

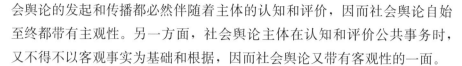

会舆论的发起和传播都必然伴随着主体的认知和评价，因而社会舆论自始至终都带有主观性。另一方面，社会舆论主体在认知和评价公共事务时，又不得不以客观事实为基础和根据，因而社会舆论又带有客观性的一面。

2. 理性与非理性的统一

社会舆论意见的形成过程是公众运用抽象思维的方法对公共事务形成概念、进行判断和推理的过程，这一过程使社会舆论具有理性的特点。同时，公众对公共事务的认知和评价，往往带有一定的情绪、情感和愿望，这又使社会舆论具有非理性的特点。社会舆论是理性与非理性的统一。

社会舆论的理性与非理性的统一特点主要体现在以下两个方面：第一，社会舆论的内容体现了理性与非理性的统一。社会舆论是社会舆论主体对社会舆论客体的意见表达。在这些以语言文字表达出来的意见中，既包含有理性知识以及主体关于公共事务的概念、判断和推理，也包含着人们对一些社会热点问题的强烈情感和愿望。因此，理性和非理性的因素共存于社会舆论意见之中。第二，社会舆论的形成过程也体现了理性与非理性的统一。在发表见解之前，公众要对公共事务进行认知。而这种认知的过程就是公众运用分析和归纳、演绎和推理等逻辑思维形式，把对公共事务的感觉、知觉和表象等感性认识不断上升为概念、判断等的理性认识的过程。通过理性的思维，公众对公共事务就有了比较清楚、全面的认识和把握。在此基础上，公众根据自己的内在需要、情感意志等，对公共事务进行评价，由此形成一定的社会舆论。可见，在社会舆论的形成过程中理性因素和非理性因素都起着重要作用。

3. 自发性与自觉性的统一

自发性是社会舆论的突出特点。社会舆论不是制度组织的产物，而是公众自发关注公共事务的产物。社会舆论公众的非组织化和非制度化决定了其行为的自发性。不过，社会舆论不仅具有自发性，同时也具有自觉性，是自发性与自觉性的统一。

如前所述，社会舆论公众一般说来是随机的、非组织化和非制度化的。公众的这种特性决定了社会舆论的自发性和自觉性特点。具有重要社会意义的社会事件一旦出现，共同的利益和兴趣等就会促使公众自然而然地关注它，不由自主地发表自己的看法和见解，并积极地传播和交流这些意见。这些都是公众的自发行为，即没有外界的压力和影响。例如，1999年，当媒介播出美帝国主义轰炸我国驻南斯拉夫大使馆事件以后，全国人民群情激愤，各界人士纷纷强烈谴责和控诉美帝国主义的这一暴行。社会舆论的自发性也决定了其群众性和非官方性，决定了社会舆论是民意、公意的代表。

社会舆论自发性的特点背后还有自觉性的一面。公众不仅受到社会意识形式的影响，而且还自觉不自觉地受到世代相沿的文化传统、风俗习惯、价值观念的浸染。各种社会意识无时无刻不在影响和左右着公众的思维和行为。公众对社会热点问题的热情关注，就是一定社会意识影响下的自觉行为。有时人们在发表看法和见解时几乎是不假思索，但即使是在这样一种情况下，理性思维活动也在人们的大脑中以隐蔽的形式时刻发挥着作用。如在上述事件中，全国人民之所以群情激愤，是因为美帝国主义的行径严重地侵犯了我国的主权和尊严，也严重地破坏了世界和平，在强烈的爱国情怀的驱使下，中国人民表现出维护国家的主权和尊严的高度自觉性。不仅如此，在社会舆论的形成过程中，舆论领袖的引导，政党、阶级的组织以及新闻媒介的传播、导向和监督等也都体现了社会舆论自觉性的特点。

4. 争议性与一致性的统一

社会舆论主体的社会地位、利益关系的不同，认识问题的方法、角度的不一致，社会舆论客体本身的复杂性、多样性和流变性等，导致了社会舆论意见的争议性。而共同的社会生活和利益关系又使得社会舆论意见具有某种一致性。社会舆论是争议性与一致性的统一。

争议性是社会舆论的一个突出特征。一般说来，无争议的社会问题不可能产生社会舆论风波。这正像毛泽东所说，"我们的舆论，是一律，又是不一律""有矛盾存在就是不一律。克服了矛盾，暂时归于一律了；但不久又会产生新矛盾，又不一律，又须要克服"①。纵观整个人类社会舆论活动史，小到个人之间的利益冲突，大到国家之间的主权、领土的争议，

---

① 毛泽东. 毛泽东年谱：1949—1976，第2卷. 北京：中央文献出版社，2013：390.

无不体现这一规律。在阶级社会中，不同政治制度的国家之间，不同政治利益的集团之间，特别是敌对阶级之间，社会舆论的纷争可以说从未间断，有时相当尖锐、激烈。实际上，在各种政治利益集团内部，同样存在着社会舆论的争议。在社会主义中国，广大人民群众的根本利益是一致的，但又存在不同阶层、不同群体之间的利益差别，由此导致社会舆论的不一致。同时，在一个更大的范围内，由于人们的人生观、价值观、审美情趣等的不同，也常引起社会舆论的争议性。例如，多年前某军医大学生不顾个人安危，跳进一粪窖中救起一位 60 多岁的老人，结果他自己却为此献出了宝贵的生命。对此事件，有社会舆论认为，他是新时代的罗盛教，值得赞赏；而有些社会舆论却认为，他以一年轻有为的生命换来一个行将就木的老人的生命，无论就个人还是就社会而言都是不划算的；还有些社会舆论认为，这位解放军学生的动机可嘉，结果却令人惋惜。可见，对于同一社会事件，社会舆论往往表现出争议性。

社会舆论有争议的一面，又有一致的一面。在人民内部，在同一阶级、同一政党内部，虽然社会舆论的争议不可避免，但在牵涉根本的利益和共同的目标时，往往都会求大同存小异。特别是当今社会化生产程度的不断提高，国际大市场的建立、繁荣，全球化进程的加快，使得个人、集团、国与国之间的交往更趋频繁和多样化，人们之间相互影响、相互作用的深度和广度也不断提高。所有这些，都加速了民族世界化的步伐，使人类有了更多的共同语言，为社会舆论的一致性提供了更加有利的条件。

值得说明的是，社会舆论的一致性是相对的。这种相对性包含如下三层意思。第一，一致意见的达成并不意味着社会舆论主体都具有相同的动机或目的。社会舆论意见的一致性是包括社会舆论主体在内的各种社会因素、社会意识形式共同作用的结果。第二，一致性意见是以具体的时空条件为转移的，当这种条件发生变化时，一致性意见就可能出现分化。第三，社会舆论意见的一致性并不等于只有一种意见，并不排除少数人持有不同的意见。从动态的角度看，社会舆论的一致性不应是外力作用的结果，而应该是建立在人们自由思考和自由讨论的基础之上，因为"我们永远不能确信我们所力图窒闭的意见是一个谬误的意见；假如我们确信，要窒闭它也仍是一个罪恶"①。

（三）社会舆论的基本类型

根据社会舆论对社会的不同性质的影响，我们可以把纷繁复杂的社会舆论分为三种基本类型，即正向的社会舆论、负向的社会舆论和中性的社会舆论。

1. 正向的社会舆论

正向的社会舆论是指那些旨在维护公众利益并对社会产生积极的影响的社会舆论。

按照以上界定，正向的社会舆论有以下两个方面的规定性：第一，正向的社会舆论的目的是维护公众的利益。社会舆论是由公共事务引起的，公共事务又是与多数人有一定关联的、具有重要社会意义的社会事件，这就使得社会舆论总是涉及公众的利益。公众是随机的、不定型的，公众的共同利益也不是固定不变的。社会生活中存在着多种不同的公众利益，如国家利益、民族利益、集体利益、全局利益等，正向的社会舆论总是由这类公众利益引起的。第二，正向的社会舆论必然对社会产生积极的影响。社会舆论必然会对社会生活产生一定的影响，包括积极的和消极的影响。其中，积极的社会影响包括对整个社会的激励和监督作用、对人们的社会活动的规范和引导作用等等。只有同时具备上述两个方面的规定性的社会舆论，才能称为正向的社会舆论。

正向的社会舆论对社会有多方面的积极作用。首先，正向的社会舆论能够在社会生活中起沟通和调节作用。社会舆论是公众意见的表达和交流，正向的社会舆论在整个社会中起着"上传下达"的作用。它不仅可以使上层决策者的意志转化为下层民众的自觉行为，也可使下层民众的意愿转化为上层领导的决策行为，同时还使个人与个人之间、个人与社会之间在思想领域相互沟通，使社会成为一个有机的、和谐的整体。其次，正向的社会舆论能够在社会生活中发挥有效的激励与监督作用。正向的社会舆

---

① 密尔. 论自由. 北京：商务印书馆，1986：17.

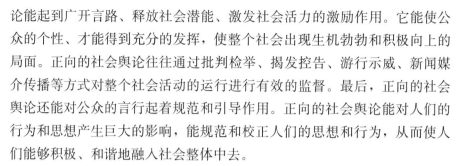

论能起到广开言路、释放社会潜能、激发社会活力的激励作用。它能使公众的个性、才能得到充分的发挥，使整个社会出现生机勃勃和积极向上的局面。正向的社会舆论往往通过批判检举、揭发控告、游行示威、新闻媒介传播等方式对整个社会活动的运行进行有效的监督。最后，正向的社会舆论还能对公众的言行起着规范和引导作用。正向的社会舆论能对人们的行为和思想产生巨大的影响，能规范和校正人们的思想和行为，从而使人们能够积极、和谐地融入社会整体中去。

2. 负向的社会舆论

负向的社会舆论是歪曲反映公共事务并对社会产生消极影响的社会舆论。它具有如下几个方面的特点：

首先，负向的社会舆论对公共事务作出了歪曲的认识和评价。在这类社会舆论中，人们对公共事务的认识是片面的甚至是完全错误的，而人们对公共事务的评价就是建立在这种不正确的认识的基础之上的。这样形成的社会舆论意见必然是不客观的、不真实的。例如，2020 年上半年在我国出现的关于新冠肺炎疫情的社会舆论中，就有很多负向的社会舆论。有的人在没有对当时武汉抗疫情况作实地调查的情况下，仅根据道听途说得来的一鳞半爪的信息对武汉抗疫进行极为负面的品头论足，在网络上引发广泛的舆情，严重地误导了公众，在世界范围内产生了极其恶劣的影响。

其次，负向的社会舆论只反映了部分人的利益。负向的社会舆论主体虽然也是公众，也由一定数量的人组成并代表着这些人的利益，但这些利益是与国家利益和人民利益相违背的，甚至是相冲突的。例如，冷战结束以来，美国在国际国内多次制造的旨在为对外战争找借口的社会舆论就只代表了美国统治阶级的利益。它完全不顾本国人民和世界各国人民反对战争、爱好和平的强烈愿望。对于全世界人民来说，这样的社会舆论就是一种负向的社会舆论。

最后，负向的社会舆论对社会产生消极的影响。负向的社会舆论意见歪曲事实、混淆是非、颠倒黑白，不仅给人们带来不真实的信息，引起人们的思想混乱，而且还会扰乱正常的社会生活，甚至会引起社会动乱。

3. 中性的社会舆论

中性的社会舆论是居于正向的社会舆论和负向的社会舆论之间的社会

舆论。它对社会既不会产生积极的作用，也不会产生消极的影响。

与上述两种社会舆论相比较，中性的社会舆论的不同之处主要表现在以下两个方面：

第一，引起中性的社会舆论的公共事务与引起其他两种社会舆论的公共事务有所不同。引起中性的社会舆论的公共事务往往与公众的切身利益并无直接关系，只是涉及公共利益，它们一般是突发的、新颖的社会事件。如由连体婴儿手术成功引发的社会舆论、由影视明星意外事件引起的社会舆论等，就属于中性的社会舆论类型。

第二，中性的社会舆论对社会产生的影响与其他两种社会舆论对社会产生的影响也有所不同。中性的社会舆论对社会产生的影响并不十分突出，它往往表现得比较平和、中立，没有明显的倾向性。例如，在关于张国荣跳楼身亡的社会舆论中，人们在感到惊讶和惋惜的同时，也会思考生命的价值和意义等，但每个人都会有不同的看法，它们并不会对社会产生大的影响。

以上两个特点决定了中性的社会舆论往往不会持续很久，多数情况下都是稍纵即逝。但是，它毕竟也是一类重要的社会舆论现象，同样也值得我们重视和研究。

二、社会舆论的形成机制

社会舆论是公众意见的表达，也是整个社会意识状况的反映。社会舆论的形成具有复杂的机制，社会矛盾是社会舆论形成的客观根源，公众共同的社会生活是社会舆论形成的主体依据，而公众各种各样的社会活动则是社会舆论形成的实践基础。透过形形色色的社会舆论现象，我们可以看到影响社会舆论的因素主要有舆论场、社会心理、社会意识形式和人的利益等。尽管社会舆论有不同的类型和表现形式，但它们的形成都有普遍性的一般过程。

（一）社会舆论形成的根据

任何社会舆论的形成，都具一定的客观根源、主体依据和实践基础。

1. 社会舆论形成的客观根源

社会舆论是人类社会所特有的现象，其形成和发展由社会存在所决定。和其他社会现象一样，社会舆论的形成是社会矛盾的产物。矛盾普遍存在于社会生活的各个领域。社会矛盾及其运动构成社会生活发展变化的内在根据，也是社会舆论形成的客观根源。

我们在前文中曾详细地讨论过社会舆论客体即公共事务的范围和特点。事实上，公共事务不过是迫切需要解决的、突出的社会矛盾而已。社会是一个矛盾的综合体，由生产力与生产关系、经济基础与上层建筑这对基本矛盾所引发的形态各异、大小有别、层次有序的社会矛盾，构成了复杂有机的矛盾体系或矛盾网络。社会矛盾的出现、激化或平息，社会矛盾双方力量的失衡、调整或转化等，都是社会生活中经常发生的事情，都有可能作为公共事务引发社会舆论。当然，并非所有的社会矛盾都能引发社会舆论。在矛盾各方相互平衡和协调发展的阶段上，社会生活按照常规惯例规范地进行，一般不会产生大的争议。只有经过较长时间的消长，矛盾双方的均衡态势被打破，矛盾的对立面超过了同一面并发生了激烈的斗争和对抗，社会生活和社会节奏受到某种冲击或震动，社会舆论的发生往往就不可避免了。引发社会舆论的社会事件是社会矛盾运动的产物，是社会矛盾尖锐化的必然结果。当社会矛盾发展到一定程度，社会舆论的潜在能量就会不断积累。在人们对社会矛盾早已有深切感受而只是未找到时机明确表达意见的情况下，一个偶然的社会事件就会诱发社会舆论的产生，同时也为解决社会矛盾提供了契机。例如，进入文明社会以后，人类用自己所发明和掌握的各种技术手段对大自然进行疯狂的掠夺，人与自然的关系逐渐由和谐走向了对抗，人与自然之间的矛盾越来越激烈。在最初一个时期内，人们尚未明确意识到人与自然之间的矛盾及其演化。直到 20 世纪 60 年代，当《寂静的春天》一书将这一问题揭露出来以后，环境问题才成为人们关注的焦点，并引发了全球性的有关环境问题的社会舆论，旨在解决环境问题的可持续发展战略也才在全球性的社会舆论推动下得以提出和实施。可见，社会矛盾是社会舆论形成的客观根源。

2. 社会舆论形成的主体依据

社会舆论的主体是公众，尽管公众具有随机性和非组织化的特点，但公众有其共同的社会生活。公众的共同的社会生活包括共同的政治、经济、文化环境，共同的信息源，共同的交际圈和共同的社会利益等。正是这些共同的因素构成了社会舆论形成的主体依据。

公众必有共同的社会生活，但不同公众的共同社会生活是不同的，它们使社会舆论呈现出不同的情况。其中，共同政治生活使公众能够形成共同的政治意识，特别是共同的政治认同感，从而在对政治事件的认知和评价上形成共同的社会舆论意见。共同的经济生活使公众具有共同的经济利益。在我国，生产资料公有制使人民能够当家作主，国家、集体和个人的经济利益在根本上是一致的。这为公众形成一致的社会舆论意见提供了重要的物质基础。共同的文化生活则使公众具有共同的文化背景。不同的文化传统制导着公众对社会舆论信息的理解和处理方式，决定着人们对待这些信息的态度。例如，东西方文化的差异使人们面对许多事情时会有很不相同的态度，由此会形成不同的社会舆论。在我国，共同的文化传统和文化生活能够使公众形成比较一致的社会舆论。人们对许多事情的道德评价及其引发的社会舆论的一致性就很好地说明这一点。

共同的信息源为公众形成趋于一致的看法和见解提供了条件。生活于共同的社会生活条件下的人们每天都要面对大量的相同信息。特别是在信息化时代的今天，人们可以足不出户便能利用现代的信息技术知晓天下大事。社会上发生的任何事情，只要是新颖的、具有社会意义的，就会在短时间内为大家所共知，就有可能成为公众所关注的焦点和所讨论的话题，从而有可能引起一定的社会舆论。

现代科学技术特别是信息技术的发展，不仅为信息的快速传播提供了条件，而且也为人们的交往和思想交流带来了便利。对于某一公共事务的看法和见解，公众可以进行面对面的交流，也可以利用其他手段如电话、网络等来进行间接的交流。例如，借助于微信，不同地域、不同身份的人们都可以对某一社会热点问题进行讨论，在很短的时间内就能达成共识，形成社会舆论。

3. 社会舆论形成的实践基础

关于社会舆论形成的实践基础，可以原始的社会舆论的萌生及形成过程为例来加以分析和说明。

社会舆论萌生于原始社会，是人类谋求生存、共同劳动的产物。萌芽状态的社会舆论是在劳动过程中伴随思维和语言而产生的。共同劳动是社会舆论诞生的基础，思维与语言是社会舆论生发的条件。原始社会既没有国家，又没有管理机构，主要依靠社会舆论对社会生活进行协调。原始人的首要社会实践活动是生活资料的生产，其次是延续生命的生产，原始的社会舆论也正是这两种生产实践的产物，社会舆论的内容也主要是反映这两种生产。

在原始社会，社会舆论最初是以"舆讻"的形态表现出来的。在共同劳动中，原始社会的人们意识到，在不可抗拒的自然力面前，每个人不仅必须无私地奉献自己的体力和技能，而且还必须有共同的态度和一致的行动。每逢较多的人集中劳动时，人们都习惯于发出简短的呼叫，一唱一和，抒发共同的希望。《吕氏春秋·淫辞》中所出现的"舆"字也和生产劳动直接联系在一起，描绘出人们呼唤的场面。"今举大木者，前呼舆讻，后亦应之，此其于举大木者善矣。"①"舆讻"是体现共同意志的口号，以前呼后应之情状，表达内心对劳动的态度。这种呼叫把劳动的号令和劳动节奏融合为一体，以简短的音节直接表现劳动的内容，能够促进劳动行为的协调性。"舆讻"形态的社会舆论使个体能够有机地结合成劳动集体，使原始劳动得以有效进行。

由此可见，社会舆论最初是人们在改造自然、共同协作的劳动活动中产生的。在原始人类那里，各种社会性规范还没有真正形成。与动物式的本能的劳动相适应，人还只有一种本能的意识，即仅仅是对周围可感知的环境的意识。在这种情况下，个体意识极不发达，个体严重依赖群体；群体意识也不发达，它还只是一种集体表象。主客体在原始人的观念中还未分化，原始人的意识还是对象意识与自我意识的混沌统一。因此，原始社会人们的共同意见还极为简单质朴，还不是真正意义上的社会舆论。但是，即使是这种原始萌芽状态的社会舆论也是在原始人改造自然的实践活动中孕育和产生的。这说明，物质生产实践一开始就是社会舆论的基础。

---

① 陈奇猷. 吕氏春秋校释：下卷. 上海：学林出版社，1984：1187.

进入文明社会以后，人类社会实践活动不断发展，以此为基础，社会舆论也不断变化，其内容和形式日益复杂化。

（二）影响社会舆论形成的主要因素

社会是一个有机的整体，任何社会现象本身既影响其他现象，同时也受到其他社会现象的影响和制约。社会舆论作为社会生活的一个方面、一种因素，其发生和发展受到社会其他诸因素的影响和作用，是多种因素共同作用的结果。李普曼在其《舆论学》中这样写道："我们的舆论明显地是与各种复杂事物，与意志和经济利益、个人的憎恶、种族歧视、阶级感情等等断断续续相联系的。这些因素在许许多多方面歪曲我们的看法、我们的思想、我们的谈话和我们的行为。"①

影响社会舆论形成的因素有很多，其中，最重要的有舆论场、社会心理、社会意识形式和人们的利益。

1. 舆论场

社会舆论的形成需要一定的时空环境，用舆论学的专业术语来说就是需要有舆论场。

德国心理学家勒温是社会场论的创始人。考夫卡进一步发展了他的心理场理论，提出了"环境场""行为场"概念。舆论学也用"场"的范式来研究社会舆论，认为场是社会舆论形成的空间条件和推动社会舆论发展的契机，是社会舆论意见产生的社会共振圈。所谓舆论场，是指包含若干相互刺激因素、使许多人形成共同意见的时空环境。

根据现代场论，生物互动都是在一定的场中进行的，它们释放的全部信息也在场的制导下呈现出奇妙的变幻。没有场或场的因素，一切生物都无法按一定规则生存。心理场的存在表明人的思维反应总是沿着一种曲线回旋，呈现出有规律的运动。审美场的存在意味着审美环境是以场的形式存在并起作用的，美的信息和审美场共同产生美感效应。爱因斯坦也曾对"场"的概念作过解释。他认为，场被看作是相互依存的现实事物的整体。人总是在一定社会环境中生存的，无数个体在特定时间对外部世界的体

---

① 李普曼. 舆论学. 北京：华夏出版社，1989：48.

验，总是伴随着环境和他人的影响而趋向一体化。这样，人们对事物的共同意见也就必然会形成。

构成舆论场的主要因素之一是同一空间中人们的相邻密度与交往频率。人们集结密度越大，也就越有交流意见的条件。许多人共栖于同一个场所，在多向交往中交流自己的意见，意见的交融逐步形成大体相同或相近的看法，最终形成一种或多种意见。由于相邻密度增大，人们所表达的意见的相互刺激就处于活跃状态，场的因素使一种见解对许多人产生感染心理和趋同心理，并且意见传播的范围与速度是不可控制的。

社会环境的开放度，是构成舆论场的另一个要素。社会环境开放与否，不仅关系到社会舆论能否形成，而且还影响着社会舆论的正负方向，即到底产生正确的社会舆论还是错误的社会舆论。一般说来，舆论场与整个社会的关系是局部与全局的关系，在一定场所内形成的社会舆论往往是整个社会动向的反映。当然，社会环境的开放度，主要是指社会环境是否宽松和自由。只有具备一定的思想和言论自由，社会舆论才能形成。除此之外，社会环境的开放，还意味着有畅通的信息渠道。只有处于一种与外界经常交流的状态，社会舆论才会有活力。相反，在一个闭塞的社会环境中，人们很少得到外界信息，对整个社会的变化缺乏了解，很难发表有针对性的见解，即使能形成一定的社会舆论也难以产生大的影响。

渲染力或渲染气氛是构成舆论场的又一要素。环境的诱惑、渲染氛围，能够增强某种意见的感染力，刺激人们对这种意见的热情和关注，促使社会舆论的形成。渲染力是由许多具体物象组成的，如飘扬的旗帜、凌空飘荡的彩色气球、此起彼伏的口号、纷呈如织的标语、嘹亮的战歌、热烈的掌声等等。这些色彩鲜明、情绪热烈的实物、场景和声响等，能够产生激发社会舆论的氛围，从而能够为社会舆论的形成提供条件。

上述构成舆论场的三个要素，对社会舆论的产生起着聚合多项外力的作用。当它们共同作用和影响社会舆论主体即公众时，人们对社会公共事务的认知和评价就容易归顺到同一个方向，形成强大的社会舆论。

2. 社会心理

如前所述，社会舆论介于社会意识形式与社会心理之间，是社会意识

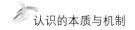

的中间层次。社会舆论与社会心理既相区别又有紧密联系，这种联系使社会心理成为影响社会舆论形成的主要因素之一。

社会心理一般表现为情感、风俗、习惯、成见、自发的信仰和信念等。那么，社会心理的这些具体表现形式究竟是怎样影响社会舆论的形成呢？我们可略举几例进行探讨。情感是主体对客体的态度的体验，而喜怒哀乐等情感体验对于社会舆论主体选择社会舆论客体并促使社会舆论形成有着很大的影响。愤怒、兴奋、激昂的情绪能增强公众参与关注公共事务的热情和动力，并且这类情绪迅速地感染其他人，使社会舆论主体规模不断扩大。同时，这类情绪还能强化社会舆论的活跃度，如风助火势般地使社会舆论迅速蔓延开去，造成先声夺人、场面热烈的景象。例如，在五四运动中，强烈的民族情感和对北洋政府的愤怒之情使学生运动很快就演变成为全国各阶层共同参与的为争取民主和自由的社会舆论运动。反之，郁闷、痛苦、悲伤等情感，则会使社会舆论主体心理消沉，这就势必弱化社会舆论的活跃度、抑制社会舆论的传播。所以，情感会对社会舆论起到强化或淡化、鼓动或抑制的作用。

作为一种社会心理因素，动机也对社会舆论的形成和发展起着重要作用，它是社会舆论发生的直接动力。人们关注某些公共事务、参与社会舆论活动都是出于一定的动机。比如，人们发表关于赞美见义勇为、冒着生命危险与歹徒作斗争的英雄事迹的社会舆论，就是出于扶正祛邪、维护社会生活安定的动机。那些强烈地抨击社会腐败现象的社会舆论，则表现了人们希望整个社会风清气正的美好愿望。可以说，没有一定动机的驱动，就不可能有社会舆论的发生。

成见对于社会舆论的形成也有明显的影响。李普曼在《舆论学》中用了大量的篇幅论述"固定的成见"对社会舆论形成的影响。他认为，固定的成见"像是'比根街'上淡紫色窗玻璃，像化装舞会上评定客人的化装是否合适的守门人"，"在形成理智以前，它就对我们的意识施加了一定的影响"[1]。成见对社会舆论形成的影响表现在两个方面。其一，成见对主体选择社会舆论对象会产生影响。对于各种社会热点问题，如果它们属于人

---

① 李普曼. 舆论学. 北京：华夏出版社，1989：63.

们的经验知识范围内的东西，人们就倾向于关注它；如果它们超出了人们的经验知识范围，人们就倾向于排斥它。其二，成见对主体就公共事务发表什么样的看法和见解也会产生影响。对于那些违背传统或习俗的新生事物，成见往往会使人们采取消极的态度，发表否定性的看法和见解。

3. 社会意识形式

社会舆论的形成不仅受到上述因素的影响，而且还受到社会意识诸形式的影响。这种影响表现在社会意识形式为社会舆论主体提供指导和规范。

社会意识在各个方面、层次和环节上控制和调节着人们的社会活动。日常意识的作用是有局限性的，它的局限性由个人经验的狭隘性所决定。对于各种具有社会意义的社会事件，人们最初只是在自己的经验知识范围内并从个人立场出发发表自己的见解。这些见解是散乱无序的，甚至可能是错误的。人们在与别人交流时，总希望对方能够接受、认可自己的看法。于是，人们就力图为自己的见解寻找一些政治、法律、思想、道德、艺术、宗教、哲学、科学方面的依据。如果某种见解言之有据，就很有可能成为公众所认同的社会舆论意见。当越来越多的人倾向于这种意见时，社会舆论就形成了。当然，社会意识形式更多的是以一种潜移默化的形式影响着社会舆论的形成。它为公众提供认知、评价公共事务的准则，规范着社会舆论的发展方向。

在阶级社会中，为特定经济基础服务的社会意识形式即社会意识形态对社会舆论形成的影响表现得尤为突出。社会意识形态具有阶级性，"统治阶级的思想在每一时代都是占统治地位的思想。这就是说，一个阶级是社会上占统治地位的物质力量，同时也是社会上占统治地位的精神力量"[①]。一定社会占主导地位的社会意识形态总是为统治阶级服务的。统治阶级总是千方百计地把一定社会中占统治地位的社会意识形态渗透到社会生活各个领域以及每个人的意识中去，使公众的言论和行动在社会意识形态的影响和指导下规范地进行。这就在很大程度上约束了社会舆论的自由形成。只有在社会主义社会，剥削阶级已不复存在，人民当家做了主人，

---

① 马克思，恩格斯. 马克思恩格斯选集：第1卷. 2版. 北京：人民出版社，1995：98.

指导人们生活和实践的社会意识形态是马克思主义的科学体系。主流社会意识形态的科学性，使社会主义制度下的社会舆论既能"百花齐放"，又能健康有序地展开和发挥作用。

4. 利益

利益也是影响社会舆论形成的很重要的一个因素。

追求利益是人类一切社会活动的动因。马克思曾说："人们奋斗所争取的一切，都同他们的利益有关。"① 社会舆论的客体是公共事务，公共事务的最主要的特点是其与多数人有一定关联，这种关联又表现为利害关系或利益关系。既然公共事务关系到公众的利益或公共利益，就必然驱使公众去关注它，并发表相关的言论。虽然个体利益的不同会导致人们的看法不同，但共同的利益或公共利益能使公众求同存异，最终形成比较一致的社会舆论意见。公共事务涉及一群人的利益，就会引起群体性的社会舆论；涉及整个阶级的利益，就会引起整个阶级的社会舆论；涉及整个民族的利益，就会引起整个民族的社会舆论。例如，1931 年九一八事变爆发，日本帝国主义的侵略行径严重损害了整个中华民族的利益，全国范围内掀起了各种形式的救亡图存的爱国运动，也包括出现了严厉谴责日本帝国主义的声势浩大的社会舆论。

在阶级社会中，由于人们在社会生产中的地位和相互关系不同，利益关系也不同，人们之间的利益关系主要表现为阶级关系。各阶级为了维护自身的利益，对于社会问题总是发表有利于自身的言论和见解。如资产阶级关于人权问题的社会舆论就是典型的例子，他们总是采取双重标准对待这一问题，标榜自己，攻击别人。社会主义社会消灭了剥削阶级，人们之间根本对立的利益关系已经消除。但在社会主义初级阶段，由于生产力发展水平不高，各地区、各行业之间、城乡之间发展很不平衡，这就决定了人们之间的利益差别还很大。利益关系的不同，必然会影响着人们对待公共事务的立场、观点和态度。所以，在我国社会主义初级阶段，在重大公共事务上，如国家的大政方针等，人们容易形成比较一致的社会舆论意见。但就其他各个领域的公共事务而言，人们则会发表不同的见解，形成

---

① 马克思，恩格斯. 马克思恩格斯全集：第 1 卷. 北京：人民出版社，1956：82.

千姿百态的社会舆论。

利益既是推动公众参与公共事务并发表意见的根本动力，也是推动整个社会舆论变化过程的根本动力。社会舆论的起伏涨落，公众意见的转移变化和分离消解，其根本原因就在于利益的不同。千差万别的个体利益找到了共同点，形成了群体的共同利益，他们的意见自然会求同存异，形成比较一致的社会舆论意见。形成后的社会舆论也会受到利益的影响，当某一公共事务始终关系着公众的切身利益时，社会舆论就会持续不断，并有可能高涨；反之，当人们原来关注的公共事务逐渐与公众的利益相疏离时，社会舆论就会逐渐低落，甚至逐渐消失。

（三）社会舆论形成的一般过程

形形色色的社会舆论尽管在形式和内容上具有很大的差异，但每一种具体的社会舆论的形成都是包括主客观因素在内的多种因素共同活动的产物。透过各类社会舆论现象，我们可以看到，社会舆论的形成都包含着一个普遍的、一般的过程。这一过程大体上包括四个阶段，即酝酿阶段、表达阶段、整合阶段和最终形成阶段。事实上，社会舆论形成的一般过程就是公众关于公共事务意识的发生、互动和整合放大的过程。

1. 社会舆论的酝酿阶段

社会舆论总是以社会舆论意见的形式表现出来的，社会舆论意见又是用语言或文字等表达出来的公众意识状况，因此，社会舆论的酝酿阶段也就是公众关于公共事务的意识的酝酿阶段。在这一阶段，公众关于公共事务的意识是自发的、散乱无序的。

公众关于公共事务的意识的酝酿过程又可以分为两个小的阶段，即公众关于公共事务的意识的产生阶段和公众关于公共事务的意识的凸显阶段。如前所述，社会矛盾是社会舆论形成的客观根源，公共事务是社会矛盾激化的产物。在公共事务没有发生或出现之前，有关的社会矛盾往往就已经存在了，只是这种社会矛盾不容易被普通人所觉察，还处于一种潜在的状态。社会矛盾的存在决定了人们关于社会矛盾的社会意识。有关公共事务的社会矛盾一旦存在，就必然会使生活于一定社会中的人们产生与之相关的意识。公众关于公共事务的意识，最初只是一种混沌、模糊的意识。当有关公共事务的社会矛盾发展到一定程度时，人们与之相关的意识也就逐渐明朗和清晰起来。如果这一社会矛盾不能及时得到解决，与这一社会矛盾相关的公共事务的发生就必然会使其得到激化，使越来越多的人把注意力集中到这一公共事务及相关的社会矛盾上。至此，公众关于公共事务的意识也就基本酝酿而成。

2. 社会舆论的表达阶段

社会舆论经历了酝酿阶段以后就会向另一阶段转化，即表达阶段。人的意识只有通过表达才能成为意见，没有表达出来的意识只能是一种心理状态。美国舆论学家威廉·艾尔贝格在《舆论：导论》一书中，专门分析了意见与态度，明确指出意见是态度的语言表达。

公共事务的发生使公众关于社会矛盾的意识显得异常活跃，由潜意识变成了显意识。显意识是人们自觉的、可控的、用言语表达出来的意识活动状态。兴奋的心理、自觉的反映、能动的认识、主动的思虑、有目的的思维以及反思性的观念活动，都是显意识的活动。当公众关于公共事务的社会意识进入显意识状态时，就会有如骨鲠在喉，不吐不快。人们往往用语言或文字等将自己的意识状况表达出来。表达的方式有很多种，人们或与别人进行面对面的交流，或者以书面的形式进行表达，抑或是用具体的行动来表达。

由于社会地位、生活经历、知识水平等方面的不同，公众对于公共事务意识的表达会有很大的差异性。各种不同看法、见解的相互激荡，必然会促使社会舆论由表达阶段进入整合阶段。

3. 社会舆论的整合阶段

社会舆论的整合阶段是各种看法、见解相互交流、碰撞、整合的过程，是公众形成比较一致的社会舆论意见的重要阶段。

那么，各种看法、见解是如何进行整合的呢？互相通信、交流思想和情感是人作为社会存在物的基本需要之一。社会舆论主体在进行交流的过程中，各种信息的流动呈现出双向性。每个人既是信息的传播者又是信息的受传者，既要发表自己的看法和见解，又要听取别人的意见。作为信息的传播者，人们一方面给他人提供自己所掌握的对公共事务的认知信息，另一方面又给他人提供自己对该公共事务的评价。作为信息的受传者，一方面，人们要接受来自他人的信息，并对这种信息进行鉴别和选择，那些符合自己的经验知识和认知模式的有效信息会被选择和保留下来，与原有的信息进行重组形成新的信息，再传播给其他人。另一方面，人们又要对其所接受到的他人关于公共事务的评价进行分析，并根据自己的价值标准作出与他人相同或相异的判断。但作为信息受传者，公众不是完全被动的，特别是在意见相左的情况下，人们会作出自己的选择：或坚持己见，或放弃己见，或部分吸收他人意见。通过对各种看法和见解进行不断的比较、加工和重组，通过反复地交流与传播，会逐渐形成为公众所认同和接受的比较一致的社会舆论意见。

在社会舆论整合阶段，除了不同个体之间的意见交流、互动之外，有时还会有社会对公众意见的引导。现代社会是一种高度组织化的社会，各种传媒覆盖着社会的各个角落。各个阶级、政党、社会组织都会根据自身的利益以各种不同的方式对社会舆论施加影响，对社会舆论加以引导。这种引导可分为两种类型：一是强制性引导；二是疏导性引导。所谓强制性引导，是指引导者不顾公众的意愿而按自己的意志操纵、影响社会舆论。如美国为其在世界各地发动战争所制造的社会舆论，就不顾本国和世界人民的意愿，强制性地引导社会舆论。所谓疏导性引导，是指引导者根据社会舆论自身运动的规律和公众的意志对社会舆论意见所实施的引导。这种引导能将各种分散的意见整合起来，形成正确的社会舆论意见。对社会舆论的这种引导主要是由社会舆论领袖来承担的。在社会舆论意见的整合过程中，舆论领袖的正确及时的引导往往是不可或缺的。正如伊莱休·卡茨和保罗·拉扎斯弗尔德所说："在有些问题上，个人影响是舆论形成的最重要的唯一因素。"①

4. 社会舆论的最终形成阶段

公众分散、零碎的意见经过整合以后，就会变成一种强大的社会舆论意见。在这种情况下，不同个体关于公共事务的意识也整合为一种公众意

---

① 波普诺. 社会学：下. 沈阳：辽宁人民出版社，1987：594.

识。社会舆论意见的形成和广泛传播，标志着社会舆论的最终形成。

社会舆论的最终形成的外在表现是社会舆论意见的广泛传播。经过整合各种不同意见而形成的社会舆论意见一经为公众所认同和接受，就会被公众广泛传播。社会舆论意见的这种传播犹如滚雪球，不停地滚动，不断地膨胀和壮大，最终会形成强大的社会舆论洪流。形成后的社会舆论意见也会被公众以多种方式进行传播，如口头传播和报刊、电视、电台、网络等大众传媒的传播。

社会舆论的最终形成的内在表现是公众数量的增加以及社会舆论意见的权威性形成。舆论学认为，在一定时间内，某种社会舆论意见从一地向另一地传播，在一定社会空间内持有相同意见的人数，构成社会舆论的量度。社会舆论主体的数量多少是判断一种社会舆论是否成熟的标志。持有共同意见人数没有达到一定的量，不能认为是一种社会舆论。社会舆论量度是相对静态的，对社会舆论量度的把握也是相对的。说社会舆论主体的量度是相对的，是因为我们不能对社会舆论主体作一个量的绝对规定，否则，社会舆论就变成了数学问题，而不是人文社会科学的研究对象。社会舆论意见是经无数个体见解的交流和碰撞而整合形成的。形成后的社会舆论意见就成为公众的一致意见，体现了公众的认知、情感和意志。它既表现为一种社会声势，也蕴含着一种社会精神力量。社会舆论意见的权威性主要表现在两个方面。其一，相对于社会舆论个体而言，经过整合而成的社会舆论意见显得更全面、深刻、成熟或更具有说服力，使得更多的人能够认可之、接受之、传播之。其二，社会舆论意见的权威性还体现在社会舆论作为一种强大的社会力量影响着社会生活的各个领域。社会舆论公众有时就像社会的"球迷"，公共事务犹如比赛或比赛中的运动员，社会舆论的职能就是通过"啦啦队""场外打分""场外评球"等形式，给运动场上的球员、裁判员或整个比赛甚至与比赛有关的其他人或事施加影响。

三、社会舆论的基本功能及调控

社会舆论的本质规定了社会舆论的基本功能。所谓社会舆论的功能，

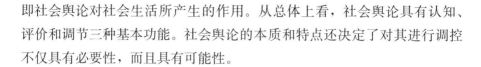

即社会舆论对社会生活所产生的作用。从总体上看，社会舆论具有认知、评价和调节三种基本功能。社会舆论的本质和特点还决定了对其进行调控不仅具有必要性，而且具有可能性。

（一）社会舆论的基本功能

社会舆论的本质和特点决定了社会舆论的基本功能。社会舆论的基本功能表现在三个方面，即认知功能、评价功能和调节功能。

1. 认知功能

社会舆论是社会舆论主体认知、情感和意志三者互动的结果。认知是社会舆论意见形成的前提和基础，形成后的社会舆论包含着人们对公共事务的社会认知。也就是说，透过社会舆论现象，人们不仅可以感性地或直观地了解、认识引发社会舆论的公共事务，而且还可以认识与公共事务相关的社会矛盾以及公众对这一公共事务和社会矛盾的态度、意见等。

那么，社会舆论的认知功能是怎样实现的呢？社会总体的自我意识，是社会总体借助于自身内部的无数个体对社会的认识及其成果而实现的一种自我反思。因此，社会舆论的认知功能也是通过无数个体对社会公共事务的认识实现的。前面我们已经从宏观和微观上讨论了社会舆论的形成过程，说明社会舆论正是由无数个体意见相互交流、碰撞和激荡而形成的。个体对社会公共事务的意见一经公众的认可、传播和放大，就会变成社会舆论意见，其对公共事务的认知也就转变为公众对公共事务的认知。

社会舆论的认知功能主要体现在以下三个方面：其一，社会舆论体现了对于具有社会意义的社会事件"是什么"的认知。透过社会舆论，我们可以洞悉到某一社会现象的性质、特点、状态等等。当然，并不是每一种社会舆论都能正确、客观地反映和揭示社会现象的本来面目，正如社会意识并不都能客观地反映社会存在一样。只有那些客观、全面地反映了公共事务的社会舆论，才能达到对社会现象的"求真"目的。其二，社会舆论还体现了对整个社会系统的认识。社会是一个有机的复杂体，每一种社会现象都构成社会生活的一个侧面，都与整个社会的状态息息相关。每一种社会舆论同样也都反映着社会的某一方面的状况，甚至整个社会的态势，所以我们把社会舆论称为社会的"晴雨表"。也正因为如此，每当社会剧烈变化时期，社会舆论总是异常活跃和复杂。其三，社会舆论还体现着公众的意识状况。透过社会舆论现象，我们能够比较清楚地看出公众的情绪、情感、愿望等意识状态。社会舆论是我们认识社会的信息源，用列宁的话说，它使我们"能够在任何时候任何问题上正确地判断群众的情绪以及他们的真正愿望、要求和想法"①。

2. 评价功能

评价功能是社会舆论的最主要的功能。从本质上说，社会舆论可以说是一种评价活动。

社会舆论是以语言、文字等表达出来的公众对公共事务的看法和见解。这些意见是公众在评价客观世界时以特定的价值观实施客体主体化的努力，也是人们按照自我主观意志、价值尺度改造客观世界的努力。社会舆论既告知人们世界上发生了什么事情，又重在表明人们应当如何看待、处理这些事情。社会舆论不只是单纯地报道"世界怎么样"，更要表明"世界应当怎样"。如此，社会舆论通过公众对公共事务的臧否褒贬、赞成或反对、同情或憎恶等态度形成强大的评价浪潮。

社会舆论的评价功能也表现在两个方面。它不仅对公共事务进行评价，而且对与此相关的社会矛盾以及社会的诸多方面进行评价。我们以20世纪90年代关于"三农"问题的社会舆论为例加以说明。在这场轰轰烈烈的社会舆论大潮中，公众首先对农村中出现的问题以及农民的沉重负担和疾苦进行了评价。如对于安徽省利辛县纪王场乡青年农民丁作明的农民负担命案一事，各大媒体纷纷报道、争相评论，新华社记者更是以内参的形式把关于这一农民负担的典型的材料送到了党和国家领导人手中，在社会上产生了强烈的反响。与此同时，公众也对与"三农"问题有关的政治、经济体制进行了反思和评论。人们不禁诘问：为什么深得民心的中央有关农民的减负政策就是贯彻不了？为什么总有一些地方的领导和干部不为民做主？这些问题又涉及诸多深层的体制问题，如县、乡镇机构的精简问题、干部的考核提拔标准问题、城乡分治以及剪刀差问题等等。在整个这

---

① 列宁. 列宁全集：第33卷. 北京：人民出版社，1957：162.

场关于"三农"问题的社会舆论中，还是李昌平那三句肺腑之言最能体现社会舆论的评价功能。他以"苦""穷""真危险"几个字全面概括和评价了农民、农村和农业的问题。

3. 调节功能

社会舆论犹如怪神阿尔戈斯①的眼睛，时刻关注着社会发展的动向。它通过对人们对待公共事务的态度施加积极或消极的影响，对人们的社会行为发挥着调节功能。社会舆论的调节功能是多方面的，大到宏观的社会运行、社会整合，小到人际关系和个体行为，都会这样那样地受到社会舆论的影响和调节。而社会舆论的调节功能也包括积极的调节和消极的调节。

就社会整体而言，社会舆论的调节作用可以在多种不同层次和不同方面表现出来。如前所述，社会舆论在社会意识中居于中间层次，它能够对社会意识形式和社会心理的关系起调节作用。同时，社会舆论也能在诸社会意识形式之间起调节作用。人类的经济行为，主要依靠计划和市场调节，但社会舆论的调节作用亦不可忽视。特别是在现代社会，情况更是如此。各种大众传媒广泛传递着各类经济信息，不断地刺激、引导着社会的物质生产和消费。其中，广告像空气一样弥漫于人们的经济活动和日常生活中，它无时无刻不在培养着人们的消费心理，影响着人们的行为选择，经常性地改变着经济生活领域里的各种关系，是促进销售、引导消费、调整生产、影响分配的一种重要力量。

更为重要的是，社会舆论的调节作用也体现在对于生产力与生产关系、经济基础与上层建筑的关系的调整上，它能促使生产关系与生产力、上层建筑与经济基础相适应，从而实现社会的良性运行和协调发展。这种调节主要表现在两个方面。其一，当生产关系与生产力、上层建筑与经济基础相适应时，社会舆论能够以"公意"或"民意"的形式为生产关系和上层建筑的巩固和发展提供强大的支持。其二，当生产关系与生产力、上层建筑与经济基础不相适应时，社会舆论又能表达人民群众要求改革或变

---

①　古希腊神话中的怪神，传说它有 100 只眼睛，不管什么时候都有一些睁着，即使夜间睡觉也不例外。

革生产关系和上层建筑的意见。

社会舆论对社会基本矛盾的调节，集中地体现在它对决策的影响上。社会舆论是社会各部门决策的重要依据。决策者要作出合理的决策，必须重视民众的"集体经验"，其决策活动必须吸收来自民众的思想原料。如关于"三农"问题的社会舆论就促使中央出台了很多关于减轻农民负担的政策，税费改革就是典型的例子。历史经验表明，只有重视社会舆论、反映民情民心的决策，才有可能反映生产力发展的要求、适应经济基础巩固和发展的需要。反之，如果不顾舆情民意，各种决策就会阻碍生产力的发展、破坏经济基础，甚至会逆历史潮流而动。此外，社会舆论对个人行为也能起到重要的调节、规范作用。因此，人们在社会生活中总会根据社会舆论的要求自觉地调整自己的言行，以免出现"千夫所指，人人唾骂"的局面。

（二）社会舆论的调控

社会舆论自身的性质和特点决定了对其进行调控不仅具有必要性，而且也具有可能性。同时，社会舆论的特殊性决定了对社会舆论的调控必须根据实际情况使用不同的方法。

1. 社会舆论调控的必要性

社会舆论的类型和公众的特点决定了对其进行调控具有必要性。

如前所述，社会舆论有正向的社会舆论和负向的社会舆论之分。黑格尔在《法哲学原理》中指出"公共舆论中有一切种类的错误和真理"[①]，真理与谬误并存于社会舆论之中。负向的社会舆论不仅对个人的思想和行为产生误导和影响，而且还会扰乱社会的秩序，激化社会矛盾，对整个社会的运行产生消极作用。如果我们对负向的社会舆论放任自流，就可能产生严重的社会后果。

作为社会舆论的重要构成要素之一，社会舆论主体因其自身的社会地位、文化水平、价值观、人生观等的不同，对同一社会事件产生不同的看法。同样，不同的社会群体因社会地位、社会心理、风俗习惯的不同，也

---

① 黑格尔. 法哲学原理. 北京：商务印书馆，1961：334.

会对某一社会事件形成不同的意见。社会舆论主体的差异性及其在社会舆论形成中的重要作用决定了对社会舆论进行调控的必要性。对社会舆论进行有效的引导和规范，不仅有利于社会舆论的整合，也有利于正向的社会舆论的形成。

在我国，社会主义初级阶段的基本国情也决定了对社会舆论进行调控的必要性。社会主义初级阶段的基本国情，决定了我国目前生产力发展水平还不高、两极分化现象严重存在、国民素质普遍不高的基本现实，人民群众在经济、文化、利益等各个方面还存在着很大的差异性。这些决定了不同的人对待同一社会问题就会形成不同的见解，因而会形成不同的社会舆论。社会主义精神文明要求要用"正确的舆论引导人"。只有加强对社会舆论的调控和引导，才能形成社会生活健康有序的良好局面。

2. 社会舆论调控的可能性

社会舆论自身的性质和特点也决定了对社会舆论的调控是完全可能的。

社会舆论调控的可能性首先表现在社会舆论主体的可塑性上。社会舆论主体是参与社会舆论活动、对公共事务作出评价和发表意见的人，即公众。社会舆论主体的特殊性决定了公众的随机性、非组织性和非制度化特征，以及流动性和开放性的特点。社会舆论主体经常处于一种流动变化的状态，不同的社会舆论具有不同的主体。一个人或一群人可能是同一社会舆论的主体，也可分属于不同的社会舆论的主体。无固定的组织和制度使社会舆论主体易于散乱和无序。社会舆论调控者只要能抓住社会舆论主体的这些特征进行有效的引导和宣传，公众就会纷纷仿效并相互影响，促使更多的人倾向并参与到正向的社会舆论中来。同时，社会舆论是理性与非理性的统一、自觉性与自发性的统一。主体的理性和自觉性也为社会舆论的调控提供了可能。也就是说，当社会舆论调控者对社会舆论进行调控时，作为主体的人能够明辨是非，接受正确的引导和宣传，并进而付诸行动，从而使社会舆论调控不仅成为可能，而且还能收到比较好的效果。

从另一方面看，社会舆论调控的可能性还表现在社会舆论客体的可变性上。社会舆论客体是一个外延宽泛的概念，每一个层面和领域的问题，只要是与人们的利益息息相关的，就可能成为社会舆论客体。而随着人们的兴趣和利益关系的变化，社会舆论客体会不断地交替和更迭，人们的关注点也就会跟着不断地变化。社会舆论调控者可以有意识地转移人们的兴奋点，以减轻焦点问题上的社会舆论压力。如克里木战争初期，英军备战不利，政府面临被社会舆论谴责的危险。于是，英国政府提出了一项使举国惊讶的新改革法案。马克思当时一针见血地指出："计划就在于提出一个具有重大国内意义的问题来转移舆论对于对外政策的注意，难道这还不清楚吗？"[①] 另外，对于同一公共事务，不同的人有不同的见解，可以说是"仁者见仁，智者见智"，但并非每个人都是基于客观事实来发表言论的。一旦错误的言论成为主流，负向的社会舆论就形成了。这时，社会舆论调控者可以以各种方式澄清事实，还公众以事实真相，从而扭转公众对公共事务的认识和看法，改变社会舆论的发展方向。

我国社会主义制度及其优越性更是为社会舆论的调控提供了保障。在我国社会主义条件下，人民当家做了主人，在党的领导下全国人民能够统一思想认识、步调一致地行动。面对各种社会问题，举国上下能够"群策群力，万众一心"地予以解决。一旦出现违背客观事实、对社会发展不利的社会舆论，党和政府也可以利用广泛的群众基础和制度优势进行有效调节和控制。

3. 社会舆论调控的方式方法

社会舆论的性质和特点决定了对其进行调控必须讲究方式方法，既要进行硬性调控，也要进行软性调控。实践证明，只有将二者有效地结合，才能在对社会舆论的调控上取得良好的效果。

社会舆论的硬性调控，即通过法律、行政手段和经济措施来控制、引导或改变社会舆论，使之符合社会运行和社会发展的需要。强制性、惩罚性是社会舆论硬性调控的基本特点。

运用法律手段进行社会舆论调控，是国家管理者控制社会舆论、保持社会稳定、保障国家机器正常运转的主要方式。法律是统治阶级的意志的集中体现。法律是由国家制定或认可并以国家强制力保证实施的、全体社

---

① 马克思，恩格斯. 马克思恩格斯全集：第10卷. 北京：人民出版社，1962：105.

会成员必须遵行的行为规范的总和。在实行任何社会制度的国家中，统治者对于危害国家利益和统治者地位的社会舆论，都必然会通过法律加以调控。法国《人权宣言》第十一条规定"每个公民享有言论、著作和出版自由"，同时又强调"在法律限制内，须担负起滥用此项自由的责任"。联合国1948年新闻自由会议的决议指出："发表自由须有相对的义务和责任，如有违反，则受到法律上明确规定的惩罚。"我国法律也有与社会舆论有关的规定。如根据我国《刑法》第一百零五条规定，以造谣、诽谤或者其他方式煽动颠覆国家政权、推翻社会主义制度的，应按危害国家安全罪定罪处罚。

运用行政手段控制社会舆论传播、制止某些社会舆论传播，也是一种社会舆论硬性调控。如制定和实施关于新闻来源的管理制度，关于报刊、广播、电视的管理规定，关于广告播放的准则，等等。重要新闻稿件须经有关领导部门审阅、重大报道须遵循保密时限规定等，都可以划归社会舆论硬性调控的范畴。在机关、企事业或社会团体内部管理中，对散布危害本部门、单位或团体的社会舆论的成员，采取警告、记过、停职或开除的惩罚措施，也属于对社会舆论的硬性调控。

在社会舆论的硬性调控中，经济措施往往是同法律、行政手段结合使用的。对侵犯隐私权、版权、肖像权或损害他人名誉者，一般会要求其赔偿经济损失或予以罚款。在一些企业中，对散布危害本企业舆论的职工采取降低工资或罚款的惩罚措施，亦属于一种硬性调控。随着社会经济的发展和社会舆论的空前活跃，用经济措施调控社会舆论的事例越来越常见。

在社会舆论的硬性调控中，法律和行政手段、经济措施等都带有强制性，能够迫使公众改变社会舆论行为，故而能够收到立竿见影的效果，迅速控制某种社会舆论的传播，但却难以转化公众的社会舆论意见和态度，容易导致口服心不服的局面。因此，社会舆论的硬性调控往往是不得已而为之的。在通常情况下，社会舆论调控应该以软性调控为主、硬性调控为辅。

社会舆论的软性调控即从影响、改变社会舆论主体的态度和看法着眼，运用鼓动、诱导、批评等方法引导和控制社会舆论，它是社会舆论调控的最重要的方式方法。通过改变社会舆论主体的态度和看法，达到影响社会舆论行为、促使社会舆论向正确的方向发展的目的，是社会舆论软性调控的基本特点。

社会舆论的软性调控是一门以攻心为主、征服人心的艺术，它通过运用各种媒体传播关于公共事务的信息和一定的价值观念，影响人们对公共事务的认识和态度，达到调控社会舆论的目的。与采取强制性、惩罚性的措施来对社会舆论进行硬性调控不同，社会舆论的软性调控是通过宣传、鼓动、诱导、批评等灵活多样的方法，使人们在心悦诚服中改变原有态度和看法，从而使社会舆论向特定方向变化。

进行社会舆论的软性调控，必须准确把握公众的需要。需要是人的一切活动的原动力。人们的社会舆论行为总有一定的动机和目的，而社会舆论动机又根源于人们的需要。如果忽视了人们的需要，社会舆论的软性调控必然难以见效。公众的需要不是恒常不变的，它像个体需要一样也总是从低级向高级不断发展的。这就给社会舆论调控者提出了明确的要求，即要调控好社会舆论，就必须关注和把握公众的需要，并通过适时满足公众需要而对社会舆论进行引导。

社会舆论的软性调控必须具有针对性。必须针对公众中不同年龄、不同职业、不同文化水平的人群采取不同的传播方式。在一时无法把握公众层次特点的情况下，可把社会舆论调控措施和方式控制在中等接受水平上。此外，社会舆论调控还应该与公众的生活经验、心理特点相适应，即应该选择、传播公众所经历过的、熟悉的，能满足他们心理需求、符合他们的兴趣爱好并与他们的利益有关联的信息。否则，他们就会对社会舆论调控信息视而不见、充耳不闻。

把握好社会舆论调控的时机，同样也是软性调控的关键。根据社会舆论调控的实际需要，社会舆论调控的宣传工作可以是提前的、及时的，也可以是延时的。社会舆论调控者及时传播有关正在发生的社会事件的真实信息，帮助公众正确理解所出现的公共事务，避免公众出现误判和被误导，是社会舆论软性调控应该特别注意的方面。只有让公众了解公共事务的本来面目，使公众对公共事务有客观的、全面的了解，才能从根本上引导社会舆论，使社会舆论朝着正确的方向健康发展。

后　记

　　2019 年 10 月，韩庆祥教授在他领衔的中央党校专家工作室的"思想先声"公众号上推介我发表于《光明日报》理论版上的《中国道路的哲学探索和哲学表达》一文时，介绍说我"早年因认识论研究而在全国产生影响，后因马克思主义哲学中国化研究而在全国确立自己的学术地位"。他这样说是有根据的。从 1985 年开始在陶德麟先生指导下攻读博士学位算起，我在自己学术生涯的头十年中对认识论的研究可谓是情有独钟。在此期间，我于 1988 年完成了题为《论认识的主体性》的博士学位论文，出版了《认知的两极性及其张力》《科学美学》《科学真理的困惑与解读》等著作，发表了一批认识论研究方面的论文。《哲学动态》1999 年第 2 期曾发表关于我的学术访谈文章《探寻真善美的统一——访汪信砚教授》，其内容所涉及的主要就是这一时期我的认识论研究。后因受恩师陶德麟先生的影响，同时也是基于对自己作为武汉大学马克思主义哲学学科学术团队成员所担负的学术使命的自觉，我的主要精力基本上都放在马克思主义哲学中国化研究上，很少再回到纯粹的认识论问题上来。这次受中国人民大学出版社牛晋芳编审邀约，我重拾认识论方面的研究课题，对以往的有关研究进行整理、补充和拓展，遂完成本书。

　　本书是我与我曾经指导过的几位研究生共同完成的。其中，导论及第

一、二、三、四、六章由我撰写；第五、七、八、九、十、十一章分别由赵磊、丁茜、刘军、吕爱兰、张军、赵兴伟撰写，并由我统改定稿。

本书是马克思主义理论与中国实践湖北省协同创新中心的课题成果。近两年来，中国人民大学出版社牛晋芳编审一直关注着本书写作的进展，没有她的反复敦促，本书的完成可能是遥遥无期的。本书交稿后，责任编辑李国庆副编审对书稿作了精心编校，体现出对编辑工作的满腔热忱和一丝不苟的敬业精神。武汉大学马克思主义哲学专业博士生陈思齐、刘文彬、王剑武协助我做了书中引文的核对工作。在此，一并致以诚挚的谢忱！

汪信砚

2021 年 3 月 31 日于武昌珞珈山